한번에 크롤링(Craling)하는

정 | 책 | 학

유근환 · 최인규 저

도서출판 진영사

한번에 크롤링(Craling)하는 정책학

유근환 · 최인규

2019년 08월 05일 초판 인쇄
2019년 08월 07일 초판 발행
발행인 박 진 영
발행처 도서출판 진영사
인천광역시 부평구 갈산동 185번지 풍진빌딩 303호
전화 : 032)505-4207
팩스 : 032)505-4206
E-mail : 0183734207@hanmail.net
등록 : 122-91-77317

ISBN 978-89-6541-444-5 93350
값 22,000원

머리말

오늘날 사회문제는 매우 복잡하고 다양하며 그 문제의 본질을 파악하는 것은 그리 쉬운 일이 아니다. 이러한 사회문제 가운데 정부가 해결하고자 하는 문제가 정책문제인 것이다. 사실 우리나라에 정책학이 도입된 것은 1960년대에 다양한 저술과 연구논문들이 출판·발표되면서 그 시발점이 되었고, 대학 및 대학원의 개설, 전문학회의 등장을 통해 많은 발전을 이룩하여 왔다.

그러나 너무 전문적인 시각에서 어려운 접근을 시도하여 실무자들이나 일반인들은 그리 쉽게 이해를 할 수 없었던 것도 현실이다. 따라서 실무자들이나 대학생들이 좀더 쉽게 정책을 이해할 필요가 있어 본 교재를 출판하게 된 것이다.

본 교재는 위와 같은 시각에서 정책을 과정별로 가장 쉽게 이해할 수 있도록 기술하고자 노력을 하였다. 제1부는 정책학의 기본적 이론 부문으로 정책학의 의의, 정책과 정책환경, 정책과정과 참여자 등으로 이루어졌으며, 제2부는 정책결정 과정 부문으로 정책의제설정, 정책문제, 정책대안, 정책결정, 정책집행, 정책평가, 정책변동의 과정에 초점을 맞추어 체계적으로 이론적 분야를 기술하였다.

제3부는 정책의 기법과 실제로 정책분석, 정책분석 기법 등으로 구성하였고, 제4부는 실제 정책사례를 중심으로 정책결정과정에 맞추어 분석해 봄으로서 이론과 실제에서 발생할 수 있는 이해의 폭을 많이 높이고자 노력하였다. 정책사례들은 중앙공무원교육원 행정현장사례모음집 중에서 연도별·분야별로 선정하여 요약·정리하였다.

결국, 실무자와 대학생, 일반인들이 정책이 어떠한 것인지? 어떠한 과정을 거쳐서 정부정책들이 결정되는지를 이해시킴으로서, 사회문제에 대해 이슈가 되고 있는 정부의 정책들을 이해하는데 조금이나마 도움이 되고 지방자치 발전에 기여하기를 기대한다.

대학 교단에서 수업을 하면서 여러 번의 작업을 거쳐서 이제야 정책학을 처음 접하는 분들께 기본적인 교재로서 역할을 충분히 할 수 있다고 생각되어 저자들이 공동으로 심혈을 기울여 만들었다.

아직까지 완성도가 높은 교재는 아니기에 지속적으로 대학에서 강의를 수행하면서 수정 · 보완해 나가야 할 것이며, 많은 독자 여러분들의 충고와 비판이 있기를 기대한다. 또한 끝까지 본 교재가 출판될 수 있도록 여러모로 많은 도움을 주신 진영사 박잔영사장님외 직원 여러분들에게 깊이 감사드린다.

2019년 7월

저자 일동

차 례

제1부 정책학의 이론

제2부 정책결정 과정

제3부 정책분석의 기법과 실제

제4부 정책사례분석

제1부 정책학의 이론

제 1 장 정책학의 의의

1. 정책의 의의

정책(Policy)이란 대안, 방안, 방책, 방법 등 여러 가지 용어로 사용되고 있다. 일반적으로 국가에서 국가장래를 생각하여 바람직한 미래 국가건설을 위한 정부의 노력이며, 그 노력을 실천하는 의도적·계획적 수단들을 찾는 과정이라고 할 수 있다. 그래서 국가나 사회, 국민들로 하여금 그들이 요구하는 사회를 유지하고, 달성하는 활동이라고 할 수도 있다.

대구지하철 참사가 있고 난 후에 재난구조에 대한 정책의 미흡이라든지 대북정책에 대한 정부의 정책에 문제가 있다라고 비판할 때가 있다. 이때 사용되는 용어인 정책이란 정부가 발표하고 실행하는 모든 시책, 대책, 방침, 지침, 법률, 규칙, 기획, 계획 등을 포괄하는 넓은 의미로 사용되고 있다.

정책이라는 용어는 정책과학(Policy sciences)이라는 새로운 학문 분야가 대두되면서 여러 학자들이 다각적으로 정의하려고 노력해 왔다. 이스튼(Easton, 1953)은 "사회 전체를 위한 가치의 권위 있는 배분", 라스웰(Lasswell)과 케이프런(Kaplan, 1970)은 "국가의 목표가치 및 관행의 예정된 사업", 샤간스키(Sharkansky, 1975)는 "정부의 중요한 활동", 앤더슨(Anderson, 1979)는 "문제해결에 있어서 목적있는 행동방안", 드로(Dror, 1983)는 "복잡하고 동태적인 과정을 거쳐 주로 정부기관에 의해 만들어지는 미래지향적 행동지침", 다이(Dye, 1984)는 "정부가 하겠다 또는 하지 않겠다고 결정한 모든 것", 정정길(2004)는 "바람직한 사회 상태를 이룩하려는 정책목표와 이를 달성하기 위해 필요한 정책수단에 대하여 권위 있는 행정기관이 공식적으로 결정한 기본방침", 최봉기(1995)는 "문제해결 및 변화유도를 위한 공적 수단으로서, 현재 및 미래에 관한 정부의 제반 활동지침"이라고 정의한다.

이상을 종합해 보면 정책이란 첫째, 국가나 국민을 대표하는 정부와 정부를 둘러싸고 있는 환경과의 관계이다. 둘째, 정부활동행위를 결정하는 여부의 과정이다. 셋째, 보다 바람직한 사회상태를 만들려하고 보다 바람직한 국가 상태로 발전시키고, 국가의 장래를 생각하고 국가의 발전을 만들기 위한 정부에 의해 의도적인 행위를 말한다.

정책이란 “정부의 기본적인 활동지침”이라고 할 수 있으며 기업에서 사용하는 경영정책과는 달리 정부에서 사용하는 공공정책이란 “공익을 실현하고 각종 공공문제를 해결하고 개선하기 위하여 정부기관이 선택한 행동지침”이라고 할 수 있다. 이하에서는 정부에서 사용되는 공공정책을 정책이라고 정의한다.

조직을 체계라는 관점에서 정책의 개념을 생각해 보면, 체계는 계층적인 성질을 지니기 때문에 정책의 상위개념에는 이상, 목적 및 목표가 있으며 그 하위개념에는 계획, 사업, 단위사업 및 활동 등으로 구분할 수 있으며, 이들을 서열화하면 이 있는데, 이상-목적-목표-정책-계획-사업 순으로 나열할 수 있다. 정책의 개념은 이중에서 중간에 위치하기에 이를 나타내면 〈그림 1-1〉과 같다.

〈그림 1-1〉 정책의 상·하 개념들

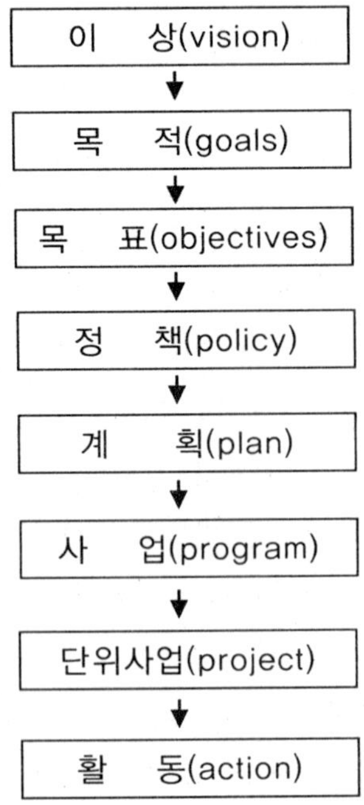

이상은 한 조직의 아주 먼 훗날의 꿈을 의미하는 것으로, 이상이 없는 민족은 멸망하게 된다라는 금언과 같이 이상이 없는 조직은 망하기 쉽다는 것이다. 이렇듯 어느 체계에서든지 먼 훗날을 바라보는 이상이 없으면 건전한 발전을 기대하기가 어렵다. 그러므로 한 조직의 목적이나 목표 또는 정책을 수립하는 데에는 높은 이상이 뒷받침될 필요가 있다. 이를테면 1913년에 미국의 윌슨 대통령이 '새로운 자유'의 실현을 공약한 일이나 그로부터 반세기 후인 1965년에 존슨 대통령이 '위대한 사회'의 건설을 주장한 것은 모두 미국의 이상을 구체적으로 표시한 것이다.

이와 같이 어느 조직에서든지 이상은 내재해 있어야 한다. 그리고 이러한 이상에 기초하여 체계의 목적과 목표를 달성할 정책이 요구된다. 대체로 체계의 목적은 법규나 정관에 의해 명시되고 있다. 이러한 목적은 대부분 추상적인 용어로 표시되는 경향이 있기 때문에 정책결정자들은 이를 구체적인 목표로 표시할 수 있어야 할 것이다. 이처럼 체계의 기본방향이 설정되면 이러한 관점에서 정책이 결정되어야 한다. 아울러 정책은 구체적인 방안이 필요하기 때문에 집행계획이 마련되어야 하며, 사업과 단위사업도 결정되어야 한다.

한편 여기에서 논란이 일어날 수 있는 것은 정책과 계획 가운데 어느 것이 우선되어야 하느냐 하는 것이다. 포괄적인 관점에서 정책이 한 조직의 모든 사업을 의미한다면 계획 자체도 하나의 사업이라고 할 수 있기 때문에 정책이 사업보다는 앞선다고 할 수 있다. 바꾸어 말해 계획을 하느냐, 안 하느냐 하는 결정은 정책의 차원에 속한다고 하겠다. 일단 계획이 마련되면 그 안에서 정책이 표출될 수 있는데 이러한 것을 우리는 사업 또는 단위사업의 개념 속에 포함시키려고 한다. 그리고 단위사업이 정해지면 좀더 구체적인 활동이 뒤따르게 된다고 할 수 있다.

2. 정책의 특성과 구성요소

1) 정책의 특성

정책은 그 사회의 문제를 해결하기 위한 노력으로써 사회를 안정화시키는 기능을 하기도 하고, 반면에 사회의 변동을 의도적으로 야기하는 기능을 하기도 한다. 그러나 정부가 항상 바람직한 정책을 수립하여 사회발전에 기여하는 것은 아니며, 국가와 사회 전반에 악영향을 끼친 경우도 많다(박해룡 외, 2006: 165). 이에 정책의 특성들을 살펴보면 다음과 같다(박해룡 외, 2006 : 163-164).

(1) 가치의 '권위적' 배분활동

정책이 가치의 배분활동인 것은 분명하지만 그것은 권위적인 활동이다. 즉 정책결정과정은 이해관계자들 사이의 갈등이 협상과 조정을 통하여 해소되는 과정이며, 어떠한 정책이든 정책에는 이해당사자의 의견이 반영되는 정치적 성격이 존재한다.

(2) 가치의 배분활동

우리나라의 농수산물 개방정책의 사례에서 보듯이 정부가 농수산물 수입개방을 불허한다면, 우리나라 농어민들의 이익은 보호를 받지만 반대로 자동차 수출이 막힘으로써 자동차 산업에 종사하는 근로자들이나 자본가는 불이익을 받을 것이다. 이와 같이 정책이란 가치를 사회구성원들에게 어떻게 배분하는가에 관한 것이다.

(3) 변동대응성

정책은 불만스러운 현실 또는 문제시되는 상황을 수정하고 소망스러운 것을 실현시키려는 의지의 표현이다. 그러므로 정책은 변화를 유발시키는 강력한 성향 즉 변동지향성을 가진다. 정책이 유발시키는 변화는 대체로 질적인 것이다.

(4) 사회를 위한(가치의 권위적 배분) 활동

정책은 이해당사자뿐만 아니라 사회를 구성하는 모든 사회구성원들을 위하여 가치를 권위적으로 배분하는 활동이다. 이런 점에서 볼 때, 정책이란 어느 특정 개인을 위하여 존재하는 것이 아니라 전체 사회를 위하여 존재하는 것이다.

이 외에도 정책은 미래 지향성, 공식성, 추상성, 복잡성, 행동지향성, 정치 관련성, 인과성 등의 특성을 가진다.

2) 정책의 구성요소

정책에는 다양한 요소들이 포함되어 있지만 일반적으로 정책목표, 정책수단, 정책대상집단, 정책산출 및 영향 등을 구성요소로 하여 이루어져 있다. 이를 살펴보면 다음과 같다.

(1) 정책목표

정책목표는 정책을 통해서 해결하거나 이룩하고자 하는 미래의 바람직한 상태를 의미하며, 당면문제를 해결하려는 의지나 필요 그리고 소망이 종합된 것으로, 관련된 개인이나 집단의 참여와 합의를 바탕으로 이루어지는 것이 바람직하지만 현실적으로는 정치적 결단에 의해서 결정되는 경우가 많다.

예를 들면, 경제안정정책은 경제의 안정, 대도시 교통정책의 목표는 교통의 원할, 보건정책의 목표는 국민보건의 향상과 같은 것이다. 따라서 이러한 정책목표는 미래성, 방향성, 주관성, 타당성과 규범성을 지니고 있고, 이러한 목표는 크게 소극적(치유적) 목표와 적극적(창조적) 목표로 나누어진다. 소극적 목표는 문제발생 이전에 존재하던 상태로 되돌아가는 것을 목표로 삼는 정책목표이고, 적극적 목표는 과거에 경험해 보지 않는 새로운 상태를 창조하려는 것으로 정부가 적극적인 태도를 취하는 경우의 목표이다.

정책목표의 기능이나 역할을 살펴보면, 첫째, 최선의 정책수단선정의 기준이 된다. 둘째, 정책집행의 지침이 되는 것으로 정책결정시 필요한 정책내용이나 기타 필요한 활동에 대한 지침을 모두 결정할 수 없기에, 정책을 집행시 정책목표는 그 기준으로 작용한다는 것이다. 셋째, 정책평가의 기준으로서 목표달성도가 바로 효과성의 평가가 되기 때문이다.

결국, 바람직한 정책목표가 설정되기 위해서는 먼저 실질적인 내용면에서 적합성과 적절성, 타당성, 실현가능성 등을 가지고 있어야 할 것이다. 나아가 절차적인 면에서 국민의 참여라든가 여론을 수렴하는 민주성을 확보하면 소망성을 가진 정책목표가 설정될 수 있을 것이다.

(2) 정책수단

정책수단이란 정책의 실질적 내용으로서 가장 중요한 정책구성요소이다. 이는 정책목표를 달성하기 위해서 사용하는 인적·물적 자원, 전략, 기술 등을 말하며, 일단 정책목표가 설정되면 그것을 달성하기 위한 최선의 수단을 과학적으로 선택할 필요가 있다. 또한 이들 정책목표와 정책수단 간에는 합리적인 인과관계가 존재해야 한다.

정부의 활동은 결국 정책수단에 의해 결정되며, 따라서 어떠한 정책수단이 결정되는가에 따라 국민들에게 직접적인 영향을 미쳐 이해관계자의 갈등이 치열해 진다.

이러한 정책수단은 실질적 정책수단과 실행적 정책수단으로 구분된다. 실질적 정책수단은 정책의 종류에 따라 달라지므로 구체적 정책의 실질적 내용에 의해서 결정된다. 즉, 목표와 수단의 계층을 말하는 것으로, 상위목표에 대해 정책수단으로서, 하위목표에 대해 목표로서 역할을 하기에 도구적 정책수단이라고도 한다. 실행적(보조적) 정책수단은 실질적 정책수단을 현실로 실현시키기 위해서 필요한 수단이다. 이러한 실행적 정책수단은 실질적 정책집행을 실행하기 위한 순응확보수단과 집행기구, 집행요원, 자금, 공권력 등으로 구성되어 있어 거의 모든 정책에서 다같이 필요한 것이고, 실질적 정책수단은 정책의 종류에 따라 완전히 달라진다.

(3) 정책대상집단

정책대상집단이란 정책집행을 통하여 가치관, 구조, 문화, 질서 등을 바꾸고자 하는 정책의 적용을 받는 대상으로 특정 사람, 집단, 지역, 계층과 사회적·

경제적·물리적 조건 등을 의미한다. 이들 집단은 또한 정책의 혜택을 받는 정책수혜집단과 정책의 희생을 받는 정책비용부담집단으로 구분된다. 만일 정책대상 집단이 특정 지역이나 특정 계층에 집중되는 경우에는 지역갈등이나 계급갈등이 발생한다(박해룡 외, 2006: 164-165). 이 경우 수혜집단은 정책내용에 구체적으로 명시하지 않는 경우가 있지만, 비용부담집단은 구체적으로 명시하는 것이 일반적이다. 결국 정책비용부담집단은 정책에 의하여 어떠한 형태로든 손해를 보기에 정책의 집행과정에서 불응할 가능성이 매우 크다고 할 수 있다.

(4) 정책산출 및 영향

정책산출(Policy Outputs)은 집행으로 나타나는 일차적인 결과이며, 정책결과(Policy Outcomes)는 정책대상자들에게 일어난 변화이고, 정책영향(Policy Impacts)은 정책의 집행으로 사회에 나타난 변화 등을 의미한다.

3. 정책의 유형

정책의 내용을 공통된 특성이나 기능에 따라서 범주화시키는 이유는 학문적·실제적인 이유가 있다. 즉, 정책의 내용이 어떤 것이냐에 따라 정책과정의 전체의 성격이 달라질 수 있으며, 그것이 환경으로서의 사회에 끼치는 영향에 차이가 나타날 수도 있고, 정책과정에 대한 폭넓고 깊이 있는 이해가 가능하다.

결국, 상위정책결정자의 자문에 효율적으로 응할 수 있고, 규범적 차원에서 정부로 하여금 올바른 정책을 채택하도록 대정부 통제의 근거도 될 수 있기에 유형화로부터 사회현상으로서의 정책에 대한 명확한 이해를 도모하고 과학적 관심의 대상으로서 정책현상을 조직시킬 수 있다.

그러나 정책의 유형화 시 주의해야할 점들을 두 가지 측면에서 살펴보면 다음과 같다. 먼저 현실세계에서 존재하는 수많은 정책들이 그 유형에 의하여 포괄될 수 있어야 하며, 동시에 각 유형은 공통의 기준에 의하여 몇 가지 범주로 분류되어야 하고, 그 범주는 상호 특징적으로 뚜렷하게 구별되어야 우수성을 인정받을 수 있다. 즉, 포괄성과 상호배타성을 갖추고 있어야 한다.

정책은 관점과 기준에 따라서 학자들에 의해 다양하게 분류되어 연구되었는데 많이 알려진 것으로 로위(Lowi, 1972)는 정부가 활용할 수 있는 강제력의 행사가능성을 기준으로 정책을 분배정책, 규제정책, 재분배정책, 구성정책으로 분류했고, 알몬드와 포웰(Almond & Powell, 1966)은 정치체제의 산출활동에 따른 기능적 특성을 중심으로 추출정책, 규제정책, 재분배정책, 상징정책으로 분류하였으며, 리프레이와 프랭크린(Ripley & Franklin, 1986)은 분배정책, 경쟁적 규제정책, 보호적 규제정책, 재분배정책으로, 미첼(Mitchell, 1969)은 자원의 동원 및 배분정책, 분배정책, 비용부담정책, 규제 및 통제정책, 적응 및 안정정책, 정치적 분업 및 역할배분정책으로 분류한 것이 다음 〈표 1-1〉과 같으며 이를 다시 요약하여 정리하면 다음과 같다.

〈표 1-1〉 정책의 유형

학 자	분 류 기 준	정 책 유 형
Lowi	정책영향 및 관여자	배분정책, 규제정책, 재분배정책, 구성정책
Almond & Powell	정책산출활동 기능	추출정책, 규제정책, 재분배정책, 상징정책
Ripley & Franklin	정부관료제의 사회적 목적	분배정책, 경쟁적 규제정책, 보호적 규제정책, 재분배정책
Mitchell	정책문제	자원의 동원 및 배분정책, 분배정책, 비용부담정책, 규제 및 통제정책, 적응 및 안정정책, 정치적 분업 및 역할배분정책

1) 배분정책

배분정책은 정부가 개인, 집단, 조직, 지역사회 등 특정 대상에게 권리나 이익 또는 서비스를 분배하는 내용을 지닌 정책으로 정부가 적극적으로 국민들이 필요로 하는 재화와 서비스를 산출하고 제공하는 것이다. 사회간접자본의 구축이나 정부의 각종 지원정책(수출산업에 대한 재정·금융지원정책, 도로·항만 건설사업, 농촌소득 증대사업, 교육서비스, 군수품 구매) 등이 있다.

이러한 분배정책의 특징은 첫째, 일반적인 원칙이나 다른 영역과 관계없이 부분적으로 시행하기가 용이하고, 지극히 개별적인 결정으로서의 속성을 지닌다. 둘째, 정책결정 단계에서도 수혜자들 간에 직접적인 경쟁 관계가 형성되지 않는다는 특징이 있다. 그 이유는 분배 정책에 드는 비용이 어느 특정 집단으로부터 강요되지 않고, 손해보는 특징개인이나 집단이 없기 때문이다(김두식 외, 2006: 184). 즉, 승자와 패자가 존재하지 않기 때문에 정책을 둘러싼 이해관계자간의 갈등이 적고 정책결정과 집행이 용이하다.

그 외에도 배분정책은 정책내용이 상호 연계성이 적어 각 단위정책들이 별개로 처리될 수 있으므로, 사실상 정책이라기보다는 고도로 개별화된 결정이라 하겠으며, 이러한 결정들이 모여서 비로소 정책이라 할 수 있다.

2) 규제정책

규제정책은 개인이나 일부 집단에 대해 재산권 행사나 행동의 자유를 구속·억제하여 반사적으로 다른 개인이나 집단을 보호하려는 정책으로, 개인에게 직접적으로 비용을 부담시키거나 개인의 권리를 제한 또는 확장시켜 주는 효과를 야기한다. 즉 사회체제의 유지, 안정, 균형 등의 기능을 수행하는 정책으로 전통적·소극적(야경국가적) 행정의 핵심적 정책이다.

이러한 규제정책의 특징은 첫째, 정책의 불응자에게 강제력을 행사한다. 둘째, 국민 개개인의 자유나 권리를 제한하기 때문에 국회의 의결을 얻어 법률의 형태를 취하는 것이 원칙이다. 셋째, 혜택을 보는 자와 피해를 보는 자를 정책결정시에 선택하게 된다는 것이다.

리플리와 프랭클린(Ripley & Franklin)은 규제정책을 보호적 규제정책과 경쟁적 규제정책으로 구분하였다. 보호적 규제정책은 대중에게 해로운 공해나 허위광고를 금지하는 것과 같이 일반대중(소비자, 약자)을 보호하기 위하여 특정

집단의 권리행사를 통제하는 정책으로 소비자보호를 위한 공정거래법, 근로기준법, 식품위생법 등이 속한다. 그리고 경쟁적 규제정책은 방송국 설립인가나 항공노선 취항인가 등과 같이 다수의 경쟁자 중에서 특정 자격을 가진 집단에 권한을 부여하면서 여러 가지 규정을 지키도록 강제하는 정책이다.

규제정책은 이익을 받는 수혜집단과 손해를 보는 상실집단이 뚜렷이 구별되므로 정책결정과 집행과정에서 상당히 갈등이 심하다. 정부도 정책집행 시에 규제를 준수하지 않는 불응집단에 대해서는 공권력을 발동하게 된다. 그러나 솔즈베리가 주장하는 자율규제정책과 같이 규제정책이면서도 규제대상 집단이 스스로 규제기준을 설정하고 집행하는 경우도 있다. 의사, 변호사, 약사 등 각종 전문 직업집단의 면허제도 등이 좋은 예이다(박해룡 외, 2006: 166-167).

3) 재분배정책

재분배정책은 고소득층으로부터 저소득층으로의 소득이전을 목적으로 하는 정책으로, 사회계층 간, 집단 간에 존재하고 있는 부, 소득, 재산, 권리 등의 분배상태를 변화시키는 것을 내용으로 하는 정책으로 대표적인 것이 누진세이다.

이러한 재분배정책의 특징은 첫째, 소득의 실질적 변경이 일어나기 때문에 계급대립적인 성격이 나타나게 되며, 정치적 갈등의 수준이 높아지게 된다. 즉, 가진자와 못가진자, 노동자와 자본가로 분류하는 대립적 성격을 가지고 있다. 둘째, 재산권의 행사가 아니라 재산 자체를 대상으로 하는 소유의 문제를 다룬다. 평등한 대우가 아니라 평등한 소유를 추구하며, 고소득층의 재산과 부를 저소득층을 포함하는 모든 계층에 고루 재분배하는 정책이다. 셋째, 강력한 이해대립의 소지를 안고 있다. 즉, 기존권력이나 재력의 손실을 노골적으로 요구하는 성격의 정책이다. 따라서 일반적으로 누진세 제도나 사회보장정책 등의 정책수단을 사용한다.

이제 우리 사회도 '2대 8'사회로 진행하는 것으로 나타나고 있다. 즉, 상위 20%가 모든 생산과 소비를 독점하고 나머지 80%는 잉여인력이 되는 사회로 진행되고 있으며, 전체 노동자의 60%이상이 비정규직 노동자로 전락하였으므로 이들 소외계층을 보호하기 위한 필요한 정책들이 추진되고 있다. 즉, 의료보험

통합정책, 소득비례방식의 국민연금, 국민기초생활보장법 등이 강화되고 있다(박해룡 외, 2006: 167).

4) 구성정책

구성정책은 정치체제의 투입을 조직화하고 체제의 구조와 운영에 관련된 정책으로 정부기관의 신설 및 변경이라든가 선거구의 조정과 같이 정부기구의 구조와 기능상의 변화를 목적으로 하는 정책을 말한다. 이는 국가관리에 필요한 운영규칙, 정부기구의 조정과 관련된 정책으로 기구 설립 및 변경, 공직자의 보수와 퇴직연금 등에 관한 정책 등을 예로 들 수 있다.

이러한 구성정책의 특징은 첫째, 정치적으로 안정된 상황 하에서는 헌정질서에 대한 변동이 미약하므로 새로운 정책이 거의 없기 때문에 그 중요성이 크게 인식되지 않는다. 반면, 정부 기본 구조의 틀이 정착되지 않았거나 기본 구조에 대한 갈등이 심각한 국가들에서는 중요시되는 정책이다(김두식 외, 2006: 185). 둘째, 헌정 수행에 필요한 기본질서의 변화가 심한 국가의 경우 선거구의 조정, 지방의원과 단체장의 선거, 국회의원의 선거구 조정 등에 있어서 기득권세력과 변화를 요구하는 세력간에 심각한 갈등현상이 나타나기도 한다.

5) 추출정책

추출정책은 국가목적을 수행하기 위해서 국민들로부터 어떤 자원을 동원하여 어떻게 배분하느냐와 관련된 정책으로, 징병, 조세, 공역, 노역 등과 같이 체제의 존립을 위해 국내적·국제적 환경에서 물적·인적 자원을 추출하는 투입의 기능을 수행하는 것과 관련된 정책이다.

이러한 추출정책의 특징을 살펴보면 첫째, 추출물의 종류, 추출량, 추출에 의해 영향을 받는 집단의 특성에 의해 내용들이 달라지는 것이다. 둘째, 민방위기본법, 조세, 징병제도 등과 같이 정부가 민간부문의 자원을 동원하는 성격을 갖고 있다(이원희, 2007: 232).

6) 상징정책

상징정책은 정치체제가 국내외 환경으로부터 여타 정책에 보다 효율적으로 순응하도록 하기 위해 정치체제의 정당성의 확보나 국가적 위신에 대한 심리적 신뢰감을 증진시키는 산출활동으로 이루어지는 정책으로 정부가 사회나 국제적 환경에 유출시키는 상징과 관련된 것들이다. 즉, 국경일의 제정과 준수, 정치의식 거행, 미래 비젼의 제시, 엄숙한 정치의식의 거행, 정치지도자들에 의한 정책의 천명, 열병·분열식 등의 군대의식 등과 같은 것들이 포함된다.

이러한 상징정책의 목적은 첫째, 정치체제 및 정부의 정통성에 대한 인식을 공고히 하기 위해서 있다. 둘째, 다른 정책에 대한 순응을 확보하기 위해서 행하여진다.

4. 정책학의 의의

1) 정책학의 의의와 등장배경

(1) 정책학의 의의

정책학은 "복잡한 정책환경에 대해서 정책의 결정·집행·평가 및 통제 등 일련의 정책과정 및 정책결정에 관련된 여러 현상들을 대상으로 연구하는 학문분야이며, 정부의 정책분야에 관하여 정책분석이나 연구를 통해 개발된 정책과정 및 정책활동에 관한 지식, 구체적인 정책내용에 대한 지식, 그리고 실제적인 정책결정에 필요한 정보를 창조 또는 분배하며, 사용하는 학문분야"이다. 즉 정책학은 정책실무자의 정책을 평가하여 좀더 나은 정책을 개발하고 집행할 수 있도록 합리적 방향을 제시해 주는 실용적 성격의 학문이다.

이와 같이 태생적으로 실용주의적·문제해결 지향적·계량적·기술적·도구적 성격을 가지고 있기에 최근에 이념적· 철학적 기초를 의도적으로 강화해야 한다는 인식이 확산되고 있다.

(2) 등장배경

정책의 출발은 라스웰(Lasswell, 1951)이 "정책지향(Policy Orientation)"이라는 논문에서 현대정책학은 출발하였다. 그 이후 현대정책학은 1930년대부터 학계를 지배한 행태주의적 경향에 대한 반성에서 출발했다. 즉, 당시의 행태과학은 논리실증주의에 그 기반을 두고 '좋다', '나쁘다', '옳다', '그르다' 등의 가치판단을 배제하는 물가치성과 증거가 뚜렷한 사실성을 추구하는 경향이 있었다. 그래서 인간의 문제를 실제로 해결해 주는 적실성과 문제해결능력을 상실했다.

이러한 이유에서 정책학의 필요성이 제기되었고, 초창기 정책학을 연구하는 학자들은 사회의 현실문제를 해결하는 데 실질적으로 공헌할 수 있는 실용주의적 학문으로 정책학을 만들려고 노력하였다.

① 행태주의적 경향에 대한 반성

1930년대부터 미국의 학계를 지배해 온 행태주의적 경향에 대한 반성에서 출발했다. 당시 행태과학은 가치판단을 배제하는 몰가치성과 증거가 뚜렷한 사실성을 추구하는 경향이 있었다. 그래서 인간의 문제를 실제로 해결해 주는 적실성과 문제해결능력을 상실했다. 이러한 이유 때문에 정책학의 필요성이 제기되었고, 초창기 정책학을 연구하는 학자들은 사회의 현실문제를 해결하는 데 실질적으로 공헌할 수 있는 실용주의적 학문으로 정책학을 만들려고 노력하였다(정우열 외, 2006:159).

② 공공부문의 양적 · 질적인 변화

라스웰은 1950년대 당시의 미국적(정치적 · 사회적) 환경하에서 정치학적 · 행정학적 관점에서 환경사회가 복잡화 · 다양화 · 전문화됨으로서 이러한 사회문제의 해결을 위해서 공공부문의 다양한 사회과학 및 자연과학의 이론과 방법을 원용하여 전문화를 통해서 더욱 체계적이고 과학적인 정책 연구가 필요하다고 주장하였다. 특히 그는 정책학이 인간의 존엄성을 실현하기 위한 지식개발에 중점을 둘 것이라 전망하면서 이를 민주주의 정책학으로 표현하기도 하였다.

③ 정책학의 활성화

20C 행정국가의 등장으로 국가활동은 양적·질적 측면에서 큰 변화가 나타났다. 이에 따라 국가의 정책은 국민생활의 깊숙한 곳까지 관여를 하게 되었고, 오랜기간 동안 논쟁을 벌여왔던 정치와 행정의 관계에서 정책기능에 대한 재정립을 위해서 정책학에 대한 학문적 관심의 증대가 필요하게 되었다.

2) 정책학의 필요성

급변하는 현대사회 환경변화의 주된 원인이 정부의 정책이기에 이러한 급격한 변화과정에서 제기되는 많은 문제들은 결국 정부의 정책에 의해 해결될 수밖에 없다. 즉, 매일 수많은 정책들이 홍수처럼 수립되고, 집행·평가·변동되고 있는 실정이다.

이러한 정책들이 과정을 거치면서 어떤 정책은 국민의 생활을 더욱 어렵게 만들고, 어떤 정책은 국민의 생활을 윤택하게 하고, 국가와 인류의 발전에 공헌을 하게 된다. 따라서 좀더 합리적이고 바람직한 정책의 결정, 집행, 평가가 가능하도록 하기 위한 현실의 불만족에서 정책학의 연구 필요성이 존재하는 것이다. 즉, 정책이 잘못 결정되고, 집행되고, 평가되는가에 대한 해답을 찾는 데서 출발하는 것이다.

이에 정책학 연구의 필요성을 살펴보면 다음과 같이 정리할 수 있다.

첫째, 정책의 범위가 확대되고 그 내용이 복잡하고 다양함에 따라 조직의 목표를 효율적으로 달성하기 위해 정책을 체계적으로 연구할 필요가 있다. 근대 자본주의가 출현하기 전까지만 해도 대부분의 정책은 공공부문에 국한되는 것이었으나 과학기술의 발달과 새로운 자원발견 및 개인의 창의력 개발 등으로 민간영역에서의 조직이 활성화되기 시작하였다.

둘째, 정책이 많은 사람들에게 긍정적 또는 부정적으로 영향을 주기 때문에 우리는 정책을 체계적으로 연구할 필요가 있다. 즉, 부정적인 영향을 극소화시키고 긍정적인 측면을 극대화시킬 수 있는 정책이 창출될 수 있도록 정책연구가 추진될 필요가 있다.

셋째, 정책연구는 정책실무에 도움을 주기 위해서 필요하다. 즉, 정책들간에 상호 모순·충돌하는 경우 이를 극복할 수 있는 방안을 모색하기 위해서 정책을 연구할 필요가 있는 것이다. 즉, 한 나라에서 국가발전이라는 원대한 목표를 세운 정치지도자들이 경제발전과 사회발전을 병행해서 추진하기로 하였다면, 두 분야 사이에 정책갈등이 일어날 가능성이 있다. 즉, 어느 것에 더 역점을 두느냐 하는 문제와 이에 따른 예산을 어떤 비율로 배분하느냐 하는 문제가 제기될 수 있기에 이러한 대책들을 강구하는데 체계적인 연구를 통해서 좀 더 효과적으로 제시되어야 한다.

넷째, 정책연구는 정책학을 정립하는 데 필요하다. 즉, 학문은 오랜 세월에 걸친 체계적인 연구과정을 거쳐 성숙된다. 특히 복잡한 현실문제를 해결하려는 노력을 통해서 우리는 새로운 이론이나 모형을 개발할 수 있고, 이러한 노력은 현실문제와 관련된 각 학문분야에서 이루어질 수 있으나 그것에는 한계가 있기 때문에 통합적 성격을 지닌 학문이 요청되는데 이에 적합한 것이 정책학이다.

이상과 같이 정책학은 전문화된 각 학문의 부분성을 극복하고 역동적 상황에서 표출되는 갖가지 복잡한 문제를 해결하기 위해서 종합학문의 역할을 담당할 필요가 있다.

3) 정책학의 발전방향

1970년대의 급속한 학문적 성장에도 불구하고 1980년대에 이르러 정책학은 정치적 환경의 급변에 따른 패러다임의 변화 요구에 직면하게 되어 '작은 정부', '친시장적 접근' 등 새로운 정치 이데올로기의 강조에 따라 정부정책에 대한 회의가 발생하면서 비롯되었다. 이러한 변화는 정책학 자체 문제가 아니라 정부의 역할과 기능에 대한 대대적인 개혁들은 정책학의 관심을 정책연구에 대한 새로운 전환의 계기로 삼았다.

이러한 변화의 경향을 두 가지로 요약할 수 있다. 첫째, 과거 주제로의 회귀이다. 1980년대에 이르러 정책학 연구는 종래 도외시하였던 정책결정자와 정책집행자의 철학과 윤리문제에 관심을 두게 되었고, 정책환경의 변동에 따른 정책종결의 필요성 대두와 함께 이를 위한 공공관리기법이 강조되기 시작하였다.

둘째, 참여와 포괄적 접근의 강조이다. 1980년 이후 정책학의 또 다른 특징은 비판철학 등의 수용을 통해 객관적 분석의 강조에서 의사소통과 참여를 강조하는 경향을 들 수 있다. 또한 기존의 정책연구에서 도출된 기술적·경제적 지식이 실증적인 진리가 아니라는 것을 전제로 하여 사회적·법적·정치적·윤리적 합리성을 포괄하는 접근이 표방되었다.

이에 앞으로의 정책학의 발전방향을 제시해 보면 다음과 같다. 첫째, 다학문적 접근방법은 새로운 방법론으로 정책적용이나 성과에 기여하는 한 계속해서 발전되어야 한다. 둘째, 새로운 상황에 대한 새로운 방법론의 적용이 이루어져야 할 것이다. 셋째, 사회적 상황의 복잡성·불확실성을 인식하여 문제해결방법이나 접근방법이 쉽게 존재하지 않는다는 것을 인식하여야 할 것이다. 넷째, 민주화·세계화·정보화 등 급격히 변화하는 환경에 대해 비교정책적인 분석방법을 활용하여야 할 것이다. 다섯째, 소외되기 쉬운 사회집단을 대변하는 역할을 수행하기 위해 규범성에 대한 인식을 새롭게 하여야 할 것이다.

4) 정책학의 특성

정책학은 정책과정에 대한 실증적 연구와 정책에 필요한 처방적·규범적 지식을 연구하는 학문이다. 정책학은 사회학·통계학 등 다양한 학문분야의 이론을 활용하는 학제적(Interdisciplinary) 학문으로서 순수연구와 응용연구의 통합을 지향한다.

Lasswell(1971: 15)이 강조했듯이 궁극적인 정책학의 연구목적은 민주주의의 증진 및 인간의 존엄성 실현에 필요한 지식을 산출하는 것이다. 그렇기 때문에 규범적·가치지향적 목적하에 정책결정의 합리화를 위한 연구를 지속할 필요가 있다. 정책학의 특성은 다음과 같다(정우열 외, 2006: 161).

(1) 문제지향성의 실천적 학문

인간이 공통적으로 직면하고 있는 현실적 문제를 해결하는데 초점을 두고 있기에 이러한 문제를 풀기 위한 정책학자들은 미래에 닥쳐올 문제를 예견하고 당면한 문제를 정의하는데, 그 해결책은 학술적 이론이나 모형만으로는 창출하기 어렵기에 실증적 연구를 통해서나 실무에 직접 참여함으로써 묘안을 발견하기도 한다.

정책학은 일상적인 사회문제가 아닌 보다 근본적 성격의 문제해결을 지향하고 있으며, 또한 사회문제도 단순히 정치적 · 경제적 · 사회적 · 문화적 환경과 무관할 수 없다는 인식을 바탕으로 연구가 진행되어 왔다.

(2) 종합학문성

과학적이고 합리적으로 현실적 문제해결에 역점을 두고 있는 정책학은 주로 다양한 학문분야에서 개발된 각종 기법과 연구방법을 활용하는 범학문적 성격을 가진다. 즉, 산업화 · 정보화된 사회에서 표출되는 갖가지 문제가 너무나 복잡하고 다양하여 어느 한 분야에만 의존해서는 해결하기가 어렵기 때문에 각 분야의 전문가들이 여러 시각에서 어떤 문제를 분석하여 그 해결책을 고동으로 모색하는 것이 좀 더 효율적이라고 할 수 있다.

(3) 규범성 · 처방성의 융합

정책학은 등장한 이래 지금까지 인간의 존엄성과 인간능력의 실현을 최고의 가치로 여기면서, 그것을 목적으로 하는 규범성을 지니고 있다. 즉, 정책과정 속에서는 가치판단을 위한 영역과 사실판단을 위한 영역이 혼재하고, 합리적이고 분석적인 측면과 비합리적이고 비분석적인 측면이 동시에 존재하는 순수과학과 응용과학의 논리가 융합되어 있는 학문이다. 결국 이러한 규범적인 측면과 실증적인 측면을 어떻게 잘 융합시키는가 하는 것이 딜레마이기도 하다.

이에 라스웰은 '민주주의 정책학'에서 인간가치에 대한 관심에서 규범적 접근과 사실판단을 위한 실질적 접근을 융합하여 처방적 접근을 시도할 것인가를 고민했다.

(4) 분석적

정부의 현실적 문제는 매우 복잡한 사회환경의 인과관계의 산물이다. 따라서 이의 해결을 위해서는 문제를 구성하고 있는 기본요소와 각 요소들 간의 상호관계에 대한 정밀한 분석이 중요한 과제이며, 따라서 제2차 세계대전 후 개발된 각종 분석기법 등을 적용(예: factor analysis, path analysis, regression)하게 되었다.

5) 정책학의 연구대상

정책학은 정책을 연구하는 학문으로 일반적으로 사회문제의 해결이라는 정책목표와 이를 달성하기 위한 정책수단을 그 내용으로 정책을 그 핵심적 대상으로 하되 이와 직접 관련된 정책과정의 제 측면이 모두 연구의 대상이 된다. 그러므로 바람직한 정책목표의 설정과 결정, 이를 성공적으로 집행하기 위해서는 정책에 관한 실질분야의 지식에 대한 이해가 필요하다.

정책학의 연구대상은 정책을 하나의 과정으로 이해하고 정책과정에 관한 지식과 정책과정에 필요한 지식을 주로 연구의 대상으로 삼고 있다. 정책과정에 관한 지식은 정책과정에 대한 과학적 연구결과로 얻는 실증적 지식을 의미하며, 정책과정에 필요한 지식은 정책과정에 대한 처방적, 규범적 지식을 의미한다. 정책과정에 필요한 지식은 실질분야의 지식도 포함될 수 있을 것이다.

일반적으로 정책과정을 정책의제설정, 정책결정, 정책집행, 정책평가의 네 단계로 구분하고 이다. 이들 각 단계들은 정책학 연구의 핵심적인 연구대상이 된다.

제 2 장 정책과 정책환경

1. 정책환경의 의의

정책환경이란 정책내용과 정책과정에 영향을 주고받는 관계에 있는 모든 외부적 변수와 조건으로서 정책체제의 외부에 있는 환경을 말한다. 정책환경에는 기후·지리적, 상황·지정학적, 조건·사회경제적, 조건·정치문화·물리적 환경·인구 등이 포함된다. 즉, 정책내용과 정책과정에서 끊임없이 상호작용하는 유·무형의 외부적 변수와 조건을 말하며(정우열 외, 2006: 175), 정책환경은 정책체계에 대해서 자극을 주는 영향 변수인 동시에 정책체계의 영향을 받는 반응 대상인 종속변수로도 작용한다.

정책환경은 해석하는 시각에 따라 약간의 차이를 나타낼 수 있다. 이에 여러 학자들의 주장들을 정리하면 다음과 같다.

1) 이스턴(Easton)

이스턴(Easton)은 체계론적 관점에서 정책환경이란 '정책체계를 둘러싸고 부단히 상호작용하고 있는 일체의 외부요소'로 정의하고, 이러한 체계이론에 입각하여 투입과 산출의 개념으로 정치환경을 설명하고자 하였다. 즉, 투입은 환경으로부터 이루어지는 요구와 지지 등이며, 전환과정을 통해 산출되는 정책과 의사결정 역시 환경에 의해 이루어지는 것으로 정치체계는 환경과 밀접한 관련이 있다고 보았다.

2) 에드워드와 샤칸스키(Edward & Sharkansky)

에드워드와 샤칸스키(Edward & Sharkansky)는 정책환경을 정치적 요소와 경제적 요소로 구분하여 설명하고 있다. 첫째, 정책환경의 정치적 요소에는 정치적 실행가능성, 보수주의로 대표되는 역사, 정부구조 등 세 가지가 있으며, 경제적 요소로는 천연자원의 양과 질, 인간적·물리적·재정적 자본, 산업과 농업의 질, 세제·은행·주식교환과 같은 재정적 기구, 무역의 성격, 교육적·보건적 기구의 능력, 경제적 보상의 분포성격 등을 제시하고 있다.

3) 앤더슨(Anderson)

앤더슨(Anderson)이 제시한 정책환경에는 지리적 특성, 정치행정문화, 인구통계, 사회구조, 경제체제, 주변국 등이 있다. 첫째, 지리적 특성에는 천연자원·기후·지세 등이 포함되며, 국가의 각종 정책에 지대한 영향을 미친다. 예를 들면, 우리나라의 경우 석탄은 국내생산량이 불충분한데다 석유는 전량을 수입에 의존하고 있어 그동안 석유파동이 일어날 때마다 심각한 경제적 위기를 경험하였다.

둘째, 정치행정문화는 파이(Pye)의 정의에 따르면 '정치과정에 지시나 의미를 부여하고 정치체제의 행태를 지배하는 가정이나 규칙들을 제공하는 일단의 태도·신념·감정'으로 볼 수 있다. 그동안 많은 학자들이 정치·행정문화를 중요한 정책환경의 요소로 다뤄 왔으며, 우리나라의 경우에는 유교[1)]가 정치·행정문화의 원류로 조선조 500년 역사 이래 정치체제의 성격과 사회·경제·문화적 생활을 규정하는 기본가치로 작용해왔다.

셋째, 인구통계학적 요소는 국가가 수립하는 각종 정책에 영향을 미치는 중요한 환경적 요소이다. 인구통계학적 요소는 인구조절정책의 경우처럼 직접적으로 국가정책의 중요한 목표가 되기도 하지만, 대부분 농업정책·주택정책·복지정책·보건정책 등에 기본이 되는 정보를 제공한다.

마지막으로 사회·경제적 요소들은 정책문제의 발생과 직결되는 중요한 환경요소로서, 오늘날 현대사회에서 발생하는 대부분의 갈등이 경제적 가치의 희소성에서 비롯된 것이라 볼 때, 사회경제적 요소는 정책문제의 발생에 직접적

1) 유교는 오늘날까지도 한국의 정치·행정문화에 주된 원류로서 작용하고 있다. 유교의 영향을 받으면서 그동안 유지되어온 한국의 정치·행정문화에는 ① 운명주의, ② 가족주의, ③ 권위주의, ④ 정적 인간주의(emotional humanism), ⑤ 의식주의(ritualism), ⑥ 비물질주의 등이 있다(이목훈 외, 2002: 104).

인 환경요소가 된다. 예컨대, 경제위기, 기업의 노사관계, 독과점의 문제, FTA 체결문제 등은 사회구성원들 간의 이익갈등을 야기하는 사회문제들로 이러한 문제를 해결하기 위하여 정책을 요구하게 된다(이목훈 외, 2002: 102).

2. 정책환경의 중요성

1) 정치체제

Easton(1953)은 정책을 정치체제의 산출물이며, 그 결과 모든 정책의 내용이 정치체제의 속성에 따라 달라진다고 보았다. 구성요소는 정책의 결정과 집행에 관련된 여러 가지 정치활동 또는 행동이라고 했다. 이 경우 정치체제는 체제를 구성하는 요소가 있고, 요소와 요소간의 상호작용을 하며, 체제와 외부를 구별짓는 경계가 있다고 볼 수 있다.

이것은 일반체제이론의 내용이 그대로 적용되는 것이다. 즉, 모든 체제는 환경과 상호작용을 하는데 이때 환경으로부터 받아들이는 것을 투입, 투입을 산출물로 변화시키는 역할, 정치활동을 전환, 그 결과물을 환경으로 내보내는 것을 산출이라고 부르고 산출에 대한 환경의 반응을 검정하여 체제를 환경에 적응시키는 것을 환류라고 한다. 즉 정치체제와 환경의 일반적인 관계는 요구와 지지라는 투입을 통해서 이루어진다.

교통문제, 환경오염문제, 보건문제, 복지문제 등을 해결해 달라고 요구하는 것과 인적, 물적 자원의 동원을 통해 지지를 하는 형태로 나타나게 되고, 이러한 요구와 지지에 의한 투입이 이루어지면 정치체제 안에서의 정치활동은 투입을 산출물로 변화시키는 역할을 담당하는데 이 역할이나 정치활동을 전환이라 부른다. 예를 들면, 쌀 가격이 갑자기 상승하여 서민경제를 위협하여 쌀 가격의 안정에 대한 요구가 있게 되면 정부에서는 쌀 가격을 안정시키기 위하여 정부미를 방출한다든가 공급량을 늘리는 결정을 하여 쌀 가격을 안정시키는 결과를 가져오는 것이다.

결국, Easton은 정치체제가 환경의 요구에 대응하여 결정된 내용을 환경에 내보내는 것을 산출이라고 하고, 이 산출을 정책으로 설명하고 있다.

2) 정책결정요인론

정책결정요인론이란 정책의 내용을 결정 또는 좌우하는 요인이 무엇인가를 밝히는 이론이다. 정책은 정책결정자에 의해서 결정되고, 정치체제의 구조적 차이, 정치체제의 운영방식의 차이 및 정책결정자의 정책결정 능력에 따라서 정책의 내용도 달라진다.

초기 정치행정학자들의 환경에 대한 연구에 있어서 생태론적 접근, 비교행정 등 환경의 중요성이 부각되었고, 경제학자들에 연구에 있어서도 환경적 변수인 소득수준 등의 변수가 재정지출에 가장 큰 영향을 미치는 것으로 나타났다. 그 이후 정치학자들의 환경에 대한 연구에 있어서도 사회경제적 변수가 중요한 영향을 미치는 것으로 경험적으로 밝혀지게 된다.

그 후 정책결정요인론에 대한 비판으로 계량화에 있어서 변수선정상의 문제, 정책수준의 차이에 따른 문제, 계량화가 힘든 정치적 변수를 무시했다는 비판과, 인과관계에 있어 정치체제의 환경에 대한 영향을 무시하고, 정치체제의 매개경로적 역할을 분명하게 제시하지 못하고 불명확하다는 비판 등을 받으면서 발전하고 있다.

결국, 정책결정요인론은 정책에 대한 환경적 요인의 중요성을 과학적 분석을 통하여 부각시켰다는 점에서 의의가 있다. 그렇다면 정치체제는 정책에 정말 보잘 것 없는 영향만을 미칠 것인가? 그렇지는 않을 것이다. 정치체제적인 요인과 환경적인 요인들에 의해서 모두 같이 정책에 영향을 끼칠 것이다.

이상과 같이 정책결정요인론에 의해서 정책환경, 친 정치체제를 둘러싸고 있는 사회경제적 요인들은 정책에 지대한 영향을 미치다는 것이다. 좀더 폭넓게 보면 정책환경이란 정부를 둘러싸고 있는 모든 객체이다. 이러한 정책환경은 정책내용과 정책과정에 영향을 주고 받는 관계에 있는 모든 외부적 변수와 조건을 의미한다고 볼 수 있다. 정책을 결정하는 영향을 미치는 정책환경은 크게 환경이 정책에 영향을 미치는 경우와 정책이 환경에 영향을 미치는 경우로 나눌 수 있을 것이다.

3. 정책환경의 특성

1) 복잡성 · 불확실성

정책은 인위적으로 바람직한 상태를 실현하려는 노력이며 설계의 대상이며, 정책결정이란 바람직한 상태를 얻기 위하여 현재의 무엇을 어떻게 바꾸어야 하는가를 정하는 일이므로 정책은 본질적으로 가치판단의 대상이다.

따라서 정책은 객관적으로 주어지기 보다는 다양한 행위자들의 주관적 판단에 의하여 분석틀을 선정하고 자료 및 정보를 해석하며 나아가서 특정 가치와 이해관계를 옹호 또는 반대하는 입장에서 서게 된다.

이처럼 존재하는 모든 정책문제 자체는 객관화, 합리화, 전문화, 과학화만으로 분석되는 것이 아니라 당연히 가치함축성과 정책과정의 정치성을 내포하고 있다. 무엇보다도 정책은 그 결과를 보기 전에 결정해야 하는 가설적 지위를 가지고 있으며, 본질적으로 복잡성, 모호성, 불확실성 등을 내포하고 있다. 현실세계의 대부분 정책문제들은 그 범위가 모호하고 성취하려는 목표도 불분명한 경우가 허다하며, 때로는 서로 대립되는 여러 목표들을 동시에 성취하려 한다(김영평, 1998).

2) 정책 순환 및 정책의 일관성(Coherence)

정책은 특정한 문제의 해결을 전제로 하며 정책 문제를 해결하기 위한 정책대응은 의제 형성에서부터 정책 평가에 이르기까지의 다양한 행위들로 구성된다. 그리고 이러한 행위들은 일회적으로 끝나는 것이 아니라 지속적으로 반복되는 과정을 통해 되풀이 된다.

정책 분야의 특성에 따라 달라질 수 있지만 순환 과정으로서의 정책 과정은 특정한 규칙과 구조 하에서 이루어지게 된다. 정책의 복잡성과 불확실성이 높은 상황에서는 아무리 사전적으로 완벽한 정책을 세우고 집행한다고 하더라도 사후적인 결과는 최초의 기대나 예상과 달라질 수밖에 없으며 때로는 심각한 실패의 가능성도 있다.

불확실성에 따르는 위험을 최소화하고 이러한 위험이 전체적 위험으로 확대되지 않도록 하는 방법으로 정책 학습을 강조하는 것이다. 정책 요소간 상호작용을 강조하고 구체적인 정책 활동과 복잡한 상호작용 역학을 세부적으로 맵핑하는 것이다(성지은 · 조성은, 2006: 2).

〈그림 2-1〉 정책 순환 과정과 대내외 영향 요소

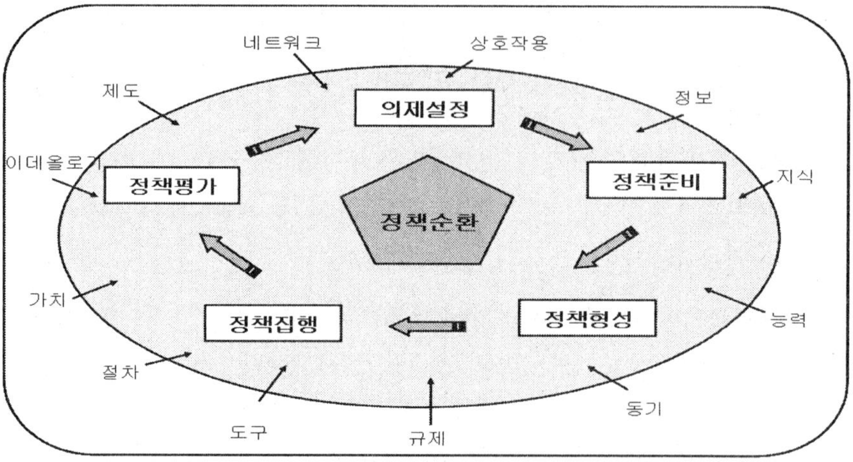

자료: OECD. (2005). Governance of Innovation Systems. Vol. 3.

특히 사회 전반에 걸쳐 국가경쟁력제고와 국민의 삶의 질 향상과 밀접하게 관련되어 있는 과학기술정책 분야의 거버넌스가 더욱 중요해지고 있다[2]. 여기서 거버넌스는 복잡성을 다루고 역학적인 흐름을 관리하는 것이다. 이는 기본적으로 상호의존, 연계, 네트워크, 파트너십, 공진과, 상호조절에 관한 것으로,

2) 이는 국가 R&D 예산의 양적 증가로 전략적 우선순위 설정을 통한 선택과 집중 전략이 강하게 요구되고 있기 때문이다.

정책 자체의 내용보다는 정책형성과 집행의 과정에 초점을 맞추고 있다.

새로운 거버넌스 패러다임 하에서는 공급자의 입장이 아닌 공공서비스의 질과 가치가 과연 고객의 요구와 수요에 부응하여 행정서비스의 효율성·대응성을 제고하게 되는지에 대해 초점을 맞추고 있으며, 정책의 일관성(coherence)[3)]을 이끌어내는 기제로 인식되고 있다(성지은·조성은, 2006: 4).

4. 정책환경과 정책의 관계

정책환경은 정책이 환경에 영향을 미치는 환경의존적 측면과 환경이 정책에 영향을 미치는 환경변화적 측면으로 나누어 살펴볼 수 있다.

1) 정책이 환경에 영향을 미치는 경우

정책이 환경에 영향을 미치는 경우는 정책효과와 정책비용으로 나눌 수 있다. 정책효과는 정책이 집행됨으로 인하여 정책문제가 해결되거나 바람직한 정책목표가 달성된 경우로서 의도된 효과와 부수효과가 있다. 정책비용은 정책수단의 집행을 위해 지불된 각종 희생을 의미한다. 이 경우에 정책비용의 내용이나 성질, 규모는 정책수단과 정책집행에 의해서 주로 결정된다.

2) 환경이 정책에 영향을 미치는 경우

환경이 정책에 영향을 미치는 경우는 간접적 영향과 직접적 영향으로 구분할 수 있다.

---

3) 정책의 일관성은 세 가지 차원에서 살펴볼 수 있다. 첫째, 수평적 일관성(horizontal coherence)은 목표가 대치되는 경우에 있어 부조화를 최소화시키고 서로 서로 개인 혹은 부분별, 정책들 상호간 관계를 더욱 확고하게 만든다. 둘째, 수직적 일관성(vertical coherence)은 정책 결정자의 원래 의도와 일치되는 공공 결과를 가져오게 만든다. 셋째, 시간의 일관성(temporal coherence)은 변화를 위한 가이드를 제공하고 잠재적인 비일관성을 제한함으로써 오늘날의 정책이 미래에도 계속 효과적일 수 있도록 만든다.

(1) 환경이 정책에 미치는 간접적 영향

간접적 영향은 환경이 정치체제를 변화시키고 다시 정책에 영향을 미침으로써 결국 환경이 간접적으로 정책이 바꾸게 하는 것으로서 환경으로부터 지지와 요구를 투입받아 체제의 다망자들이 정책을 산출할 때 정책담당자의 능력이나 성향, 정치이념, 정치체제의 구조, 정치·행정문화 등이 정책의 내용에 영향을 미치는 것이다.

① 정책담당자의 능력이나 성향

정책담당자의 능력이나 성향은 정책의 내용과 추진방법에 지대한 영향을 미치는데, 사회전체의 교육기술수준의 향상 등의 환경변화를 통해 많은 영향을 받는다. 즉, 정책담당자의 능력은 두 가지 면에서 정책의 질이나 내용에 영향을 미치는데 첫째, 문제해결을 위한 지식이나 경험 등의 전문적 능력이다. 정책의 분석적·합리적 결정과 효율적 집행 및 정확한 정책평가를 위하여 필수적인 것이라 하겠다. 둘째는 상호 충돌하는 이해관계를 조정할 수 있는 정치적 능력이다. 이는 정책의제설정, 정책결정 및 정책집행에서 결정적인 영향을 미치게 된다.

정책담당자의 성향은 흔히 신념, 가치관, 태도, 의식 등으로 표현되기도 하는데, 정책의 특정 내용에 대한 정책담당자의 선호도 또는 태도를 의미한다. 이것은 어떠한 내용을 정책으로 결정하고, 이를 집행하며 무엇을 기준으로 정책을 평가하느냐에 커다란 영향을 미친다.

② 정치이념

정치이념은 정부가 가장 우선적으로 달성해야 할 가치가 무엇이며, 정부가 무엇을 해야하고, 국민과의 관계는 어떠해야 하는가 등의 정치적 가치에 대한 일관성 있는 사고체계를 의미하는 포괄적인 개념으로 정책목표, 정책수단, 정책대상집단 등의 정책내용에 대한 가치판단의 방향을 제시하는 역할을 한다. 우리나라를 지배해온 정치이념은 크게 자유주의, 경제제일주의, 정부주도주의, 안보우선과 대외지향주의 등을 들 수 있다.

③ 정치체제의 구조

정치체제의 구조란 정치체제의 '짜임새'를 의미하는 것으로 정치 · 행정문화와 마찬가지로 정치체제가 '어떻게 활동하느냐'를 직접적으로 좌우하는 요인이다. 즉, 정치체제의 구조는 정책과정의 활동방법이나 활동의 양상에 영향을 미침으로서 간접적이지만 정책내용이나 정책결과에 중대한 영향을 미친다. 또한 정치체제를 구성하는 요소들 간의 유형화된 상호관계이다. 국회, 입법부, 사법부 등의 기관과 상호협조, 대립, 갈등, 명령 등으로 나타나는 관계이다. 가장 중요한 것은 아마 이들간의 권력구조일 것이다.

이러한 권력구조는 크게 지역간과 정치기관간의 권력구조로 나타날 것이다. 지역간 권력구조는 중앙정부와 지방정부간의 권력 배분과계를 의미한다. 정치기관간의 권력구조는 행정국가화가 되면서 행정환경 변화에 따른 전문성이 요구되어지고 행정부의 우위현상이 지배적으로 나타나 행정기관내부의 권력구조도 정책과정상에 큰 영향을 미치는데 특히 대통령실과 행정 각 부와의 관계, 행정부처 상호간의 관계 등이 중요하다.

④ 정치 · 행정 문화

정치 · 행정 문화는 정치 · 행정 풍토인데 정치체제가 어떻게 활동하느냐를 좌우하는 하나의 요인이다. 정치행정문화는 정책담당자의 행태를 좌우함으로써 정책의 결정, 집행, 평가를 어떻게 수행하느냐에 영향을 미친다.

정부가 무엇을 해야 하고, 어떻게 운영되어야 하는가에 대한 것과 그리고 정부와 시민의 관계에 대한 가치, 신념 및 태도 등을 의미한다. 정책관점에서 보면 첫째, 넓은 의미의 정치문화 속에는 정부가 무엇을 해야 하는가에 대한 가치관과 신념, 즉 정치이념이 포함되어 있으며, 정부가 어떻게 운영되어야 하는가에 대한 신념, 즉 정부의 운영이나 정치활동 자체의 양태나 이들에 대해서 정치인 및 시민들이 지닌 의식이나 태도를 포함하고, 정부와 시민의 관계에 대한 신념이나 태도가 포함된다.

정치행정문화 중 정책과 깊은 관련이 있는 중요한 것은 권위주의, 분파주의와 정적인간과계의 중시, 흑백논리와 극단주의 등을 들 수 있다.

(2) 환경이 정책에 미치는 직접적 영향

환경이 정책에 직접적인 여향을 미치는 것은 정치체제에 대한 투입을 통해서이다. 환경으로부터 투입되는 요구나 지지는 정치환경에 의존하게 되고 이들 투입의 내용이 달라짐에 따라 정책의 내용도 달라지게 되는 것이다. 그리고 정책환경이 직접 정책내용을 변화시키는 직접적 영향의 경우는 소득수준의 향상, 인구의 증가, 빈부격차의 증가, 도시화와 산업화 등을 예로 들 수 있다. 이를 좀 더 구체적으로 살펴보면 다음과 같다.

① 정책환경의 요구와 정책

정책은 정치체제의 환경에서 요구하는 바, 즉 사회문제의 해결을 그 내용으로 하는 경우가 대부분이다. 이러한 사회문제해결에 대한 요구가 강해지면 이의 해결을 위해 정부에서는 정책문제로 끌어들여 정책을 추진될 가능성이 커진다. 오늘날 사회문제를 발생시키는 가장 중요한 요인으로서 산업화, 도시화, 세계화, 정보화, 지방화에 따른 빈부격차의 증대 등 경제적, 사회적 요소 등을 들 수 있다.

첫째, 산업화와 공업화를 통해 2차 산업이 증대되어 노동쟁의, 노사문제의 노동정책, 사회보장 및 복지정책의 문제가 대두하였고, 산업공해라든가 환경오염을 통해서 환경정책의 필요성이 강조되고 있다.

둘째, 도시화는 교통, 주택, 화재, 범죄, 보건위생의 문제들이 심삭하게 대두되었고, 셋째, 세계화를 통해 다양한 국제간의 문제들이 현안 문제로 대두되었다. 넷째, 정보화는 정보산업의 육성과 정보화의 부작용에 따른 다양한 대응정책들이 쏟아져 나오도록 만들었다. 다섯째, 지방화와 분권화를 통해 지방의 다양한 정책들이 입안되었고, 그 외에도 환경적 변화를 통해 다양한 문화예술적 욕구, 교육, 스포츠나 여가 등을 위한 사회환경의 변화에 따른 정책들의 필요성에 그에 상응하는 정책들이 입안되고 추진되도록 만들어 졌다. 이러한 모든 것들은 정치체제가 외부환경의 변화로 인하여 반응하는 것이라 볼 수 있다.

② 정책환경의 지지와 정책

정치체제가 환경에 서비스나 정책을 산출물로 제공하려고 할 때 필요한 능력은 환경으로부터의 지지를 획득해야 하고, 지지의 크기에 따라 환경적 요소가 정책을 크게 제약하게 된다. 그래서 환경의 지지를 좌우하는 요인을 흔히 정책의 제약요소라 부른다. 환경의 정치체제에 대해 지지하는 유형을 세 가지로 다시 나누어 볼 수 있다.

첫째, 정치체제에 대한 정신적 지지와 순응이다. 정책을 결정하고 집행할 때 정책대상집단의 지지와 순응은 그 정책의 성공적 집행을 위해서 무엇보다 중요하다. 지지를 받지 못하고 불응이 일어나는 정책은 그 만큼 실패할 가능성이 커지고 추진이 어려워 질 것이기 때문이다. 따라서 정치체제가 환경이 요구하는 것을 실현시키기 위해서 공권력발동에 대한 순응은 여러 가지 규제정책을 수용하고 처벌이나 규제를 감시하는 행위 등이다.

둘째, 인적자원의 공급이다. 정치체제가 정책이라는 산출물을 생산하기 위해서는 정치체제를 운영하는 인간이 있어야 하고 여기에 투입되는 인력의 양과 질에 따라서 정책의 내용이 달라진다. 국방정책·징병제도가 대표적인 예로서 환경에서 투입되는 인력의 질이 정책이나 사업의 내용을 크게 좌우한다.

셋째, 물적자원의 공급이다. 환경이 정치체제에 제공하는 물적자원 중에서 가장 중요한 것이 조세, 수수료 등 정부의 재정수입이다. 재정수입의 증가를 결정적으로 좌우하는 것은 국민소득수준이다. 국민소득수준이 같은 나라라도 정치체제의 특성에 따라 그 내용이 달라지는 부분이 된다. 그러나 국민소득이 일정수준 이상 도달하면 소득이 정책에 미치는 영향은 약화되는 반면 소득 이외의 다른 요소의 영향이 커지게 된다.

제 3 장 정책과정과 참여자

1. 정책과정

정책학의 핵심적인 연구대상인 정책을 연구하기 위해서는 일반적으로 정책과정을 중심으로 이해하는 것이 보편적이다. 먼저 정책과정이란 "정책의제설정에서 정책문제의 제기로부터 정책의 결정 · 집행 · 평가를 거쳐 종결에 이르는 일련의 정책흐름의 전 과정"을 지칭하기도 하고 정부 또는 정치체제가 그 목표를 달성하기 위하여 가장 적합한 활동의 지침을 결정하는 행위 및 과정이라고도 한다.

정책과정의 단계에 대해서는 여러 학자들이 다양하게 정의하고 있기에 그 대표적인 학자들의 견해를 살펴보면 다음과 같다.

1) 라스웰(Lasswell)의 정책과정

Lasswell은 의사결정과정을 정보제공, 건의, 처방, 행동화, 적용, 종결, 평가 등 7단계로 모형제시하고 구분하면서 이러한 과정은 끊임없이 환류가 일어난다고 보았으며, 이를 정책담당 기구와 그들의 기능에 대한 조사와 정책적 관심을 기울이기 위한 하나의 틀로서 고안하였다.

이를 구체적으로 살펴보면 ① 정보제공(정보를 수집하고 예측하고 기획하는 단계), ② 건의(정책의제형성 : 정책대안을 작성하는 단계), ③ 처방(정책결정 : 최선의 대안을 선택하는 단계), ④ 발동(실험적 집행의 한 형태 : 선택된 대안을 잠정적으로 시행하는 단계), ⑤ 적용(선택된 대안을 본격적으로 집행하는 단계), ⑥ 평가(정책의 성공 여부를 판단하는 단계), ⑦ 종결(정책의 수정 및 폐기 등을 결정하는 단계)로 구분하였다.

그러나 이 분류는 의사결정과정이지만 의사결정이 아닌 집행과 평가를 포함하고, 상호배타적이지 못하며, 행동화와 적용의 현실적 구분이 모호하다거나 정책의 종결을 포함하고 있는 등의 문제점을 지니고 있다(정정길, 1997: 180-181).

2) 드로어(Dror)의 정책과정

Dror는 정책과정을 크게 기본방침결정단계, 정책결정단계, 정책결정이후단계 3단계로 구분하였고, 이후 이것을 다시 18개의 세부단계로 다시 나누어서 설명하고 있다. 기본방침결정단체에서는 첫째, 정책문제, 관련된 가치, 이용가능한 자원의 확인과 확보단계, 둘째, 정책결정체제의 설계와 문제, 가치, 자원의 배분단계, 셋째, 정책결정전략을 결정하는 단계로 나누어 질 수 있다.

정책결정 단계에는 정책결정을 위한 자원을 세부 정책결정 단계에 배분하고, 세부적 목표의 설정과 관련된 타 가치들을 확정하여 이들 간의 우선순위를 결정하며, 정책대안의 탐색, 정책대안의 결과 예측, 정책대안 비교 평가, 그리고 최선의 대안선택 작업 등이 포함된다(Dror,1968; 163-196).

정책결정이후단계는 집행준비단계, 정책집행, 정책평가단계와 모든 단계들을 연계시키는 의사진단과 환류기능으로 나누어 설명하고 있다.

그러나 Dror의 정책과정은 기본정책결정과 세부정책결정은 그 내용이 아주 치밀하지만 본질적으로 차이가 없다거나 지나치게 복잡하게 설명하고 있으며, 지나치게 많은 연구와 작업을 요구하며, 정책의제설정에 대한 논의가 없다는 비판을 받고 있다(정정길, 1997: 183-184).

3) 앤더슨(Anderson)과 존스(Jonse)의 정책과정

앤더슨(Anderson0은 정책과정을 정책의제설정단계, 정책대안작성단계, 정책대안의 채택단계, 정책의 집행단계, 정책의 평가단계로 다섯 단계로 나누어 설명하고 있다(Anderson 저, 이종수, 이대회 역; 1995)[4].

존스(Jones)의 정책과정은 인지, 정의, 결집, 조직화, 대표, 형성, 합법화, 적용, 반응, 평가, 해결 등의 과정으로 이루어지며 11단계 중에서 7단계를 정책의

4) 정책의제설정은 정책체제를 둘러싼 정책환경으로부터 제기되는 사회문제 중 일부는 정책의제로 전환하는 과정이다. 정책결정은 가장 우수한 정책대안을 선택하는 과정이며, 정책집행은 결정된 정책을 현실세계에 적용하는 과정이다. 정책평가는 정책이 잘 실현되었는가를 판단하는 과정이다. 정책변동은 추진 중인 정책을 의도적으로 종식시키거나 중지하는 과정이다.

제 설정에서부터 합법화단계로 다루고 있다(김해동 역 1986; 21-23). 첫째, 정책의제설정단계로서 정책문제를 정부로 귀속시키는 단계(문제정의→결속→조직화→대표→의제채택), 둘째, 정부내의 행동단계(정책결정→합법화→예산배정), 셋째, 정부가 문제를 해결하는 단계(정책집행), 넷째, 추진된 사업을 정부가 재검토하여 필요한 조치를 취하는 단계(정책평가→정책종결)로 구분하였다.

이상과 같이 정책과정의 단계를 그 기준 여하에 따라 다양하게 나눌 수 있지만, 오늘날에는 정책의제설정, 정책결정, 정책집행, 정책평가, 정책완료 그 밖의 정책변동의 단계로 나누는 것이 일반적이며(최창호・하미승, 2007: 215), 정책과정을 그림으로 나타내면 다음 〈그림 3-1〉과 같은 단계를 거친다.

〈그림 3-1〉 정책과정의 단계

정책의제설정 = 사적문제→공식문제→이슈→체제의제→기관의제

↓

정책결정 = 문제의 의지→정책목표달성→정보·자료의 수집과 분석

↓

정책집행

↓

정책평가 = 탐색·상황판단단계→평가의 목표 ·대상 확정단계→조사설계단계→분석·해석단계

↓

정책완료

자료 : 최창호・하미승, 2006: 215.

2. 정책과정의 참여자

정책과정은 정치체제의 핵심적인 활동으로서 이 과정에서 산출되는 정책이나 정책결과는 모든 국민에게 영향을 미친다. 그러므로 국민들은 누구나 자신들의 이익을 위하여 이 과정에 참여하고자 하며, 민주적 정치체제에서는 그것이 당연한 것으로 인정되고 있다(정정길, 1990:138-139).

그러나 간접민주주의 하에서는 국민은 선거에 의하여 정부의 담당자인 대통령이나 국회의원을 선출하고 이들과 이들의 지휘 감독을 받는 행정관료가 정책과정에 참여하게 하고 있다.

이러한 정책과정의 참여자는 크게 공식적 참여와 비공식적 참여자로 구분해 볼 수 있다.공식적 참여자(정부측 정책형성자 또는 참여자)들은 국회, 대통령(행정수반), 행정부처, 사법부를 들 수 있고, 비공식적 참여자(비정부측)들로는 일반국민, 정당, 이익집단, 언론, 전문가와 지식인 등을 들 수 있다. 이들을 정책과정에 따라 좀 더 자세히 살펴보면 다음과 같다.

1) 공식적 참여자

(1) 국회

정책과정상 국회의 역할은 정치체제 내에서 입법권한과 정책 형성기능을 담당하는 동시에 행정부에 대한 통제권한도 가지고 있어 많은 영향을 끼친다. 그러나 현대 국가에서 대부분 행정국가화가 이루어져 의회의 권한이 많이 약화된 것은 사실이다. 이러한 원인은 첫째, 위기관리 하에서 신속히 결정할 필요가 있거나 전략적 정책과 같이 비밀과 계속성 및 일관성이 요구되는 경우에는 많은 관련자가 공개적으로 참여하여 토의하며, 이해당사자 간에 타협과 합의가 중시되는 국회의 심의의결이 적절치 못한 경우가 존재하기 때문이다.

둘째, 국가기능의 양적 팽창과 질적인 심화에 대해 행정부와는 달리 국회가 적절히 대응할 수 없다는 사실이다. 입법권을 중심으로 보면 행정부 발안비율이 상당히 높고 대부분 가결되며, 골격입법을 통한 추상적이고 기본적인 틀만 밝혀

행정부에 재량권이 강화되어 국회는 오히려 약화되는 경향을 보여주고 있다.

그러나 국회기능의 약화현상에도 불구하고 정책에 대한 입법권과 예산안 심의, 정책평가, 국정조사 등의 방법을 통해 많은 영향력을 행사하고 있다. 이에 정책과정상에 있어 공식적 참여자로서 국회의 역할을 살펴보면 다음과 같다.

① 정책의제설정

정책의제설정에서는 공식적 참여자 즉 국회, 정부, 대통령 등 정부기관의 역할이 가볍게 취급되어 왔어나, 최근에는 비공식적 참여자보다는 공식적 참여자들인 정치지도자들이 보다 중요한 역할을 한다. 특히 선거에 의하여 당선된 대통령이나 국회지도자가 큰 영향을 미친다.

② 정책결정

국회는 입법권을 통해 정책을 최종적으로 결정할 권한을 가지며 정책과 법률이 동일한 것은 아니지만 입법권을 통해 강력한 정책결정권을 행사한다. 또한 비입법적 방법 즉 예산의 심의 등을 무기로 영향력을 행사할 수 있다.

국회의 영향력은 정책의 종류에 따라 차이가 있을 수 있다. Franklin & Ripley(1980)의 연구에 따르면 배분정책의 경우 이익집단, 국회위원회, 관료조직이 결정적 영향력을 미치고, 규제정책의 경우 국회본회의, 관료조직, 대통령, 이익집단이 재분배정책의 경우 대통령, 국회본회의, 이익집단이 외교국방정책과 전력정책에서 국회의 본회의가 강력한 영향력을 행사한다고 하였다.

③ 정책집행과 정책평가

국회는 간접적으로 정책의 집행에 개입하고, 간섭할 수 있다. 이에는 3가지가 있는데 예산의 심의, 정책평가, 국정조사의 방법을 통한 일반적 행정통제가 가능하다. 예산이 없으면 정책집행이 불가능하다.

국회는 예산의 삭감을 통해 집행에 개입할 수 있다. 또한 명시적이든 묵시적이든 정책평가를 행하고 이를 근거로 집행에 영향을 미친다. 국정감사나 국회의 질의·토론을 통하여 행정의 낭비·부패 등을 추궁하는 행정통제를 행할 수 있다.

(2) 대통령(행정수반)

대통령은 행정수반으로서 행정기관을 지휘하여 모든 정책을 결정하고 집행할 권한과 책임을 갖고 있다. 또한 국군통솔권 및 위기관리자로서의 책임과 권한도 가진다. 아울러 법률안거부권, 정책안의 국회제안, 국회의 의결을 요하지 않는 정책의 결정 등 실로 막강한 권한을 가지고 있다.

또한 집권당인 여당을 통하여 국회에도 강력한 영향력을 행사한다. 특히 우리나라와 같이 강력한 대통령 중심제인 정치체제에서는 정책 형성뿐 아니라 정책집행에도 강력한 리더십을 발휘한다. 이런 경우에는 이익집단의 영향력이 그리 크지 않다 일반적으로 정책결정 초기 단계에서는 정부기관이 소극적인 역할을 하는 것으로 여겨졌으나 최근의 연구에서는 공식적인 참여자들인 대통령이나 고위 정책결정자의 역할이 중요하다는 것이 중론이다(정정길, 1997: 220).

이러한 경우 선·후진국이냐 대통령중심제냐 내각책임제냐에 따라 다소간의 차이는 있을 것이다. 우리의 경우 경제제일주의, 정부주도, 안보우선의 정치이념과 가부장적인 권위주의와 흑백논리, 비타협적 정치풍토에 의한 정치문화, 정당 등 정치제도의 취약성 등에 의해 대통령으로의 권력이 집중되어 있다고 해도 과언이 아닐 것이다.

① 정책의제설정

정책의제설정에서는 공식적 참여자 즉 의회, 정부, 대통령 등 정부기관의 역할이 가볍게 취급되어 왔어나, 최근에는 비공식적 참여자보다는 공식적 참여자들인 정치지도자들이 보다 중요한 역할을 한다. 특히 선거에 의하여 당선된 대통령이나 의회지도자가 큰 영향을 미친다.

② 정책결정

대통령제에서 정책의 최종결정을 행정수반이 책임지고 있으므로 중심적인 역할을 한다. 외교, 국방 및 위기시의 정책결정에 있어서는 강력한 영향력을 행사하고 상대적으로 국내정책에 있어서는 약하다. 전체적으로 미국의 대통령은 정책결정에 있어서의 영향력이 의회·행정부처에 의하여 크게 제약을 받고 있다. 우리나라의 경우 가장 강력한 힘을 발휘한다고 할 수 있을 것이다.

③ 정책집행과 정책평가

정책집행과정에서의 대통령의 역할은 선진국의 경우는 크게 제약을 받는다. 후진국의 경우 행정수반으로서 대통령이 압도할 수 있지만 관료권이 확립되어 있고 강력한 이익집단을 고객으로 지니고 있는 행정 각 부처는 대통령의 집행명령에 따르지 않은 경우가 많다. 또한 대통령은 감사기관을 통해서 정책집행에 대해 정책을 평가하는 간접적인 기능을 수행한다.

(3) 행정부처

행정조직의 공식적 권한은 정치기관인 대통령과 의회가 결정한 정책을 정치적 중립성과 정문성에 입각하여 충실히 집행하는 것이다. 오늘날 국가가 당면한 사회문제는 복잡, 다기하여 고도의 전문성과 기술성이 요구되는데 전문적 지식과 정보를 통해 국가에 관련된 사회, 경제 등의 다양한 문제를 거론하고, 집행하는 실질적 주역이 행정부처라고 볼 수 있다.

이처럼 행정부처의 정책형성 기능이 비대해짐에 따라 정치적 통제의 필요성이 대두하게 되었다. 즉 그들은 많은 정보와 전문적 기술을 가지고 있기에 정치적 통제가 없으면 국민의 의사를 무시하고 독선적으로 정책을 결정할 가능성이 크기 때문이다(김해동 외, 1983: 88-89)

우리나라의 행정부처의 관료들은 공익을 극대화시키는 정책의 수행자라기보다 권위주의에 젖어 군림하는 심성(mentality)이 철저하게 체질화되어 있고, 종적인 중앙집권화 경향으로 하의상달이나 부처간의 협의 등 민주적인 과정은 찾기 어려우며 계층별, 기관별로 지시 위주의 정책결정 및 집행이 이루어진다(손준규, 1993: 169)고 지적하는 경우도 있다.

① 정책의제설정

Cobb은 정책의제설정 유형 중 후진국에서 많이 나타나는 동원형과 내부 접근형에서는 정보의 정치지도자와 행정부의 관료조직이 정책의제의 설정을 주도한다고 보았다. 우리 나라와 같이 의회의 권한이 행정부에 비해 상대적으로 미약하고 이익집단의 자율성이 보장되지 않는 경우 대통령과 관료집단이 의제설정에 미치는 영향이 매우 크다. 행정조직이 의제설정에 영향을 미칠 수 있는 이유는 첫째, 장기간에 걸친 신분보장으로 정보와 경험의 축적되어 있다는 것이다. 둘째, 대안의 실현가능성 등 행정관료들의 전문성이다. 셋째, 의회의 소위원회와 이익집단과의 일련의 관계성 때문이다.

② 정책결정

정책결정의 주요 내용인 정책대안의 탐색과 분석은 관련행정조직의 역할이 중요하며 실질적인 영향력을 미칠 수 있다. 그 요인으로는 행정조직의 전문성, 행정조직이 가진 집행권한이 정책결정에 미치는 영향, 행정조직이 행사하고 있는 광범위한 재량권, 행정조직이 맺고 있는 이익집단과의 기능적 연계를 통해 정책결정에 영향을 미친다.

(4) 정책집행과 정책평가

정책집행은 행정조직의 고유한 권한이다. 공식적 결정자들은 시간과 정보, 전문성이 부족하고 경우에 따라서는 집행의 필요성 때문에 골격입법을 통해 행정조직에 광범위한 재량권을 위임한다. 행정조직이 정책집행을 주도할 수 있는 요인은 첫째, 정부의 행정조직은 일상적인 공공업무를 수행하면서 대통령과 의회보다 국민들의 일상생활에 더 밀접한 관련을 맺고 있다는 점, 둘째, 전문성 셋째, 행정조직의 계속성, 넷째, 행정조직이 확보하고 있는 고객 때문이다.

이러한 정책집행의 결과로 효과를 체계적으로 파악하는 것으로 정책의 지속, 수정, 종결의 여부를 판단하는 기초이다. 행정조직은 대통령이나 의회의 지시를 따라서 자주 정책평가의 임무를 수행한다. 그러나 각 관서의 문제시에는 다른 기관에서 평가한다. 정보와 자료를 제공함으로서 영향을 미친다. 또한 행정조직 중 평가를 전문적으로 담당하는 조직 즉 감사원, 중앙부처의 기회관리실 등의 조직을 통해 자체적 평가가 이루어지고 있다.

(5) 사법부

사법부는 법률심사권이나 법률 해석권을 통하여 정책의 성격이나 내용에 영향을 미친다. 국회가 제정한 법률 또는 행정부의 결정과 명령이 헌법에 어긋나는가의 여부를 판결하는 소위 위헌법률심사권을 통하여 정책과정에 참여한다. 즉 사법부의 법해석은 모두가 따라야 하기에 이런 의미에서 정책형성에 참여하고 있다고 볼 수 있다.

신분보장을 받는 법관들에 의해서 구성된 사법부는 미국의 경우 실질적인 정책결정을 담당하고 있으나 우리나라의 최근 사법부의 판결을 통해 정책결정기능이 나타나고 있으나 아직 그 영향은 미미한 편이다(김해동외, 1983: 89).

2) 비공식 참여자

(1) 일반국민

개인으로서 조직화되지 않은 대중으로 참여하는 것으로 일반적으로 정책형성에 있어서 일반국민의 참여 및 영향에 대해서는 무시하는 경향이 있다. 물론 헌법 개정 등 중요한 법령에 대해서는 국민의 승인을 받도록 하고 있으나 사실 일반 국민 하나하나는 그 영향력이 미미하다.

일반국민들이 정책형성에 참여하는 방법은 첫째, 투표행위, 둘째는 일반국민들이 이익집단이나 정당의 활동에 참여하여 정책형성 과정에 영향을 미칠 수 있다. 셋째는 나름대로의 창의력을 발휘하여 새로운 아이디어를 정책결정자에게 제공하거나 정보를 전달함으로써 정책에 영향을 미칠 수 있다. 그러나 민주주의 체제에서도 정책형성에의 국민참여는 매우 낮은 것이 현실이다(김해동, 1983: 93).

① 정책의제설정

정책의제설정단계에서 개별적인 일반국민들이 그 영향력을 행사하지 못하고 있다. 하지만 집단행동을 통하여 정책의제설정과정에 참여하기도 한다.

② **정책결정 · 집행**

정책결정과 정책집행에 대한 국민들은 개개인의 역할도 일반적으로 보면 미미한 상태이다. 그러나 정책안에 대한 국민들이 투교과정을 통하여 직접 투표하거나, 대표자를 선출하는 선거과정을 통하여 간접적 참여와 정책결정과정이나 집행과정에 직접의사를 반영하는 직접적 참여를 한다. 즉, 정책에 대한 주민투표나 주민발안 등을 통해 이루어지기도 하고, 공청회나 심의회에 참여하여 의사를 개진하는 형식으로 이루어지기도 한다.

③ **정책평가**

정책평가과정에서는 일반국민들은 직접적으로 참여하지 못하고 단지 국민 개개인의 영향을 선거를 통해 간접적으로 밖에 의사를 표현하지 못한다.

또한 여론은 일반 국민이나 시민이 정책과 관련해서 지니고 있는 공통적인 의견이라고 볼 수 있다. 정책의제설정 과정에서 아주 중요한 역할을 한다. 여론은 사회문제에 대한 일반국민에게 호소하여 지지를 얻으면 주요한 정책의제로 된다. 정책결정 · 집행과정상에서는 여론이 형성되지 못하는 경우가 많다. 정책평가과정상에서는 여론화된 정책평가의 경우 영향이 크다. 진정한 선거제도를 통한 여론을 중시하도록 만들어야 한다.

(2) 정당

정당은 정권획득이나 중요한 정부직책을 장악하는데 그 목표를 두고 뜻을 같이하는 사람들이 모인 결사체이다. 그래서 국민들의 요구의 각종문제들은 정책대안으로 내놓고 정치적 게임에서 참가한다. 선거를 통해 정권을 잡을 때 정책결정에 막대한 영향을 미치며, 집권 여당의 경우에는 그 정당의 의견이 곧바로 정책화되기도 한다.

그러나 정책기구로서의 정당은 많은 한계를 안고 있다. 다수국민의 지지를 받는 정책의 결정을 위한 정당의 기능을 바르게 수행하기 위해서는 먼저 개별 정당들은 이익결집을 통하여 구체적인 정책을 밝히고, 국민들은 자신들의 지지하는 정책을 제시하는 정당에 투표를 하고, 선거에서 이긴 정당은 자신들이 공약한 정책을 정부정책으로 결정하고 이를 충실히 집행해야 한다.

현실에서는 구체적인 정책을 밝힐 경우 득표에 오히려 손해를 보기 때문에 애매모호하고 추상적 정책을 제시하고, 투표시 선호하는 정책을 제시하는 후보에게 투표하지 않고 특정문제는 선호하지만 다른 것은 그렇치 않을 경우, 후보자의 인품, 능력, 학연, 지연, 혈연에 얽매여서 투표가 이루어지고 선거에서 이긴 정당이 제시한 公約도 실제의 경우 空約으로 끝나는 경우가 허다하다. 그러나 정책과정상에 있어 정당의 역할은 무엇보다 중요하다 하겠다. 이를 과정별로 살펴보면 아래와 같다.

① 정책의제설정

정책의제설정은 정치과정상으로 보면 이익표출과 이익결집의 두 가지 기능이 결합된 활동이다. 이익표출은 이익집단에 의하여 자신의 이익을 위하여 정부에 어떠한 행동을 해줄 것을 요구하는 형태로 나타나고, 이익결집은 정당을 통하여 각종 요구들을 정책대안으로 전환하는 기능이다. 정당에 의한 이익결집은 정당이 선거 시에 제시하는 공약사항 또는 정강정책으로 나타나게 된다. 결국 정당은 이익결집을 통하여 정책의제설정에 지대한 영향을 미친다.

② 정책결정

정책결정은 원칙적으로 공식적 참여자인 정부기관인 국회, 대통령이나 행정부가 담당한다. 그러나 실질적으로 정당이 집권당이 되는 경우 상당한 영향력을 행사한다. 정당이 선거 시에 제시한 정책대안은 그 정당이 집권당이 되는 경우에 그대로 정책이 되거나 구체화되고, 수정·보완되어 정책으로 결정되는 경우가 많다.

③ 정책집행과 정책평가

정책집행은 행정부의 책임이며 그 중에서도 관료조직의 담당기능이다. 그래서 정당참여가 별로 없다. 그러나 집권당의 경우 집행이 자신이 원하는 방향과 방법으로 추진되도록 행정부의 지도층 장관, 차관에게 영향력을 행사한다. 야당의 경우는 집행과정상의 실패, 실수, 행정부패 등을 정치적 평가를 통하여 비판적 기능을 수행하고 있다.

(3) 이익집단

이익집단은 집단구성원들의 공동의 이익을 증진함을 목적으로 한다. Truman은 이익집단을 "다른 집단에게 일정한 주장을 하는 공동의 이해를 지닌 집단"으로 정의하고 이러한 이익집단이 정부기관에 대하여 또는 정부기관을 통해서 이런 주장을 할 때 정치적 이익집단이 된다.

정책과정에 있어서의 이익집단의 역할은 국민과 정책결정자의 중간에 서서 국민들에게는 어떤 사항에 대하여 정보를 제공하거나 재정적인 지원을 해주기도 하고 정책 형성에 관한 전반적인 사항을 알려주기도 한다. 또 정책결정자들에게는 그들의 전문기술이나 회원을 제공하며, 여론을 유리한 방향으로 해석하여 전달하는 등의 정치적 지지를 보여준다. 이런 제공의 반대급부로서 이익집단 등은 양쪽 집단에 대하여 영향력을 발휘한다. 이익집단들의 중요한 자원은 전문성과 정보이다 그들은 이를 제공함으로써 입법부나 관료들에게 힘을 행사한다. 또 그들은 재원이나 기타 여러 가지를 가지고 정책 형성에 영향력을 발휘한다. 그들은 보통 자신들의 이익을 위하여 여론을 왜곡하는 경우가 많으므로 정책의 질을 향상하기 위해서는 이익집단의 편견에 치우쳐서는 안된다. 이익집단의 영향력은 이익집단의 수가 많아 서로 다른 주장을 하거나 한 사람이 여러 집단에 소속되어 있거나 하기에 영향력이 약화된다. 그렇기에 소수의 이익집단만이 정치적인 역량을 발휘한다.

공직자에 대하여 영향력을 행사하면 압력집단이 되는 것이고, 이들 이익집단의 전형적인 정치적 역할은 이익표명이다. 이익집단의 활동은 민주주의에서 필수적 기능을 수행하는데 첫째, 이익집단이 원하는 진정한 요구가 된다. 둘째, 개개인 보다 공동으로 정부에 대해 자신들의 이익을 요구하는 것이 효과적이다. 그러나 이러한 이익집단은 정책과정상에서 문제점이 발생할 수 있다. 첫째, 개별적 특수이익이 전체적 공공이익을 침해할 우려가 있다는 것이다. 둘째,

강한 이익집단이 약한 이익집단을 희생시키는 경우가 있다는 것이다. 물론 이익집단론자들은 정책결정자들이 잠재집단을 염두에 두기 때문에 특수이익이 정책을 지나치게 좌우하지 않고, 중복회원의 문제, 삼권분립 등 정치구조를 통해 특수이익의 지배가 어렵다고 주장한다. 정책과정상에 있어서 이익집단의 역할을 보면 아래와 같다.

① 정책의제설정

이익집단은 이익의 표명 또는 표출을 통해 정부기관에 간접적으로 요구하는 형태를 취한다. 이러한 사회문제가 아젠다로 받아들여지기 위해서는 강력한 정치적 지지를 확보하고, 실현가능성 있는 해결책으로서 정책대안을 제시하는 것이 중요하다. 이익집단은 구성원에게 피해를 주는 문제를 해결해 줄 것을 정부기관에 당연히 요구할 수 있는 입장에 있고 이 문제의 정책의제화를 위해서 필요한 대중의 지지 등의 정치적 지지를 동원하고 또 문제해결을 위한 실현가능성 있는 정책대안을 제시함으로써 정책의제설정에 결정적인 역할을 한다.

② 정책결정

이익집단은 자신에게 유리한 정책이 결정되도록 정부기관에 영향력을 행사한다. 지적인 것으로서 정책결정자에게 문제해결에 필요한 전문지식, 문제 상황 및 문제의 원인과 결과에 관한 정보와 자료의 수집 · 제공한다. 또한 정치적인 것으로서 정치적 지원을 미끼로 이용하고 정치적 압력을 가한다. 최악의 경우 데모, 파업, 폭력행사 등을 동원하기도 한다. 실제의 개입정도는 정치체제의 특성에 따라 달라진다.

③ 정책집행과 정책평가

이익집단이 정책집행의 대상이 되었을 때 수혜자의 경우 관료들을 독려, 자극하고 피규제자인 경우 정책의 무력화를 위해서 노력할 것이다. 정책평가에 있어서도 평가시의 자료나 정보의 제공을 통해 자신들에게 유리한 평가가 나오도록 노력하고 경우에 따라서는 신랄한 비판을 가하기도 한다.

이러한 이익집단의 영향력을 좌우하는 요인들을 살펴보면 먼저 내부적 요인으로 규모가 클수록, 경제적 자원이 많을수록, 리더십이 강할수록, 응집력이 클수록 영향력이 커지고, 외부적 요인으로 정치체제구조가 민주적이고, 공식적 참여자의 성향이 이익집단을 지원할 때 그 영향력이 커진다.

(4) 언론

언론은 대중매체를 통하여 사회문제를 제기하고 각종 정보나 주요 사건들을 국민들에게 널리 알려 줌으로써 여론을 조성하여 정책과정에서 중요한 역할을 수행하고 있다. 즉, 언론은 대중매체를 통하여 사회구성원들 간의 의사전달을 돕고, 사회에서 발생하는 주요 사건들을 구성원에게 알려주는 역할을 하고 있다. 정책과정상에 언론의 역할을 보면 아래와 같다.

① 정책의제설정

언론은 다양한 정보들을 일반국민에게 제공함으로써 여론을 형성하게 하는데 결정적인 역할을 수행한다. 즉, 언론의 역할에 대해서 다양하게 평가하고 있지만 언론은 정책형성에 있어 정책을 창안하거나 개발한다기보다는 어떤 이익집단의 대변자 역할을 통해서나 일반국민에게 정보 등을 제공함으로써 여론을 조성하여 정책형성에 관여한다.

② 정책결정 · 집행 및 평가

중요한 정책결정과 정책집행상의 주요 결정에서는 언론의 영향력이 비교적 약하다. 또한 정책결정과 집행결과상의 문제를 언론기관이 보도하게 되면, 여론을 불러일으키나 여론화되지는 않더라도 묻혀지기 쉬운 문제점들이 나타날 수 있다.

그러나 우리나라의 정치, 사회적 현실에서 공정한 판단자로서의 언론의 역할을 기대하는 것은 어려운 실정이다.

(5) 전문가와 지식인

특정한 분야에 전문적 지식이나 기술을 가진 사람들로서 정책결정과정에 영향을 미치는 경우가 있다. 이에 정책과정상에 있어서 전문가와 지식인들의 역할을 살펴보면 다음과 같다.

① 정책의제설정

전문가와 지식인들은 특정한 사회문제를 분석, 검토하여 그 심각성을 경고하고 정책대안을 제시하고 그 해결책을 제안함으로서 정책결정과정에 간접적으로 참여하고 있다.

② 정책결정과 집행

전문가들과 다양한 지식인들은 특정한 사회문제의 해결책이나 정책대안을 제시하고 또 이들을 비교, 평가하는 등 중요한 지적이고 분석적인 작업을 수행하여 정책결정에 중요한 역할을 수행하고 있다. 그러나 정책집행과정에서는 거의 영향을 미치지 못하고 있다.

③ 정책평가

전문적 지식과 기술을 가진 전문가들과 지식인들은 정책의 실질적 효과가 발생했는지의 여부를 판단하거나 정책내용의 잘 잘못을 비판적으로 평가함으로써 정책평가에 참여하고 있다. 즉, 교수, 언론인, 종교계의 조직화로 막강한 영향력을 발휘하고 있다.

결국, 정책결정과정에서 정책공동체의 형성을 통한 사회문제의 본질에 대한 분석, 검토가 이루어지고 해결책과 정책대안을 제시하고 집행이 이루어지고 난 후에 평가를 통해 유용한 정보를 확보하고 책임성을 확보하는 것이 무엇보다 중요하다 하겠다.

제2부 정책결정 과정

제 4 장 정책의제설정

1. 정책의제의 의의와 유형

1) 정책의제의 의의

정책의제는 "정책꾼들의 관심을 받으면서 논의가 이루어지는 문제나 요구를 의제라 하며 의제의 모음을 아젠다"라고 하였다(송근원 · 김태성, 2003). 그리고 정책의제로 채택되면 그 해결이 논의되고 여러 가지 해결방안 가운데 하나를 선택하게 되는데, 이때의 해결방안들을 정책대안이라 부르고, 선택된 대안을 정책이라 부른다고 정의하고 있다. 그리고, 정책의제는 정책문제와 다르다. 어떤 사회문제가 사회적 이슈화하여 정부의 정책적 고려의 대상이 되어야 할 단계에 이른 문제를 정책문제라 하고, 이러한 여러 정책문제들 중에서 실제적 정책대응을 위한 구체적 논의의 대상으로 채택 또는 표명된 문제를 정책의제라 하는 것이다. 즉 정책문제 중에서도 정책의제로 채택 또는 표명되지 아니한 것이 있을 수 있는 것이다(윤기찬 외, 2010: 131).

문제란 '사람에게 그에 대한 해결욕구를 유발시키는 불만족스러운 상태나 조건'을 의미하며, 사회문제란 '불만족스러운 상태를 야기하는 개인적인 사건이 불특정다수인에게 장기간에 걸쳐서 반복적으로 일어나는 경우'를 말한다. 사회에는 개인문제(사적문제)와 사회문제(공적문제) 등 무수한 문제가 존재하며 그 중 정부에서 공식적으로 해결을 위하여 채택한 문제를 정책의제라고 부른다.

결국 정책의제란 수많은 사회문제들 중에서 정부가 그 정책적 해결을 의도하여 공식적으로 심각하게 검토하기로 결정한 문제를 뜻한다. 즉 정책결정자가 어떤 대책을 강구하지 않을 수 없다고 느끼고 선택한 문제를 의미한다.

그러나 언론에 오르내리는 수많은 사회문제들이 있지만 정부가 나서서 해결을 시도하는 문제는 얼마 되지 않는다. 그 이유는 정책결정자가 관심을 갖지 않을 정도로 미미한 사안인 이유도 있겠고, 정책결정자가 정치적, 경제적 이해관계나 예산부족, 해결능력의 한계 등을 이유로 문제를 방치하기 때문이기도 하다(박해룡 외, 2006: 176).

2) 정책의제의 유형

정책의제의 유형은 학자에 따라 각각 다른 관점에서 지칭하고 있다. 정책의제가 개인이나 집단에 의해 제기된 것은 공중의제 · 체제의제 · 환경의제 · 토의의제 등으로 부르고, 정책의제가 정부에 의해 공식적으로 제기된 것은 정부의제 · 제도의제 · 공식의제 · 행동의제라고 지칭한다.

또한 정책결정자의 재량권이 없는 것을 강요의제, 정책결정자의 재량권이 있는 문제를 선택의제라고 한다(Hirschman, 1975: 388-391). Cobb & Elder(1972)는 매면 반복적으로 제기되는 의제를 구의제(old agenda), 전례가 없는 새로운 의제를 신의제(new agenda)라고 한다. 그리고 정책결정자가 어떤 요구를 구체적을 검토하지 않고 형식적으로 기록하여 이익집단들을 회유하려는 것을 가의제(pseudo agenda)라고 하였다.

이와 같이 정책의제는 여러 가지로 나눌 수 있으나, 여기서는 공중의제와 정부의제로 나누고자 한다. 공중의제는 일반 공중이 실제적 정책대응을 위한 구체적 논의의 대상으로 표명하고 있는 정책의제를 말한다. 이 공중의제(public agenda)는 의견이나 입장을 달리하는 여러 개인 또는 집단이 추진하는 것이기 때문에, 그 내용이 명확하지도 않고 우선순위가 통일되어 있는 것도 아니며 시간과 상황의 변동에 따라 가변적이다.

정부에 의하여 공식적으로 채택되기 전이지만 많은 개인이나 집단의 관심이 집중되어 있으며 정부에 의하여 해결되어야 한다고 여겨지는 의제를 아이스톤(Eyestone)은 공중의제라고 부르는데 대하여 콥과 엘더((Cobb & Elder)는 이를 체제적 의제라고 하며, 엔더슨(Anderson)은 토의의제라고 부른다.

정부의제(official agenda)는 정부당국이 공식적으로 채택한 의제이다. 정부의제는 정책결정권을 가진 기관이 구체적으로 검토하기 위하여 공식절차를 거쳐 채택한 의제이기 때문에 그 내용과 우선순위가 명백하며, 다시 공식절차를 거쳐 변경하지 않는 한 변경되지 아니한다. 일반적으로는 공중의제가 공식의제로 발전하는 것이지만, 정부의제가 거꾸로 공공의제가 되거나 정부의제가 바로 정책의제로 채택되는 경우도 있다(최창호 · 하미승, 2007: 216). 이러한 의제들이 정부에 의하여 공식적으로 채택될 경우 아이스톤(Eyestone)은 이를 공식의제라고 하는데 대하여 콥과 엘더(Cobb & Elder)는 제도적 의제라고 하며, 앤더슨(Anderson)은 행동의제라고 부른다.

〈그림 4-1〉 정책의제의 채택

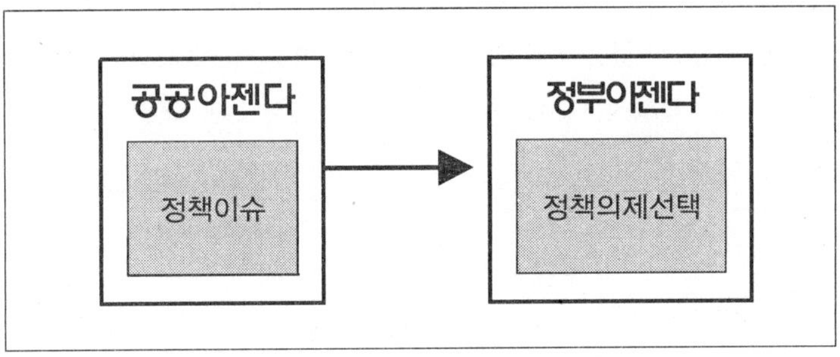

2. 정책의제설정의 의의

1) 정책의제설정의 개념

정책의제설정이란 수많은 사회문제들 중에서 특정 문제를 정부의 정책에 의해 해결되기 위하여 하나의 의제로 채택되는 과정을 의미한다. 다양한 사회문제 중 특정문제가 정책의제로 채택되는 것은 정책과정의 시작이며, 정책결정체제에 환경의 요구와 지지가 최초로 투입되는 민주주의의 핵심과정이기도 하다. 특히 정책대안의 범위를 한정시키고 정책평가의 기준이 되기 때문에 중요하다. 정책의제설정이 잘못되면 아무리 정책대안이 훌륭하고 정책집행이 잘 이루어지더라도 문제상황은 그대로 남게 되는 제3종 오류를 범하게 된다. 제1종 오류란 정책대안이 실제로 효과가 없는데도 효과가 있는 것으로 판단하는 잘못이고, 제2종 오류란 정책대안이 효과가 있는데도 불구하고 없는 것으로 오판하는 경우라면, 제3종 오류란 애초에 정책문제를 잘못 설정하는 경우이다. 즉 편견과 선입견 혹은 정보부족 등으로 정책의세설정과정에서 제3종 오류를 범하게 되면 해결하고자 하는 근원적인 정책문제는 그대로 남겨두고 엉뚱한 정책문제에 많은 노력을 낭비하게 된다.

전통적 연구에서는 정책형성과정 상에 정책의제를 주어진 것으로 보고 그에 대한 해결방안의 탐색·채택과정, 즉 정책결정과정만을 중점적으로 고찰하였는데, 근래의 연구에서는 정책의제설정도 매우 중요한 과정으로 보고 있다. 이로써 전통적 연구에서는 정책의제로 받아들여진 문제만을 다루기 때문에 받아들여지지 아니한 문제도 규명할 수 있어 정책형성에 대한 보다 본질적인 이해에 접근할 수 있게 되었다(최창호·하미승, 2007: 216).

결국, 정책의제설정(agenda setting or agenda building)이란 정부가 정책적 해결을 위하여 사회문제를 공식적인 정책의제로 채택하는 과정 또는 행위, 즉 사회문제가 정책의제로 전환되는 과정이나 행위를 의미한다. 다시말하면 문제의 정부귀속화 과정, 정부의 문제인지과정이라고 할 수 있다.

2) 정책의제설정의 중요성

정책의제로 채택되지 못하면 정책으로 형성되어 집행될 수 없다. 이는 정책결정과정 외에 정책의제설정과정이 매우 중요하다는 것으로 의미하는 것이다. 먼저 정책의제설정은 문제해결 및 정치적 갈등이 일어나는 첫 번째 단계이고 정책과정의 시작점이라는 점에서 중요하다. 정책의제로 채택되면 문제의 해결 가능성이 높아지고, 채택하지 않으면 완전히 방치되는데 그 이유는 ① 해결을 의도하여 문제를 거론하는 것이 일반적이고, ② 정부의제로 채택하면 관련된 개인이나 집단들의 문제해결을 위한 정치적 활동을 촉진하고, ③ 공개적인 논의가 있게 되면 음성적으로 영향을 미치는 반대집단의 힘이 약화되기 때문이다. 이 과정에서 문제해결의 지지집단과 반대집단이 처음으로 등장한다.

둘째, 정책의제설정과정은 정책대안의 실질적 제안과 범위를 한정하는 역할을 가지고 있다. 정책의제설정은 정책결정단계에서 고려해야할 정책대안들이 제시되는 경우가 많다. 정책대안의 실질적인 제안이나 타협안의 작성 등이 실질적으로 정책의제설정과정에서 이루어지기 때문에 정치적 실현가능성 측면에서 고려될 정책대안의 범위를 실질적으로 제한한다. 즉, 사회문제가 아무리 큰 피해를 주고 있다고 하더라도 이 문제를 기술적으로 해결할 수 있는 대안이 없을 때에는 정책의제로 채택되기 어렵다.

셋째, 정책의제화의 차이에 따른 정책과정의 차이가 나기 때문에 중요하다. 정책의제화의 양상이 어떠한가에 따라 나머지 정책과정이 커다란 영향을 받는다. 주도집단이 누구냐에 따라 동원형의 경우에는 정책결정이 분석적으로 되는데 예를 들면 경부고속철도건설과 같은 것은 B/C분석 등 엄격한 분석과정이 요구될 것이다. 반면에 외부주도형의 경우에는 정책결정이 정치적으로 되어, 상호모순되고 충돌되는 정책적 내용들이 있게 되고 집행과정에서도 계속적으로 마찰이 발생할 것이다.

분석적 입장에서 중대한 문제, 미래의 충격적 문제를 적극적으로 미리 탐색하는 것은 매우 중요하다. 사회문제 가운데 중대한 문제를 우선해야할 필요성이 있다. 중대한 문제 즉 어떤 문제로 인한 피해자의 숫자가 많고, 1인당 피해의 강도가 크며, 피해의 범위가 광범위한 경우는 우선적으로 정책의제로 채택되어야한다. 또한 적시에 해결해야할 문제를 우선해야할 필요성이 있다. 문제의 해결을 적시에 해야만 사회전체가 입는 피해의 정도와 문제해결에 지불되는 희생의 정도가 최선의 방법에서 해결될 것이다.

외부주도형의 경우 적시를 놓치는 경우가 많은데 그 이유는 ① 피해를 입은 계층의 문제를 사회쟁점화하고 대중매체를 통하여 일반에게 확산되고 정부의제화 하려면 상당한 시간이 소요되고, ② 의제가 설정된 후에도 결정을 위해 자료수집, 분석과 정치적 타협 등에 많은 시간이 소요되고, ③ 정책결정 후 그 해결을 위한 담당조직정비, 예산확보 등을 위한 시간이 소요된다.

그러나 실제 의제설정 상에 있어 중대한 문제나 적시에 의제가 설정되지 못하는 경우가 있는데 실제적 이유는 ① 정책결정자의 문제인지 또는 파악에서 잘못이 있기 때문이다. 예를 들면 통계지표의 경우 그 정확성을 파악하기 어려운 경우가 있고, 초기에 문제의 징후가 아주 약하게 나타나는 경우는 파악하기 어렵다. ② 정책결정자들이 눈앞에 닥친 문제에 대해서만 관심을 기울이기 때문에 장래에 심각해질 문제를 등한시 하는 경우가 많다. 선출직의 경우 자신의 임기기간이나 재직기간을 고려하는 문제가 있을 수 있다. ③ 정책의제설정의 정치적 성격 때문이다. 즉 정치적 자원이 많은 집단이 반대하는 문제는 정책의제화가 어렵고 찬성하는 경우의 문제는 정책의제화가 쉽다. ④ 여러 가지 요인에 의해 큰 사건이 있기 전에 정부의제가 되지 않거나 해결책을 쉽게 발견하지 못하여 의제화가 못되고, 적시를 놓치는 경우가 많다.

또한 적극적 문제탐색을 어렵게 만드는 요인들이 있다. 먼저 분석의 부담과중 문제이다. 적극적으로 탐색해야할 문제들간의 우선순위를 부여하여 어느 정도 극복하는 노력이 필요하다. 둘째, 정치적 부담과중의 문제이다. 정치체제의 자원의 한정, 긁어 부스럼을 만들 필요가 없다는 인식과 그 결과 문제탐색을 가급적 은밀하게 진행하기도 한다.

3. 정책의제의 설정과정

Cobb와 Elder의 논의에 따라 정부의제의 설정과정은 기본적으로 사회문제 -〉 사회적 이슈(쟁점) -〉 공중의제 -〉 정부의제의 과정을 거치게 된다. 좀더 구체적으로 이들의 내용을 살펴보면 아래와 같다.[5)]

5) Cobb과 Elder는 그후 Ross와 함께 제기(initiation), 구체화(specification), 확산(expansion), 진입(entrance)의 네 과정으로 나누어 각 과정을 외부주도형, 동원형, 내부접근형으로 나누어 설명하고 있다. Kendrick은 문제진술과정, 문제전달과정, 조직화과정으로 설명하고 있고, Eyestone은 사회문제, 사회논제, 공중논제, 공식의제, 정책결정의 과정으로 공중논제가 공중의제로 채택되는 과정에서 논제기업가(issue entrepreneur)들의 활동을 부각시킨다. Jones의 경우 사건인지 및 문제정의, 결집과 조직화, 대표 즉 공중이나 이익집단이 자신들의 문제를 정부에 귀속시키고자 하는 모든 노력의 과정으로 보고 있다.

1) 사회문제

먼저 시민들은 해결되었으면 하고 바라는 수많은 불만을 지니고 있는데 이것을 개인문제라고 한다. 이 문제들은 객관적 상황보다는 주관적 인식에 의해 제기된다. 주관적이라고 하는 것은 아무리 힘들고 문제상황이 열악하더라도 문제로 인식하는 사람이 있고, 당연한 것으로 인식하는 사람도 있다.

이러한 불특정 다수인들이 공동으로 문제가 많다고 인식하는 경우에 이를 사회문제 혹은 공공문제라고 한다. 개인문제가 장시간에 걸쳐 다수의 사람들에게 반복적으로 나타나게 되어 인내의 한계를 넘어섰을 때 비로소 사회문제가 된다.

2) 사회적 이슈(쟁점)

사회문제 중에서 일부는 사회적 쟁점 혹은 논제의 형태를 갖는다. 사회문제들 중에서 모호하고, 장기적이며, 새롭고, 기술적인 내용이 적을수록, 선례가 없을수록, 복잡성이 적을수록, 언론매체를 움직일 힘이 있을수록 더욱 많은 사람들에게 확산되어 쟁점의 자리에 오른다.

이러한 사회적 이슈 또는 사회적 쟁점은 문제의 성격이나 문제의 해결방법에 대해서 집단들 사이의 의견을 일치를 보기 어려운 사회문제로서 집단들 간에 논쟁의 대상이 되어있는 사회문제를 말한다. 이러한 사회문제의 해결에는 다양한 관련 집단 즉, 여러 사회계층이나 집단에 서로 다른 영향을 준다. 정책의제설정을 통한 수혜자 집단과 정책비용부담자 집단이 발생하게 되는 것이다(ex - 석유가격, 쌀값, 규제정책).

그런데 문제의 핵심적 성격을 무엇으로 정의하느냐에 따라서 어떤 해결방법을 채택하느냐가 결정되는 경우가 많다. 예를 들면 쌀값폭등의 경우 쌀값폭등이 서민들의 생활을 위협하는 것을 문제의 핵심이라면 서민들에게 쌀값을 보조하는 것이 될 것이나, 쌀값폭등이 모든 물가를 상승시키게 되는 측면을 문제의 핵심이라고 판단한다면 쌀값인하를 위한 대안이 마련되어야 할 것이다. 즉 문제해결방법 따라 영향 받는 집단이 달라지고, 문제해결방법은 문제정의를 어떻게 하느냐에 따라 달라지므로 문제해결방법에 대해 집단들간에 견해차와 갈등이 발생하게 된다.

이러한 논쟁이 상당한 규모에 달하여 사람들의 주목을 받게 되는 경우 사회적 쟁점이나 사회적 이슈이다. 모든 사회문제가 사회적 쟁점이 되는 것은 아니며 그 사회문제를 쟁점화 시키려는 주도자가 있어야 하고 이러한 쟁점이 대중에게 확산되려면 촉발장치의 작용이 있어서 유사한 사건들이 꼬리를 물고 일어날 때 크게 부각된다. 즉, 촉발장치란 사람들의 관심을 끌만한 사건들을 말한다.

3) 공중의제(public agenda)

공중의제(Cobb과 Elder) 또는 체제의제(Eyestone)는 일반대중의 주목을 받을 가치가 있으며 정부가 문제해결을 하는 것이 정당한 것으로 인정되는 사회문제이다. 즉, 쟁점들 중에서 일반대중의 주목을 받고 있고, 정부가 개입하는 것이 바람직하고, 해결의 가능성이 있다고 생각되는 경우 공중의제가 된다. 즉, 공중의제는 사회 내의 수많은 쟁점들 중에서 어떤 방식이든 정부의 정책적 조치가 필요하다고 상당수의 사람들이 생각하는 정책문제를 말한다. 민간의 노력으로 해결하기 힘들기 때문에 정부가 개입하는 것이 바람직하다고 생각하는 사회문제들이다. 예를 들면 쌀값이 갑자기 올라 갔을때 정부에서 이 문제를 해결할 수 있다고 믿게 되는 것과 같다.

사회적 이슈(쟁점)가 공중의제가 되려면 다음 항목들이 충족되어야 한다. 첫째, 많은 사람들이 관심을 가지고 있거나 알고 있어야 하고, 둘째, 어떤 방식이든 정부의 조치가 필요하다는 사람들이 상당수 있어야 하고, 셋째, 문제가 정부의 적절한 고려대상이 될 뿐아니라 그 문제해결이 정부의 권한에 속한다고 많은 사람들이 믿을 것 등이다.

4) 정부의제(governmental agenda)

정부의제란 공중의제 중에서 공식적인 권한을 가진 정부당국이 공식적인 의사결정에 의하여 그 해결을 위해서 심각하게 고려하기로 명백히 밝힌 문제를 말한다. 다른 표현으로는 제도의제, 공식의제, 행동의제 라고 할 수 있다.

정부의제는 위장의제(pseudo agenda) 즉, 불만세력을 무마하기 위하여 겉으로만 관심을 나타내는 의제로 정부책임자들이 표면적으로는 진실로 해결을 의도하는 듯이 보이는 것과는 구별이 되어야 할 것이다.

공중의제가 정부의제로 변화하는 과정이야말로 정부의제설정이론의 핵심부분이다. 공중의제 중 어떤 것은 정부의제로 채택되고 어떤 것은 채택되지 않는 것을 밝히는 것이 정부의제설정이론의 핵심이 된다.

4. 정책의제설정의 유형

정책의제설정의 과정들을 유형화하면 다음과 같이 4가지로 유형화 할 수 있다.

제1유형	사회문제				-〉 정부의제
제2유형	사회문제	-〉 사회적 이슈	-〉		-〉 정부의제
제3유형	사회문제			-〉 공중의제	-〉 정부의제
제4유형	사회문제	-〉 사회적 이슈		-〉 공중의제	-〉 정부의제

첫째 유형은 사회문제가 정책결정자에게 인지되어 바로 정부의제로 되고, 정책결정이 따르게 되는 경우이다. 예를 들면 대통령이나 최고정책결정자가 문제의식을 가지고 관심을 갖는 경우로서 5.16 국민재건운동, 정부산하 연구소의 통폐합운동 등의 경우가 속한다.

둘째 유형은 사회문제가 사회쟁점화 하여 많은 사람들에 의하여 해결방법을 둘러싸고 논란이 되고 있기는 하지만 정부가 이를 해결하는 것이 옳으며 또 해결해야 한다고 많은 사람들 간에 합의가 있기 전에 정책결정자들이 이를 먼저 정부의제로 채택하여 심각하게 검토하는 것이다. 예를 들면 청소년범죄문제를 일선교사, 학부모, 전문가 등이 다양한 해결책을 논의하고 있을 때 교육부가 공식 검토하는 것을 말한다.

셋째 유형은 사회문제가 갑자기 많은 대중 또는 공중에게 알려지게 되고 또 이 문제해결을 위해서 정부의 조치가 필요하다는 의견이 광범위하게 확산되고 이에 따라 정부의제로 성립되는 경우를 말한다. 예를 들면 극적인 사건발생이 발생하여 바로 공중의제로 정부의제로 진행되어 가는 경우를 말한다.

넷째 유형은 의제설정의 과정을 전부 다 거치는 경우이다. 이러한 유형들은 첫째, 둘째 유형은 후진국에서 주로 나타나고 셋째, 넷째 유형은 주로 선진국에서 나타나는 유형이라 볼 수 있으나 예외는 존재한다.

정책의제설정의 일반적 절차에 대한 가장 극단적인 예외는 반복적, 습관적 의제라고 할 수 있다. 즉 정책의제로서 정부에서 정기적이거나 반복적으로 거론 검토하는 안건으로 예산배정문제, 공무원봉급인상문제, 정부가 수매하는 쌀의 매입가격문제 등을 말한다. 또한 의회의 상임위원회구성, 정부기구개편 등 정부에서 반드시 처리해야하는 안건이라는 측면에서 필수적 의제라고도 하며 선택적 의제나 재량적 의제와는 차이가 존재한다고 할 수 있다.

또한 의제설정의 주도집단이 누구냐에 따라서 외부주도형의 경우 사회문제 -> 공중의제 -> 정부의제의 과정을 거치고, 동원형의 경우 사회문제 -> 정부의제 -> 공중의제로 의제설정과정의 기본형에서 가장 극단적인 예외라고 할 수 있다. 내부접근형의 경우 사회문제 -> 정부의제로 채택된다.

Cobb와 Ross는 의제설정과정에서 3가지의 유형을 제시하고 있다.

1) 외부주도형

외부주도형이란 정부바깥에 있는 집단이 자신들에게 피해를 주고 있는 사회문제를 정부가 해결해 줄 것을 요구하여, 이를 사회 쟁점화 하여 공중의제로 전환시켜 결국 정부의제로 채택하도록 하는 의제설정과정이다. 외부집단이 주도하여 정책의제 채택을 정부에 강요하는 경우로서, 이 모형은 정책과정 전반을 외부집단이 주도하고, 진흙탕 싸움, 외부집단의 경쟁으로 인하여 점진적인 해결에 머무르는 수가 많다는 특징을 갖는다.

사회문제에 의하여 피해를 입고 있는 집단은 정부에게 충분한 압력을 가하기 위해 사회문제의 심각성에 대해서 대중의 관심을 환기시키고 여론을 유도하려고 노력을 기울인다.

따라서 정부에 대하여 압력을 가할 수 있는 이익집단이 발달하고 정부가 외부의 요구에 민감하게 반응하는 정치체제 즉 다원화되고 민주화된 선진국 정치체제에서 많이 나타나는 유형이다. 이 경우 언론기관이나 정당 등 비공식참여자의 역할이 매우 중요하게 된다.

사회문제 ⇨ 사회적 이슈 ⇨ 공중의제 ⇨ 정부의제

〈그림 5-4〉 외부주도 모형

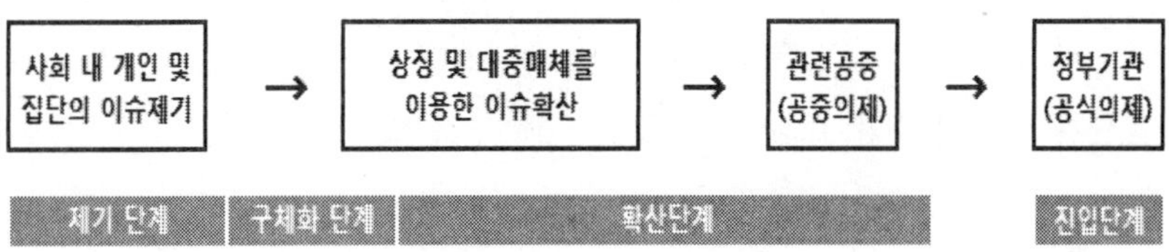

2) 동원형

외부주도형과는 정반대로 정부 내의 정책결정자들이 주도하여 정책의제를 채택하는 경루로 사회문제가 바로 정부의제로 채택되고, 일반대중의 지지를 얻어 정책의 집행을 성공적으로 이끌기 위해서 정부의 PR활동을 통해 공중의제가 된다.

정부에서 문제를 해결할 것으로 미리 결정하고 난 다음에 정부가 이 문제를 해결해야 된다는 것을 일반대중에게 이해시키고 설득시키기 위해서 PR활동을 하는 것이다. 그래서 정책집행에 필요한 대중의 지지를 얻고 순응을 확보하기 위해 정부의제가 된 후 역으로 공중의제로 나가는 경우이다. 예를 들면 70년대의 가족계획사업이나 새마을 운동이 대표적인 경우이다.

정책집행의 성공을 위해서 일반대중의 광범위하고 자발적인 순응이 필요한 경우만이 아니라, 공무원 등 정부기관 구성원의 협조와 헌신적 노력이 필요한 경우도 있다.

이 모형의 특징은 문제가 정부의제로 먼저 채택되고 정부의 의도적인 노력에 의해서 공중의제로 확산되는 것이다. 이때 정부의제가 된 후에 정책결정이 진행되면서 공중의제화하는 수도 있고, 완전한 정책결정이 있는 후에 공중의제화 하는 수도 있다.

따라서 전문가의 영향력이 크고, 정책결정과정과 내용이 좀 더 분석적이라는 특징을 갖고 있다. 정부의 힘이 강하고 민간부문의 이익집단이 취약한 후진국에서 많이 나타나는 유형이다. 그러나 미국의 부시대통령이 이라크 전쟁을 결정한 것과 같이 선진국에서도 나타난다.

동원형의 경우 비록 정치지도자들의 결단에 의해 정부의제로 채택되고 정부의 기본방침이 결정되기는 하지만 구체적인 정책의 내용을 결정하기 위해서는 공중의제화 과정에서 등장하는 여론을 반영하는 것이 바람직하기 때문에 정책결정과 공중의제화가 동시에 진행되는 것이 바람직하다.

사회문제 ⇨ 정부의제 ⇨ 공중의제

〈그림 5-5〉 동원모형

3) 내부접근형

정부기관 내의 관료집단이나 정책결정자에게 쉽게 접근할 수 있는 외부집단에 의하여 주도되고 최고정책결정자에게 접근하여 문제를 정부의제화 하는 경우이다. 쉽게 정부의제화 한다는 점에서 동원형과 동일하지만 두 가지 면에서 큰 차이가 있다.

동원형과의 차이점은 첫째 동원형은 주도세력이 최고통치자나 고위정책결정자인데 비하여 내부접근형은 이들보다 낮은 지위에 있는 고위관료인 경우가 많다. 둘째, 동원형에서는 정부 PR활동을 통해서 공중의제화하는데 비해 내부접근형에서는 공중의제화하는 것을 오히려 막으려고 한다는 점이다.

주도집단이 정책의 내용을 미리결정하고, 결정된 내용을 그대로 또는 최소한의 수정만으로 집행하려고 한다. 즉 일반대중에 숨기려고 하는 음모형이라고 할 수 있다. 내부접근형은 부나 권력이 집중된 나라와 그리고 관료들이 주도하는 경제개발계획에서 흔히 나타난다. 흔한 경우로 미국의 무기구입 등이 그 예라 하겠다.

사회문제 ⇨ 정부의제

〈그림 5-6〉 내부접근형

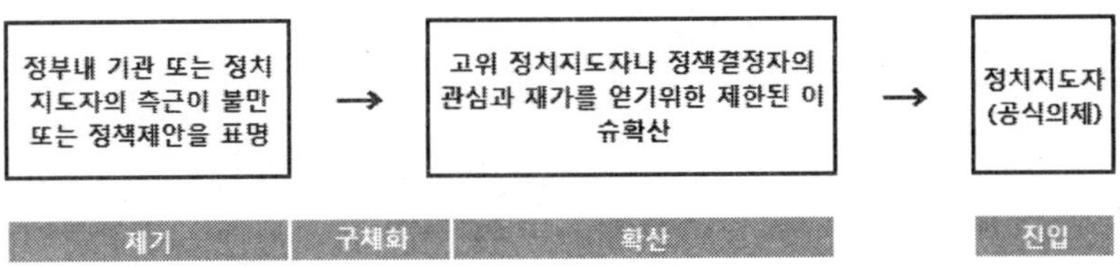

위의 세 가지 유형 중 첫 번째의 외부주도형은 민주적으로 평등한 사회에서 지배적이고, 두 번째의 동원형은 정치지도자와 국민의 사회적 거리가 먼 카리스마적 지도의 사회에서 많이 나타나며, 세 번째의 내부접근형은 자원과 지위가 집중되어 있는 사회, 즉 엘리트사회에서 활용되는 경향이 높다고 하겠다.

5. 정책의제설정의 단계

정책의제설정의 단계는 이를 크게 다음과 같이 네 단계로 나누어 볼 수 있다(Cobb and Elder, 1983). 위에서 살펴본 정책의제설정의 유형별 양상이 이러한 각 단계에서 달리 나타난다.

1) 이슈의 제기(initiation)

이슈의 제기단계로서 공식적 정부구조 외부에 있는 한 집단에 의해 평범한 일상적 용어로 고충이 표명되는 단계를 말한다. 즉 사적 또는 개별적인 문제가 중요한 사회문제로 제기되는 시기이다. 이 때 외부주도형에서는 정부 외부의 개인이나 집단으로부터 사회의 중요한 문제에 대한 정부의 적극적인 대응요구가 제기되고, 동원형과 내부접근형에서는 정부의 지도자나 기관의 사회문제에 대한 대응문제가 제기된다.

2) 구체화(specification)

표명된 일반적 고충이 요구로 변하는 구체화단계이다. 이는 전단계에서 제기된 사회문제에 대한 구체적인 정부대응의 프로그램이 다각도로 논의되는 시기이다. 이 때 외부주도형에서는 문제에 대한 개인이나 집단의 서로 다른 요구가 다양하게 표출된다. 동원형에서는 문제에 대한 정부의 구체적인 프로그램이 결정·발표되고, 내부접근형에서는 그 프로그램이 곧바로 확정된다.

3) 확산(expansion)

이슈를 보다 큰 공중으로 확산하거나 이전에 존재한 이슈와 결부시켜 반대세력과 타협하든가, 문지기와 응정하는 전략이 필요한 확산단계이다. 이는 전단계에서 구체화된 요구와 결정에 대한 사회의지지 폭을 넓히는 시기이다. 이 때 외부주도형에서는 그 요구에 대한 정부의 관심을 끌어 그것을 정부 프로그램으로 전환시키기 위한 수단으로써 보다 많은 공중들에게 논의를 확산하는 활동이 전개되고, 동원형에서는 결정·발표된 프로그램에 대한 대국민 홍보활동이 전개된다. 반면에 내부접근형에서는 그러한 홍보활동이 없거나 있더라도 매우 제한적이다.

4) 진입(entrance)

공중의제에 오른 이슈가 정부의제로 이동하는 진입단계이다. 이는 전 단계에서 확산된 논의와 프로그램이 정부의 공식의제로 전환하는 시기이다. 이 때 외부주도형에서는 지금까지의 논의가 정부의 공식의제로 채택되는 것이 일반적이다. 그러나 반드시 그렇게 되는 것은 아니고, 그것에 실패하는 경우도 있다. 동원형과 내부접근형에서는 이미 공식의제가 결정 내지 확정되어 있기 때문에 새삼스러운 진입단계가 없는 것이다.

〈표 4-1〉 정책의제 형성과정

Eyestone	Cobb	내용
사회문제	발안 · 제기	• 해결방안 · 시정조치를 원하는 욕구나 불만
사회적 이슈	명료화	• 긴급성을 지닌 사회문제
공중의제	확산	• 정부가 해결방안을 강구해야 한다고 공감하는 이슈
공식의제	진입	• 정부가 신중하고 적극적으로 검토하기로 결정한 문제

6. 정책의제설정이론

1) 정책의제설정이론의 의의

정책의제설정이론은 왜 어떤 문제는 정부에서 해결하려고 노력하는데 어떤 문제는 공식적인 거론조차도 없는가? 라는데 대한 답변을 구하는 것이다. 즉, 사회의 요구에 대해 정부가 어떤 경우에는 수용하고 어떤 경우에는 수용하지 않는가를 밝히고자 하는 이론들이다. 첫째, 무수히 많이 존재하는 사회문제 중에서 왜 한정된 문제만이 정책의제로 전환되는가? 둘째, 다양한 사회문제 중에서 왜 어떤 문제는 용이하게 정책문제로 채택되고, 어떤 문제는 그대로 방치되는가 등의 문제에 초점을 맞춘 경험적 연구이다.

정책의제설정이론 중 의사결정은 첫 번째의 문제에, 체제이론과 엘리트이론, 무의사결정이론 및 다원론은 첫 번째와 두 번째에 대해 비판의 여지는 있으나 비교적 타당성 있는 설명을 하고 있다.

또한 정책결정의 주도권에 따라 정부에 있다고 보는 모형에 국가조합주의 모형, 민간부문에 있다고 보는 모형에 이익집단론과 다원주의론, 양쪽 모두에 있다고 보는 신다원주의론, 하위정부론, 정책네트워크, 이슈네트워크모형이 있으며, 주도권을 획일적으로 규정하기 어렵다고 보는 엘리트론 등으로 분류할 수 있으며, 참여가 소수인가 다수인가에 따라서 소수지배의 경우에는 엘리트론, 국가조합주의, 신마르크스주의가 있고, 다수지배의 경우에는 다원주의론, 신다원주의론, 사회조합주의, 하위정부모형 등으로 분류할 수 있다.

2) Simon의 의사결정론

의사결정론은 체제내 구성원의 의사결정과정에 초점을 맞춘 미시적 이론이다. 즉, 주어진 문제에 대한 해결책을 찾고자 하는 과정에만 관심을 국한시키고, 문제의 생성·확장 및 접근과정은 상대적으로 경시하였다.

그러나 Simon은 의사결정활동을 ① 주의집중활동 ② 설계활동 ③ 선택활동이라는 3가지 국면으로 나누어 설명하면서 선택국면은 정책분석의 핵심일 뿐만 아니라 실증적 의사결정론에서의 중심이 되었다. 둘째의 설계는 대안작성을 의미하고, 이부분과 첫째 활동인 주의집중활동이 여기서 우리가 말하는 정책문제설계와 밀접히 관련되어 있다.

Simon에 의하면 인간은 사물을 인지하는 능력에 한계를 가지고 있기 때문에 많은 문제에 내하여 동시적 주의집중을 기울일 수가 없기에 의사결정자들도 많은 문제에 직면하게 되면 그 중에서 몇 가지 문제만을 먼저 생각하게 되고, 이러한 논리는 조직체도 주의집중력에 한계를 가지고 있으며, 정치체제도 마찬가지로 사회문제 중 일부만을 정책문제로 채택한다는 것이다.

따라서 수많은 문제들 중에서 정책결정자들의 주의와 관심의 대상이 된 소수의 문제만이 정책의제로 채택된다는 것이며, 그러한 문제의 해결 노력 또한 그들의 평소 생각하는 범위를 벗어나지 못하는 것으로 볼 수밖에 없다. 이러한 의사결정논리는 무수한 사회문제 중에서 왜 일부만이 정책의제로 채택되는가에 대한 부분적 설명은 되지만, 왜 어떤 문제는 의제로 채택되고, 다른 문제는 방치되는가에 대한 설명은 해주지 못하고 있다.

3) 체제이론(system theory)

체제의 환경인 사회로부터 정치체제에 대해 전달되는 투입의 특성과 투입이 체제로 진입되는 메커니즘 등을 설명하는 체제이론은 정책의제 채택과정을 설명하기 위한 유용한 이론들로도 활용되고 있다.

Easton(1965: 80-145)은 요구가 없으면 사회를 위한 구속력 있는 정책결정을 해야 할 필요도 없게 된다고 하여, 요구와 정책의제의 관련성을 잘 나타내고 있다. 즉, 정치체제로 투입되는 수많은 요구 중에서 사회적 쟁점이나 공중의제로 확산된 것은 가시성의 증대와 관련 공중의 증가로 인하여 정책결정자들의 관심을 끌게 되고 정책의제로 용이하게 채택될 수 있다.

사회체제도 기계적 체제나 유기체적 체제와 같이 능력의 한계를 지니고 있다. 이 능력의 한계는 문제파악이나 주의집중력상의 제약만이 아니라 사회문제가 정책문제로 채택되는 경우에 그 문제해결을 위하여 지불해야할 대가에 대한 제약도 포함된다. 즉 정치체제가 부담해야할 비용을 고려하여 전체업무량을 줄이기 위해 채택할 정책 문제의 숫자를 줄여야 한다. 그러면 누가 사회문제 중에서 일부만을 정책문제로 채택하고 나머지는 버리는가?라는 질문에 대해서는 체제를 지키는 문지기(gate-keepers)가 있다는 것이다.

쟁점화되고 공중의제화된 모든 요구가 정책의제로 채택되는 것은 아니다. 이들이 정책의제로 채택되기 위해서는 체제의 문지기를 통과해야 한다. 체제의 문지기란 쟁점들이 체제 내로 진입하는 데 있어 성공과 실패를 결정하는 사람이나 기관 또는 집단을 의미한다. 즉, 환경과 체제를 구별하는 경계선에는 문이 있고 이 문에는 문지기가 있어서 문지기의 허락을 얻어야만 체제 내로 사회문제를 집어넣고 정책문제화할 수 있는 것이다.

문지기는 공식적 정치제도 속에서 중요한 역할을 수행하는 모든 자들을 문지기라고 볼 수 있다. 예를들면 대통령, 고위행정관료, 국회의원 등이다. 결국 ① 체제의 과중한 부담을 회피하기 위하여 소수의 사회문제만을 채택한다. ② 체제의 문지기가 선호하는 문제가 정책문제로 채택된다. 그러나 체제의 문지기들이 어떠한 문제를 선호하며, 다른 문제는 그대로 방치하는가에 대해서는 설명을 하지 않고 있다. 이 점은 투입과 관련된 부문이 초기 체제이론의 주요 관심사는 아니었기 때문으로 이해할 수 있다.

4) 엘리트론

정부가 어떤 특정한 사회문제를 정부의제로서 채택하여 해결을 위한 거론을 하고 다른 문제는 방치하게 되는 이유는 무엇인가? 엘리트이론과 다원론은 정치제도의 실질적 지배자에 대한 논쟁으로 엘리트이론은 사회의 지배엘리트가 허용하는 문제만이 정부의제로서 거론이 되고 자신들의 이익을 해치는 문제는 정치체제에 침투하지 못하게 막는다고 주장한다. 즉 정책문제채택에 대한 엘리트 집단의 영향력에 설득력 있는 논리를 전개하고 다원론은 반대의 입장이다.

(1) 엘리트이론

엘리트이론은 사회란 소수의 엘리트 집단을 정점으로 한 피라미드 구조로 어우러져 있으며, 정책은 엘리트로부터 대중에게 일방적, 하향적으로 전달되고 집행될 뿐 엘리트에 대한 대중들의 요구와 비판은 수용하지 않는다는 것이다. 이때 엘리트들이란 행정관료라든지, 부유한 사람들, 기술 전문가, 지식인 등으로 그들이 사회적으로 힘을 가지게 된다. 또한 정치권력이 국민들 간에 보다 평등하게 분배될 것이라는 민주주의적 낙관론을 부정하는 엘리트 이론가들도 있다(정정길, 1997: 265-6).[6)]

6) 정치권력이 국민들 간에 보다 평등하게 분배될 것이라는 민주주의적 낙관론을 부정한 엘리트 이론가

엘리트주의자들은 다원주의자들과는 달리, 정치권력을 소수의 엘리트들이 독점하여 다수의 대중을 지배하게 되며, 정책은 대중의 이익을 반영하기보다는 엘리트 자신들의 이익과 가치 선호를 구현하는 수단이라고 본다. 엘리트 집단은 그들이 서로 유사한 사회적 배경과 지위를 공유하여 집단 응집력이 높으며, 다른 집단에 대해 폐쇄적인 성격을 가진다.

고전적 엘리트이론은 민주주의적 낙관론에 대한 비판으로부터 19세기 말엽부터 Mosca의 소수지배의 법칙, Pareto의 엘리트순환론, Michels의 과두제의 철칙 등이 고전적 엘리트이론가들이다. 그들의 주장은 크게 ① 정치권력은 다른 재화와 마찬가지로 불평등하게 배분되어 있으며 국민들은 엘리트계급과 피지배계급(대중)으로 나눌 수 있다. ② 엘리트들은 동질적이고 폐쇄적이다. 이들은 비슷한 사회적 배경, 가치관 이해관계를 지니고 연대의식과 응집성이 강하고 단결되어 있다. ③ 이러한 이유 때문에 엘리트들은 자율적이며 다른 계층에 대하여 책임을 지지 않는다. 결국 중요한 모든 정치적 문제는 자신들의 이익을 고려해 해결된다는 것이다.

1950년대 미국의 엘리트론의 전개를 보면 Mills는 미국 사회전체를 지배하는 권력엘리트는 정치적으로 중요한 기관이나 조직의 지도자들이라고 주장하며, 최고정책결정 수준에서는 이들 권력엘리트들이 모든 것을 결정한다고 주장한다. 특히 군-기업복합체가 중요한 역할을 담당하고 있으며, 군과 기업체의 지도자가 중요한 권력엘리트며 이들은 집단의식이 강하고 잘 조직되어 있고 출신배경도 비슷함을 지적하고 있다.

Hunter의 엘리트이론을 보면 Hunter는 미국지역사회의 권력구조를 연구하여 엘리트의 지배를 주장하였다. 그는 2차대전 후 인구 50만의 애틀란타시의 명성이 나있는 40명을 뽑아 연구한 결과 이들 지도자들이 정책의 기본방향을 결정하고, 하위층의 자들이 이를 뒷받침하고 집행하고, 여러 선전매체를 통해 자신

들의 주장은 크게 세 가지로 정리될 수 있다.(정정길, 1997: 265-6).
첫째, 정치권력은 다른 재화와 마찬가지로 불평등하게 배분되어 있으며 일반적으로 국민들은 지배계층과 피지배계층 즉 엘리트와 대중으로 나눌 수 있다.
둘째, 엘리트들은 동질적이고 폐쇄적이다. 엘리트들은 비슷한 사회적 배경. 가치관. 이해관계를 가지고 있으며 서로를 잘 알고 있어서 엘리트로서의 집단의식과 응집성이 강하고 결집되어 있다.
셋째, 엘리트들은 자율적이며 다른 계층에 대해서 책임을 지지 않는다. 중요한 정치적 문제는 자신들의 이익을 고려하여 해결한다.

들의 결정을 유지하려고 노력하며, 일반대중은 이들이 결정한 정책을 그대로 받아들인다고 주장. Hunter의 연구결과는 Dahl 등 다원원자에 의해 방법상의 약점 즉, 명성접근법의 약점과 정치권력구조가 안정적이라고 가정하여 연구가 이루어졌다는 비난을 받는다.

(2) 신엘리트론(무의사결정론)

신엘리트주의로서의 무의사결정론은 다원론의 주장들을 정면으로 비판하는 것으로부터 출발한다. Bachrach & Baratz(1962: 948)는 다원론이 권력행사의 두 가지 측면 중 하나를 간과하였다고 지적하고 있다. 권력행사는 정책문제를 해결하기 위한 정책결정에서 영향력을 행사하고 다른 하나는 정책결정과정에서 선행하는 정책문제의 채택과정에 영향력을 행사하는 것이다. 엘리트들이 안전한 이슈 만을 논의하고 불리한 문제 즉 정치적 자원이 없거나 일반대중이나 약자의 이익과 의견은 거론조차 못하게 봉쇄하는 것을 무의사결정이론이라고 하였다.

정책문제의 채택과정에서 엘리트가 권력을 비밀리에 행사하는 것으로서 이들은 무의사결정이란 '지배엘리트인 의사결정자의 가치나 이익에 대한 잠재적인 도전을 억압하거나 방해한 결과를 초래하는 결정'이라고 정의를 내리고 있다. 즉 정책의제설정단계에서는 엘리트나 사회적 강자들에게 불리한 문제는 아예 거론조차 못하도록 사전에 차단하는 경우, 정책결정단계에서는 엘리트들에게 유리하게 올바른 정책결정을 방해하고, 정책집행단계에서는 신속한 정책집행을 방해함으로써 연기를 거듭하다가 종국에는 취소하도록 유도하는 사례도 있으며, 정책평가단계에서는 사회에 오히려 부작용만 초래했다는 식으로 악평을 한다. 이러한 방해 때문에 엘리트집단이 혐오하는 정책은 결과적으로 정책수정이나 정책종결을 하게 된다는 것이다.

일반적으로 지배엘리트의 이익에 반하는 정책의제설정을 억압·방해하기 위해서 동원되는 수단은 폭력·위협·설득·회유·편견 등이다. 더 나아가 정책결정과정에서 정책대안의 내용을 한정시켜 쓸모 있는 내용이 없는 정책으로 만들어 버리거나, 정책집행과정에서 인적·물적자원을 동원하지 못하도록 통제하는 방법을 사용하기도 한다.

무의사결정이 나타나는 조건은 첫째, 지배엘리트에 불리한 것으로서 문제를 공개적으로 또는 은밀하게 억압하고자 행동할 때 나타난다. 둘째, 공무원 내지 행정관료가 특정의 안에 대하여 엘리트들이 별로 호감을 갖지 않을 것으로 예상하여 그 안을 미리 포기한다. 셋째, 정치체제 자체가 특정한 유의문제는 해결받도록 하고 다른 문제들은 해결이 저지되도록 구조화되어 있을 때 나타난다. 무의사결정을 추진하는 수단이나 방법은 첫재 폭력을 이용하는 방법이다. 즉 테러행위를 하는 방법이 있다. 둘째, 폭력보다 온건한 방법으로 변화의 주장자에 대하여 현재 부여되고 있는 혜택을 박탈하거나, 새로운 이익을 매수하는 것이다. 셋째, 정치체제내의 지배적 규범이나 절차를 강조하여 변화를 위한 주장을 꺾는 간접적 방법이다. 넷째, 가장 간접적, 우회적 방법으로 정치체제의 규범, 규칙, 절차 자체를 수정, 보완하여 정책의 요구를 봉쇄하는 방법이다. 이러한 무의사결정은 정책의제설정과정, 정책결정과정, 정책집행의 전 과정에서 나타난다.

5) 다원론

(1) 다원주의론(이익집단론)

다원주의이론은 기본적으로 사회구조를 상호 대등한 개인들이 집단적으로 이루고 있다는 시각에서 바라본다. 정치적 권력은 이들 집단에게 분산적으로 배분되어 다원적으로 소유되고 있다고 가정한다. 이들 집단은 자신들의 이익을 위해서로 연합하고 경쟁하게 된다. 다원주의이론에서 생각하는 정책이란 개인과 집단 간에 이익 대결의 산물로서 간주되며 "정부는 정책을 둘러싸고 이들 집단들이 경쟁하는 과정에 있어서 공정하고 중립적인 입장의 심판자로서 역할을 하게 된다(Hefferman, 1979: 57-62).

다원주의이론은 20세기 초의 다원국가론과 1950년대 미국의 다원론으로 양분되어 발전하였다. 다원국가론은 Laski등에 의해 주장된 것으로 국가도 전체 사회를 구성하는 하나의 단체에 불과하다고 주장하여, 국가주권의 상대성이나 국가기능의 축소를 주장한 이론이다(통치권의 다원적소유).

이익집단론은 Bentley & Truman에 의해 주장되었는데 그 논거는 첫째, 잠재집단이론이다. 보통 때는 가만히 있다가 자신들의 이익이 침해되면 언제나 활동할 가능성이 있기 때문에 강력한 어느 집단이라도 일반대중의 이익을 함부로 침해하지 않을 것이라고 가정한다. 둘째, 중복회원의 문제이다. 이익집단의 구성원은 하나의 집단에만 소속되는 것이 아니라 여러집단에 속해 일정집단의 특수이익을 위해 다른 집단의 이익을 크게 손상시키지 못한다는 논리이다.

다원주의이론은 이러한 이익집단론을 그 이론적 배경으로 하고 있다. 다원주의이론의 대표격인 Dahl(1961)의 지역사회연구는 다원론의 핵심적 이론을 구성하고 있다. Dahl은 뉴 헤이븐이라는 중소도시를 대상으로 연구하여 이 지역의 과두제적 사회에서 다원주의적 사회로 변화하였다고 주장하면서 첫째, 동일한 사회계층 출신의 소수 엘리트가 전체지역사회를 지배한다는 엘리트이론을 정면으로 반박했다. 교육, 도시재개발 등 분야별 영향력 행사하는 엘리트가 다르고, 출신계층이 이질적이고 다르며, 정치적 자원배분이 누적적이 아니라 분산되어 있다고 주장한다. 평민출신의 정치지도자는 공직자와 다수대중의지지, 경제인은 경제력, 사회적 저명인사는 사회적 지위와 명예 등을 분리하여 소유하고 있다. 둘째, 엘리트집단 전체가 대중의 요구에 민감하게 움직인다는 것이다. 엘리트들은 다른 사회적 배경을 가지고 영향을 미치는 정책분야도 다르기 때문에 응집력, 단결력 약하고 상호가 갈등이 발생하며, 엘리트간의 정치적 경쟁으로 엘리트의 이익이 아니라 대중의 선호가 최대한 정책에 반영된다고 주장한다. 특히 미국의 경우 연방, 주, 지방정부와 각 정부내의 삼권분립으로 일반대중의 정치체제의 침투가능성이 높다고 주장한다.

다원론자들은 어떠한 사회문제든지 정치체제로 침투할 수 있다고 주장하고, 어떤 문제로 인하여 고통을 받고 있는 집단이나 어떠한 불만집단도 정치체제내에서 대변자를 발견할 수 있을 것이며 따라서 고통 또는 불만의 원인이 되는 문제를 정책적으로 해결하기 위하여 정책문제화 할 수 있다. 그러면 어떤 문제가 정책문제화 되는가? 본질적으로 무작위적인 것인데 Kingdon(1984)에 의하면 누구의 의도와는 관계없이 우연한 정치적 사건이나 사회적 사건에 의하여 결정된다.

이러한 다원론에 대한 비판은 다원론의 주장을 뒷받침하는 정책결정사례만을 주로 연구 했으며, 엘리트들이 자신들의 이익에 크게 반하지 않는 안전한 이슈만을 정책결정대상으로 채택하고 있는데 다원론은 이 채택과정을 고려하지 않았다는 비난을 받고 있다. 이를 통해 신엘리트주의로서의 무의사결정론이 등장한다.

결국 다원론은 중요한 정책결정에 참여한 지도자들의 영향력 및 그들 간의 갈등과 타협을 밝혀내어 엘리트의 다원성과 대중의 간접적 영향력을 주장하였다는데 그 의의가 있다.

Richardson(1979)은 영국과 미국의 사회서비스 정책과 연관되는 몇 가지 법령의 입법 과정을 비교 연구한 글에서, 여러 가지 배경이 영향을 주고 있음에도 불구하고, 그 중 특히 전문 사회사업가들이 이익집단적인 활동이 크게 작용하였음을 밝히고 있다 금전적 재원, 공식적인 권위, 정보, 개인적인 관계, 타이밍 등이 정책결정 과정에서 중요한 요인이긴 하지만, 사회사업가들의 집단적인 활동이 가장 중요한 결정변수임을 몇 가지 관련 법안에 관한 사례연구를 통해서 밝히고 있다(현외성, 1993: 30).

(2) 신다원주의(Neo-pluralism)

신다원주의는 고전적 다원주의는 이익집단의 중요성을 지나치게 강조하였기에 이로 인해 관료와 정부의 이해관계 그리고 활동 등을 등한시 하였고, 이데올로기의 역할을 고려하지 못하였으며, 세계적인 경제환경의 변화가 정책에 미치는 영향 등 외적환경, 구조적 제약 등을 등한시하였다는 점과 잠재이익집단과 정부 내 부처 간의 견제와 균형에 의문을 제기하면서 기업가의 특권적 지위를 제대로 고려하지 못했음을 비판하고, 자본주의 국가에서는 기업집단에 특권을 부여할 수 밖에 없는 특성이 있음을 인정하였다.

왜냐하면 불황, 인플레이션 등이 정부의 존립기반을 위태롭게 하기 때문이다. 이에 비해 다원주의는 기업가의 특권적 지위를 제대로 고려하지 못하였다. 또한 신다원주의는 정부를 중립적 조정자가 아닐 수 있음을 인정한다. 정부는 기업의 이익에 더욱 반응적이며 불평등구조를 심화시켜왔다고 본다. 그리고 신다원주의는 현재의 민주주의를 외적 요인보다는 전문적 국가관료들간의 내적 견제, 정부기구의 분화 등의 내적 요인에서 주로 구한다. 또한 불평등구조의 심화를 방지하기 위해서 구조적 개혁이 필요하다는 점을 인정하였다.

(3) 하위정부모형(sub-government model)

미국적 다원주의에서는 정책분야별로 실질적 정책결정권을 공유하는 집합체가 있는데 이를 정책망(policy network)이라고 부른다. 이들 중 가장 널리 논의되는 것이 하위정부 또는 하위체제이다. 하위정부모형(sub-government model)은 비공식 참여자로 분류되는 이익집단과 공식적인 참여자인 관료조직 그리고 의회의 위원회간의 연계적인 활동을 통한 정책의 결정과 집행에 주목하고 있다. 이러한 이익집단, 의회의 위원회, 해당관료조직의 3자 연합(트로이카 체제)이 각 정책영역별로 정책의 결정과 집행에 영향을 미친다고 본다.

이러한 하위정부모형은 소수의 공식적 엘리트와 영향력 있는 특정 이익집단간의 제한된 참여 속에서 안정적인 관계를 형성하여 해당 분야의 정책과정을 지배한다고 보고 있으며, 이러한 하위정부이론은 다양한 정책분야별로 결정권을 장악한 자들이 다르기 때문에 정책결정권이 다양한 집단에 분산되어 있다. 그러므로 이는 다원론의 구체적 표현으로 볼 수 있다.

(4) 포획이론과 지대추구이론(rent-seeking theory)

정책당국이 공익보다는 이익집단의 요구와 주장에 호응하고 동조하게 되는 것을 말한다. 즉, 포획(capture)현상 이란 공익목적을 위하여 존재하는 규제기관 또는 규제관료가 본래의 의도와는 달리 소수 피규제집단의 이해에 봉사하거나 피규제집단의 선호와 일치되는 방향으로 또는 이들에게 동정적인 입장에 서서 규제정책을 펴 나가는 현상을 말한다. 우리나라는 정부가 경제사회발전을 주도하면서 산업정책에 크게 의존해 오는 과정에서 산업정책과 규제정책의 구분이 모호해지고, 그 결과 규제기관 및 관료의 포획현상이 즐비하게 나타나고 있으

나. 이에 대한 문제의식이 박약하여 방치해 왔으며, 경우에 따라서는 산업정책의 불가피한 한 부분으로 정당화하기까지 하였다(사공영호, 1998: 126).

지대추구이론이란 정부로 하여금 시장 메커니즘에 개입하도록 특정 개인이나 기업이 정부에 적극 로비하는 것으로 결국 관료가 올바로 공익을 위한 정책결정을 하지 못하고, 특정기업의 이익에 휘말리거나 관료자신의 이익(자리값: 지대)을 추구하게 된다는 것이다.

6) 정책네트워크이론

정책네트워크는 "특정 정책과정에 참여하는 다양한 행위자들의 상호작용 및 관계 구조"로 정의(남궁근, 1999: 178)하고 있으며, 정책네트워크 이론은 공식적, 비공식적 참여자들 간의 상호 작용관계를 포괄적이고 체계적으로 분석하기 위한 이론이다. 일반적으로 네트워크란 규정된 범위의 행위자, 대상 또는 사건들을 연결하는 특정 유형의 관계이다. 구체적으로 정책네트워크는 행위자(actor), 그들 간의 연계(linkages)로 이루어져 있다는 점을 강조하고 있다. 행위자들 간의 연계(linkages)는 의사소통과 전문지식, 정보, 그리고 여타 자원을 교환하는 통로로서 작용하며, 하나의 정책네트워크의 경계(boundary)는 단지 공식기관들에 의하여 결정되는 것이 아니라 기능적 적합성과 구조적인 틀에 의존하는 상호인지(mutual recognition)의 과정으로부터 결정된다는 것이다(Jardan & Schubert, 1992: 12).

현재 국가의 정책과정은 행정부, 의회 등의 공시적인 참여자들만이 아니라 다양한 집단들 간의 상호 작용과정을 통해서 이루어진다. 특히 1980년대 이후에 조직화된 이익집단뿐만 아니라 다양한 NGO들이 정책과정에 참여하여 영향력을 미치고 있다.

그러나 기존의 다원주의 및 엘리트주의 그리고 조합주의 모형은 다양한 참여자들 간의 공식적 관계뿐만 아니라 비공식적 관계를 포괄하여 설명할 수 없기 때문에 정책네트워크 모형이 등장한 것이다. 이러한 정책네트워크이론은 미국에서 1960년대에 등장한 하위정부론이나 1970년대에 등장한 이슈네트워크이론에 그 기원을 두고 있으며, 1980년대에 본격적으로 논의되었고, 영국에서는 정당과 의회를 중심으로 정책결정과정을 파악하여 왔던 한계를 발견하고 정책공동체 개념을 부각시키면서 정책네트워크 이론을 발전시켜 오고 있다.

〈표 4-2〉 정책네트워크 : Rhodes 모델

네트워크 유형	특성
정책공동체	•안정성 •수직적 상호의존성 •고도의 제한된 멤버십 •제한된 수평적 연계
전문가 네트워크	•수직적 독립성 •전문성에 근거한 이해관계 •고도의 제한된 멤버십 •제한된 수평적 연계
정부간 네트워크	•제한된 멤버십 •광범위한 수평적 연계 •제한된 수직적 상호의존성
생산자 네트워크	•변동적 멤버십 •제한된 수직적 상호의존성
이슈 네트워크	•불안정성 •제한된 수직적 상호의존성 •다수의 구성원

출처 : Marsh & Rhodes, 1992: 14.

7. 정책의제설정을 좌우하는 요인

왜 어떤 문제는 정부의제가 되어 정책적 해결을 위해 신중하게 검토하는데, 다른 문제는 방치되는가?하는데 대한 정책의제설정이론을 Simon의 의사결정론, 체제이론의 문지기, 엘리트이론과 다원론, 신엘리트주의로 무의사결정론을 통해 살펴보았다. 정책의제설정을 좌우하는 요인은 다양하게 전개되고 있다. 우선 Cobb & Elder는 정부의제설정을 좌우하는 요소를 두 가지로 ① 문제의 성격 ② 주도집단을 지적하였고, Kingdon은 ① 정부문제 ② 주도집단 ③ 정치적 상황을 들고 있다. 여기서는 ① 주도집단과 참여자 ② 정치적요소 ③ 문제의 특성과 사건을 중심으로 살펴보고자 한다.

1) 주도집단과 참여자

주도집단이 정부 내의 결정자인 경우는 자동적으로 정부의제화 되는 경우로써 대통령 등이 공식참여자의 중요성이 있다. 즉, 특정 문제해결을 위해 주도집단이 정치적으로 강력하면 쉽게 정부의제로 설정될 수 있다는 것이다. 이러한 이유로 먼저 정부내부주도인가 외부주도인가에 따라서 그 영향을 받고 어느 경우이던 주도집단의 정치적 힘에 의해 커다란 영향을 받는다.

내부주도형(동원형과 내부접근형)의 경우 정부의제화하기 쉽고 이러한 예는 주로 후진국에서 찾아볼 수 있다. 반면 외부주도형의 경우 주로 다원화된 선진국에서 나타난다. Kingdon의 연구에 의하면 다원적인 미국에서도 의회의 지도자와 행정부의 지도자가 가장 중요한 역할을 한다고 강조하였으며, 특히 대통령의 역할이 중요하고 하향식 모형이 타당하다고 주장한다. 이익집단은 주로 자신들이 향유하고 있는 특권을 침해받을 가능성이 있는 문제가 정부의제로 채택되지 못하도록 방해하기 위해 영향력을 행사한다.

외부주도집단의 경우에 있어서는 사회문제가 정부의제로 받아들여지는 과정에서는 여러 관련집단[7](수혜자집단, 비용부담집단)들이 상호작용을 하는데 이

7) Cobb & Elder는 관계집단을 4개로 나누어 의제설정과정의 역할을 설명하고 있다. 먼저 ① 동일집단

경우에 정부의제로의 채택과정은 외부주도집단이 반대집단을 누르고 정부의 정책결정자를 움직일 만큼의 정치적 힘에 의존한다.

외부주도집단의 정치적 힘은 그 집단의 규모, 응집력, 재정력, 구성원의 정치. 경제. 사회적 지위와 명망 등의 정치적 자원에 의존한다. 다른 조건이 같다면 피해를 입는 사람의 수가 많은 사회문제가 정책문제화 되기가 쉬운데, 이 경우 동조자(직접적 피해를 입지는 않지만 정책문제의 해결에는 동조)를 얻으려고 노력을 얻으려는 문제의 확산과정이 발생한다.

2) 정치적 요소

정치적 요소의 첫 번째 요인은 정치체제의 구조와 운영양식이다. 정치체제가 중앙집권화, 행정부우위, 대통령에 권한 집중이 되어 있고, 운영양식이 관존민비적, 권위주의적인 경우는 공식적 정책결정자가 미치는 영향이 상당이 압도적이고, 비공식참여자의 영향은 크게 약화된다. 한편 다원적인 국가는 상대적으로 외부주도집단의 영향이 강하고 이익집단의 무의사결정이 많아질 가능성이 커진다.

둘째, 정치적 분위기와 이념을 들 수 있다. 정치체제의 분위기가 보수적인가 개혁적인가, 경제성장 제일주의하의 환경오염, 노동문제, 복지문제 등은 소외되고 수출문제, 외자도입문제 등은 쉽게 의제화가 된다. 수정자본주의의 등장 전에는 실업, 불경기를 국가가 방치한 경우라던가 21세기의 복지정책 등 정치적 분위기와 이념에 따라 정책의제화는 영향을 받는다.

셋째, 정치적 사건이다. 정치체제의 문지기인 대통령이나 정책결정자의 변화와 같은 정치적 사건은 정책의제설정에 커다란 영향을 미치는데 Kingdon와 같은 경우는 선거를 대표적 정치적 사건으로 지적하고 있다. 즉 대통령선거, 국

(확인집단) : 이해관계가 동일한 사람으로 구성된 집단으로 유대감, 응집력, 문제발생시 적극적 개입을 특징으로 하고, ② 관심집단(주의집단) : 자신들의 이해와 관련이 있는 문제들에 대해서는 항상 관심을 기울이는 잠재력을 지닌 집단으로 보며 ③ 관심대중(주의공중) : 직접적 이해관계를 가지지는 않으나 보통의 국민들 중에 일반적으로 어떤 문제에 대해서 잘 알고 있고 사회 및 공공전반에 걸쳐 과심을 가진 사람 약 10%정도를 차지하고 있는 것으로 보며 ④ 일반대중 : 비활동적이며 관심도 적고 문제에 대해 잘 알지 못하는 일반국민으로 구분하였다.

회의원선거, 지방선거 등은 정책의제화에 많은 영향을 미친다. 정치적 사건은 하나의 문제가 정책의제화하는데 점화장치의 역할을 수행하며 이는 문제를 극화시키는 사건과 더불어 2대 점화장치라 할 수 있다.

3) 문제의 특성과 사건

문제의 특성과 사건도 정책의제설정을 좌우하는 요인이다. 먼저 문제의 중요성이다. 사회문제가 중대하면 즉 피해자의 숫자가 많거나, 피해의 강도가 크거나, 피해의 사회적 의미가 중대한 것이면 정부의제로 채택될 가능성이 크다. 문제의 중요성의 또 다른 측면은 문제의 시간성이다. 장기적 문제냐 일시적 문제냐 하는 것으로 장기적 문제가 정부의제로 채택될 가능성이 높지만 이 경우 해결책의 존재여부가 상당히 중요하다. 해결책은 바로 정책의 실현가능성 문제와 직결되기 때문이다.

둘째, 문제의 외형적 특성이다. 문제가 단순하냐 복잡하냐하는 것으로 문제가 추상적이 아니라 구체적일수록 정부의제화가 쉽다. 예를들면 산성비피해와 아황산가스에 등 산업공해에 의한 대기오염 등 복잡한 문제는 오히려 정책의제화가 쉽지 않을 것이다. 반면에 정책목표나 수단이 추상적이고 불분명할수록 지지세력이 많아져서 정책으로 채택이 쉬워진다는 측면에서 보면 정책문제의 구체성이 오히려 지지세력을 감소시켜 정부의제화의 가능성을 줄일 수도 있다.

셋째, 문제의 내용상의 특성이다. 사회문제의 내용자체가 어떠한가에 따라서 정책문제로 채택되는 가능성과 그 채택 과정이 달라질 수 있다. Lowi의 지적처럼 배분, 규제, 재배분정책에서 보면 배분정책의 경우 이해관계자가 특정부문에 한정되어 있고 일반대중에까지 호소할 필요가 없이 그 문제를 담당하는 문지기와 바로 관계를 맺어 정책문제로 채택되며, 재배분정책의 경우 문제가 해결되면 전체적 이익을 가져오고 그 해결비용을 일부집단이 부담하는 경우는 정책의제화가 어렵다. 또한 전체적 문제는 정부의제화하기 어렵다. 예를 들면 공장공해, 대중교통문제, 범죄예방문제, 정부조직개혁문제 등은 정부의제화하기가 오히려 어려운 면을 담고 있다.

넷째, 선례와 유행성이다. 선례가 있는 문제는 상례화된 절차에 따라 쉽게 의제화될 수 있다. 필수적의제의 경우이다. 또한 유행이 되어 있는 문제들은 쉽게 의제화될 수 있다. 예를 들면 도시문제가 유행처럼 논의될 때 재개발문제는 쉽게 의제화될 수 있다.

다섯째, 극적인 사건과 위기이다. 문제를 극적으로 부각시키는 사건이나 위기 또는 재해는 쉽게 의제화된다. 성수대교, 삼풍사고, 지하철화재사건 등은 쉽게 의제화된다.

제 5 장 정책문제

바람직한 정책결정을 하고자 한다면 우선 해결하려는 문제에 대해 철저히 분석해야 한다. 정책문제가 과연 무엇인지를 파악하기 위해 정책문제의 내용분석을 토대로 정책문제가 무엇인지를 인지하고 그 문제의 원인과 결과, 이들 간의 인과관계를 파악하는 것을 정책문제의 파악이고 이를 토대로 무엇이 문제인지를 규정하는 것이 정책문제의 정의이다.

1. 정책문제파악과 목표설정의 중요성

사회문제의 해결은 그 사회문제의 진단으로부터 출발한다. 이러한 진단에 따라 해결을 위한 목표와 수단이 강구된다. 병원의 의사가 환자를 처음 대하면서 진찰을 하고 그 진단결과에 따라 처방을 내리는 것과 마찬가지다. 진단을 잘못하게 되면 엉뚱한 처방이 내려져 환자의 병은 오히려 더 악화시키거나 병을 낫게 할 수 없을 것이다.

마찬가지로 정책문제의 출발점인 사회문제도 먼저 그 내용을 정확히 파악하는 것이 선행되어야 할 것이다. 정확한 파악이 이루어지고 난 후 그에 따른 목표가 설정되어야 할 것이다. 그렇치 않으면 Type III의 에러에 빠지게 되는 것이다.

정책이 합리적· 분석적 결정이 이루어지기 위해서는 정책목표와 정책수단을 합리적으로 결정하여야 한다. 초기의 의사결정론자, 정책분석론자들은 정책목표를 합리적·분석적 결정에서 제외하고 '정책목표의 명확화'에서 출발하는 것으로 보아 목표나 문제의 파악에 대한 비판적 검토를 소홀이 했다는 비판을 받았다. 그러나 정책목표의 올바른 설정이 바람직한 정책결정 과정의 출발점이기 때문에 최근에 와서는 정책목표 자체의 타당성도 연구의 주요 대상이 되고 있다.

정책목표는 '정책을 통해서 달성하고자 하는 바람직한 상태'로 정책의 존재이유가 된다. 따라서 어떠한 정책목표를 달성하고자 하느냐에 따라 정책의 내용이 달라진다. 정책목표는 정책의 길잡이가 되며, 바람직한 정책결정을 위해서는 바람직한 정책목표를 설정하는 것이 가장 중요한 단계이다. 이러한 정책목표의 설정은 정책문제의 파악과 분석으로부터 출발한다. 이러한 분석을 통해 무엇이 정책문제의 핵심인지를 규정하는 정책문제의 정의가 이루어지고 이러한 문제를 해결하기 위한 효과, 비용분석 및 해결의 가능성을 검토한다. 그리고 나서 정책목표의 우선순위 및 달성수준의 결정이 이루어지는 것이다.

이렇듯 정책문제의 파악과 목표의 설정은 표리일체의 관계에 있다. 동전의 앞뒷면과 같은 것이다. 결국 정책문제의 파악이 올바른 목표설정을 위한 전제조건이 되는 것이다. 실제에 있어서는 후작업으로부터 선작업으로의 환류가 끊임없이 일어나고, 순서대로 정책목표가 결정되지 않는 경우도 많고, 분석적 활동이 없이 주먹구구식을 직관적으로 결정되는 경우가 많다.

2. 정책문제의 파악

1) 정책문제의 파악의 의의

정책문제란 바람직한 상황과 현재 상황의 차이로서 곤란한 상황을 의미한다. 중요한 것은 문제 그 자체가 아니라 문제를 어떻게 파악하고 인식하느냐이다. 문제를 제대로 인식하는 능력이 부족하게 되면 문제가 위기로 곪아터진 후에야 발견하게 되고 문제를 해결하기가 아주 어려워지기 때문이다(안경렬 외, 2002: 139).

정책문제의 파악은 정책문제의 내용을 정확하게 분석하여 파악하는 것으로 정책의 바람직한 결정을 위해서 필수적이다. 먼저 무엇보다도 바람직한 정책목표의 결정을 위해서 정책문제의 정확한 파악은 반드시 선행되어야 한다. 정책문제의 정확한 파악은 정책목표의 바람직한 설정을 위해서 필수일 뿐만 아니라 정책대안의 개발과 정책대안의 결과예측(모델의 작성)을 위해서도 불가결한 작업이다.

정책문제의 파악은 정책문제의 원인, 결과, 그리고 이들 간의 인과관계를 파악하는 것을 의미한다. 이를 위해서는 ① 문제의 제 측면을 개략적으로 파악하고, ② 문제의 결과로서 문제의 범위, 크기, 강도를 통해서 문제의 심각성을 파악하고, ③ 문제발생의 원인을 파악하고 문제의 원인과 결과간의 인과구조를 파악하고, ④ 이들 문제가 미래에 어떻게 될 것인지도 파악하여야 할 것이다.

이 경우 정책문제의 분석과 정책문제의 파악을 위해서 문제의 내용을 분석하고 재정리하는 등의 과학적, 체계적 작업을 통해 이 경우 필요한 가능한 모든 방법을 동원하여 여러 영역으로 시야를 넓혀야 하며 여러 가지 분야의 중요한 피해도 고려되어야 한다. 또한 문제의 역사적 분석이 있어야만 현재의 상황을 정확히 이해하고 미래의 예측도 가능하게 된다.

2) 정책문제의 개략적 파악

정책문제의 파악에서 제일 먼저 수행해야할 작업은 정책문제들을 구성하고 있는 여러 가지 요소(측면)들을 개략적으로 확인하는 것이다. 이러한 경우 정책문제도 다른 사회문제와 마찬가지로 문제의 여러 가지 측면과 원인과 결과들을 종합하여 보면 이들 간에 인과관계가 나타나는데 정책문제의 구조(사업구조나 목표-수단의 계층제)를 통해서 살펴보는 것이 유용하고 모형을 작성할 수도 있다. 이러한 과정은 정책수단의 탐색이나 정책대안의 결과 예측을 위해서 핵심적 역할을 하게 된다.

3) 정책문제의 결과파악

정책문제의 결과를 파악하기 위해서는 먼저 정책문제의 피해집단의 파악이 이루어져야 한다. 정책문제로 인하여 피해를 보는 집단은 지역별로 사회계층별로 다양하게 나타날 수 있는데 이러한 피해집단을 정확하게 파악해야 한다. 예를들면 의료서비스의 경우 서비스의 비용이 문제냐 서비스의 질이 문제냐에 따라 피해집단이 달라지게 되고, 또한 대도시의 교통문제의 경우 교통체증의 원인이 대중교통의 부재인지 도로망의 문제인지에 따라 피해집단과 향유집단이 달라지게 된다.

둘째, 정책문제의 심각성을 파악해야 한다. 정책문제의 심각성과 중요성은 ① 정책문제의 규모 - 그 문제로 인하여 피해를 보는자들의 수, ② 정책문제의 범위 - 규모를 의미하는 경우도 있지만 일반적으로 정책문제가 피해를 입히는 사회분야의 수를 의미(ex.쌀농사의 대흉작), ③ 피해의 강도에 따라 좌우된다. 이 경우 피해의 강도는 두가지요소로 나누어질 수 있는데, ① 정책문제로부터 발생되는 피해의 강약에 관한 것으로 가치파괴의 정도가 고려되어야 하고, ② 피해영역의 중요성 즉 파괴되는 가치의 중요성이 고려되어야 하며 이는 주관적인 측면이 개재될 수 있다.

4) 미래의 정책문제예측

정책은 미래지향적이고 정책의 효과도 미래에 나타나는데 어떠한 특정 정책문제가 미래에 해결되어야할 필요성이 있어야만 목표로 삼을 필요가 있게 된다. 가만히 두어도 자동적으로 해결되는 문제는 정책을 결정할 필요가 없다. 그래서 어떤 정책문제가 앞으로 어느 정도 심각할 것인지 예측하는 것은 정책문제파악의 중요한 일부이다.

미래를 예측하는 방법은 일반적으로 ① 과거추세를 연장하는 방법 - 과거의 변화추세를 미래에 연장시켜 보는 방법 ② 모형을 이용한 이론적 추정을 통하여 정책문제가 미래에 어떻게 될 것인지 예측하는 방법 ③ 전문가의 주관적 판단에 의존하는 방법 - 전문가 의견 종합 델파이 방법 등이 있을 수 있다.

5) 정책문제의 분류와 여과

정책문제의 파악에는 노력, 시간, 경비 등 모든 문제를 고려하기보다는 중요한 문제를 골라서 문제를 분석, 대안을 분석하는 것이 바람직하다. 이 경우 일상적 문제는 비분석적 결정에 따르고, 새롭고 중대한 문제는 분석적 결정에 따르는 것이 보다 효율적일 것이다. 어떠한 문제는 정밀분석을 통하여 합리적, 분석적 결정을 하고 다른 문제는 일상적 절차에 따라 이루어져야 하는가하는 문제가 남는다.

문제의 여과과정이 필요한 것이다. 즉 정밀하게 분석할 문제와 그렇게 않는 문제를 골라내는 작업을 말한다. 그러면 어떠한 문제를 골라내는가? 문제여과 또는 분류의 기준은 무엇인가?

여기에는 세 가지의 기준 문제의 중요성과 분석적 결정의 이점, 분석의 활용가능성, 분석의 실시가능성이 고려되어야 한다. 첫째, 문제의 중요성과 분석적 결정의 이점이라는 면에서 분석적 문제파악 및 결정이 그렇치 않는 경우보다 이점이 있느냐하는 문제이다. 이 경우 ① 문제의 중요성이다. 문제가 중대하면 정밀하게 파악하고 분석적인 결정을 해야한다. 문제의 중요성은 i) 문제의 심각성(피해자의 숫자, 범위, 피해의 강도)이 큰 것 ii) 정책비용의 규모가 큰 것 (대규모 사업) iii) 문제해결 자체가 가져올 다음 결정에 대한 영향의 크기(많은 결정과 관련되거나 중요한 선례나 지침이 될 수 있는 결정)로부터 파악되어야 한다. ② 문제의 복잡성과 불확실성이라는 면에서 복잡한 문제를 비분석적으로 파악하고 주먹구구식으로 해결책을 마련하면 커다란 피해가 발생할 수 있는 경우 정밀한 분석과 대안비교가 필요하다.

둘째, 분석의 활용가능성이다. 분석이 활용되느냐는 정치풍토와 정치권력 및 분석의 질에도 영향을 받고, 또한 정책결정자가 정책문제 자체의 성격에 대해 확고한 인식을 가지거나 참여자들 간에 사전적 합의가 있으면 분석적 문제파악과 대안선택은 쓸모없게 된다.

셋째, 분석의 실시가능성이다. 분석이 실시되기 어려운 경우 즉 기술적 제약으로 시간, 경비, 능력이 부족한 경우는 어렵다. 이 경우 신속한 해결을 위한 시간이 특히 문제이다. 또한 정치적으로 민감한 경우이다. 중대한 문제에 대해서는 정치적 저항이나 반대를 무릅쓰고 분석적 노력을 위해서 노력해야 한다.

3. 정책문제의 정의

1) 정책문제정의의 의미

정책문제의 분석을 통해 그 내용이 파악되면 정책문제의 정의가 있게 된다. 정책문제의 정의란 정책문제의 구성요소, 원인, 결과 등의 내용을 규정하여 무엇이 문제인지를 밝히는 것으로서 그 문제에 대한 잠정적인 진단을 내리는 과정이다(백승기, 2011: 181). 예를 들면 1980년대 강원도 사북탄광 노동자 폭동사건이 일어났을 때 그들의 폭동으로 인한 질서파괴가 문제의 핵심인지 아니면 열악한 근로조건과 기업주의 억압이 핵심인지에 따라 향후 취해지는 수단은 달라진다. 질서 회복이 정책목표가 될 수 있고, 또는 근로조건 개선이 목표로 고려될 수 있다. 이처럼 문제 정의를 어떻게 하는가는 정책과정 전반에 걸쳐 대단히 중요한 일이다.

이처럼 해결해야 할 정책문제를 어떻게 정의하느냐에 따라 정책목표 및 수단이 달라지고, 이에 따라 관련 집단의 이해관계도 달라지기 때문에 정책문제의 정의는 정치적 갈등과 타협의 대상이 되는 것이다(백승기, 2011: 181).

결국, 정책문제의 정의는 정책문제의 내용을 규정하는 행위, 활동 또는 과정을 의미한다. 즉 정책문제의 구성요소, 원인, 결과 등의 내용을 규정하여 '무엇이 문제인지'를 밝히는 것이다. 정책문제의 정의는 ① 정책목표, 정책수단 등 정책내용의 테두리를 일차적으로 결정하기 때문에 중요하고, ② 첫째 이유 때문에 정치적 갈등, 타협의 대상이 되며, ③ 문제인지 자체의 주관적 성격 때문에 현실의 정책문제 정의는 극히 다양하며, ④ 그러므로 바람직스럽게 문제를 정의하는 것은 소망스러우면서도 어렵기 때문에 가능한 모든 방법을 동원해야 한다.

2) 정책문제정의의 중요성과 정치성

정책문제의 정의는 세 가지 점에서 정책의 내용을 어느 정도 규정하기 때문에 중요한데 ① 치유적 정책목표의 경우에는 해결할 정책문제를 확정하는 것이 바로 정책목표를 결정하는 것과 비슷하다. ② 정책문제의 정의는 그 자체 속에 정책수단을 내포하고 있다(원인이 무엇이냐에 따라 수단의 테두리가 결정). ③ 정책문제 정의가 어떻게 되느냐에 따라 갈등관계나 경쟁관계에 있는 제목표의 수단들과 우선순위가 암암리에 표시된다. 예를 들면 대도시의 교통문제의 핵심적 내용을 무엇으로 정의하느냐? '콩나물시루'의 만원버스가 문제면 대중교통수단확대를 통해 서민들이 수혜자가 될 것이고, 도로폭이 좁고 도로망 부족이 문제라면 도로의 신설과 교량증설을 통해 자가용을 가진 사람이 수혜자가 될 것이다. 해결해야할 문제를 무엇으로 보느냐에 따라서 정책목표의 구체적 내용이 달라지고 이에 따라 채택될 정책수단도 달라진다. 또한 관련 집단들의 이해관계도 달라지게 된다. 정책문제의 정의, 원인이나 결과의 규정은 정책의 내용을 일차적으로 결정하므로 많은 사람들의 이해와 관련이 되고 따라서 합의를 보기가 힘들며 정치적 대상이 된다.

3) 정책문제정의의 과정

정책문제정의의 과정을 살펴보면 일반적으로 문제의 감지, 문제의 탐색, 문제의 정의, 문제의 구체화 순서를 거쳐 확립된다고 볼 수 있다. 이를 살펴보면 첫째, 문제의 감지는 문제 상황을 주목하기 시작하는 첫 번째 단계로서 문제는 객관적으로 존재하지만, 그 존재에 대해 문제라고 인식할 수도 있고, 문제가 아니라고 인식할 수도 있다. 따라서 문제를 인식하는 것은 문제 상황이 사회적으로 의미있게 존재하기 시작하는 것이다.

둘째, 문제의 탐색이란 다양한 정책 관련자들이 제시하고 발표하는 많은 문제들을 발견하는 것으로 문제의 전체를 인식하기보다는 부분적으로 인식하는 것이 보편적이다.

셋째, 문제의 정의로서 문제의 탐색을 통해 메타문제, 즉 다양한 이해관계가 보유한 문제 표현의 영역이 다루기 힘들 정도로 거대하기 때문에 구조화가 잘 되지 못한 문제들의 상황과 원인에 대해 문제와의 관련성을 기준으로 취사선택을 해야 한다. 이러한 과정에서 문제의 정의는 여러 문제 감지 중에서 선택하는 단계를 의미한다.

넷째, 문제의 구체화이다. 일단 실질적인 문제가 정의되면 좀 더 상세하고 구체적인 공식적 문제가 구서된다. 실질적인 문제에서 공식적인 문제로 옮겨지는 과정은 문제의 구체화를 통해 이루어지게 된다.

4) 문제정의의 주관성과 바람직한 문제정의

사람에 따라 정의하는 정책문제의 내용이 달라지게 되는 현상은 보다 일반적인 현상인 문제의 주관성 또는 문제정의의 주관성 때문에 발행하는 것이다. 인지된 이상상태는 사람에 따라 개인적 이해, 세계관 및 가치관이 달라 차이가 나며 이는 정책문제 정의의 주관성으로 연결된다. 결국 문제정의가 극히 주관적이므로 우리가 인지하는 문제자체도 극히 주관적인데 이것을 정책문제의 주관성이라고 하며 개인적 판단의 산출물이기 때문에 문제의 인공성이라고도 한다.

정책문제가 주관적, 인공적이기 때문에 첫째, 정책분석을 통하여 정책결정에 도움을 주려고 하거나 정책평가를 하는 경우에 정책분석가나 전문가가 독자적으로 정책문제의 내용을 정의해서는 안 된다는 것이다. 둘째, 문제정의는 국가, 사회전체 또는 국민전체의 입장에서 이루어져야한다.

전체국민 또는 국가. 사회전체의 입장에서 바람직한 정책문제를 정의하려면 첫째, 정책문제의 구성요소, 원인, 결과(피해의 심각성, 피해계층)를 파악한다. 둘째, 정책문제의 결과를 감안하여 중요하다고 판단되는 구성요소들을 규정하고 이 요소들의 원인에 대해서도 규정한다.

이러한 경우 문제의 구성요소 중 무엇이 중요한 것들인가는 첫째, 구성요소의 심각성, 피해계층 등의 파악에 따라 그것의 해결이 얼마나 소망스러운가를 판단하는 것으로 소망성(desiravility)의 기준을 적용하는 것이고, 둘째, 그 구성요소의 실현가능성(feasibility)를 검토하여 해결가능한 것인지를 판단하는 것이다. 그렇지 않으면 Type III Error에 빠지게 된다. 즉 문제의 파악에 필요한 정보가 부족하고 중요성 판단에서 편견이나 선입견이 작용하기 때문에 문제를 잘못 정의하는 경우이다.

결국, 바람직한 문제의 정의를 위해서는 다음과 같은 점들을 유념해야 한다(백승기, 2011: 183-184). 첫째, 정부가 취급하는 문제는 좀 더 근본적 성격이어야 한다. 일시적인 문제가 아닌 인간 사회에 내재하는 좀 더 근본적인 문제라야 한다는 것이다. 겉으로 드러난 표피적인 문제해결에 그치지 말고 그 심층에 내재하는 근본적인 갈등해결에 초점을 맞추어야 한다.

둘째, 사회경제적 약자의 문제를 우선 고려하면서 사회전체적 입장에서 문제정의를 하는 것이 바람직하다는 것이다. 셋째, 선입관이나 특정 이익의 관점에서 오는 편견을 배제해야 한다. 문제 정의나 목표설정을 잘못하여 제3종 오류를 범하게 되면 진실한 문제를 방치하게 되고 귀중한 자원의 낭비 등을 초래한다. 넷째, 정책문제 정의에 해결 방안을 포함시켜서는 안 된다. 문제 정의에 해결방안이 들어감으로써 다른 대안을 생각할 수 있는 여지를 미리 막는 결과를 초래할 수 있다는 것이다.

4. 정책목표의 설정

1) 정책목표설정의 의의

(1) 정책목표의 개념

정책목표라 함은 "정책을 통하여 이룩하고자 하는 바람직한 상태"를 말한다. 이러한 정책목표는 미래성과 방향성을 가지고 있다. 즉 시간적으로 보아서 미래에 도달하고자 하는 바람직한 상태이며, 그대로 방치할 경우 도달할 수 없는 상태를 정책을 통해서 실현하고자 하는 발전지향적 성격 또는 의지를 나타낸다. 또한 정책목표는 가치판단에 의존하기 때문에 타당성이나 규범성을 지니고 있다. 가치판단은 무엇이 바람직한 상태인가를 판단하는 것을 말하는 바, 정책을 통하여 이룩하고자 하는 바람직한 상태는 정치체제 내부가 아닌 "사회"의 상태에 대한 것이 일반적인 정책의 경우이다. 그러므로 정책목표에서 달성하려고 하는 바람직한 상태는 사회의 어느 부분에 관한 것이며, 그 결과 정책목표는 정책의 의존이유가 된다.

정책목표는 일종의 잣대이다. 즉, 정책목표는 정책대안을 선정하는 기준, 정책집행의 지침, 정책평가의 기준으로 사용하게 되므로 정책목표들 상호간에 모순이나 괴리 있어서는 안 되며 내적 일관성이 유지되어야 한다. 그리고 구체적이고 현실적이어서 인적·물적 자언 등 제약조건에 비추어 실현 가능한 것이어야 한다.

일반적으로 정책목표를 설정할 때 지켜야 할 원칙으로 다음과 같은 것을 들 수 있다(Deep, 1978: 168). 첫째, 정책목표는 계량적이고 구체적이어야 한다. 둘째, 정책목표는 반드시 바라는 성과를 제시해야 한다. 셋째, 정책목표의 달성이 집행 인원과 집행기구의 권한 범위 내에 있어야 한다. 넷째, 정책목표는 실제와 부합해야 한다. 다섯째, 정책목표는 반드시 완성 시한을 분명히 밝혀야 한다.

(2) 정책목표의 상호관계와 우선순위

하나의 정책에 하나의 목표만 지니고 있는 경우도 있지만 대체적으로 여러 가지 정책목표를 지니고 있는 경우가 많은 바, 이들 목표는 경우에 따라서는 상호모순, 충돌하기도 하고 서로 보완적이기도 하며 때로는 독립적이다. 또 어떤 경우에는 상하관계가 있는 경우도 있다.

목표들의 상하관계는 목표-수단의 계층제로 나타난다. 보완관계, 모순, 충돌관계, 경쟁관계에서 우선순위를 어떻게 결정하고 각 목표의 달성수준을 어떻게 결정할 것인가가 목표결정의 핵심적 활동이 된다.

우선순위는 구체적으로 보면 목표의 달성수준에 의해서 결정된다. 일반적으로 정책목표의 우선순위나 달성수준을 바람직하게 결정하기 위해서 고려해야 할 요소들은 크게 네 가지로 구분할 수 있다. ① 정책목표달성이나 정책문제의 해결로서 얻게되는 효과, ② 정책목표달성이나 정책문제해결을 위한 비용, ③ 정책효과와 정책비용의 배분, ④ 정책목표의 달성가능성이나 정책문제의 해결가능성이 고려되어야 한다.

위의 네가지 요소를 고려하여 ① 정책문제 중에서 해결 불가능한 것, 즉 정책목표달성이 불가능한 것을 제외하고, ② 실현가능한 정책목표 중에서 능률성과 공평성(비용과 효과의 배분이 사회적 정의에 합치되도록) 및 다른 기준들을 고려하여 여러 가지 목표들의 달성수준을 결정한다. 목표들의 달성에서 얻게되는 효과나 비용의 측정, 비교가 어렵고 목표선택의 기준간의 모순충돌이 있는 경우 특히 여러 가지 정책목표들이 이질적인 정책효과를 산출하고 있는 경우 어느 효과가 더욱 중요한지의 판단이 어렵다. 이러한 어려움을 극복하는 하나의 방법이 목표를 제약조건으로 취급하는 것이다. 이질적인 목표들을 각각 어떤 수준으로 하는 것이 최선인지를 판단하는 것이 아니라 몇 개의 목표를 제약조건으로 하여 다른 목표를 극대화하는 것이다.

이처럼 어떤 목표가 다른 목표보다 더 중요한가를 결정하는 것은 대단히 어렵다. 즉, 여러 정책목표에는 이해를 달리하는 관련 집단이 있기에 하나의 정치적 과정인 것이다. 일반적으로 결정 기준이 되는 것들을 보면, 정책목표가 시대적 상황이나 정치적 상황에 부합되는가를 보는 정책목표의 적합성이 있고, 정책 대상집단의 정책수요가 높은 정책을 우선순위를 부여하는 정책수요 기준이 있다.

학자들의 견해를 살펴보면, Hogwood & Peters(1983: 161-162)는 합의할 수 있는 기준으로 고객의 수요, 문제의 영향력 정도 및 목표달성이 가져올 사회경제적 순편익 등을 기준으로 제시하였고, 노화준(2003: 97-98)은 그 정책만이 추구할 수 있는 고유한 가치, 필요성과 수요의 충족 등을 포함한 사회 전체적인 공익의 증진, 상위 목표 달성을 위한 전략적 효과성, 실행가능성 등을 제시하였다.

2) 정책목표의 역할과 기능

정책목표는 크게 두 가지 역할을 하는바, 첫째로 정책목표가 달성되어 정책효과를 유발함으로써 사회의 상태를 바람직한 방향으로 변화시키려는 기능, 즉 정치체제의 환경에 대한 기능이며, 이는 정책목표가 지닌 본질적 또는 일차적 기능이다. 이 기능은 정책효과로서 나타나는 것이며, 구체적으로는 경제적 가치의 증대, 사회적 가치의 증대, 문화적 가치의 등대, 정치적 가치의 증대 등 구체적인 정책의 종류에 따라 달라질 수 있다.

둘째, 정책과정상의 제 활동에 대한 역할과 가능으로 정책목표의 이차적 기능이라 할 수 있는바, 이는 정책에 관련된 제 과정이나 활동에서 지침의 역할을 하며, 여기에는 다음의 세 가지가 있다. ① 정책목표는 여러 가지 정책수단 중에서 최선의 정책수단을 선택하는 기준으로 이용된다. ② 정책목표는 정책집행과정에서의 결정이나 활동에서 지침의 역할을 한다. 왜냐하면 정책결정을 함에 있어서 정책과정에 필요한 정책수단의 내용이나 기타 필요한 활동에 대한 지침을 모두 결정할 수는 없으며, 따라서 집행과정에서는 실질적인 결정이 많이 일어나고, 이에 따라 집행활동이 이루어지는데 이 모든 것의 존재이유가 정책목표이기 때문이다. ③ 정책목표는 정책평가의 기준이 된다고 할 수 있는데 정책평가는 정책집행과정에서의 평가(형성평가)와 정책목표달성으로 나타난 정책효과의 발생여부를 판단하는 평가(총괄평가)로 나눌 수 있으며 이들 양자는 모두 정책목표가 그 기준으로서의 역할을 하고 있다.

이상과 같은 역할이나 기능을 제대로 수행하기 위해서는 정책목표들이 명확하게 구체화되고 상호모순충돌이 없어야 하며, 또한 우선순위가 명백하게 되어야 한다. 정책목표가 최선의 정책수단선정기준, 정책집행·평가의 기준 등과 같은 지침적 기능을 수행하기 위해 정책목표가 명확하고 구체화되어야 하므로 가능한 범위내에서 구체적이고 명확하게 결정되어야 한다.

그러나 구체화의 한계는 ① 정책목표의 구체화는 정책집행 단계에 가서야 비로소 가능해지는 경우가 많고, 정책수단 결정에서 얻게 된 정보를 이용하여 다시 정책목표를 수정, 보완하여 더욱 구체화 시킨다. ② 정책목표가 구체화되고 명확하게 될수록 수정, 변경의 필요성이 커진다. ③ 목표가 구체화되고 명확하게 될수록 정치적 지지의 획득이 어렵고 정치적 반대가 강화될 가능성이 커진다. 정치적 반대를 감소시키고 보다 많은 정치적 지지를 얻기 위해서는 애매모호하고 추상적인 목표를 내세워야 한다.

추상적으로 결정된 목표는 집행단계에서 구체화되는 경우가 많고, 집행과정은 비공개적이며 일반대중이 이해하기 힘들고 이익집단이나 특수이익이 반영되는 경향이 강하기 때문에 가능한 한 많은 사람이 참여하고 많은 사람이 관심을 받는 과정에서 정책목표가 구체화 되어야 한다. 즉, 집행단계에서도 목표가 분명하지 않으면 정책집행자가 방향 감각을 잃게 되고, 평가에서도 목표가 구체적으로 표현되어야 목표의 달성도를 평가하기가 쉽다는 것이며, 추상적인 목표보다 계량적인 목표로 표시할 때 평가가 용이하다는 것이다.

3) 바람직한 정책목표의 설정

정책목표는 정책의 길잡이가 되므로 바람직한 정책의 결정을 위해서는 바람직한 정책목표를 결정하는 것이 중요하다. 따라서 정책목표를 바람직하게 결정하려면 먼저 정책문제의 올바른 파악이 있어야 하며 무엇이 정책문제의 핵심인지를 규정하는 활동, 즉 정책문제정의가 있어야 한다. 다음으로는 결정된 정책문제를 해결하여 얻게될 효과와 이를 해결하기 위하여 희생될 비용 및 문제의 해결가능성을 검토하여 정책목표의 우선순위와 달성수준을 결정한다.

그러나 현실에서는 위와 같은 순서로 작업이 이루어져서 정책목표가 결정되지 않은 경우도 많고 체계적으로 정책문제를 파악하거나 문제해결의 비용, 효과, 실현가능성에 대한 치밀한 검토를 하는 것과 같은 분석적 활동없이 주먹구구식으로 또는 직관적으로 결정하는 경우도 많다. 그렇다고 위와 같은 절차가 불필요하다는 것은 아니며 그 절차는 바람직한 정책목표를 설정을 위한 활동을 나타내는 것이다.

정책문제를 정의하는 것은 정책이 달성하고자 하는 정책목표를 일차적으로 규정하는 것과 동일한 것이다. 그러므로 바람직한 정책목표를 설정하는 것은 정책문제를 바람직하게 정의하는 것과 표리일체의 관계에 있다. 즉 정책문제의 핵심성은 목표달성의 효과로 나타나고 피해집단은 효과의 향유집단으로 문제의 해결가능성은 목표의 달성가능성으로 바로 연계된다.

결국 정책문제의 정의에 따라 정책목표의 설정은 이루어진다고 해도 과언이 아니다. 따라서 바람직한 정책목표는 실질적 내용면에서 내용의 타당성과 목표수준의 적합성·적절성을 지녀야 하고, 목표 구조상의 내적 일관성을 확보해야 한다. 이들 속성은 정책목표의 소망성을 평가하는 기준이 된다.

(1) 내용의 타당성

바람직한 정책목표는 그 실질적 내용면에서 타당성을 확보해야 한다. 즉, 정책목표의 타당성은 여러 문제 요소 중에서 가장 중요하고 해결이 시급한 문제 요소를 해결 대상으로 삼으로써 확보된다. 예를 들어 물가고의 해결이 시급한데 실업문제의 해소를 정책목표로 설정하게 되면 이는 타당성을 잃은 목표설정이 된다. 또한 제3종 오류처럼 잘못된 문제정의는 적합성을 잃은 목표설정과 직결된다(백승기, 2011: 187).

(2) 목표수준의 적합성과 적절성

정책목표의 적합성(appropriateness) 은 달성할 가치가 있는 여러 가지 목표들 중에서 가장 바람직한 것들을 목표로 채택되었는지의 여부이다. 정책목표의 적절성(adequacy)은 정책목표의 달성수준이 지나치게 높거나 낮지 않고 적당한 수준인지의 여부이다. 결국 적절성은 목표달성수준에 관한 것이고, 적합성은 목표설정과 문제정의에서 공통적인 속성을 지니고 있다.

(3) 목표구조상의 내적 일관성

정책목표 사이에는 내적 일관성이 견지되어야 한다. 종적 위계에 따라 하위목표는 상위목표의 수단이 되는 연쇄관계가 정책의 내용면에서도 유지되어야 하며, 횡적으로도 다른 목표와 상충되지 않도록 전체적인 정책 방향에 비추어 내적 일관성이 유지되어야 한다(권기헌, 2008: 191).

위와 같은 바람직한 정책목표의 설정에는 가치판단이 필연적으로 개입된다. 이러한 가치판단에서 '누구의' 주관적 평가를 기준으로 할 것이냐가 문제되는데 이는 동일한 가치에 있어서도 사람에 따라 가치판단이 다르며 판단결과가 달라지기 때문이다.

민주주의적 원리의 관점에서 본다면 관련 국민들의 평가에 따라 정책효과들의 상대적 비중을 정하고 정책목표간의 우선순위를 정하여 국민 대다수가 납득하고 받아들일 수 있는 목표를 설정하는 것이 바람직하다 하겠다. 따라서 국민들의 정책결정과정의 전반에 걸쳐 접근 가능하도록 정책과정이 공개, 개방되어야 하며 관계국민들이 직접 정책목표의 설정 및 결정에 참여하여 자신의 의견을 주장할 수 있어야 한다.

그러나 현실적으로 볼 때 이러한 원리는 행정국가적 경향으로 인하여 많은 제약이 따르고 있으며, 참여를 통한 결정원리도 정치적 영향력이 큰 집단의 의사에 따른 특정집단만을 위한 결정을 정당화시켜 주는 구실을 제공할 수도 있다.

우리나라의 경우는 정책목표를 설정함에 있어 그 목표의 적합, 적절여부를 고려함이 없이 실현키 어려운 이상적 목표를 설정함으로서 현실과 괴리가 발생하게 되었으며, 목표설정과정에도 관련 국민의 참여없이 정책결정자가 독단적으로 목표를 설정하거나 결정하여 국민들에게 일방적으로 제시함으로서 그 순응을 강제하여 왔다.

그 결과 정책이 국민의 요구에 대한 대응성을 확보하지 못한 경우가 많았다. 그러므로 비록 민주적 원리가 어느 정도의 문제점을 안고 있을지라도 현실적으로 볼 때, 그 원리를 무시하기 보다는 그 문제점을 보완할 제도적 장치를 마련하는 것이 필요하며, 특히 우리나라의 경우 장래에 있어서 정책목표의 결정 및 설정에 보다 많은 국민들의 의견을 반영하고, 참여시킴으로서 국민들이 그 목표를 받아들이고 목표달성을 위해 자발적으로 협조토록 하는 것이 바람직하다.

제 6 장 정책대안

1. 정책대안의 탐색과 개발

1) 정책수단선택의 중요성

정책문제의 정의와 정책목표가 설정되고 나면 정책수단을 마련하여 그 문제를 해결하여야 한다. 이러한 수단선택에 있어서 합리적·분석적 연구를 위해서는 정책분석의 도움이 필요하다.

정책분석이 정책수단의 선택에 초점을 두게 되는 가장 큰 이유는 정책수단 선택 자체가 지니고 있는 중요성 때문인데 이 중요성은 첫째, 정책수단은 정책목표를 달성하기 위한 수단이므로 정책목표의 달성을 위해서는 정책수단의 결정과 실현이 있어야 한다.

둘째, 정책수단은 달성될 정책목표 외에 많은 부수효과를 가져오는 경우가 대부분이다. 그러므로 정책목표와는 다른 독자성을 가진다. 셋째, 정책수단의 실현을 위해서는 정책비용을 지불해야한다. 정책수단의 종류에 따라 정책비용과 정책목표달성수준이 달라지고, 동일한 정책수단이라고 하더라도 투입되는 정책비용의 크기에 따라 정책목표의 달성수준이 달라진다.

넷째, 정책목표를 달성하여 얻게되는 효과나 또는 부수효과는 이를 향유하는 사람들이 있는 것과 마찬가지로 정책수단 실현을 위해서 지불해야 할 정책비용이나 정책수단의 실현에서 나오는 부작용으로 인한 희생도 누군가에 의하여 부담되어야 한다. 결국 이들 두 집단 간에 정책수단선택을 둘러싼 정치적 갈등과 투쟁이 발생하게 된다.

최선의 정책수단을 선택하기 위해서는 첫째, 해결할 정책문제 또는 달성할 정책목표를 명확히 하고, 둘째, 정책대안을 광범위하게 탐색 또는 개발하고, 셋째, 정책대안이 가져올 결과를 예측하고, 넷째, 정책대안의 결과를 비교·평가하고, 다섯째, 최선의 정책대안을 선택하는 것이다.

정책수단과 정책대안은 혼용스럽게 사용되고 있는데 좀더 구체적으로 살펴볼 필요가 있다. 먼저 정책수단(policy means)은 정책목표를 달성하기 위한 수단이며, 정책목표와 더불어 목표-수단 계층제를 이루고, 또한 공식적 정책담당자인 정부기관의 실현활동을 의미할 때도 있다. 반면 정책대안(policy alternative)은 정책목표와 이를 달성하기 위한 일정한 정책수단들의 배합(목표-수단의 조합) 하나하나가 정책대안이다. 예를 들면 대도시 교통문제해결이 정책목표인 경우 대중교통 수단 확대, 도로신설· 확포장 등 각각은 하나의 정책수단이 되지만 정책목표와 결부되면 하나의 정책대안이 되는 것이다. 정책대안은 정책수단의 종류와 실현수준이 다름에 따라서 달성되는 정책목표의 측면과 그 달성수준도 다르게 되므로 정책수단의 차이에 초점을 두고 파악하면 정책대안들 간의 차이를 알 수 있음을 쉽게 알 수 있고, 보통 정책대안들을 검토할 때 정책수단을 중심으로 검토하게 된다.

2) 정책대안 탐색과 개발의 의의

정책목표의 구체화가 끝나면 이러한 목표들을 달성할 수 있는 정책대안들을 폭넓게 탐색하고 개발해야 한다. 즉, 최선의 정책수단을 선택하기 위해서는 우선 중요한 대안들을 찾아내고, 개발하여 비교·평가의 대상에서 제외되지 않도록 분명히 확인하는 작업을 정책대안의 탐색과 개발작업이라 한다.

그러나 실제에서 정책대안의 개발이나 탐색은 여러 가지 요인에 의하여 제약을 받고 있다. 정책결정자나 관련인의 능력이 부족한 경우, 조직이나 강력한 집단의 이해관계와 충돌하거나, 정치체제의 이념에 반대하는 정책대안은 많은 제약을 받는다.

정책대안의 성격을 살펴보면, 첫째, 정책대안은 상호 배척의 성격을 지녀 하나를 선택하면 다른 하나의 대안을 선택할 수 없게 된다. 둘째, 정책대안과 정책목표는 긴밀하게 관련되어야 한다. 셋째, 정책대안은 정책문제의 해결이나 개선에 도움이 되어야한다. 넷째, 정책대안에는 격렬한 행동에서 차분한 대응, 나아가 아무런 행동도 취하지 않는 것까지 모두 포함된다. 이러한 정책대안을 이끌어내는 것은 결코 간단한 일이 아니어서 풍부한 창의력과 상상력을 필요로 한다(백승기, 2011: 191).

이에 정책대안의 탐색 또는 개발의 순서를 요약하면 다음과 같다. 첫째, 정의된 정책문제를 정확하게 인지하고 정책목표를 명확히 한다. 둘째, 여러 가지 종류의 정책수단을 광범위하게 파악한다. 셋째, 개발·탐색된 여러 가지 정책수단을 배합하고 여기서 대응하는 정책목표와 결부시켜 구체적인 정책대안을 만드는 과정이다. 이 과정에서 배합할 때 실현수준을 다르게 하면 무수한 정책대안을 만드는 것이 가능하다.

2. 정책대안의 개발 방법

여기에서는 정책대안울 탐색하고 개발하는 방법은 크게 두 가지로 분류할 수 있는데, 하나는 점진적인 방법이고 다른 하나는 새로운 방법들이 있다. 이들에 대하여 살펴보면 다음과 같다.

1) 점진적 방법

(1) 점진적 방법의 의의

점진적 방법은 한정된 수의 대안만 탐색하게 되는데 그것도 기존 정책에 약간의 수정만 가하는 형식으로 이루어진다. 이렇게 할 수밖에 없는 이유를 살펴보면 다음과 같이 설명하고 있다(Lindblom, 1959). 첫째, 정책결정자의 인지 능력상의 한계 때문이다. 따라서 정책결정자는 자신의 관심 분야에 대해서만 생각하게 되고 제한된 수의 대안만을 탐색하게 된다. 둘째, 새로운 대안이 있어도 이미 투입된 매몰비용 때문에 새로운 대안을 받아들이지 못한다. 해오던 사업이 비합리적이라 중단되면 투입 비용 때문에 오히려 불합리해지는 것이다. 셋째, 정치적 실현가능성이다. 새로운 정책대안은 기존의 이해관계를 파괴하는 것이기 때문에 기존 수혜자의 반대에 직면할 가능성이 높다. 넷째, 정책의 안정성이다. 혁신적 정책이 사회적 가치의 근본적 재분배를 초래하는 데 비해 점진적 방법은 정책의 지속성과 안정성을 유지할 수 있다(백승기, 2011: 191-192).

(2) 정책대안의 원천

정책목록은 동일한 문제 또는 유사한 문제에 대해 과거에 채택했던 정책들의 집합으로 대안의 원천이 된다. 이 방법은 정책결과를 예측할 수 있다는 장점을 가졌으나 과거의 상황과 앞으로 전개될 상황이 다를 경우에는 효력을 잃게 된다. 또한 다른 정부정책이 대안의 원천이 되는 것으로 유사한 문제에 대한 다른 국가나 조직의 경험은 정책 효과에 대한 평가를 통해 대안 개발에 도움을 줄 수 있다. 그러나 이러한 방법은 정책상황이 매우 가변적일 때, 새로운 정책문제 해결을 위한 대안 개발에는 활용하기 어렵다는 단점을 가지고 있다.

이에 정책결정자가 의식적으로 또는 무의식적으로 고려하는 정책대안은 몇 가지 원천으로부터 나오는데 ① 과거에 채택해 봤던 정책이나 현존의 정책, ② 다른 정부나 다른 국가의 정책, ③ 이론이나 모형으로부터 새로이 창조된 것, ④ 대안의 원천으로서 영향받는 집단을 들 수 있는데 이것은 주관적 방법이다.

① 과거의 정책

과거 또는 현존의 정책은 정책결정자들이 현실적으로 고려하는 정책대안을 제공해 주는 가장 중요한 원천이 된다. 정책목록을 통해 정부의 조직들이나 개인들이 문제의 해결을 위하여 이전에 사용했던 정책들 중 비교적 만족할 만한 결과를 가져온 정책들을 기억장치 속에 보관하고 있는데 이 보관된 것을 활용하는 것이다. 이 정책목록 속에 포함된 정책들 하나 하나가 동일한 문제 또는 유사한 정책문제가 등장했을 때 사용할 수 있는 정책대안들이 되는 것이다.

현존하는 정책이나 정책목록 속에 포함된 정책들을 정책대안으로 사용할 때는 몇 가지 장점이 있는데 ① 무엇보다도 정책결정자들이 정책추진에서 나타날 여러 가지 결과를 미리 짐작해 보고 예측할 수 있다. ② 정책대안의 채택, 집행과정 등에서 등장할 정치적 세력의 활동을 쉽게 예측할 수 있고, ③ 집행과정에서 필요한 활동, 자원 등을 미리 예측·계획할 수 있으며, ④ 과거의 정책에서 문제가 되었던 점들을 개선할 수 있으며, ⑤ 정책결정과정에서 이미 채택해 보았던 것이므로 채택이 쉬워진다.

그러나 단점으로는 과거에 채택했던 정책으로부터 나온 결과는 그 정책의 추진과정 및 관련정치세력, 그리고 그 정책의 집행 및 평가에서 문제가 되었던 것들은 과거의 상황에 대한 것이고 상황이 바뀌면 다른 상태로 전개될 수 있는데 상황변화를 인식하지 못하고 과거의 경험을 과신하는 잘못을 범하기 쉽다. 결국 시간적인 상황의 변화에 주의를 하여야 한다는 것이다.

② 타 정부의 정책

타 정부의 정책은 다른 지방정부나 다른 국가의 정책을 통해서 정책대안을 개발하는 것을 말한다. 과거의 정책과 마찬가지로 비슷한 장·단점을 가진다. 다만 다른 정부의 정책을 정책대안으로 고려할 때는 상황의 공간적 차이가 문제를 일으키며, 동일한 정부가 과거에 채택해 보았던 정책은 상황의 시간적인 차이가 문제를 일으키며, 다른 국가의 경우 정치·경제·사회·문화적 측면에서 상황이 다르게 되면 동일한 정책도 전혀 다른 결과를 초래하므로 다른 나라의 정책을 정책대안으로 고려할 때는 신중을 기하고 상황의 차이를 면밀하게 검토하여야 한다.

이 경우 시간적·공간적·상황적 요인을 충분히 고려하여 정책대안으로 개발되어야 할 것이다. 후진국들이나 개발도상국들이 초기에 선진국의 행정시스템을 그대로 받아들여 실패를 한 경우가 그 예이기도 하다.

③ 과학·기술 및 모형의 활용

과학과 기술을 통한 이론이나 모형의 설정을 통해서 정책대안을 도출하는데 이는 과학적 지식이나 이론이 정책목표와 정책수단 간의 인과관계를 내포하기 때문이다. 예를들면 수요공급이론에 입각하여 추수기 공급이 과잉되면 가격하락을 방지하기 위한 추곡수매를 실시하고 쌀값이 인상이 전체물가를 상승하게 되면 정부미의 방출을 통해 쌀값안정을 기하는 것과 같다.

그러나 이상에서 논한 것은 지식의 상호보완성으로 과거의 정책이나 현존의 정책, 타 정부의 정책도 모두 과학과 기술, 이론 등의 내용 속에 포함시킬 수 있는 성질의 것이다.

④ 주관적 · 직관적 방법

주관적·직관적 방법은 여러 사람의 많은 의견을 들어서 관계자의 주관적 의견을 용하는 방법이다. 즉 개인의 주관적 판단에 의존하는 방법이다. 주관적·직관적 판단을 이용하는 방법은 브레인스토밍(Brainstorming)과 델파이(Delphi) 방법이 있다.

가. 집단토론(Brainstorming)

브레인스토밍은 기발하고 다양한 아이디어를 자유롭게 제안할 수 있도록 함으로써 가능한 한 많은 아이디어를 얻기 위해 사용되는 방법이다. 즉흥적이고 자유분방하게 여러 가지 기발한 아이디어를 창안하는 활동으로 A. Osborn에 의하여 개발된 것으로 문제상황을 식별하고 개념화하는 데 도움울 주는 아이디어, 목표 및 전략을 창술하는 방법치다. 이 방법의 바탕에는 문제의 해결은 이외의 곳에 있으며, 이를 발견하기 위해 어떤 비판도 가하지 않고 기상천외한 의견도 허용한다는 것이 깔려 있다.

결국, 여러 사람들의 집단적 토의를 통해 여러 사람들의 머리에 떠오르는 아이디어를 제시하게 하는 것으로, 좋은 대안을 많이 얻기 위해서는 관련분야의 전문가 뿐 만 아니라 상상력이 풍부하고 선입견에 구애받지 않는 독창적인 사람 또는 정책에 직접영향을 받는 관련자를 널리 포함한다.

이 방법의 특성들을 살펴보면, 첫째, 연쇄반응 효과로서 하나의 방안이 다른 방안의 출현을 자극한다는 것이고, 둘째, 라이벌 충격으로서 어떤 이가 제시하는 의견은 다른 견해의 출현을 자극한다는 것이며, 셋째, 긍정적 강화로서 창의적인 관점을 제시하는 사람을 포상하고 비평을 최대한 억제함으로써 대안의 질을 제고하는 것이다.

진행절차를 살펴보면, 첫번째 단계에서는 아이디어를 평가하지 않아야 한다. 전혀 뚱단지 같거나 엉터리 같은 해결책도 제시하도록 자유롭게 아이디어를 제안하도록 한다.

두번째 단계에서는 모든 아이디어(정책대안)가 제안되고 나면 대안들의 평가와 종합을 하게 되는데 비슷한 아이디어들의 취합하고 전혀 실현가능성 없는 대안 등의 제거를 통해서 몇 가지 대안들을 제시하는 것으로 브레인스토밍은 끝난다.

나. 정책 델파이(Policy Delphi)

델파이 방법은 1984년 Rand연구소에 의해 개발되었으며, 익명성, 반복성과 환류, 전문가들의 의견을 종합하여 보다 합리적인 아이디어를 만들려는 시도이다. 정책델파이는 집단토론의 약점(외향적인 몇몇 사람의 발언을 독점, 공개적으로 다른 사람의 의견에 반대하기 어렵다거나, 한번 공개적으로 제시한 의견을 바꾸기 싫어한다거나 등)을 극복하기 위해 독특한 의견취합방법을 사용하는데 ① 누가의견을 제시했는지 모르도록 한다. 면대면이 아니라 서면을 이용해 익명성이 보장된다. ② 제시된 의견을 서로 다른 사람에게 제공한다. 다른 사람의 의견을 검토하고 각자의 의견을 다시 제시하여 회람시키는 것을 몇 차례 되풀이 한다. 반복성과 환류를 특징으로 하고 있다. ③ 몇 차례의 회람 후에 결국은 전문가들이 합의하는 아이디어를 만들어 내도록 유도한다.

정책델파이는 이러한 델파이의 기본논리를 적용하여 정책문제해결을 위한 정책대안을 개발하고 정책대안의 결과를 예측하기 위하여 만들어낸 방법이다. 먼저 정책대상 집단들의 의견을 청취하여 전문가나 정책결정자가 심각하게 생각하지 못했던 정책대안의 결과들을 밝혀내고, 정반대의 입장에 있는 관련자로서의 서로 대립되는 의견을 표출시키는데 그 목적이 있다.

이러한 정책델파이의 목적은 개인의 이해관계나 가치판단과 관계없이 객관적인 입장에서 지혜를 모으려는 일반적인 델파이와는 다른 특징을 가지는데 ① 정책관련자의 의견중시로서, 정책관련자들을 모아서 이들의 의견을 얻게 하고, 이들에게 정책문제의 성격이나 원인, 결과 등에 대하여 필요한 정보를 제공한다. ② 선택적 익명성이다. 첫번째 단계에는 누가 의견을 제시했는지 모르게 하지만 대강 의견들이 종합되어 몇 가지 대립되는 정책대안이나 결과가 표면화한 이후에는 공개적인 토론을 하도록 한다. ③ 유도된 의견대립으로 서로 다른 의견들을 공개적으로 도출하도록 하고 대립된 견해를 최대한 활용하여 여러 가지 정책대안을 창출하고 정책결과도 예측하도록 한다.

3. 정책대안의 결과예측

1) 정책대안의 결과예측의 의미

정책수단들 중에서 어느 것이 최선인지를 알기 위해서는 정책목표가 확정되고 이를 달성할 수 있는 정책수단들이 광범위하게 개발되거나 탐색된 후에 정책수단들 하나하나가 집행될 경우 어떠한 결과가 나타나게 될 것이지를 미리 예상해 보아야한다. 즉 정책대안의 결과예측은 정책대안이 집행 또는 실시되었을 경우에 나타날 결과들을 정책대안 실시 이전에 미리 예상하는 것이다.

선별된 정책대안이 나중에 정책으로 채택되어 집행되었을 경우 나타날 결과를 미리 예측해 보는 것을 정책대안의 결과예측이라고 한다. 이렇게 예측한 내용이 예측대상의 미래상태를 얼마나 올바르게 판단해 주고 있으며 정책형성에 얼마나 도움을 주느냐가 정책결정의 질을 좌우한다.

그러나 정책대안의 결과를 미리 예측하는 것은 합리적·분석적 정책결정에서 가장 어려운 단계중의 하나이면서 능력과 시간이 부족한 정책결정자에게 정책분석이 도움을 줄 수 있는 가장 중요한 단계이다.

경제학자들과 기상청 기상예보관은 다같이 예측을 전문으로 하는 사람들이다. 그러나 기상예보관은 최소한 지금 밖에 비가 오는지, 눈이 오는지 알고 있지만 경제학자는 현재의 경제상태가 어떤지조차 정확히 알지 못한다. 이처럼 경제지표나 예측치가 경제실상을 제대로 반영하지 못하게 되면 정부의 정책운용이나 민간기업의 경영계획 수립이 처음부터 잘못될 가능성이 많아진다. 이를 극복하기 위해서는 각종 정책대안의 결과예측기법으로 체제분석, OR, 정책분석이 실질적 뒷받침을 하고 있다.

2) 정책대안의 결과예측방법

정책대안 결과예측의 실질적으로 고도의 능력과 시간 및 경비가 요구되고 주먹구구식이나 막연한 짐작과 직관적인 판단의 비분석적 방법에 의존하는 것보다 보다 정확한 예측이 요구되어 진다. 정책대안의 결과예측에 따라 결정이 이루어지고 이러한 결정이 실패를 하게 되면 정책실패로 이어지기 때문이다.

이러한 정책대안의 결과예측방법은 비분석적 방법으로 ① 구먹구구식의 직관적 방법, ② 과거의 정책이나 외국의 정책결과에 의존하는 방법이 있고, 합리적·분석적 방법으로 ① 모형(model)을 이용하는 방법, ② 정책실험(policy experiment), ③ 이 두 가지가 어렵거나 약점이 있는 경우 전문가에 의한 델파이 방법이 보완적으로 이용된다.

(1) 과거의 정책 및 외국의 정책에 의한 예측

과거의 정책추진결과가 앞으로도 나타날 것으로 예측하는 것이다. 예를 들면 과거에 쌀값이 올라갈 때 정부보유미를 방출하였는데 이 결과를 쌀값이 안정되었다면 정부미 방출이라는 정책대안을 추진하면 쌀값이 안정될 것으로 예측하는 것과 같다. 이 방법은 정책대안의 결과가 상황에 따라 달라질 수 있기 때문에 주의를 요한다. 상황변화의 면밀한 검토, 외국의 정책결과인 경우 특히 주의를 요한다.

(2) 모형을 통한 정책대안의 결과예측

① 모형의 의미

모형은 현실의 추상적 표현으로 동상류질적 형성물(Meehan)로 현실을 있는 그대로 완전히 나타내는 것이 아니라 필요하고 중요한 측면만을 뽑아서 단순화시켜 표현한다. 그렇다면 어떠한 요인 또는 요소는 모형 속에 포함시키고 다른 요소들은 제외시키는가? 이 경우 모형작성을 통하여 무엇을 달성하려는가에 의해 좌우된다.

정책분석적 목적을 위해 모형을 작성할 때에는 첫째, 해결할 정책문제를 명백히 하고 정책문제 발생의 원인 및 정책대안의 추진되었을 때 영향을 받는 결과들을 탐색해야 한다. 예를 들면 경제학의 수요공급곡선에 의한 가격결정이론에서 문제상황을 나타내는 변수(쌀가격)와 문제를 발생시키는 원인변수(쌀수요, 쌀공급) 문제의 결과변수가 인과모형에서 가장 핵심적인 요소이다.

둘째, 각 원인 또는 결과변수 및 요소들 간의 상호관계의 방향 및 강도를 파악하면 모형작성은 완료된다(변수들 상호간의 상호관계). 예를들어 쌀 수요가 원인이 되어 쌀 가격의 변화가 결과로 발생하였는지, 쌀 공급이 원인이 되어 쌀 가격의 변화가 결과로 발생하였는지를 알아야 한다. 또한 원인변수가 한 단위 증가할 때 결과변수가 변화하는 수치, 원인변수가 몇% 변화할 때 결과변수가 몇% 변화하는지를 나타내는 강도를 알아야 한다. 즉 인과관계의 방향과 강도를 파악해야 하는 것이다.

② 모형의 역할

모형은 정책대안을 개발할 때에도 이용되고 결과를 예측할 때에도 이용된다. 정책문제의 발생원인을 파악하는 것이 모형의 핵심적 역할인데 이 정책문제의 발생 원인을 파악하고 나면 이 원인들 중에서 첫째, 정책적으로 제거가 가능하거나 통제가능·조작가능한 원인은 제거, 통제와 조작의 방법을 정책수단으로 고려하고(예: 수질오염방지의 수단으로 공장폐수방류금지), 둘째, 그렇지 못한 원인은 원인자체에 대해서는 손을 대지 않고 문제의 심각성을 완화, 감소하는 다른 방법을 정책수단으로 고려한다. 또한 실현가능성이 없는 대안은 정책대안의 스크린에서 제외하는 것이 바람직하다. 예를 들면 쌀값 상승의 원인이 농가 방출 중단일 경우에 농가학생 학비대여 중단을 통한 농민의 쌀방출 유도는 도덕적·윤리적 문제 때문에 고려대상에서 제외하는 것이 바람직하다는 것이다.

③ 확률적 모형(Probabilistic Model)과 확정적 모형(Deterministic Model)

정책대안의 결과를 예측하는 모형은 결과를 확정적으로 예측하는 경우의 방법과 정책대안의 추진결과를 사건이나 상황에 따라 여러 가지 결과가 나오는 것으로 예측하면 상황의 발생확률을 사전에 예측하는 확률적 모형에 의한 방법이 있다.

④ **모형의 예측능력과 결과예측의 제약요인**

결과예측의 정밀도는 여러 요인에 의하여 제약을 받는데 첫째, 모형자체의 정확성 또는 타당성에 의하여 영향을 받는다. 즉 모형의 구성요소 중에서 변수들이 어느 정도 포함되어 있느냐하는 문제(모형의 예측력과 간소성은 상반관계에 있는 것으로서 조화를 요구)와 변수간의 인과관계의 방향이나 강도가 얼마만큼 사실을 정확하게 표현 또는 반영하고 있느냐에 의해 모형의 예측력은 달라진다.

둘째, 모형 속의 변수의 상태에 대한 자료의 정확성에 의해서 영향을 받는다. 정부 각 부처의 통계담당조직, 그 외 사회지표, 문화지표 등의 자료의 정확성여부에 따라서 결과의 예측은 제약을 받고 있다.

3) 불확실성(Uncertainty)과 결과예측

(1) 불확실성의 개념

불확실성의 개념은 매우 추상적이라서 정의내리기가 쉽지 않지만, 한석태(2005: 231)는 정책결과를 예측함에 있어 정책대안과 결과 그리고 기타 가능한 영향 요인들 간의 인과적 관계의 유무와 크기에 대한 지식의 부족 상태라고 정의하고 있다.

따라서 정책의 결과를 예측하는 것은 미래성을 가지고 있다. 앞으로의 일어날 일에 대한 것이므로 정확한 예측은 실로 어려운 난제이다. 올바른 의사결정을 위하여 알아야할 것과 실제로 알고 있는 것과의 차이 또는 정책대안의 성공에 영향을 미치는 요소들에 대한 예측불가능성을 불확실성이라고 한다.

정책결정에서 불확실하게 느끼는 대상을 기준으로 불확실성을 분류하면 ① 정책목표로서 바람직한 것이 무엇인지 모르는 경우, ② 정책문제의 내용이나 원인을 확실히 모르는 경우, ③ 정책대안의 종류가 어떠한 것이 있는지 모르는 경우, ④ 어떠한 정책대안이 가져올 결과가 어떻게 될 것인지 모르는 경우, ⑤ 정책대안의 비교·평가 기준으로서 바람직한 것이 무엇인지 모르는 경우 등이다.

결국 합리적·분석적 정책결정에서 밟아야할 단계 하나하나에서 우리가 알고자 하는 것에 대한 것이며 이것을 모른다는 사실을 불확실성으로 표현한 것이다. ①⑤는 가치에 대한 것이며, ②③④는 사실에 대한 것으로 여기서 주로 논의가 된다.

(2) 불확실성의 발생원인

불확실성을 발생시키는 원인에 대해서는 여러 가지로 분류할 수 있겠으나 발생 원인을 불확실하게 인지하는 대상에서 찾는다면, 그 대상이 인간의 행동인지 아니면 자연적 상태인지에 따라 구분할 수 있다. 그뿐만 아니라 불확실성의 원인이 인지 대상인 상황의 복잡성 때문인지 아니면 급격히 변동하는 상황의 동태성 때문인지로 나누어 볼 수도 있다. 대체로 문제 상황이 복잡할수록 또 정책문제의 상황이 급격히 변화할 경우에 불확실성의 정도가 커지게 된다.

Quade는 불확실성의 유형을 첫째, 무작위적인 사건에 의한 것으로 ① 대안의 결과는 알고 있으나 그 발생확률을 모르는 경우, ② 발생확률은 알고 있으나 어떤 특정 결과가 나올지 정확하게 알 수 없는 경우, 둘째, 어떤 개념 자체는 알려져 있으나 그것의 결과나 확률을 알 수 없는 경우, 셋째, 인간의 의도적인 행동이나 또는 선호, 행동의 가변성으로 인해 생기는 경우로 분류한다. 그리고 첫째를 확률적 불확실성, 둘째와 셋째를 실질적 불확실성으로 표현하고 여기서 실질적 불확실성이 발생하는 근본적 원인을 ① 환경, 특히 자연적 환경(지진이 생기는 등)에 대한 우리의 무지가 불확실성의 원인이 되고, ② 다른 인간들의 행동에 대한 무지가 불확실성의 원인이 된다고 지적하였다.

불확실성은 결국 미래에 관한 사실을 현재에서 파악한다는 사실, 즉 모른다는 사실에 기인한다. 현실적으로 보아 미래를 정확히 판단할 수 있다면 정책대안의 결과도 정확히 예측할 수 있을 것이다. 그러나 이러한 불확실성의 원인은 이용자의 능력, 시간, 경비의 부족과 상황의 복잡성과 동태성으로 부터 인지수단에 있어 모형의 정확성과 변수에 대한 정확한 자료의 부재로부터 발생하는 것이다.

여기에서 복잡성이란 문제발생원인이 복잡하고, 이들간의 관계 및 이들과 문제와의 관계가 복잡할수록 불확실성은 커진다. 예를 들면 가뭄으로 인한 쌀 감소 보다 청소년 범죄가 훨씬 복잡성을 띠고 있다. 동태성이란 문제발생의 원인과 조건들이 시간이 흐름에 따라 변해가는 정도를 말한다. 국제적인 위기 상황이나 유가 등 수시로 변화하는 것이 그 예이다.

(3) 불확실성의 정도

불확실성의 정도는 첫째, 정책대안의 추진으로 나타날 결과의 종류, 수준, 그리고 이들의 확률까지 알고 있으며, 다만 어떤 '특정한 결과'가 나타날지 모르는 경우이다.

둘째, 정책대안의 추진으로 나타날 결과의 종류 및 수준을 알고 있으나 나타날 확률을 모르는 경우, 즉 위의 불확실성에 추가하여 발생확률을 모르는 경우이다. 이를 극복하기 위해서는 정보를 수집하는 방법, 전문가의 주관적 판단을 이용한 추정, 기대치 등을 구할 수 있다.

셋째, 정책대안의 추진에서 나타날 결과의 종류는 알고 있으나 그 수준 및 확률 등을 모르는 경우이다. 이를 극복하기 위해 이론의 개발을 통하여 정책대안이 결과에 미치는 영향의 강도나 외국의 경험을 보거나, 정책실험 등의 방법을 쓸 수 있다.

넷째, 가장 극단적인 불확실성의 경우로써 정책대안이 추진될 때 나타날 결과의 종류조차 명백하게 예측할 수 없는 상태를 들 수 있다.

(4) 불확실성의 대처방안

불확실성에 대처하는 방안으로는 크게 두 가지로 살펴볼 수 있는데 첫째, 불확실한 것을 적극적으로 확실하게 하려는 불확실성의 적극적 극복 또는 해소방안이며, 둘째, 불확실성을 주어진 것으로 전제하고 이 불확실성을 감안하여 정책을 결정하는 소극적 방법이 있다.

불확실한 것을 확실하게 하려는 적극적인 불확실성 극복방법은 ① 상황에 대한 정보의 획득이나 모형의 개발, ② 불확실성을 발생시키는 상황자체를 통제하는 방법이 있을 수 있다. 가장 이상적으로 불확실성을 극복하는 방법으로서는 이론이나 모형의 개발로서 정책대안과 결과의 관계를 명확히 하고 이들이 현실에 적용될 때 개입되는 여러 가지 조건이나 상황변수들에 대한 정보를 획득하여 정책대안이 가져올 결과를 확실하게 예측하도록 하는 방법이다. 시간을 끄면서 정보를 점증적으로 획득하고 환류되는 정보의 이용한다.

불확실한 상황을 확실하게 함으로써 불확실성을 적극적으로 극복하는 두번째 방법은 불확실성을 발생시키는 상황자체를 통제하는 방법이다. 외적상황이 동태적으로 작용하는 경우 아주 좋은 불확실성 극복전략으로 국가와 국가 간의 조약을 맺는 것이 예이다.

둘째 불확실성을 주어진 것으로 보고 불확실한 상태 하에서 정책대안의 결과예측이나 정책결정을 진행하여 불확실성에 대처하는 소극적 방법은 ① 보수적인 접근방법, ② 중복성의 확보방안, ③ 민감도분석(sensitivity analysis), ④ 분기점분석(break-even analysis)이나 악조건가중분석(a fortiori analysis)이 있다.

① 보수적인 접근방법

가장 간단한 방법은 불확실성 하에서 발생될 최악의 경우가 실제로 나타나리라고 전제하고, 이 전제하에서 정책대안의 결과를 예측하여 최선의 대안을 선택하는 방법으로 이것은 일종의 보수적 방법이라고 볼 수 있다. 위험에 대한 의사결정의 태도는 위험회피형 태도(보수형 접근방법), 위험중립형 태도(기대가치를 취하는 방법과 직결), 위험추구형 태도로 구분할 수 있다.

② 중복성의 확보방안

위험발생의 경우에 대비하여 중복성(redundancy), 신축성(flexibility)등의 추가 안정장치를 확보하는 방법이다. 중복성을 감안하는 방법은 정책대안의 결과가 어떻게 될지 불확실할 때, 이 정책대안의 추진을 위해서 일종의 중복적 수단을 보유하도록 하고 중복적 수단을 추진하는데 소모될 비용을 이 정책대안의 비용으로 추가적으로 계상하여 타 대안들과 비교하도록 하는 것이다. 예를 들면 1971년과 1979년의 석유파동에서처럼 현재 거래하고 있는 석유 산유국 외에 추가적인 안정장치를 확보해 두는 것과 같다.

③ 민감도분석과 상황의존도분석

불확실성 하에서 의사결정을 하면서 위험발생의 경우에 대비하여 가장 중요하게 널기 사용되는 방법이 민감도 분석과 상황의존도 분석이다. 민감도 분석은 모형에서의 파라미터(회귀계수, 경로계수, 확률 등)가 불확실할 때 이 파라미터가 취하리라고 생각되는 가능한 값들을 모두 고려하여 하나 하나의 값들에 따라 정책대안의 결과가 각각 어떻게 되는가를 파악하려는 방법이다.

상황의존도분석은 민감도분석과 본질적으로 동일하지만 다만 파라미터의 변화가 아니라 외생변수나 조건변수 등의 정책상황의 변화 및 발생확률에 정책대안의 결과들이 얼마나 민감한지를 파악하기 위한 분석을 지칭한다. 이 둘을 합쳐 민감도 분석이라고 하기도 한다.

④ 악조건가중분석과 분기점분석

불확실성 하에서 발생할 위험을 감안하면서 최선의 정책대안을 선택하기 위하여 정책대안의 결과예측을 행하는 네번째 방법은 악조건가중분석과 분기점분석이다. 악조가중분석은 예비분석이나 현재까지의 분석결과로 보아서 가장 우수하다고 판단되는 정책대안에 대하여 그 결과를 다시 예측하되, 결과를 좌우하는 요인에 불확실성이 있을 때 우수한 정책대안에서는 최악의 상태가 나타나리라고 가정하고 나머지 대안들에서는 최선의 상태가 발생하리라는 가정하에서 각각 대안들의 결과를 새로 예측하는 방법이다.

악조건가중분석의 결과를 토대로 Quade는 분기점 분석을 권장하고 있는데 분기점분석은 최선 및 차선으로 예상되는 대안들을 몇 가지 두고 이 대안들이 동동한 결과를 산출하기 위해서는 불확실한 요소들에 대해서 어떠한 가정들을 해야 하는지를 파악하는 방법이다. 이렇게 가정들이 만들어지면 이것을 그 분야의 전문가들에게 의뢰하여 어떠한 가정이 그럴듯한지 판단하도록 하여 가장 발생가능성이 높다고 생각되는 가정을 지닌 정책대안을 최선의 대안으로 판단하는 방법이다.

4) 정책실험에 의한 정책대안의 결과예측

정책실험 또는 사회실험은 원래 정책평가의 한 방법으로서 사업이나 정책이 일정한 효과를 발생시키는지 알아보기 위해서, 대대적인 사업진행이나 전면적인 정책추진을 하기 전에 소규모로 일정 정책 대상집단에게 시험적으로 실시해 보는 일종의 시험적, 실험적인 사업진행 또는 정책집행이다. 이론이나 모형에 의한 정책대안의 결과예측이 극히 불확실할 때 사용한다. 이러한 실험을 통해 나타난 문제점을 파악하고 전면적 시행에 따른 부작용을 최소화할 수 있는 것이다.

5) 직관적 · 주관적 방법에 의한 정책대안의 결과예측

브레인스토밍과 델파이는 정책대안의 개발뿐만 아니라 정책대안의 결과예측에 있어서도 이용된다. 첫째, 브레인스토밍은 주요 정책대안의 창출을 위해서 사용하는 방법이므로 결과예측을 위해서는 크게 활용되지 않겠지만 이용된다면 대안의 결과가 어떠한 종류가 있는지를 찾는데 도움이 된다. 둘째, 정책델파이는 정책대안뿐만 아니라 대안의 결과예측을 위해서도 사용되는데 이 경우에는 정책대안의 결과가 어떠한 종류가 있는지를 예측하는데 도움을 준다. 그 외에 시나리오작성이나 교차영향분석 등이 있다.

4. 정책대안의 비교 · 평가기준

정책대안의 결과가 예측되고 나면 어떤 정책대안이 더 바람직한가를 비교 · 평가함으로써 정책대안 간의 우선순위를 정할 수 있다. 그러나 일반적으로 우리 흔히 사용하는 바람직함이란 사람에 따라 달리 해석되는 주관적인 것이기에 적절한 기준 설정이 필요하다. 즉, 정책대안의 궁극적인 평가 기준으로 공익을 들 수 있으나 너무 추상적이어서 실제 적용에는 한계가 있다. 따라서 여기서는 소망성과 실현가능성을 중심으로 살펴보고자 한다.

1) 공익

공익이란 공공의 이익으로서 행정이 지향하는 최고의 가치로서 공공 부문에서 무엇이 공공가치를 실현하는 데 더 효과적인가 하는 판단의 기준이 되는 것이다. 이러한 공익에 대한 정의는 크게 공익의 실체를 인정하는 실체설과 하나의 실체라기보다는 다수의 이익이 조정·타협되어 가는 과정이며 그 과정을 거쳐 얻은 결과로 보는 과정설로 나누어진다.

실체설은 공익을 이상적인 규범으로 간주하고 사익을 초월하는 절대적인 선과 같은 것으로 본다. 또한 공익은 사익의 단순한 총화가 아니라 실체적이고 적극적인 공익 개념이다. 이러한 실체설은 사익과 구별되는 공익이 있어야 한다는 점에서 행정의 지향점을 분명히 하는 장점이 있다.

과정설은 공익을 개개인의 이익의 총합으로 보는 것으로서 공익은 다수 이해관계자의 타협의 산물이며 민주적 조정 과정을 통해 얻은 것이다. 이 경우 공무원의 행동은 스스로 무엇이 사회에 가장 이익을 가져올 수 있는가를 결정하는 것이 아니라 서로 경쟁관계에 있는 모든 이해당사자의 이익을 조정하고 타협시켜 만족스러운 결과가 나오도록 돕는 촉매자 내지 조정자 역할에 그치게 된다는 것이다.

이상과 같이 공익에 대한 관점이 서로 다르기 때문에 공익을 구체적으로 규정하기는 매우 어렵고 너무 모호하고 가치함축적이어서 실제 정책대안의 평가기준으로 하기에는 한계가 있다.

2) 소망성

정책대안의 평가기준으로서 소망성(desirability)이란 정책대안이 과연 얼마나 바람직스러운 것이냐 하는 바람직스러움의 정도를 말한다. 소망성을 판단하는 기준으로는 여러 가지가 있지만 여기에서는 효과성, 능률성, 공평성을 살펴보고자 한다.

(1) 효과성

효과성은 일반적으로 목표달성의 정도를 의미한다. 원래 정책의 효과는 정책목표달성의 효과로서 나타나는 것도 있고, 부수적으로 나타나는 부수효과도 있다. 효과(effect)는 산출(output)보다는 한 단계위에 있다.

효과성을 측정할 때는 두 가지 서로 다른 측정치를 사용할 수 있는데 ① 절대치로서 달성된 목표를 나타내는 수치(예 1,00석의 쌀), ② '효과성 = 달성된 목표/계획된 목표'로서 표시되는 방법이 있을 수 있다.

정책대안의 비교 · 평가기준으로서의 효과성은 정책목표를 가장 잘 달성할 수 있는 정책수단이 최선의 정책수단이라고 볼 수 있으며, 따라서 효과성이 가장 큰 정책수단이 최선의 정책수단이라고 볼 수 있다.

효과성의 기준은 정책목표달성의 극대화를 가져다 주는 정책대안을 선택하는데 커다란 장점이 있는 반면 정책비용을 고려하지 않는 단점이 있다. 어떤 대안이 아무리 목표달성을 극대화시킨다하더라도 정책비용이 다른 대안에 대하여 지나치게 많으면 최선의 정책대안이라고 보기 힘든 경우가 많다. 그러나 정책비용이 아무리 많이 들더라도 목표달성을 극대화하여야하는 경우 예를 들면 전쟁이나 외교정책에는 효과성이 가장 중요한 비교 · 평가기준이 된다.

그러나 비용을 고려하지 않기 때문에 한계가 있는데 어떤 정책대안이 아무리 목표달성을 최대화시킨다고 하더라도 투입된 비용이 지나치게 많으면 그 대안을 바람직한 대안으로 볼 수 없기에 정책비용까지 고려하는 능률성 기준이 필요하게 되었다.

(2) 능률성

능률성은 투입에 대한 산출의 비율을 의미하며, 산출은 어떤 활동이나 업무수행의 직접적 결과를 의미하고, 투입은 이러한 활동을 의하여 사용되는 인적 · 물적자원을 의미하는데 이 투입된 자원을 화폐가치의 비용으로 나타내기도 한다.

능률성은 산출/투입 = 산출/비용로 나타나며 직 · 간접적으로 발생하는 사회적 희생은 비용으로 포함되기도 하고, 부의 정책효과로 표시되기도 한다. 산출의 경우 몇 가지 복잡한 개념상이 문제점이 개재되어 있기 때문에, 산출과 효과를 구분하여 좁은 의미의 능률성 = 산출/투입과 넓은 의미의 능률성 = 정책효과/투입으로 구분해 볼 수 있다.

또한 능률성 = 정책대안의(기대)효과/정책대안의(추진)비용 = 정책효과(effect)/정책비용(cost) = 편익(benefit)/비용(cost)으로도 나타난다. 최선의 경책대안을 찾기 위해 동일한 비용으로 최대의 효과를 얻거나, 동일한 효과를 위해서 최소의 비용을 들이는 정책대안을 찾아내려고 할 때 사용되는 정책대안의 비교기준으로서 적합한 기준이 된다.

이러한 능률성은 또한 사회적 총효과/사회적 총비용, 기계적 능률 대 사회적 능률로 구분되어지기도 한다. 여기에서 나타나는 정책비용은 정책을 추진할 때 희생되는 가치로 비용부담자를 기준으로 하여 ① 정책담당자가 부담하는 비용가치로서 정부가 아닌 민간부문에서 부담하는 희생으로 정책대상자가 부담하는 비용으로 정책내용에 규정하고 있는 유·무형의 것과 정책내용에서 의도하지 않았던 것이나 사회의 누군가에 의하여 부담되는 희생으로 정책의 부작용에 해당하는 것(공장건설로 인한 인근지역의 농작물 피해 등), 정책추진을 위해 정책활동에 투입하는 인적·물적자원을 의미하는 것으로 좁은 의미의 정책비용이라고 하며 직접비용에 해당된다. 그러나 간접비용(여러사업에 동시에 공통적으로 투입되는)의 경우 그 비용 계산에 어려움이 있다. ② 다른 사람들이 부담하는 비용으로 정부가 부담하지 않거나 정책담당기관이 부담하지 않는다고 해도 정책추진에서 발생하는 사회적 희생은 원천적으로 정책비용에 포함되어야 한다.

정책대안의 평가기준으로서 능률성은 동일한 비용으로 최대의 효과를 내거나, 동일한 정책효과를 내기 위하여 최소의 정책비용을 지불하는 정책대안이 가장 능률적인 대안이 될 것이다.

능률성을 기준으로 정책대안을 선택하게 되면 자원의 최적배분을 도모할 수 있으며, 능률성을 이론적으로 뒷받침하는 기준으로 파레토최적과 칼도힉스의 기준이 논의되고 있다. 파레토최적은 "타인에게 피해를 입히지 않고서는 어느 한 사람도 더 잘 살게 할 수 없을 정도로 자원이 잘 이용되고 있는 상태"를 말하고, 칼도힉스기준은 편익을 받는 사람들이 손실을 당하는 사람들을 보상하고도 약간의 순편익이 남게되어 사회 전체적으로 손실보다 이득이 많게 된다면 그러한 정책변화는 사회후생의 개선을 가져오는 것으로 간주하는 것이다.

그러나 능률성을 기준으로 하면 효과성을 기준으로 할 때에 비하여 정책효과만이 아니라 정책비용도 고려하여 최선의 대안을 선택할 수 있으나, 양자 모두가 공평성문제를 고려할 수 없다는 약점이 있다.

(3) 공평성(Equiy)

일반적으로 공평성 또는 정의는 "동일한 경우는 동일하게 취급하고, 서로 다른 경우는 서로 다르게 취급하는 것"을 의미한다. 전자를 수평적 공평성 후자를 수직적 공평성이라 한다. 수평적 공평성은 동일한 것을 동일하게 취급하는 것으로(ex. 투표권 한 표, 고속도이용 모든 승용차 동일한 요금부과)으로 기계적 공평성이라고도 한다.

수직적 공평성은 서로 다른 상황에 있는 사람들을 서로 다르게 취급하는 것으로 사회적 약자에게 보다 많은 혜택을 주고 정책비용을 보다 적게 부담하는 것으로 배분적 정의를 의미하게 된다. 정책효과와 정책비용의 배분이 사회정의로서의 배분적 정의에 합치되는 정도를 의미하고, 평등성과 거의 같은 의미이다.

정책대안의 비교·평가기준으로서 공평성은 일반적으로 능률성이나 효과성에서는 정책효과가 사회 전체적으로 얼마만큼 발생하고 정책비용이 사회 전체적으로 얼마만큼 지불될 것인지를 측정하여 계산되지만, 정책효과나 정책비용이 누구에게 돌아가느냐는 계산에서 제외된 문제이다. 이 제외된 문제를 고려하는 것이 평등성 또는 공평성의 기준이다.

평등성 또는 공평성은 경제적 측면에서 보면 중요하지 않지만 정치적 측면에서 보면 중요한 가치의 하나이다. 공평성은 정치적으로 바람직한 가치를 극대화하거나 이의 손실을 극소화하는 것으로 정치적 합리성을 추구한다. 일반적으로 정치적 비용보다 정치적 효과가 크면 정치적 합리성이 향상된다고 할 수 있고, 정치적 가치 중에서 많이 논의된 것은 자유, 평등 등의 인권문제와 정치체제의 권력구조면에서의 민주성이나 정책결정, 집행 등의 운영면에서의 민주성이 대표적인 것이다.

3) 실현가능성

정책대안의 실현가능성은 그것이 정책으로 채택되고 그 내용이 충실히 집행될 가능성을 뜻한다. 이는 정책의제로의 채택가능성과 채택 후 집행가능성을 포함한다. 이러한 실현가능성은 정책의 제약조건과 표리의 관계에 있어, 정책의 실현가능성이 있으려면 제약조건상의 가능한 영역에 포함되어야 한다. 주의할 것은 실현가능성이 없다고 해서 소망성의 판단을 위한 여러 가지 어려운 분석이나 작업을 할 필요가 없다고 생각하기 쉬우나 소망성 판단 후에 나쁜 대안은 버리고 훌륭한 대안을 놓고 이들의 실현가능성을 정확히 검토하여 실현가능성을 제약하는 요인들을 극복, 제거하도록 노력하는 것이 바람직하다.

이러한 정책대안의 실현가능성으로는 기술적 실현가능성, 재정적 및 경제적 실현가능성, 행정적 실현가능성, 법적·윤리적 실현가능성, 정치적 실현가능성 등으로 나누어 볼 수 있다.

(1) 기술적 실현가능성

정책이나 정책대안이 현재 이용 가능한 기술로서 그 실현이 가능한 정도를 의미한다. 즉, 정책수단이 기술적으로 실현 가능한가를 말하는 것으로 기술수준이 향상되면 기술적 실현가능성이 향상된다. 예를 들면 우리나라의 TV방송용 통신위선을 발사하는 방안을 검토했지만, 그 당시의 우리나라 기술 수준이 이를 따르지 못해 검토 대상에서 제외되었던 것을 들 수 있다.

이러한 기술적 실현가능성은 아래의 두 경우도 포함하는데 ① 정책목표달성과 정책대안 사이에 인과관계가 존재하는지의 여부를 의미하는 경우이다. 이는 수단의 합목적성, 수단의 효과성을 의미하는 것으로 정책수단이 실현되었을 때 정책목표가 달성되지 않으면 그 정책수단의 기술적 실현가능성이 없다. ② 행정적 실현가능성의 일부를 의미하는 경우도 있다.

(2) 재정적 또는 경제적 실현가능성

재정적 실현가능성은 이용 가능한 재원으로서 정책 또는 정책대안이 실현 가능한지의 여부를 의미한다. 특히 문제가 되는 것은 예산상의 제약 때문에 정책이 실현 불가능한 경우이다. 예컨대, 어떤 대안의 집행에 소요되는 비용은 20억 원인데 비해 예산의 확보는 10억 원에 불과하다면 이 정책대안은 재정적으로 실현 불가능한 대안이 되는 것이다. 도한 정책담당부서의 예산뿐만 아니라 사회 전체적으로 이용가능한 자원의 제약까지도 포함할 수 있다.

(3) 행정적 실현가능성

행정적 실현가능성은 정책대안의 집행을 위하여 필요한 집행조직, 집행요원 및 전문인력 등의 이용가능성을 의미한다. 정책대안의 추진을 위해 기존의 행정기구로 집행이 불가능하거나 기존의 행정인력으로 집행이 어려우면 행정능력상의 제약이 있는 것이다. 또한 이러한 집행조직과 집행요원으로 정책집행이 불가능할 때 새로운 것이 확보되지 못하면 실현가능성은 떨어지게 된다. 그럼에도 불구하고 현실은 정책집행에 반드시 필요한 특정 행위에 대해 전혀 모르고 있는 상태에서 많은 정부정책이 받아들여지고 있는 실정이다.

(4) 법적 · 윤리적 실현가능성

법적 실현가능성은 정책대안이나 정책의 내용이 타 법률의 내용과 모순되지 않아 정책대안의 실현 과정에서 법적 제약을 받지 않을 가능성을 의미한다. 즉, 다른 법률과 다른 정책과의 일관성이 있어야 한다는 것이다. 윤리적 실현가능성은 정책의 실현이 도덕적 · 윤리적 제약을 받지 않을 가능성의 정도를 의미한다.

(5) 정치적 실현가능성

정치적 실현가능성은 다른 실현가능성을 좌우하는 가장 중요한 것으로 정치체제에 의하여 정책대안이 정책결정 국면에서 정책으로 채택되고 이것이 집행될 가능성을 의미한다. 즉 정책대안의 채택과 집행에서 정치적 측면에서 지지를 받을 가능성을 정치적 실현가능성이라 한다.

정치적 실현가능성은 현존하는 정치세력의 지지에 의존하게 되므로 현존하는 정치세력의 분포가 바람직스럽지 못하면 정치적 강자에 의하여 정치적 약자가 희생되는 경우가 흔히 발생한다. 이런 경우에는 정치적 실현가능성은 비도덕적이고 비합리적인 성격을 띤다.

정치적 합리성은 정치적으로 보아 바람직스러운 것으로서 정치적 가치의 획득을 통해서 달성되는 것이며, 정치적 실현가능성은 정치적으로 보아 현존하는 것으로 정치세력의 지지정도를 의미하는 것이다. 결국 정책대안 중에서 정치적 합리성과 경제적 합리성의 측면에서 가장 최선의 것이 정치적으로 가장 강한 지지를 얻어 정책으로 채택될 수 있도록 정치체제의 구조와 운영이 이루어지는 것이 민주주의 정치가 지향하는 이상인 것이다.

Majone(1977: 80-95)은 정치적 실현가능성을 크게 정치적 자원의 제약, 분배의 제약 및 제도상 제약 등의 세 가지로 나누어 설명하였다. 첫째, 정치적 자원의 제약은 정책결정이 정치적 지지도와 같은 정치적 자원이 따르지 않으면 실현가능성이 낮아지게 된다. 예를 들어 대통령과 의회 다수당의 당적이 서로 다르다면 정치적 실현가능성은 비교적 낮아지게 된다.

둘째, 분배의 제약은 정치가 가치의 권위적 배분이지만 지나치게 분배상의 차이가 클수록 그 정책의 정치적 실현가능성은 떨어지게 된다. 예를 들어 미국과 같은 다원화 사회에서 여러 이익집단은 독자적인 특성과 함께 상호의존적 성격도 지니기 때문에 서로 간에 거래를 통해 자신의 이익을 보장받는다. 어떠한 정책도 분배의 원칙에 부합해야만이 불이익을 당하는 이익집단의 반대를 피할 수 있고 실행가능성도 잃지 않게 된다.

셋째, 제도상의 제약을 보면 정책결정은 임의대로 하는 것이 아니고 제도 내에서 이루어져야 한다는 것이다.

5. 정책대안의 비교 · 평가 방법

정책대안의 비교 · 평가방법은 비용편익분석, 비용효과분석, AHP법, 가중치를 고려한 우선순위결정기법, 실현가능성 평가기법 등이 있다. 여기에서는 가장 일반적으로 이용되는 비용편익분석, 비용효과분석과 AHP법에 대해서 살펴보고자 한다.

1) 비용편익분석

(1) 비용편익분석의 의의

비용편익분석(cost-benefit analysis)은 정책대안의 능률성을 평가하는 기법으로 정책대안의 분석에서 가장 널리 활용되고 있는 기법중의 하나이다. 비용편익분석이란 정책목표의 달성을 위하여 예상되는 여러 대안들 각각의 비용과 편익을 측정하고 비교 · 평가하여 최선의 대안을 도출하는 방법이라 할 수 있다.

비용편익분석의 절차는 대체로 다음과 같다. 첫째, 대안의 식별과 분류 단계이다. 이 단계에서는 설정된 목표를 달성하기 위하여 모든 대안들을 식별하는 것이다. 둘째, 각 대안들의 편익과 비용을 추정하는 단계이다. 이 단계에서는 먼저 사업연한과 할인율을 결정하고 각 대안들의 각 연도별 편익과 비용을 현재가치로 환산하여 총비용과 총편익을 추정하는 것이다. 셋째, 대안비교기준을 결정하고 대안을 비교하는 단계이다. 각 대안들의 능률성을 측정할 적절한 기준을 선정하는 것이다. 그러한 기준으로 순현재가치, 편익비용비, 내부수익율 등이 있다. 넷째, 민감도 분석을 시행하고 최선의 대안을 선택하는 단계이다. 각 파라미터의 변화에 따라 대안들이 어떻게 변화하는가의 민감도 분석을 하고 마지막으로 분석결과를 토대로 최선의 안을 선택하면 된다.

(2) 현재가의 계산

일반적으로 공공사업은 그 사업에 투자되는 비용이나 그 사업으로부터 나오는 편익이 단일년도에 국한되는 것이 아니라 수년에 걸쳐서 발생하게 된다. 따라서 각 대안의 비용과 편익을 현재가치로 환산하여 종합할 필요가 있다. 오늘의 100만원의 가치가 1년 후의 100만원과 같은 가치를 아니기 때문이다. 따라서 각 대안에 미래 비용과 편익에 대하여 현재가치로 환산하는 작업이 필요하다. 현재가치로의 환산은 할인율을 적용하여 비용과 편익을 계산해 내는 것이다. 여기에서의 할인율은 일반적으로 이자율과 거의 유사한 개념으로 받아들일 수 있다.

(3) 대안의 비교·평가 기준

각 대안들을 비용과 편익을 현재가치로 환산하여 종합한 수 최선의 대안을 선택하기 위한 비교평가기준으로 활용되고 있는 것은 순현재가, 비용편익비, 내부수익율 등이 있다.

① 순현재가(NPV : Net Present Value)

순현재가는 편익의 총 현재가치에서 비용의 총 현재가치를 뺀 것으로 정의한다. 따라서 순현재가치가 0보다 클 경우에 그 사업은 타당성이 있다고 판단할 수 있다. 0보다 큰 사업은 우선 추진할 가치가 있는 사업이라 하겠다. 왜냐하면 편익의 합계가 비용의 합계를 초과하기 때문이다. 물론 비교의 대상이 되는 대안들이 많을 경우에는 이들 중 순현재가치의 값이 가장 큰 대안이 최선의 대안이 될 것이다.

② 비용편익비(B/C Ratio)

비용편익비 기준은 편익을 비용으로 나눈 결과가 큰 대안을 선택하게 하는 기준이다. 따라서 비용편익비가 1보다 큰 사업은 타당성이 있는 것으로 볼 수 있다. 비용편익비가 1보다 크다는 것은 순현재가가 0이상을 가진다는 것을 의미하며, 비용편익비가 모두 1보다 큰 경우는 가장 비율이 높은 안을 선택하는 것이 타당할 것이다.

③ **내부수익률(IRR : Internal Rate of Return)**

내부수익률은 비용편익비가 1 또는 순현재가가 0이 되게 하는 할인률을 의미한다. 일반적으로 내부수익률이 큰 대안일수로 좋은 대안이 된다. 대체적으로 어떤 사업이나 사업에 소요되는 비용은 초기년도에 집중되고, 반면에 사업으로 인한 편익은 사업이 완성된 후에 본격적으로 나타난다. 따라서 내부수익률이 클수록 편익과 비용의 차이가 크고 바람직한 사업임을 알 수 있다.

2) 비용효과분석(Cost-Effectiveness Analysis)

비용편익분석과 더불어 널리 이용되고 있는 기법 중의 하나는 비용효과분석이다. 비용편익분석은 비용과 편익을 모두 화폐가치로 측정하여 비교·평가하는 것을 전제로 하는 것이나, 현실에 있어 비용과 편익이 화폐가치로 측정될 수 없는 부분이 많다.

이러한 한계를 극복하기 위한 기법이 바로 비용효과분석이다. 이 방법은 비용과 편익을 모두 화폐가치로 측정하지 않고 두 개의 다른 가치단위를 사용한다. 즉 비용은 화폐단위로 측정하고, 효과는 전형적으로 재화단위나 용역단위 또는 기타 가치있는 효과단위로 측정된다.

비용효과분석은 비용과 편익을 화폐단위로 측정할 수 없는 사업에 자원을 어떻게 가장 능률적으로 투입할 것인가를 결정하는 문제에 가장 적합한 방법이다. 이러한 분야로는 국방, 경찰행정, 운수, 보건 등 많은 분야가 있다.

이러한 비용효과분석은 다음과 같은 두 가지 적절성 기준에 의하여 대안을 선택한다. 첫째, 최소비용기준으로 이것은 효과의 바람직한 수준이 확정되면 같은 효과를 달성할 수 있는 정책대안들의 비용을 비교하는 것이다. 일정한 효과수준을 최소비용으로 달성 가능한 정책대안을 선택하는 것이다. 둘째, 최대효과기준으로 이것은 일정한 비용으로 최대의 효과를 달성할 수 있는 정책대안을 선택하는 것이다. 효과를 화폐가치로 측정하지 않기 때문에 비교적 적용이 용이하고, 시장가격으로 가치를 측정할 수 없는 집합재를 다룰 수 있는 장점이 있으나 비용과 효과가 서로 다른 단위로 측정되기 때문에 총효과가 총비용을 초과하는지의 여부에 대한 직접적인 증거를 제시할 수 없는 단점이 있다.

3) AHP법

분석적 계층화 과정 방법은 계량적 접근이 어려운 분야의 의사결정을 하는 경우 경험을 조직화, 구조화 및 체계화하여 평가 요소의 가중치를 설정하는 방법으로 의사결정 단계에서 수학적 모형으로 적합하도록 고안한 의사결정 기법이다. 이 기법은 전체 대안을 한 번에 평가하는 것이 아니라 각 대안을 분석을 위한 계층구조로 분류한 후 두 대안씩 조를 만들어 상대적인 중요성을 비교하는 방법이다.

이 방법의 절차를 살펴보면, 먼저 현안 문제를 계층화 과정법을 이용할 수 있도록 계층구조로 전환해야 한다. 그 다음은 문제의 구조화로 문제를 분해하는 것이다. 분석하고자 하는 문제를 계층화하는 작업으로 최상위 계층에는 의사결정상의 최종 목적이 위치하고 최하위 계층에는 의사결정의 대앙들이 자리하며, 그 중간 단계에는 상위 단계 요소에의 영향력이나 공헌도에 의해 요소들의 구조화가 가능하다. 각 계층에는 동질적 요소들이 나열되어야 한다. 또 최하위 계층에 있는 요소들은 둘씩 짝을 지어 바로 위 계층에 있는 평가기준에 의해 이원비교가 가능해야 하며, 이런 식으로 최상위까지 이원 비교가 가능하도록 구조화해야 한다. 그리고 이원 비교의 시행하기 위해 정방형의 매트릭스를 사용하여 각 계층의 요인별 우선순위를 설정하고 우선순위의 일관성을 파악하게 되는데, 일관성 지표와 무작위 지표의 비율(CI/RI)을 일관성 비율이라고 하며, 일관성 비율이 10% 이내인 경우에만 서수적 순위에 무리가 없는 신뢰할 수 있는 결과라고 인정할 수 있다. 마지막으로 각 계층의 우선순위를 종합하게 된다.

6. 정책대안의 선택

정책의 분석단계에서 정책대안들이 개발되어 대안들 사이의 비교·평가가 이루어지면 여러 대안들 가운데 문제해결에 가장 바람직한 대안을 선택하게 된다. 먼저 최적의 대안을 선택해 가는 과정에서는 먼저 대안들의 실현가능성을 따져본 후 실현가능성이 없거나 낮은 대안들은 스크린을 해낸다. 이때 바람직한 대안을 선택하는 기준은 궁극적으로 공익이다.

그러나 공익이라는 개념은 너무 애매모호하고 가치 함축적이어서 실제 적용에 있어서는 한계가 있다. 결국 이미 논한 능률성, 효과성, 공평성 등의 기준이 많이 활용된다. 그러나 실제 대안을 선택할 때에는 기준 간에 모호성과 서로 결과예측이 상충할 때에는 문제가 발생한다.

하나의 정책대안을 선택할 때에 실제로 몇 가지의 기준들을 조합하여 정책대안을 선택하는 것이 일반적이다. 이 경우 선택기준들 사이에 우선순위를 정하여 적용할 수 있으나, 현실적으로 선택기준들 사이의 우선순위에 대해서 합의를 보기가 어렵다. 이 때문에 정책대안의 선택기준의 설정은 정책유형이나 정책상황에 따라 정책결정자의 판단에 의존할 수 밖에 없다. 결국 정책결자가 어떠한 사람이냐에 따라 달라지게 되며, 대안선택기준들 사이의 갈등과 모순뿐만 아니라 정책환경의 불확실성도 정책대안의 합리적 선택을 어렵게 만든다.

Newman & Summer(1961: 312-340)가 제시하는 절차를 살펴보면 다음과 같다. 첫째, 가치판단의 문제다. 대안의 선택에는 개인적인 주관이나 선호, 즉 가치판단이 개재된다는 것이다. 예를 들어 우리나라에서 의보통합정책을 놓고 의보재적적 측면에서 무리라는 보고가 있더라도 최고 결정권자가 사회적 형평성이 더 중요하다는 가치판단을 내린다면 선택의 방향은 크게 달라질 수 있고, 그 결과 경우에 따라서는 심각한 부작용이 낳을 수 있다. 따라서 이러한 폐해를 막기 위해서는 선택의 기준을 객관적으로 설정하는 일이 필요하다.

둘째, 불확실성에 대한 조절이 필요하다. 미래가 어떻게 전개될지 알기 어렵다. 지금으로서는 최선의 대안이라 해도 상황 전개에 따라서는 다른 대안보다 더 못할 경우도 있게 된다는 것이다. 따라서 이러한 불확실성은 통계적 확률을 이용한 방법이나 신뢰할 수 없는 자료 배제 등의 방법을 통해 선택 과정에서 충분히 감안되어야 한다.

셋째, 선택의 검증이 필요하다는 것이다. 최적 대안을 선택한 뒤 그것이 과연 합리적인 결정인지 검증하는 과정이 필요하다. 최종안의 세부실천계획 수립을 통해 대안의 실현가능성을 검사한다든지, 공청회를 통한 동의의 확보나 시험적 시행을 통해 타당성을 확인하는 방법 등이 이에 해당된다.

제 7 장 정책결정

1. 정책결정의 개념과 특성

정책결정(policy-making)이란 정책과정의 첫 단계에서 채택된 정책문제(policy issue)를 해결하기 위한 최선의 대안을 선택하는 과정으로 이 정책결정을 Caiden은 '공적인 것으로 부각된 사회적 문제의 일반적 방향을 정하는 것'이라 하였고, Dror은 '정부의 미래행동방안(대안)을 복잡한 동태적 과정을 통하여 의도적으로 공익을 위하여 정부기관이 내리는 결정'이라고 하였다(박연호 · 이상국, 1999: 259).

정책결정과 의사결정은 본질적으로는 같은 것이다. 즉 정책결정도 본질적으로는 조직체의 의사결정의 한 현상인 것이다. 그러하기 때문에 의사결정에 관한 이론들은 정책결정에도 그대로 적용된다.

그러나 정책결정은 다음과 같은 점에서 일반적인 의사결정과는 다른 특수성을 가지고 있다. 첫째, 그 결정의 주체가 일반 개인이나 사적 조직이 아니라 정부 등 공공기관이다. 둘째, 그 결정의 대상이 단순한 사적인 문제가 아니라 고도의 공공성을 지닌 문제이다. 셋째, 그 결정의 성격이 단순히 사실판단적이 아니라 고도의 가치판단적 이다. 넷째, 그 결정의 결과는 국민 전체에게 심각한 영향을 주기 때문에 모든 국민의 지대한 관심사가 된다(최창호 · 하미승, 2007: 218).

또한 정책결정은 다음과 같은 특성을 지니고 있다(박연호 · 이상국, 1999: 259-260). 첫째, 결정의 주체가 정부기관이 된다. 둘째, 공공성, 정치성 그리고 복잡성을 띠고 있다. 셋째, 계속적으로 행하여지는 행동적 과정임과 동시에 행동지향적이다. 넷째, 규범적 차원을 지향한다. 다섯째, 공익의 실현을 공식적으로 추구한다. 여섯째, 세밀한 지시가 아니라 일반적 주요지침을 정한다.

오늘날 행정국가시대에는 국가의 중요한 정책이 물론 입법부에 의하여도 결정되고 있지만, 대부분 실질적으로 행정부에 의하여 결정되고 있으며, 그 정책결정이 행정기능의 주요내용을 이루고 있다. 그렇기 때문에 오늘날에는 정책결정을 행정학의 중요한 연구대상으로 삼고 있는 것이다.

2. 정책결정의 과정과 기준

1) 정책결정의 일반적 과정

정책결정의 과정은 전술한 바와 같이 관행에 의한 결정, 직관에 의한 결정, 분석에 의한 결정 등에 따라 다양하고, 또 그 단계구분도 관점에 따라 다양하기 때문에 이를 한 마디로 말할 수 없다. 그러나 분석에 의한 정책결정을 표준으로 할 때에 정책결정의 과정은 대체로 다음과 같이 기본적으로 5단계를 거친다고 하겠다(최창호 · 하미승, 2007: 219-220).

1단계는 문제의 명확화로서 결정을 하려면 무엇보다 먼저 결정대상 문제의 내용 및 성질을 명확히 인식하여야 한다. 문제는 문제로 인식될 때부터 문제로 되는 것이다.

2단계는 정보 · 자료의 수집 및 분석으로 문제에 관련된 제반 정보와 자료를 수집하여 과학적으로 분석한다.

3단계는 대안의 탐색 및 비교 · 평가로서 문제해결을 위한 대안들을 가급적 많이 탐색하여 각 대안의 이해득실을 면밀히 비교 · 평가한다.

4단계는 최적대안의 선택이다. 이는 여러 대안들 중 가장 합리적이고 효과적인 대안을 최종적으로 선택한다.

5단계는 합법화 및 예산조치로서 선택된 대안에 대한 정당성 및 권위를 부여하고 그 실현성을 확보한다. 정책대안에 대한 법률, 명령, 조례, 규칙 또는 계획 등의 입법조치와 그 대안의 실천을 위한 예산의 편성 · 심의 · 확정 등을 행하는 것이다.

2) 정책결정의 기준

정책결정자가 결정행위를 하는 과정에는 그가 따라야 할 일정한 기준이 있게 마련이다. 정책결정자는 자신의 판단에 의해서 뿐만 아니라 외부의 무수한 압력에 의해서도 무수한 기준에 직면하게 되는 것이다.

정책결정자에게 따르도록 요구하는 기준들 중 중요한 것 몇 가지만 예시하면 다음과 같다(김병진, 1989: 143-153). 첫째, 정책결정에 있어서는 근본적으로 그 체제나 조직이나 개인이 추구하는 가치가 기준으로 작용한다. 체제가 견지하는 이념적 가치, 공익 · 도덕 · 윤리 등 정책이 추구하는 정책적 가치, 정부기구의 입장에 따른 조직적 가치, 정치상황에 따른 정치적 가치, 결정자 개인에 중요한 개인적 가치 등이 그것이다.

둘째, 자기가 소속 또는 지지하는 정당의 이익도 기준으로 작용한다. 오늘날 정당국가 시대에는 그러한 경향이 농후해지고 있다.

셋째, 여론의 향배와 그 강도가 정책결정자의 결정에 중대한 영향을 미친다. 특히 언론보도에 뒤따르는 정책의 새로운 형성 또는 변경을 우리는 많이 경험하고 있다.

넷째, 결정자에게 중요한 이해관계를 가진 집단, 즉 선거직의 경우에는 선거구민, 관료직의 경우에는 행정대상 집단(농림부의 경우는 농민, 노동부의 경우는 노동자 등)의 이익이 중요한 기준이 된다.

다섯째, 정책결정자들은 그 결정행위에 관한 규칙이나 지침을 준수한다. 규칙이나 지침을 과잉준수하여 그 규칙이나 지침의 기본취지는 뒤로 한 채 개개의 조문에 지나치게 얽매이는 경우도 있다.

마지막으로 정책결정자들이 상관이나 행정수반 지시에 복종하거나 전문가의 의견에 추종하여 결정하는 경향이 있다. 행정관료에게는 법령에 의하여 복종의 의무가 부과되고 있는 것이다.

3. 정책결정의 변수와 제약요인

1) 정책결정의 변수

정책결정에 있어서 그 결정에 영향을 미치는 변수는 여러 가지가 있지만, 이를 크게 다음과 같이 네 가지로 분류할 수 있다(JAnderson, 1984).

첫째, 결정해야 할 대상문제가 중요한 변수가 된다. 문제의 성격이나 내용, 중요도, 곤란도, 그 문제에 관련된 정보·자료 등이 결정에 영향을 미치는 것이다.

둘째, 그 문제를 다루는 참여자 및 결정자의 지식·기술·경험·가치관·태도 등이 중요한 변수가 된다.

셋째, 조직의 목표, 규범, 전통, 구성원성분, 역할체계, 계층제, 의사소통, 사무절차 등도 중요한 변수가 된다.

넷째, 정책을 결정하는 조직의 주위환경 조건도 결정에 중요한 변수가 된다.

2) 정책결정의 제약요인

현실에서의 정책결정은 합리적、분석적 결정방법이나 논리를 그대로 따르지 않는데 그 이유는 무엇인가? 합리적、분석적 정책결정의 제약요인은 크게 4가지로 살펴볼 수 있는데, 분석논리적 측면에서 분석적 결정자체가 지니고 있는 논리, 기법 또는 방법상의 약점, 정책결정자의 측면에서 정책결정자의 시간, 노력, 능력의 부족, 조직 구조적 측면에서 조직이나 집단 내에서 이루어지기 때문에 나타나는 제약, 환경적 측면에서 정책결정에 관여하는 정치세력에 의한 방해, 즉 정치적 반대 등의 원인에 의해서 제약들 받고 있다.

(1) 분석논리와 기법상의 제약

합리적·분석적 정책결정은 정책문제의 파악에서 대안의 선택에 이르기까지 분석 기술상 많은 문제점을 안고 있다. 첫째, 정책문제 정의의 어려움으로 인해 보는 관점에 따라 달리 정의될 수 있어서 합리적 결정을 어렵게 한다.

둘째, 정책목표 설정에도 이해관계자 때문에 목표가 모호하게 설정되기에 대안탐색과 개발과정에서 혼란이 발생한다. 셋째, 대안의 탐색과 개발, 결과예측 등에 관련 정보가 축적되어야 하나 미약한 수준에 머물려 있고, 정책 수단의 효과나 비용을 객관적으로 측정할 수 있는 척도 마련되어 있지 못하다는 것이다.

넷째, 대안에 대한 분석이 정확히 이루어졌다고 해도 최적 대안을 선택하려고 할 경우 문제에 부딪치게 된다. 즉, 대안에 대한 분석 결과 능률성 차원과 공평성 차원이 대립할 때 객관적 해결책이 없어 선택은 개인적 가치판단에 따라 극히 주관적으로 이루어진다.

그리고 분석적 방법이 바람직스러운 것은 분석적 결정의 효과가 분석적 결정에 투입되는 비용보다 큰 경우이다. 따라서 비용이 효과보다 큰 경우에는 분석적 방법에 한계가 있다는 것이다(백승기, 2011: 254).

(2) 정책결정자의 제약

합리적·분석적 정책결정을 제약하는 두 번째 요인은 정책결정자의 능력과 시간부족 등을 들 수 있다. 먼저 합리적·분석적 결정은 고도의 전문지식과 분석적 능력이 요구된다. 따라서 정책결정자의 지식과 경험부족은 합리적·분석적 결정을 제약하는 요인이 된다. 특히 오늘날과 같은 정보사회에서 정책결정자는 전문지식과 아울러 정책 전반의 네트워크와 그것을 상호 연결하고 정책정보를 창조하고 관리할 수 있는 능력을 갖추어야 한다. 그러나 이러한 능력부족은 이를 보완하기 위한 제도적 장치를 통하여 어느 정도 해결될 수 있다. 보완장치의 예를 들어보면 국회의원의 전문위원제도, 정책분석기구 설치, 전문가에 의뢰함으로써 어느 정도 극복될 수 있는 것이다.

둘째, 정책결정자의 시간부족을 들 수 있다. 합리적·분석적 결정을 위해서는 많은 시간이 필요하고 이러한 시간부족은 더욱 어렵게 만든다. 따라서 필요한 정보의 시점에 적시에 정보가 공급되어야만 정책결정을 위한 최대의 효율을 가져올 수 있다는 것이다.

셋째, 정책결정자가 잘못된 가치관이나 편견을 가지고 있을 경우에는 합리적 정책결정을 기대하기 어렵다. 이러한 경우 정책결정다는 보통 자신에게 유리한 결정을 도모하는 편견을 나타낸다.

넷째, 정책결정자의 비난 회피 동기를 들 수 있는데, 이는 정책결정자가 호평이나 합리적 정책실현을 극대화하기보다는 비난을 극소화하려 한다는 것이다. 즉, 호평이나 정책의 합리성에 대한 고려는 비난에 대한 고려에 우선하지 않는다는 것이다.

(3) 조직 구조적 제약

정책결정은 본질적으로 집단적 현상으로 다수의 관련자가 여러 측면에서 합리적·분석적 결정을 어렵게 하는데, 먼저, 의회와 같은 구성원들 간의 응집력이 약한 집단은 응집력이 약한 개개인들이 시간·능력 등에서 지니는 약점과 서로 다른 이해관계와 선호를 지닌 개개인들이 분석적 결정을 거부하고 정치적 결정을 통해서 자신들이나 특정집단 또는 선거구민의 이익을 보호하려고 하기 때문이다.

둘째, 행정부의 관료조직과 같이 계층제 구조를 지니고 응집성이 어느 정도 강한 조직의 결정이 비합리적·비분석적으로 되는 이유는 조직자체의 분석적 결정을 위한 능력의 제약과 관료조직의 구조적 특성 때문이다.

조직내 의사결정은 확립된 SOP와 대안목록에 따라 이루어지며 이러한 의사결정은 루틴화(rotinized)된 결정이므로 본질적으로 습관적 의사결정에 속한다. 조직자체가 지니고 있는 구조적 특성(수평적 분업구조와 수직적 계층제) 자체가 지닌 제약은 먼저 조직의 분업구조는 전문성으로 인한 할거주의를 생성시키고 이것이 합리적·분석적 결정을 크게 제약한다(전문성으로 인한 부성할거주의). 관료조직이 지닌 계층제도 의사전달시 정보의 왜곡이 발생하는 등 조직의 합리적·분석적 결정을 어렵게 한다(의사전달시 정보의 왜곡이 발생).

(4) 환경적 제약

정책결정을 위한 외적 환경도 제약요인으로 작용한다. 외적환경으로는 재정적, 정치적, 사회문화적 환경이 있다. 즉, 정책결정자는 혼자서 정책결정을 하는 것이 아니라 외부의 여러 집단과 끊임없는 상호작용을 통해서 결정되는 것이다. 이 과정에서 흥정과 타협이 이루어지게 되므로 자연히 최선의 합리적인 정책결정이 이루어질 가능성은 줄어들게 되는 것이다. 따라서 아무리 바람직스러운 대안일지라도 강력한 정치적 반대가 있으면 정치적 실현가능성이 제약을 받게 되어 정책으로 채택될 수 없는 것이다.

이 밖에도 사회적 규범이나 관습 등의 사회·문화적 환경도 커다란 영향을 미치게 된다. 또한 합리적·분석적 결정의 효과가 분석적 결정의 비용보다 클 경우에만 분석적 방법이 바람직스러운데, 여기에서 분석적 결정의 비용은 정보비용(분석적 결정의 전과정), 전문능력의 소모, 정책결정자의 능력이나 시간의 등을 모두 포함하며, 분석적 결정의 효과는 결정된 정책의 질적 수준의 향상으로 나타난다.

합리적·분석적 결정의 비용과 효과를 종합하면 첫째, 합리적·분석적 결정의 비용보다 효과가 커야 합리적·분석적 방법에 의한 정책결정이 바람직하다. 둘째, 합리적·분석적 결정의 비용이 많이 들어가는 경우, 특히 정보비용이 과다하게 드는 경우, 문제상황이 급박하여 신속한 결정이 필요한 경우는 이 방법에 의한 정책결정이 바람직하지 않다. 셋째, 합리적·분석적 결정의 효과가 크리라고 예상되는 경우, 특히 다음의 경우는 문제나 정책이 극히 중대할 경우, 문제상황이 아주 복잡하고 동태적일 경우, 즉 선례가 없어 습관적 결정이 나쁜 결과를 초래할 가능성이 높기 때문에 이 방법에 의한 정책결정이 바람직하다.

4. 정책결정의 실제

이상에서 논의한 바와 같이 합리적·분석적 결정은 많은 제약을 받고 있다. 그 결과 정책결정의 실제에 있어서는 분석적 결정과 정치적 결정이 혼재되어 이루어지고 있다고 볼 수 있다.

분석적 결정과 정치적 결정의 핵심적인 차이는 대안선택에 있는데 근본적인 차이는 분석적 결정은 합리적인 절차에 따라 달성해야 할 목표가 주어진 경우에는 대안을 탐색하고 대안들의 결과에 대한 예측을 한 후 대안평가의 기준에 의하여 최선의 대안을 선택하는 절차에 따라 결정을 한다. 분석적 결정은 최선의 대안 선택기준에 의해 자동적 · 기계적 · 기술적으로 결정된다.

그러나 분석적 결정은 현실에서 이질적인 효과와 비용의 계산이 어렵고, 이질적인 효과를 공통의 척도로 측정하기가 어렵다. 즉, 정치적 결정은 참여자들 간의 정치적 게임에 따라 대안을 선택하는 것을 의미한다. 또한 정책결정의 참여자들이 서로 선호나 가치기준이 이질적이므로 정치적 결정은 개인이나 집단들 간에 존재하는 대립, 충돌되는 이해관계를 중시한다.

그래서 정치적 결정이 이루어지는데 이 경우는 일방이 타방을 완전 지배하여 자신의 이익을 극대화하도록 결정하는 것으로 다수결의 원칙, 소수의 경제 엘리트에 의한 정치권장악 등이 이루어진다. 이는 서로간 타협하여 피차 어느 정도 이익을 도모하는 것으로 결정이 이루어진다. 이러한 정치적 결정은 타협과 흥정을 중요한 정치적 가치로 강조하고, 유리한 결과를 얻기 위해서는 정치적 힘이 강해야 되고, 연합형성을 통한 함의 강화시에도 각 개인이나 집단간의 타협이나 흥정이 있게 된다. 이 경우 정책내용이 추상적이고, 상호모순, 충돌되는 내용으로 나열되는 결과가 초래된다.

결국에 현실에서는 분석적 · 합리적 노력과 비분석적 · 정치적 활동이 복합적으로 작용하여 정책결정이 이루어진다. 이러한 실제를 정책과정상에서 구체적으로 살펴보면 다음과 같다.

1) 문제파악과 목표설정상의 비분석적 · 정치적 요인

문제파악에서의 노력부족, 이론이나 모델의 부재, 정보부족, 통계자료의 부재 등 여러 가지 약점이 실제로 존재하고, 이해관계가 대립되는 정치세력의 반대 등으로 인해 전체적 객관적 입장에서 바람직한 문제가 꼭 정책문제로 채택되는 것이 아니라 다른 것이 정책문제로 채택되는 수도 있고, 정책목표를 설정하는 것도 근본적으로 가치판단의 문제이기 때문에 참여자들 간에 갈등이 발생하고 적절성이 없는 목표가 되는 수가 있다. 예를 들어 추곡수매가의 경우 여당의 쌀값 8%인상과 야당의 15%인상안이 상정되면 중간인 12%인상 결정되는 것과 같다. 정책지지의 연합형성을 위한 추상적이고 애매모호한 목표, 상호모순과 충돌되는 목표들이 우선순위 없이 결정이 이루어진다.

2) 대안탐색과 비교 · 평가상의 비분석적 · 정치적 요인

분석적 · 합리적 대안의 탐색과 비교평가가 실제로 어려운데, 첫째, 정책결정자의 능력. 시간부족 등으로 현존하는 정책을 약간 수정 보완하여 이를 중요한 정책대안으로 취급하게 된다.

둘째, 정책결정에서 주도적 역할을 담당하는 행정조식은 과거의 SOP와 대안목록 속에 포함된 정책대안만을 고려하게 되며, 또 대안의 결과예측에서도 과거의 실시결과를 그대로 믿게 된다.

셋째, 행정조직은 부서할거주의나 조직유지의 고려 때문에 자신에게 불리한 대안을 고려하지 않으려고 하며 정책대안의 결과에 대해서도 자신들에게 유리한 대안의 경우는 효과를 과대평가하고 비용은 과소평가하려고 한다.

넷째, 정치체제 전체를 보면 정책관련자나 집단들은 모두 스스로에게 유리한 정책대안을 준비하고 있는 경우가 많다. 정책문제가 처음으로 등장하면 관련자들은 모두 나름대로의 정책대안을 마련하고 이를 정책으로 채택시키고자 노력한다. 그러나 시간이 상당히 지날 때까지 그 문제가 해결되지 않으면 정책공동체 내에서 정책대안에 대한 평가가 이루어지는데 정책공동체(policy community)는 정책분야의 전문가들로 구성되는 일종의 공동체이다.

예를 들면, 경제정책분야의 경우 한국개발연구원 등 연구소 연구원, 경제부처관료들, 경제학자들로 구성되며, 보건분야의 경우 보사부관료, 전문가, 보건학 교수 등으로 구성된다.

오래 동안 문제가 해결되지 않으면 정책공동체는 일종의 평가, 즉 학술세미나개최, 논문발표, 간담회, 자문회의 등을 하게 된다. 여기서도 실현가능성과 소망성 측면에서 정책공동체의 지배적인 가치기준을 벗어나지 않아야 대안으로 남을 수 있다.

Kingdon에 의하면 정책공동체의 지배적인 가치기준에는 크게 3가지가 포함되는데 첫째, 이데올로기 측면에서 정책대안이 정책공동체의 지배적인 견해를 벗어나서는 안 된다. 둘째, 공평성의 가치기준을 충족해야한다. 셋째, 능률성의 기준도 어느 정도 충족되어야 한다. 이 경우 정책공동체의 대안 비교·평가는 상당히 합리적이지만 철저한 분석적 합리적 대안의 비교는 아니다.

3) 대안선택상의 비분석적·정치적 요인

대안 선택이 현실적으로 보아 비합리적이 되는 이유는 첫째, 분석적·합리적 모형의 어느 곳에서도 최선의 대안선택을 위한 하나의 기준을 제시하지 못하고 있다. 둘째, 정책결정의 참여자들이 모두 다른 선호를 지니고 있기 때문에 최선의 대안을 선정하기 위한 하나의 공통기준에 합의할 수가 없다. 이 경우 정책공동체의 역할, 정책선도자의 역할, 우리나라의 경우 정책 공동체의 미발달로 일방이 타방을 완전히 지배하는 결정이 많다.

5. 정책결정의 이론모형

1) 정책결정 이론모형의 의의

바람직한 정책결정을 위해서 어떠한 방법을 채택해야할 것인지를 알기 위해서는 두 가지의 측면을 이해해야하는데, 첫째, 바람직한 정책결정을 위해서 정책결정자가 수행해야할 지적인 작업과 업무수행의 논리를 먼저 파악해야한다. 둘째, 이러한 지적인 작업수행을 제약하는 여러 가지 요인을 검토하여 이들을 극복 또는 우회할 수 있는 전략을 수립해야하는 것이다.

바람직한 정책결정을 위해서 정책결정자가 수행해야할 지적작업이나 업무수행의 논리를 흔히 합리모형 또는 분석적·합리적 의사결정론이라 부르는 의사결정이론에서의 논리를 원용하여 의사결정상황에 그대로 적용시키고 있다.

의사결정의 작업과 지적인 측면이 정책결정을 위한 지적인 작업과 논리가 거의 동질적인 경우가 많기 때문에 그대로 의사결정을 빌려오는 이유는 첫째, 정책의 최종결정이 개인에 의해 이루어지는 경우가 많고(대통령, 장·차관), 둘째, 의회·위원회의 결정과 같은 집단적 정책결정은 의사결정론의 집단적 의사결정논리를 적용할 수 있으며, 집단적 의사결정도 개인의 의사결정논리를 어느 정도까지 유추·적용할 수 있으며, 셋째, 집단적 결정의 경우에도 사실상 몇몇 개인의 결정이 정책을 실질적으로 결정하는 때가 많다.

하나의 정책을 만들기 위해서는 여러 차례의 의사결정이 필요한데 그러한 이유는 첫째, 정책결정을 위한 활동이 시작되어 정책대안을 작성하고 이중에서 어느 대안을 선택하여 정책을 최종적으로 결정할 때까지의 과정에서 여러 계층이나 집단의 사람들이 참여하여 여러 차례의 의사결정을 하기 때문이다.

둘째, 여러 하위정책이 하나의 상위정책을 구성하는 경우에 이들 하위정책을 결정하기 위한 여러 의사결정의 결과로서 하나의 정책이 완성되는 경우이다.

결정된 정책의 집행을 위해서도 여러 차례의 의사결정이 일어나는데, 이 경우 여러 가지 정책수단을 실현해 가는 과정에서 적절한 수단에 관한 의사결정이 계속적으로 수반되는 연속적인 의사결정의 과정이라고 볼 수 있다.

2) 정책결정 이론모형의 분류

정책결정이나 정책집행을 위해서 필요한 의사결정의 논리나 방법은 의사결정의 합리모형에 의하여 제시되고 있으며 의사결정론의 유형도 이 합리모형과 대비를 기초로 하여 구분되는데, 첫째, 의사결정자가 지적인 측면에서 합리적으로 의사결정을 하는지의 여부에 대하여 서로 대립되는 합리모형과 인지모형, 둘째, 의사결정론을 연구하는 목적에 의하여 구분되는 것으로 바람직한 의사결정을 위해서 따라야 할 논리나 방법을 제시하는데 목적을 둔 규범론(처방적·실천적 모형)과 현실적으로 이루어지는 의사결정을 설명하고, 기술하는데 목적을 두는 실증론(기술적·경험적모형), 셋째, 의사결정의 주체에 의한 구분으로 개인의 의사결정에 관한 의사결정론을 개인적 의사결정론과 여러 사람에 의하여 이루어지는 의사결정에 대한 이론을 집단적 의사결정론으로 구분할 수 있다.

(1) 합리모형과 인지모형

합리모형은 의사결정자가 합리적 의사결정을 한다고 가정하면 나타나리라고 예상되는 것을 유추하여 실제의 의사결정과정을 설명하거나(실증적 · 기술적모형), 의사결정자가 합리적인 의사결정을 하려고 할 때 따라야할 논리나 절차를 밝히는 의사결정론(규범적 · 처방적모형)의 한 유형이다.

인지모형은 싸이버네틱스모형과 심리학의 인지과정에 관한 이론을 포함한 모형인데 인간의 능력에 한계가 있기 때문에 합리모형에서와 같은 의사결정론이 이루어질 수 없다는 실증적인 측면을 강조하는데 초점이 있다. 전체적으로 보면 합리모형은 규범론적 측면이 보다 강하고 인지모형은 실증적 · 경험적 측면이 강하다.

(2) 규범론과 실증론

규범론은 무엇이 바람직한 목표이며 이를 위해서 무엇을 어떻게 해야 하는가를 밝히고자 하는 당위에 관한 이론이다(처방적 모형). 실증론은 현실에서 실제로 발생하고 있는 현상을 기술하고 설명하는 목적을 지니고 있는 실제에 관한 것이며 동시에 우리의 경험을 통해 현상을 파악하는 경험적 · 실증적 모형이다.

6. 합리모형 · 만족모형 · 싸이버네틱스모형

1) 합리모형

(1) 합리모형의 의사결정 과정과 방법

합리적 · 분석적 결정을 위해서는 다섯 단계의 과정을 밟는데, 첫째, 해결해야할 문제나 달성하고자하는 목표를 명확히 하고, 둘째, 문제를 해결할 수 있는 또는 목표를 달성할 수 있는 여러 가지 대안들을 광범위하게 탐색하고, 셋째, 대안들이 추진되었을 때 나타날 결과들을 예측하고, 넷째, 대안의 결과들을 평가하여, 다섯째, 최선의 대안을 선택하는 것이다.

그러나 실제의 의사결정은 합리적으로만 되는 것이 아니라 인지적 측면에서 개인이 얼마만큼 합리적으로 의사결정을 하는가에 따라서 의사결정의 방법은 분석에 의한 방법, 직관에 의한 방법, 습관에 의한 방법의 세 가지가 있다.

① 분석에 의한 방법

분석에 의한 의사결정의 두 가지의 측면을 지니고 있는데, 첫째, 의사결정을 할 때 앞에서 본 다섯 가지의 단계를 하나하나 의식적으로 밟아서 의사결정을 하는 것이다. 둘째, 각 단계에서 지적인 작업이 어느 정도 필요한가에 관한 것이다. 여기에는 완벽한 정도의 지적 작업에 의해서 이루어지는 의사결정을 완전분석에 의한 의사결정, 이보다 약한 정도의 지적 작업에 의해서 이루어지는 의사결정을 불완전 분석에 의하여 이루어지는 의사결정이라 한다.

여기에서 불완전 분석은 대안을 탐색할 때 모든 가능한 대안이 아니라 몇 가지 중요한 대안만을 탐색하고, 대안의 결과를 예측할 때도 모든 결과들을 다 예측하는 것이 아니라 대안별로 중한 결과들만 예측하며, 또 불완전한 예측도 허용하는 의사결정을 의미한다. 이것은 명백한 기준이 없어 학자들 간에 논란이 되고 있다.

② 직관에 의한 의사결정

직관에 의한 의사결정은 순간적인 판단에 의한 의사결정으로서 앞에서 본 분석적 의사결정의 다섯 단계를 무의식적으로 밟아서 의사결정을 하는 방법이다. 예를 들면 극단적이지만 달리는 차 앞에 어린이가 나타났을 때 무의식적 순간적인 판단이다. 의식적으로 다섯 단계를 밟는 분석적 의사결정과는 달리 비교적 짧은 시간에 비교적 한정된 주어진 정보를 이용하여 의사결정을 하는 주먹구구식의 의사결정이라 할 수 있다.

③ **습관에 의한 의사결정**

습관에 의한 의사결정은 프로그램화된 또는 일상화된 의사결정인데 조직체의 SOP나 대안목록에 의한 결정에 해당된다. 과거에 몇 번 부딪쳐 본 문제가 있고 그 문제를 해결하기 위해서 채택했던 대안을 되풀이해서 채택하여 계속 무난한 결과를 얻었다면, 앞으로 그 문제가 대두하면 과거에 집행했던 대안을 거의 무의식적으로 다시 채택하게 되는 의사결정방법이다. 의사결정의 1단계만 거치고 바로 대안을 선택하는 과정을 밟는 결정이다.

의사결정의 질은 완전분석 > 불완전분석 > 직관에 의한 분석 > 습관에 의한 의사결정으로 나타날 것이다. 그러나 의사결정의 질만이 바람직한 의사결정을 좌우할 수 있는 것은 아니다. 완전분석을 하려면 박대한 시간과 노력이 필요하므로 완전분석에 의한 의사결정이 언제나 바람직한 것은 아니다.

(2) 합리모형의 내용과 약점

합리모형은 경제이론과 관리과학에서의 여러 가지 모형들을 지칭하며, Simon은 게임이론과 가격이론, Lindblom은 합리적 · 연역적 이상형과 사회후생함수를 합한 총괄적 정책분석, 이밖에 공공선택이론, 가격론, 관리과학적, 정책분석적 논리도 합리모형에 포함된다.

합리모형에 대한 학자들의 논란은 의식적으로 다섯 단계를 밟는 것은 거의 합의가 이루어져 있으나 완전 분석적인지, 불완전 분석적인지에 대해서는 합리모형이 완전 분석적 결정만 지칭하는 것으로 주장하는 사람들은 합리모형에 가장 비판적인 린드블름(Lindblom)이나 사이몬(Simon) 같은 사람들이다. 또한 완전 분석적 결정이 지나치게 비현실적이므로 불완전 분석적 결정도 합리모형에 속하는 것으로 주장하는 사람들도 있다. 즉, 목표가 명백하게 확인되고 만일 목표들이 갈등관계에 있으면 이들 간의 우선순위와 상호관계를 명백하게 하고, 몇 가지 중요한 대안만을 고려하여, 이들 대안이 가져올 중요한 결과들을 예측하되 의식적으로 정보를 수집하고 모형을 이용하는 등 객관적 · 과학적 방법을 사용하고, 최선의 대안선택을 위하여 이질적인 가치를 통합할 수 있는 기준이 이용되는 점 등이다.

그러나 합리모형의 약점은 많은 약점을 가지고 있으나 크게 두 가지로 나누어 보면, 실제의 의사결정은 합리모형에서 주장하는 합리적·분석적 결정이 아니라 습관, 직관 등의 방법에 의하여 이루어진다는 것이다.

또한 합리모형은 바람직하게 의사결정을 할 때 필요한 지식이나 논리를 제공하는가? 즉, 합리모형은 처방적, 규범적 측면에서 어느 정도 의사결정자에게 도움을 주는가?이다. 인지주의자들은 인간의 부족한 능력을 전제로 불확실한 문제상황을 단순화시키는 방법을 알려주지 않고 모든 대안을 탐색하고 모든 결과를 예측할 것을 요구함으로서 엄청난 분석비용과 시간이 낭비되고, 복잡하고 불확실한 상황에 적응하여 문제를 해결하는 전략도 제시하지 않는 다고 비판하고 있다.

(3) 합리성의 의미

합리모형에서 말하는 합리성은 여러 가지로 구분해 볼 수 있다.

① 기술적 합리성과 경제적 합리성

합리성은 기술적 합리성과 경제적 합리성으로 구분할 수 있다. 기술적 합리성은 일정한 수단이 목표를 얼마만큼 잘 달성시키느냐에 따라 목표와 수단사이에 존재하는 인과관계의 적절성을 의미하며, 경제적 합리성은 목표달성 뿐만 아니라 비용의 절약도 포함되어 있어 능률성과 동일한 의미를 가진다.

② 실질적 합리성과 절차적 합리성

실질적 합리성은 "적절한 행동대안이 선택되는 정도"를 의미하는데 가장 최선의 대안이 선택되면 실질적으로 합리적인 것이다. 최선의 대안은 하나밖에 없으므로 실질적으로 합리적인 대안은 하나밖에 없다.

절차적 합리성은 "행동대안을 선택하기 위하여 사용된 절차가 인간의 인지능력과 한계에 비추어 보았을 때 얼마만큼 효과적 이었는지의 정도" 그러므로 결과적으로 선택된 대안이 최선인지 아닌지 와는 관계없이 그 대안을 선택하기 위하여 밟은 절차가 적합한 것이며 절차적 합리성이 보장되는 것이다.

③ 주관적 합리성과 객관적 합리성

객관적 합리성은 진실로 최선의 대안을 선택했을 경우를 의미하는데 이것은 실질적 합리성과 동일한 개념이다.

주관적 합리성은 의사결정자가 지니고 있는 실제지식에 비추어 최선의 대안을 선택했을 경우를 의미하므로 이것은 절차적 합리성의 결과로 나타날 수 있는 현상의 하나이다.

2) Simon의 만족모형

(1) 만족모형의 내용

포괄적 합리모형은 가치판단의 어려움, 사실판단의 어려움이 한계로 지적되는데, Simon은 사실판단상의 어려움 때문에 제한된 합리성 하에서 의사결정이 실제로 이루어지고 있다고 주장하고 있다.

인간의 인지능력, 시간, 경비의 부족으로 모든 가능한 대안을 탐색할 수 없고 상황에 대한 충분한 정보를 수집할 수도 없다는 의사결정의 인지과정을 연구대상으로 하여 의사결정자가 최적의 대안이 아니라 만족할 만한 대안을 선택하게 된다는 것이다.

만족모형은 합리성의 외재적 제약조건, 즉 활용가능성, 비용, 기술, 시간 부족 등을 들고, 개인의 심리적 제약요건을 정보처리과정상의 제약요건, 선호상의 제약요건, 습관적 행동성향 등을 들고 있다.

또한 Simon은 의사결정자를 합리모형에서는 경제인으로 만족모형에서는 행정인으로 부르면서 그 특징을 첫째, 경제인의 목표달성의 극대화를 도모하지만 행정인은 만족하는 것으로 그친다. 둘째, 실제의 의사결정자는 대안을 무작위적이고 순차적으로 만족할 만한 대안을 찾을 때까지 계속한다. 셋째, 경제인은 복잡하고 동태적인 상황을 있는 그대로 모두 고려하여 대안의 결과예측을 시도하지만 행정인은 불확실성이나 불충분한 정보·자료 때문에 대안의 결과를 정확하게 예측할 수 없음을 알고 있다.

(2) 만족모형의 평가

Simon이론의 장단점을 살펴보면 먼저 장점으로는 첫째, 실제의 의사결정을 설명하고 기술하는 경험적·실증적 연구로서 획기적이라는 점, 둘째, 규범적·처방적 연구의 측면에서도 의사결정이 비용이 들어가는 작업이라는 점을 명백히 한 점을 들 수 있다.

단점으로는 첫째, 처방적·규범적 측면에서 최선의 대안이 아니라 만족할 만한 대안을 찾은 후에 대안탐색을 중단하게 되면 검토되지 않는 대안 중에 훨씬 더 중요한 대안이 있어도 이것을 탐색하지 않게 되고 포기된다는 점이다.

둘째, 지나치게 주관적이라는 비판, 즉 어느 정도 심리적으로 만족할 만한 수준에서 대안탐색을 멈추고 선택되는 대안 역시 어느 정도 심리적 만족을 주는 것이면 된다고 하지만 그 만족의 정도를 결정 지워주는 객관적인 척도가 없다.

셋째, 습관적으로 이루어지기 때문에 다분히 보수적이다. 넷째, 급격히 변동하는 상황 속에서 보다 쇄신적인 문제해결을 요하는 경우에 적용하기가 어렵다는 점이다.

3) 싸이버네틱스 모형

(1) 싸이버네틱스 모형의 의의

합리모형과 가장 극단적으로 대립하는 모형으로 싸이버네틱스(cybernetics)란 기계 및 동물에 있어서의 제어와 통신에 관한 이론전반을 의미한다. 자동대공포가 적기를 추적하여 탄도를 조정해 나가는 것처럼 설정된 목표를 달성하기 위해 자신의 행동을 정보와 환류를 통해 조정해 나가는 것과 같다. 싸이버네틱스 모형의 내용을 합리모형의 내용과 비교하여 보면 다음과 같은 차이가 있다.

(2) 싸이버네틱스 모형의 특성

① 적응적 의사결정

싸이버네틱스 모형에서는 고차원의 목표가 반드시 사전에 존재하는 것으로 전제하지 않고 단지 일정한 중요변수의 유지를 위한 끊임없는 적응에 초점을 두고 어떤 목표 내지 가치를 성취하려는 것이 아니라고 주장한다. 예를 들면 자동온도조절장치에 온도를 설정해 두면 기준점 이하에서는 점화되고 기준점 이상에서는 소멸되는 것과 같다. 이 의사결정은 어떤 결과상태를 기대하거나 그로 인해 가치의 실현이 어떻게 되리라는 것을 염두에 두고서 일어나는 것이 결코 아니라고 본다.

② 불확실성의 통제

싸이버네틱스 모형에서는 불확실성 통제의 가정이 적용되는데 환류 채널을 통해 들어오는 몇 가지 정보에 따라 시행착오적인 적응을 하는데 대안결과에 대해서는 전혀 고려하지 않기 때문에 이로 인해 발생하는 불확실성 때문에 의사결정이 영향을 받는 일은 없다. 단지 사전에 설정된 범위를 벗어났는지의 여부만 판단한다는 것이다.

③ 집단적 의사결정

싸이버네틱스의 논리를 집단적 의사결정의 논리에서 살펴보면, 조직은 결과가 어떤 "허용할 만한 수준(사전에 설정된 범위)"의 범위에 있는 한 SOP의 절차에 따라 의사 결정을 하지만, 이 범위를 벗어났을 때에는 새로운 대안을 찾게 되는 것처럼 이것은 어떤 일정한 수준에서의 이탈여부에 대한 반응으로서 의사결정이 일어난다는 싸이버네틱스의 논리를 반영한 것이다.

④ 싸이버네틱스 패러다임에서의 학습

합리모형에서는 대안의 수정을 통한 인과적 학습이 일어나지만 싸이버네틱스 모형에서는 의사결정자가 가지고 있는 프로그램 목록이 바뀌는데 따른 일종의 보다나는 도구를 구하는 도구적 학습이 느리게 일어난다.

7. 점증주의, 혼합탐사모형와 최적모형

1) 점증주의(Incrementalism)

(1) 점증주의의 의의

원래 이 모형은 합리모형의 명로성과 완벽성에 반발하여 처음에는 '뒤죽박죽', '얼렁뚱땅', '대강', '적당히'로 표현되는 "muddling through model"로 지칭되었으면서 Lindblom & Wildavsky 등에 의해 주장된 이론으로 합리모형의 비현실성을 비판하면서 "실제의 정책결정과정은 점증적일 뿐만 아니라 점증적이어야 바람직하다"는 것이었다. 최초의 명칭인 점진주의에서 "조금씩 변화하고 전진하는"으로 바뀌었다가 재차 "분절적 점증주의"로 바뀌었다. 이처럼 명칭은 서로 다르지만 의미하는 바는 하나인데 정책을 과거 정부 활동의 지속으로 보고 여기다가 점진적으로 수정을 가하는 것으로 보았다.

(2) 점증주의의 내용

Lindblom은 정책결정자의 분석능력과 시간부족, 정보의 제약, 대안기준으로 이용될 가치기준마저 불분명한 상태에서는 현존의 정책에서 소폭적인 변화만을 대안으로 고려하여 정책을 결정하고, 시간이 흐름에 따라 환류되는 정보를 보아 잘못이 있으면 수정, 보완하는 식으로 연속적인 정책결정을 하는 것이 가능하면서도 바람직한 정책결정 방법이라고 주장하는 것이다.

① 현존정책에서의 변화

점증주의는 "현존의 정책에서 소폭적인 변화만을 가감한 것을 정책대안으로 하여 정책을 결정하는 방법"이다. 합리모형은 나무의 뿌리(현존정책의 근본)부터 재검토하는 방법으로 근본적 방법(root method)이고 점증주의는 나무의 뿌리는 건드리지 않고 가지들만을 건드리는 지엽적 방법(branch method)이라 부르고 있다.

② 분석의 대폭적 제한

점증주의에서는 정책결정자가 고려하는 정책대안이 가져올 결과를 모두 분석하지 않고 일부만을 제한적으로 분석·비교하게 된다. 중요한 결과가 무시되고 정책으로 인하여 영향을 입게 되는 중요한 가치가 무시 되는 경우가 발생한다.

③ 계속적 정책결정

능력, 시간, 정보의 부족을 극복하는 전략으로서 한꺼번에 획기적인 정책을 결정하지 않고 시행착오를 거치면서 환류되는 정보를 수집·분석하여 정책을 조금씩 서서히 수정·보완하는 방법으로 정책이 결정된다. 이렇게 함으로써 결과의 예측도 용이해지고, 정책추진과정도 쉽게 파악하고 사전예측도 보충하게 되는 것이다. 이러한 결과로 이론이나 모형의 의존성은 약화된다.

④ 부분적 정책결정

정책대안의 분석·평가가 통합·조정되어지지 않고 사회적으로 분산되어 있다고 지적하고 있다. 이는 또한 정치적으로도 중요한 의미를 가지는데 정책결정 자체가 부분적·분산적으로 이루어짐으로써 중요한 대안이나 결과가 무시되는 점증주의의 정치적 근거를 마련해 준다는 점이다.

여러 의사결정기관에서 상호 반독립적으로 혹은 통합·조정 없이 분석·평가를 하고 의사결정을 하여 정책의 부분적으로 결정되면 , 하나의 기관에서 정책결정을 할 때 무시되었던 중요한 정책결과를 다른 기관에서 취급하여 고려할 가능성이 커진다. 그래서 Lindblom은 정책대안이 가져올 모든 중요한 결과를 고려할 필요가 없다고 한다. 정치적 다원론을 전제로 한 다원적 사회에서는 적용가능성이 높다.

⑤ 목표와 수단의 상호의존성

합리주의는 목표를 명확히 하고 이를 달성할 수 있는 수단을 탐색하는데 점증주의는 현실에서 목표 또는 가치에 대한 합의가 어렵고, 상충되는 가치나 목표를 통합·조정할 수 있는 지표작성이 불가능하고, 목표의 결정은 채택가능한 수단의 존재여부에 의해서도 좌우되기 때문에 뚜렷한 목표의식이 없이 정책결정이 이루어지며, 최선의 수단 선택에서도 합리주의는 목표달성을 극대화할 수 있는 것이 최선의 정책 수단이지만, 점증주의는 정책관련자들의 보다 많은 동의를 얻은 수단이 보다 훌륭한 정책수단이 된다는 타협에 의하여 정책이 결정된다.

(3) 점증주의의 평가

① 기술적 · 경험적 · 실증적 모형으로서의 점증주의

점증주의의 가장 큰 공헌은 현실에서 이루어지는 정책결정의 실상을 가장 정확하게 기술하여 많은 사람에게 알렸다는 점, 즉 인간능력의 제약과 다원론을 기본사상을 성공적으로 결합하여 합리주의의 약점을 논리적으로 비판하였다.

그러나 현존정책에서 소폭의 변화라고 할 때 얼마만큼의 변화를 소폭의 변화라고 볼 것이냐의 문제에 대해 뚜렷한 근거를 제시 못하였고, 정책이 실제로 점증적으로 결정되지 아니하는 경우가 많다는 점이다. 예를 들면 현존정책이 없는 경우의 새로운 사업 즉 케네디 우주개발, 루즈벨트 뉴딜정책 등은 설명키 어렵다.

② 처방적 규범적 모형으로서의 점증주의

먼저 지적측면에서 보면 점증모형은 의사결정을 위한 분석이나 노력은 경비가 든다는 사실을 명백히 하여 투입되는 의사결정 경비보다 그 결과로서 얻게 되는 효과가 크도록 의사결정이 진행되어야 한다는 점을 명백히 하였고, 상황이 복잡하여 정책결정의 결과가 극히 불확실할 때 소폭적인 변화로서 정책을 수정·결정하고 이를 시행하면서 발생하는 사태로부터 정보를 수집하여 잘못이 있으면 조정·보완하는 식으로 정책결정을 하는 것은 커다란 잘못을 저지르지 않고 불확실성을 극복하는 하나의 전략이다.

그러나 무엇보다 처음의 결정자체가 잘못된 경우 점증주의에 의해서도 이를 근본적으로 고칠 수 없다. 또한 부분적·분산적 정책결정으로 모순·충돌하는 정책들이 하나의 상위정책에 포함되어 정책의 일관성을 잃게 된다. 시행착오적

과정에서 환류되는 정보를 보면서 정책을 수정·보완하여 불확실성을 극복하는 전략은 훌륭한 것 같지만 실제로 이러한 학습이 일어나지 않고 정책이 계속 반복되는 경우가 많다. 또한 분석적·합리적 결정을 너무 소홀하게 취급하여 관료들에게 타성과 반지성적 의사결정을 조장한 결과를 초래할 수 있다.

두 번째, 정치적 측면에서 처방적 규범적모형으로서의 점증주의는 정책대안의 정치적 실현가능성과 정책의 안정성을 중시하는 장점을 지니고 있고, 정치적 현상태를 지나치게 옹호하는 반혁신적·보수주의에 가깝다는 단점이 있다. 즉 점증주의가 정책대안의 정치적 실현가능성 중시하고, 정책의 안정성을 기하고, 기존의 정책을 존중하고 근본적인 혁신을 안 함으로써 정치적 갈등을 줄일 수는 있지만 반혁신적 보수주의라는 치명적 약점을 가지고 있다.

2) 혼합탐사모형

(1) 의의

혼합탐사모형(Mixed Scanning Model)은 에치오니(Etzioni)에 의하여 제기된 모델로 합리모형과 점증모형의 변증법적 통합임을 자처하면서 합리모형은 정책결정자에 의해 완전히 통제되어 있음을 전제로 한 접근법인 반면에 점증모형은 정책환경이 거의 통제되고 있지 못함을 전제로 한 모형으로 양모형을 적절히 융합하여 합리모형처럼 유토피아 적이지도 않으며 점증모형처럼 보수적이지도 않다.

Etzioni는 1967년 미국행정학회지에 게재된 논문 "Mixed-scanning : A 'Third' approach to decision-making"에 혼합모형을 처음 발표하였으며, 1년 후에 저술한 The Active Societal and political processes에서 이를 보다 구체화하고 1986년에는 "Mixed-scanning Revisited"를 발표하여 그간에 혼합모형을 연구대상으로 한 20여 편의 논문들을 종합적으로 검토하면서 자신의 혼합모형을 정당화시키고 있다.

에치오니는 합리모형은 결정권한이 집중되어 있고, 통제·계획 지향적인 속성을 지니는 전체주의 사회 체제에 적합하며, 점증모형은 다원적이고 합의 중심적인 민주사회에 적합한 모형이라고 하였으며, 혼합탐사모형은 적극적 사회에 적합한 전략이라 하였다.

적극적 사회란 민주주의 체제보다는 합의 능력이 더 향상되고, 전체주의 체제보다는 신정보 기술과 사회과학적 분석을 통해 더 효과적인 통제 수단을 갖춘 사회를 의미한다. 이러한 사회에서는 전체주의 체제에서 추구하는 만큼 합리적이지 않으며, 민주주의 체제에서 주장하는 만큼 점증적이지 않은 혼합탐사 모형의 전략이 필요하다는 것이다(백승기, 2011: 334).

(2) 혼합모형의 내용

Etzioni는 의사결정을 크게 근본적 결정과 세부적 결정으로 나누었다. 첫 번째 근본적 결정(맥락적 결정)운 세부적 결정이 이루어질 테두리나 맥락을 결정하는 것으로 주요한 대안들을 탐색한 후 이루어지는데 이 때 세세한 내용들이나 구체적인 것들은 의식적으로 제외함으로써 개괄적인 검토가 가능하도록 한다.

둘째 세부적 결정(세목적 결정)은 근본적 결정이 설정한 맥락 안에서 점증적으로 결정되는데 근본적 결정의 구체화 내지 집행에 해당되는 것이다. 이 경우 전체 조감적·거시적 탐사를 하나의 극단에 두고 세부적·미시적 탐사를 또 다른 극단에 둔다면 양극단 사이에 무수하게 많은 탐사방법이 있을 수 있다.

근본적 결정과 세부적 결정의 어느 쪽에 시간·자원을 투자를 많이 하느냐는 전체적 조감을 하지 않아서 발생할 가능성이 있는 피해의 크기, 추가적 탐사에 필요한 경비와 시간의 크기에 의하여 좌우된다.

그렇다면 근본적 결정은 언제 해야 하는가? 첫째, 근본적 결정은 정기적으로 몇 번하는 것이 좋은데 예를 들면 대통령정기국정연설을 하는 때 혹은 예산편성을 하는 때이다. 둘째, 환경이 급격하게 변화하여 과거에 결정한 근본적 결정의 상황이 바뀔 때, 셋째, 전체적인 문제상황이 변화된다고 생각될 때 하는 것이 바람직하다.

(3) 혼합탐사모형의 평가

이 모형의 장점은 모든 결정을 동일한 수준으로 보지 않고 근본적 결정과 세부적인 결정의 양극단 사이에 존재할 수 많은 결정을 제시하여 의사결정간의 상호관계를 밝히고, 나아가서 근본적 결정의 중대한 영향과 세부적 결정의 테두리와 방향을 제시하는 중요성이 있음을 지적한 것이라 하겠다. 또한 합리모형과 점증모형의 약점을 극복할 수 있는 전략으로서 이 모형을 제시한 것이 공헌이라 하겠다.

그러나 합리모형과 점증모형 이상의 특별한 내용이 없기 때문에 합리모형이나 점증모형과 동격의 대우를 받기는 힘들다. 이 모형은 엄밀히 보면 합리모형의 변형으로 거시적·개괄적 분석과 미시적 정밀 분석을 혼합한 것에 불과하다는 평가가 있다.

이 모형은 새로운 것이 아니라 두 개의 대립되는 극단의 모형을 절충하고 혼합한 것에 불과하다는 비판도 받고 있다. 그 이류는 현실적으로 이 이론을 적용할 때 어디에서 합리적인 접근 방법과 점증적인 방법을 사용해야 할 것인가에 관해서 모호한 입장을 취하고 있다는 것이다. 따라서 이러한 문제를 해결하기 위해서는 정책결정자가 기본 지식과 상상력을 제고할 수 있는 주관적인 요소뿐만 아니라 실제적인 정책결정 경험의 연마가 필요하다.

3) 최적모형(Optimal Model)

(1) 의의

드로어(Dror)는 점증모형을 타성을 조장하고 쇄신을 저해하는 정책결정으로써 현존의 정책이 만족스럽고, 문제의 성격상에 높은 일관성이 유지되고 있고, 이 문제를 다루기 위해 이용 가능한 정책 수단에 고도의 계속성이 유지될 수 있을 때 유용한 접근방법이 될 수 있다고 하였다.

그러나 사회적 변화가 극심한 사회에서 이러한 조건들이 잘 들어맞지 않을 뿐만 아니라, 어떤 사회가 적극적으로 변화를 일으키고자 노력하는 경우에는 더욱이 적용하기 어려운 접근방법이라고 지적하였다.

이러한 인식에 그는 더 나은 정책결정을 위한 전략과 정책결정 체제의 개선이 중요하다는 문제의식에 입각하여, 합리모형의 비현실성과 점증모형의 보수성에 비판을 가하고, 합리모형과 점증모형의 양자 모두에 불만을 품고 현실에 적합하면서 개선을 도모하는 모형, 즉 현실주의와 이상주의를 결합시키는 모형으로 규범적 최적모형을 제시하였다.

(2) 최적모형의 내용

최적모형은 의사결정이나 정책결정 뿐만 아니라 정책결정체제 전반을 모형 속에 취급하고 있는데 그 내용은 크게 세 가지로 정리 될 수 있다. 정책결정에 필요한 지적 작업에 관련된 것, 정책결정의 각 국면에 관한 것, 정책결정체제의 구조에 관한 것이다.

① 정책결정에 필요한 지적측면

Dror는 최적모형이 초 합리모형과 경제적 합리모형의 융합이라고 하는데 첫째, 경제적 합리성의 강조이다. 합리적 결정의 효과가 합리적 결정의 비용보다 커야 한다는 것이다. 여기서 합리적 결정의 효과는 합리모형에 따라서 분석적으로 정책을 결정할 때 그 결과로서 정책의 질이 향상되는 효과를 의미하여, 합리적 결정의 비용은 합리모형에 따를 때 소모되는 노력, 시간, 정보수집비 등의 분석경비를 의미한다. 그는 정책결정의 각 국면에 대한 효율적 자율배분, 정책결정체제의 합리적 자연배분도 경제적 합리성의 내용에 포함시키면서 강조하고 있다.

둘째, 초합리성(extra-rationality)의 강조이다. 또한 그는 초합리성도 정책결정에 이용되어야 바람직한 결정이 이루어진다고 하는데 여기서 초합리성은 직관, 판단, 통찰력 등과 같은 인간의식의 저변에 존재하는 무의식적 요소를 의미하는데 초합리성이 정책결정에 도움이 되는 이유는 정책결정을 위한 자원 · 시간, 능력이 부족하고 상황이 불확실할 경우에는 직관이나 통찰력에 따라 결정을 내리는 것이 더 바람직한 경우가 많고, 정책결정의 일부 국면에서는 초합리성만이 그 업무를 담당할 수 있고, 문제의 어떤 국면은 합리모형에 의존하는 것보다 초합리성에 의존하는 것이 더 나은 경우도 있다. Dror는 모든 국면에서 초합리성이 필요함을 지적하고 있다.

② 정책결정단계와 국면

드로어는 정책결정단계를 크게 초정책결정단계, 정착결정단계, 정책결정이후 단계의 세 단계로 나누고 18개의 세분단계로 나누고 있다. 여기서 정책결정단계와 국면은 합리적·분석적 단계와 별 차이가 없다.

초정책결정(메타정책결정)단계에서는 정책결정 이전에 전반적인 정책결정이 구상에 관해 결정하는 단계로서, 정책문제 및 관련된 가치의 확인, 이용 가능한 자원의 확보, 정책결정 체제의 분석 및 정책결정 전략의 수립 등을 주요 내용으로 한다. 정책결정단계는 합리모형을 기본으로 하고, 목표의 명확화와 우선순위의 결정, 정책대안의 탐색 및 개발, 정책대안의 결과 예측, 정책대안의 비교 및 평가, 그리고 최적의 대안 선택 등을 내용으로 하고 있다. 정책결정 이후 단계와 환류는 앞의 두 단계에서 작성된 정책을 가시화하는 단계로서 집행을 위한 동기부여, 정책집행, 정책평가, 의사전달과 환류과정으로 이루어진다(백승기, 2011: 339).

③ 정책결정체제의 구조

최적의 정책을 산출하려면 다양한 국면에서 필요한 활동을 담당하는 무수한 사회 단위 간에 적절한 구조적 틀이 유지되어야 하는데 이것이 정책결정정체제의 구조적 측면이다. 이러한 사회 단위들은 전체적 정책결정에 최대한으로 공헌할 수 있도록 되어야 한다.

이를 위해 몇 가지 기본적인 구조적 요건을 제시하고 있다(정정길, 2000: 677-678). 첫째, 전체적 정책결정에는 많은 다양한 결정기관이 참여해야 한다. 둘째, 정책결정의 각 국면을 공식적으로 책임지고 담당할 결정기관이 있어야 한다. 셋째, 정책결정 체제는 중첩성이 있어야 한다. 특히 중요한 국면일수록 과오의 위험을 극소화하기 위해 기관이 여러 개 있어야 한다. 넷째, 정책결정 체제 내의 일부 주체는 다른 주체와 분리되어야 한다. 예를 들어, 연구를 위한 조직과 집행조직은 상호 독립적이어야 한다. 다섯째, 집행을 용이하게 하기 위해 집행에 영향을 미치는 주체는 정책결정 체제 내에 포함시켜야 한다. 여섯째, 정책결정 구조는 정기적으로 재검토되어야 한다(백승기, 2011: 339).

(3) 최적모형의 평가

최적모형은 초합리성을 강조하여 합리모형을 더욱 체계화시켰으며, 메타정책결정을 정책결정의 선행 단계로 도입함으로써 정책결정의 새로운 이론모형을 개척하였고, 정책집행 후의 평가와 피드백을 공식적 정책결정의 한 단계로 포함시킴으로써 정책결정이론의 새로운 지평을 여는 데 크게 기여했다.

또한 초정책결정과 정책결정 이후 단계는 극히 중요신 한 것은 Dror의 공헌이며, 정책결정의 여러 국면과 이러한 국면이 내포하는 여러 가지 의사결정들 간의 관계를 포괄적인 의사결정과정으로 체계화하고 이들 국면들 간의 관계를 명백히 정의하여 정책 과정 속에 종합적으로 포섭시킨 것은 큰 공로이다.

그러나 경제적 합리성에 따라 정책결정자원을 각 국면에 최대한의 능률을 얻도록 배분한다는 주장은 올바른 처방이기는 하지만 새로운 것이 없으며, 영감, 직관, 통찰력과 같은 초합리적 요소가 정책결정에서 합리적 분석 못지않게 중요한 역할을 한다는 것을 강조한 것은 Dror의 공헌이지만 지나친 강조는 신비주의나 주먹구구식 결정을 미화할 위험성도 크며, 전체적으로 보아 불완전 분석적 합리모형에 가깝고 철저히 규범적·처방적이지만 최적이라는 의미가 불분명하다.

8. 조직모형과 최사모형

1) 조직모형

(1) 조직모형의 의의

의사결정은 개인적 의사결정론, 집단적 의사결정론으로 구분할 수 있다. 집단적 의사결정은 집단의 특성에 따라 여러 가지 측면, 즉 구조와 응집성에 따라 달라질 수 있다.

Simon의 이론이 분업화된 계층제적 구조를 지닌 조직내부의 의사결정에 적용된 것이 여기에서 보려는 조직모형과 회사모형이다. 조직모형은 Simon & March의 [조직론]에서 전개되었고, 회사모형은 Cyert & March의 [회사의 행태이론]의 핵심내용을 이루고 있다.

March와 Simon은 의사결정의 단순화된 모형으로 그 특성을 최적화 대신 만족화가 추구되고, 대안이나 대안의 결과는 탐색과정에 의하여 순차적으로 발견되고, 행동 프로그램의 묶음 또는 목록이 개인과 조직에 의하여 개발되어 선택의 대안으로 계속 이용되며, 개별적인 행동 프로그램 하나하나의 한정된 범위의 상황과 결과만을 취급하고, 하나하나의 행동프로그램은 다른 것들과 반 독립적으로 집행될 수 있게 서로 느슨하게 연계되어 있다고 가정한다.

그리고 의사결정을 두 가지로 나누고 있는데, 첫째, 상례화된 의사결정(프로그램화된 의사결정)이다. 조직도 개인과 마찬가지로 일정 자극이 있으면 반응을 일으키는데 이때의 자극이 과거에 반복적으로 경험한 것이어 일정한 자극이 있으면 그에 대한 반응도 상례적으로 일어나는 의사결정이 이루어진다.

둘째, 문제해결식 의사결정, 즉 비프로그램화 된 의사결정(생산적 의사결정)이다. 자극이 이례적이면 어떤 반응을 해야할 것인가를 새로이 결정해야하는 경우의 의사결정으로 이루어진다.

(2) 조직모형의 내용

① 상례화된 의사결정과정

조직모형에서는 문제 해결식 의사결정을 통하여 채택된 대안은 하나의 프로그램이 되어 조직의 기억 속에 저장되고 프로그램화된 의사결정에 그대로 이용된다. 습관적 의사결정이 이루어진다. 여러 개의 프로그램을 배합하여 하나의 대안을 만드는 경우가 많고, 조직내의 행동프로그램은 특히 업무수행프로그램에 의해 지배된다. 예를 들면 소방서의 화재경보기, 병원의 접수창구 등 일정한 절차에 따라 이루어지는 것이다. 이 경우 프로그램들의 기본적 단위도 상하관계와 시간적으로 선후관계로 연결되며, 하나의 프로그램 구조를 형성하고 있다.

② 요소분해와 업무 및 목표의 분화

조직모형에서는 전문화와 분업화를 통한 요소분해는 목표의 분화과정이라고 할 수 있는데 어떤 문제해결을 목표로 했을 때 이를 달성하기 위해서 여러 가지 수단들을 마련하게 되는데 이것은 문제의 여러 요소들을 해결하기 위해 수단을 마련하는 것과 동일한 경우가 많다. 즉, 프로그램구조는 목표수단의 계층제와 맥을 같이한다.

요소분해는 조직전체의 업무를 목표-수단의 계층제, 또는 프로그램 구조에 의하여 무수한 하위수준의 업무로 단순화·전문화함으로서 업무추진의 속도를 빨리하는 장점이 있고 반면 수단의 목표화와 부성할 거주의 등의 피해가 발생한다.

③ 조직내의 갈등

집단적 의사결정에서는 갈등이 발생하는데 그 이유는 공동의사결정의 필요성, 서로 추구하는 목표의 차이성, 지각의 차이 즉 목표가 같더라도 문제상황에 대한 판단이 다를 수 있기 때문이다.

이 경우 해결방법으로 첫째, 문제해결이다. 목표는 동일한데 문제인지에 차이가 있는 경우의 해결로 새로운 대안을 모색하고 보다 많은 정보를 수집함으로서 합의할 수 있는 대안을 선택하는 것이다. 둘째, 설득이다. 개인들의 목표가 다른 경우 상위목표에 의한 합의할 수 있는 대안선택이 이루어진다. 셋째, 흥정이다. 목표의 차이를 해소할 수 없는 경우로서 타협 등의 방법으로 대안에 합의하는 것이다. 넷째, 정치이다. 모든 상황이 흥정과 같지만 참여자가 고정되어 있지 않고 연합을 형성하기 위하여 새로운 세력을 끌어들이는 경우이다.

첫째와 두 번째 방법은 분석적 방법이고, 셋째와 넷째는 흥정인데 흥정에 의한 방법에 지나치게 의존하면 조직통제가 어려워지고 공시지위가 약화되기 쉽고 강자가 지나치게 지배하면 약자는 소외되므로 조직은 가급적 분석적으로 해결하고자 한다.

2) 회사모형(會社模型)

(1) 회사모형의 의의

회사모형은 연합모형이라고도 불리는데, 개인적 차원의 '만족모형'을 발전시켜 조직에서의 의사결정 차원에 적용시킨 것이다. 회사모형은 철저하게 기업조직 내부의 의사결정에 초점을 맞추고 있다. 고전적 경제학에서 기업이 합리모형에 따라 의사결정을 하는 것으로 전제하는데, 회사모형은 이에 대한 비판에서 출발한다.

Cyert와 March는 조직의 집단적 측면을 보다 자세하게 취급하고 발전시켜 회사모형을 제시하였다. 고전파 경제학의 합리모형이 전제로 한 기업의 이윤극대화 목표와 목표달성에 필요한 수단의 탐색과 관련된 모든 것들에 대한 완전한 지식을 지니고 있다는 가정을 Cyert와 March는 기업은 아주 복잡한 조직으로 기업의 목표는 이윤뿐만이 아니라 다른 목표도 지니고 있고, 극대화가 아니라 만족할 만한 수준에서 그리고 완전한 지식이 아니라 제약된 합리성 때문에 최선의 대안을 선택할 수 없다고 보았다.

그래서 이윤이 아닌 어떤 것들이 회사의 목표가 될 수 있으며 어떤 성질을 지니고 있는지(조직목표), 대안에 관한 지식·정보는 어떠하며(기대), 이들 대안들을 어떻게 비교·평가하여 어떤 식으로(선택) 일어나는지에 초점을 두고 이 세 가지 변수에다가 이들을 연결시켜주는 네 가지 요소를 들고 있는데 이들을 보면, 의사결정의 시발점이 되는 목표와 상이한 목표에서 발생하는 갈등의 해결에 관한 문제, 대안의 탐색이나 정보의 탐색과 관련된 문제, 대안의 결과예측에서 가장 큰 문제의 하나인 불확실성의 처리에 관한 문제, 조직의 의사결정과 관련하여 학습하는 현상과 그 결과에 관한 것, SOP에 관한 것을 지적하고 있다.

(2) 회사모형의 내용

① 갈등의 준 해결(quasi-resolution of conflict)

회사모형에서 회사조직이 서로 다른 목표들을 지닌 연합체이므로(이윤목표, 판매목표, 생산목표 등) 이들 목표 간의 갈등이 일어날 수가 있게 되고, 이들

갈등·모순되는 목표들이 하나의 차원이나 기준으로 통합하는 방법이 없어서 결국은 타협에 의하여 표면상으로 갈등이 해결되는 준 해결의 상태에 머무는 것이다.

첫째, 회사모형에서는 독립된 제약조건으로서의 목표를 가진다. 연합체로 구성된 구성부분들의 다양한 목표가 결합되어 전체목표를 이루고 이 때 각 하위부서들은 타 목표를 제약조건으로 해서 자기들의 목표를 추구한다. 즉 자기 부서의 목표가 최소한 어느 정도까지는 달성되어야 한다고 생각하고 회사라는 조직체에게 이를 요구하게 되는데 이것이 제약조건으로서의 목표들이다. 이러한 목표들은 상호 독립적이고 대등한 지위에서 서로 대립함으로써 생기는 갈등은 국지적 합리성, 수용할 만한 수준만을 요구하는 의사결정규칙, 목표에 대한 순차적 주의 집중으로 어느 정도 해결할 수 있다고 한다.

둘째, 국지적 합리성을 추구한다. 하위조직들은 자신의 관할 내에 속하는 하위문제와 하위목표에만 전념하여 부분적 합리성을 도모하여 전체적 합리성을 도모하려는 속성을 지니고 있다.

셋째, 받아들일 만한 수준의 의사결정을 한다. 국지적 최적화의 총계가 전체적 최적화가 되기 위해서는 국지적 결정들이 일관성을 지녀야 하는데 조직은 이러한 일관성이 비교적 약한 상태에서도 운영될 수 있으며, 실제로 그렇게 운영되고 있다는 점이다. 즉 조직이 지나치게 엄밀하게 일관성을 요구하지 않으므로 국지적 결정들이 어느 정도 상호모순 되어도 큰 문제가 되지 않는다는 것이다.

넷째, 목표에 관한 순차적 관심을 가진다. 동시에 여러 목표를 고려하는 것이 아니라 실제의 회사는 한 순간에는 이 쪽 목표를 다른 순간에는 저 쪽 목표를 달성하는데 관심을 기울임으로써 모순되는 목표들이 있어도 큰 갈등 없이 행동학 된다.

② 문제 중심의 탐색

문제 중심의 탐색에는 세 가지를 가정하는데, 먼저 만족할 만한 수준으로 문제 중심의 탐색이 이루어진다. 문제를 발생시키는 탐색을 하는 경우 처음에는 단순히 문제 징후의 근처에서 탐색하게 되고, 각 하위 조직마다 그들의 희망·기대가 다르기 때문에 다른 식의 탐색이 있게 되며, 조직내부의 갈등이 해결되지 못한 채 의사소통과정에 그대로 반영됨으로서 의사전달상의 편견이 존재할 수 있다.

③ 불확실성의 회피

회사모형에서의 불확실성의 회피하는 방법으로 첫째, 단기적 표류에 의존하는 의사결정절차의 이용한다. 주로 단기적인 환류를 이용한 단기적 대응책을 강조하여 어떤 문제가 발생하며 해결책을 강구하고 그것이 해결되는 다음 문제가 등장할 때까지 기다리는 식의 의사결정방식을 택한다.

둘째, 환경과의 타협을 이룬다. 즉, 환경과의 타협을 통해 장기계약을 맺거나 카르텔을 형성하는 것이다.

④ 조직의 학습

사람과 마찬가지로 조직도 경험에 따라서 목표와 관심의 대상을 변화시키며, 탐색 절차도 수정하는 등 문제를 해결하고 갈등을 해소하는 방법을 배운다. 정책결정과정이 반복되는 과정에서 결정자들은 점차 많은 경험을 쌓게 된다. 시간이 흐르고 경험이 많아짐에 따라 결정은 좀 더 세련되고 목표달성도는 높아진다는 것이다.

⑤ 표준운영절차(SOP)

회사모형에서도 표준운영절차를 중시한다. 일반적 SOP의 적용은 단기적으로는 이들을 변화시키지 않고 주어진 것으로 보면서 장기적인 환류에 따라서 서서히 변화하게 하여 장기적 합리성을 도모한다. 또 구체적 SOP는 단기적 환류에 의하여 업무수행규칙, 기록과 보고, 정보처리규칙, 계획과 조정에 관한 규칙을 통해 변화한다.

(3) 회사모형의 평가

회사모형은 조직 내 하위조직 사이의 상이한 목표로 인한 갈등이 협상을 통해 해결될 수 있다는 점과 이러한 해결은 완전한 해결이 아니고 불완전한 해결 상태로 남는다는 점, 그리고 표준운영절차의 중요성을 강조한 점 등은 현실에 대한 설명력이 매우 높다고 볼 수 있다. 또 일반적으로 회사모형은 민간조직의 의사결정 과정을 설명하는 것으로 이해되지만, 공공 부문의 의사결정에도 그 유용성이 인정된다(류지성, 2007: 385).

그러나 SOP에 입각한 결정 방식은 안정된 상황을 전개하고 있다. 즉, 현상유지적이고 보수적이어서 급격한 변동을 겪는 개발도상 국가에 적용하는 데에는 한계가 있다. 그리고 이 모형은 권한의 하위조직 위임이라는 민주적·분권적 조직관에 입각하고 있기에 모든 결정권이 최고층에게 집중되어 있는 권위주의적 조직에는 적용하기 어렵다.

9. 쓰레기통모형(Garbage Can Model)

1) 쓰레기통모형의 의의

Cohen, March, Olsen에 의해 제창된 쓰레기통모형은 조직이나 집단이 구성단위나 구성원사이에 응집성이 자주 약한 혼란한 상태에서 이루어지는 의사결정의 특징적 측면을 강조하는 모형으로 개인이 아닌 집단적 의사결정이론이다.

이러한 혼란 상태를 조직화 된 무정부 상태라고 보고 아주 불합리하게 의사결정이 일어나게 되는데 마치 쓰레기통에 마구 던져 넣은 쓰레기들이 뒤죽박죽 엉켜져 있는 것과 같다고 하여 붙여진 이름이다.

이러한 복합적이고 급격한 변화가 일어나는 혼란 상태에서는 정책결정이 합리모형에서처럼 체계적으로 이루어지는 것이 아니라, 쓰레기통 속에서 세 가지의 전제조건과 네 가지의 요소가 우연히 결합되어서 의사결정이 이루어지는 것이다.

2) 세 가지의 전제조건

(1) 선호의 불명확성

선호의 불명확성이란 의사결정에 참여하는 자들 간에 무엇을 선택하는 것이 바람직한지에 대하여 합의가 없다는 점, 참여자 중 어느 개인 한 사람을 두고 보더라도 스스로 자신이 무엇을 좋아하는지 조차 모르면서 의사결정에 참여하는 경우가 있음을 말하는 것이다.

(2) 불명확한 기술

의사결정에서 달성하려는 목표와 이를 달성하기 위한 수단사이에 존재하는 인과관계를 여기서는 기술이라고 하는데, 즉 목표를 달성하기 위해서 무엇을 수단으로 선택해야 하는지를 잘 모르는 경우를 목표와 수단 간의 관계가 불분명하다고 표현한 것이다.

(3) 일시적 참여

정책결정 과정에 참여하는 사람들은 그 자신의 시간적 제약 때문에 일시적으로 참여하게 되며, 개개인으로 볼 때 그는 결정 전체에 대해 극히 부분적으로만 관여하게 되는 것이다. 다시 말해 문제에 따라 참여자가 다르며, 참여도 간헐적이고 일회적이다라는 것이다.

이상에서 가장 비합리적 상황을 생각할 수 있는데, 즉 자기 스스로가 무슨 목표가 좋은지 무슨 대안이 좋은 지도 모르는 자가 어떤 목표달성을 위해서 어떤 수단을 선택해야 하는 지도 모르면서 회의에 참석하기도 하고 않기도 한다.

3) 의사결정의 네 가지 요소

의사결정이 이루어지려면 네 가지 요소, 즉 결정해야 할 문제, 문제의 해결책, 참여자 그리고 의사결정의 기회가 구비되어야 하는데, 이 네 가지 요소는 아무런 관계없이 독자적으로 움직인다. 이에 네 가지 요소를 구체적으로 살펴보면 다음과 같다.

(1) 문제의 흐름

합리모형에서는 사회문제가 등장했다고 해서 즉시 이 문제를 해결하기 위한 의사결정기회를 만들어 정책을 결정하는 것이 아니고 의사결정기회와는 별도로 문제는 자체적으로 등장, 변화하면서 존재하게 된다. 이에 의사결정기회를 만나려면 정책 의제화 되어야 하고, 해결책이 준비되어 있어야 한다.

(2) 해결책의 흐름

사회문제가 정책의제화 되기 전에 정책공동체에 의하여 여러 가지 정책대안이 마련되고 이에 대한 비교·평가가 이루어진다. 해결책을 준비한 후 문제가 정책의제화 되어 정책결정의 기회가 올 때까지 기다리는 것이다.

(3) 참여자의 흐름

참여자가 없으면 의사결정이 이루어질 수 없다. 그런데 참여자는 의사결정의 모든 과정을 계속해서 참여하는 것이 아니고, 정책결정의 기회가 와도 그때까지 참여자는 문제를 모르거나, 정책결정의 순간까지 해결책을 모르고 있기도 한다.

(4) 의사결정기회의 흐름

정책결정의 기회는 무수히 많다. 그러나 이러한 기회가 있어도 사회문제가 정책의제화하지 않았거나 또는 해결책이 마련되어 있지 않으면 문제해결을 위한 결정을 하지 못한다.

4) 의사결정의 방식

의사결정이 이루어지려면 네 가지 흐름이 합쳐져야 한다. 이처럼 의사결정이 이루어지기 위해 네 가지 요소의 흐름이 합쳐지는 경우는 다음과 같다.

첫째, 순수한 무정부 상태이다. 구성요소의 흐름에 아무런 규제를 가하지 않는 경우로서, 네 가지 요소의 흐름이 시간의 우연적 동시성 때문에 합쳐지게 되어 의사결정이 이루어진다. 둘째, 완전한 통제다. 네 가지의 흐름이 등장하면 바로 의사결정이 이루어지는 경우이다. 셋째, 조직화된 무정부 상태다. 이런 상태는 쓰레기통모형이 가장 잘 어울리는 경우이다.

쓰레기통모형이 상정하는 의사결정 상황은 문제가 제기되면 해결 방안이 모색되고 선택이 이루어지는 순차적 단계들이 진행되는 것이 아니라 임의적이고 무작위적 성격으로 나타난다.

이러한 모형에서 조직체의 여유자원이 부족할 때 나타나는 의사결정 방식으로, 문제 해결보다도 오히려 진빼기 작전이나 날치기 작전이 특징적이다. 진빼기 결정은 해결해야 할 주된 문제에 여러 가지 문제가 관련된 경우로서, 다른 문제들이 있어서 결정이 이루어지지 않을 때 관련된 문제들이 스스로 다른 의사결정기회를 찾아서 떠날 때까지 기다려서 결정을 하는 것이다. 즉 관련된 문제의 주장자들이 자신의 주장을 풀이하다가 힘이 빠져 다른 기회를 찾을 때 의사결정을 는 것이다.

날치기 통과는 관련된 다른 문제들이 제기되기 전에 재빨리 주된 문제에 대한 의사결정을 하는 방식을 말한다. 즉, 해결하려는 주된 문제에 다른 문제가 결부되면 어려울 경우, 다른 문제가 결부되기 전에 즉시 이 문제를 해결하는 방식이다.

5) 쓰레기통모형의 평가

이 모형은 조직적 혼란 상태의 결정 상황에 대한 체계적 분석을 시도하고 있는데, 조직적 혼란상태는 오늘날 공공조직이나 교육기관 등에서 쉽게 발견할 수 있는 것인 만큼 현실의 결정문제를 좀 더 적실성 있게 분석할 수 있다는 장점을 가진다.

그러나 정책결정 상황을 우연으로만 설명하는 경향이 강하여 결정자의 의지성을 설명하지 못하고 있다는 지적과 함께 조직적 혼란 상태는 조직의 일부에서 일시적으로 나타나는 특수한 경우이므로 설명하기에 한계가 있다는 비판도 있다.

그리고 실질적인 정책결정 연구에서는 쓰레기통과 같은 기능을 한다면 어떻게 유지될 수 있으며, 조직이 유지된다 하더라도 어떻게 쓰레기통과 같은 역할을 할 수 있느냐 하는 질문들에 기인한다(Masuch & Lapotin, 1989).

10. Allison모형

1) 엘리슨모형의 의의

집단적 의사결정을 성질별로 분류하여 국가적 정책결정에 적용한 경우로 이 모형은 Cuba가 1960년대 초에 소련의 미사일을 도입하려고 했을 때 미국이 왜 해상봉쇄라는 정책결정에 참여 또는 관여하는 자들의 응집성을 기준으로 합리적 행위자모형(Model Ⅰ)은 정부를 잘 조정된 유기체로 간주하고, 조작과정모형(Model Ⅱ) 정부를 반독립적인 하위조직들이 느슨하게 연결되어 있는 집합체, 관료정치모형(Model Ⅲ)서로 독립적인 정치적 참여자들의 집합체를 제시했다.

엘리슨(Allison, 1971)는 합리모형이나 집단적 의사결정에서 한 걸음 나아간 종합적인 시각으로서 비교적 소홀하게 취급되던 '정치적 결정'을 세 번째 모형으로 보완하였다. 이들을 구분하는 중요한 기준의 하나가 정책결정에 참여하는 집단의 응집성이다.

합리모형에서는 정부를 잘 조정된 유기체로 보고, 조직모형에서는 정부를 반독립적인 하위조직들이 느슨하게 연결되어 있는 집합체로 간주하며, 정치모형에서는 정부를 서로 독립적인 정치적 참여자의 집합체로 간주한다.

2) 엘리슨모형의 주요내용

(1) 합리모형

개인적 차원의 합리적 결정을 설명하는 합리모형의 논리를 집단적으로 결정되는 국가정책, 정부정책의 경우에 유추한 것이다. 정책결정주체는 국가 또는 정부는 국가목적이나 전략적 목표를 극대화시키는 대안을 선택한다고 본다. 국가 또는 정부는 합리적이고 단일적 결정자이다. 일관된 선호, 일관된 목표, 일관된 평가기준을 지니고 있다고 본다. 합리적 결정은 조직성원 또는 참여자들은 합리적인 정책을 결정하기 위해서 최선의 노력을 기울일 것으로 가정한다. 이상과 같은 의사결정이나 정책결정은 현실적으로 존재하기 어렵지만 외교정책이나 국방정책에 대하여는 합리모형에 의한 성명이 보다 설득력이 있을 때가 많다.

(2) 조작과정 모형(Model Ⅱ)

단일적 정책결정주체가 아니라 느슨하게 연결된 반독립적 하위조직들의 집합체이며 이것이 국가정책을 결정한다. 정책이 하위조직들의 내부절차에 의하여 결정되는 조직의 산물이다. 반독립적인 하위조직들로서 정부가 구성되어 있기 때문에 하위조직들은 각각 상이한 목표들을 지니고 정책결정에 임하게 된다. 하위조직 간의 갈등 불가피하며 이해관계가 크게 영향을 받는 경우는 타협에 의한 준 해결의 상태에 이른다. 조직은 학습을 통하여 SOP와 프로그램목록을 만들고 이들에 의존하여 의사결정을 하게 된다.

(3) 정치모형(Model Ⅲ)

정책결정은 참여자들간에 갈등과 타협·홍정에 의하여 지루어지는 것으로서 결국은 정치적 활동으로 보는 것이 정치모형이다. 정책결정주체들 참여자들 개개인이라고 본다. 그러므로 전체가 부딪친 문제의 해결을 위한 채택한 해결책보다는 이들 개개 참여자들간의 타협, 갈등, 홍정 등의 정치적 결과로 본다. 개개인은 자신이 지닌 정치적 자원을 이용하여 정치적 게임규칙에 따라서 목표달성을 위해서 정치적 결정을 하게 된다.

3) 엘리슨 모형의 평가

이 모형은 합리모형 일변도에 입각한 이론과 실제의 괴리를 줄이고자 종합적인 시각을 강조했다. 해안 봉쇄라는 결정이 왜 내려졌는지는 합리모형으로만 설명되지 않았고, 조직모형과 정치모형으로도 설명될 수 있었다. 이렇게 하나의 정책 사례가 세 가지 모형을 모두 적용해야 해석될 수 있었음을 말해주는데, 이는 의사결정을 위한 고도의 합리적 기법이 개발된다고 해도 의사결정의 정치적 성격을 완전히 배제할 수 없다는 점을 시사해 준다.

그러나 이 모형은 정책유형에 따라 모형의 적용 가능성이 어떻게 달라지는가에 대해서는 설명하지 못하며, 우리나라와 같이 정책결정권이 중앙, 특히 대통령에 집중되어 있는 경우에는 적용에 한계가 있다.

첫째, 조직계층의 측면에서 보면 엘리슨모형은 각각 적용계층이 다르다. 정치모형은 상위계층 기능적 권위와 SOP로 특징 지워지는 조직모형은 하위계층에 적용가능성이 높은 모형, 합리모형은 조직계층에 따라 큰 차이가 없는 것이다. 둘째, 실제의 정책결정에서는 어느 하나의 모형이 아니라 세 가지가 모두 적용될 수 있다. 셋째, 엘리슨 모형은 원해 쿠바미사일 사건과 같은 국제 정치적 사건과 위기적 사건에 대응하기 위한 정책결정을 설명하기 위한 모형으로 작성되었으나 일반정책의 경우에도 적용가능하고, 또 한국의 경우도 적용가능하다.

1960년대 쿠바 미사일 사건

1959년, 부패한 바티스타 정권을 몰아낸 쿠바에 사회주의 정권이 탄생하자 미국과 쿠바의 관계는 급속도로 냉각되기 시작했습니다. 그동안 바티스타 정권의 든든한 뒷배였던 미국은 새로운 쿠바의 카스트로 정권이 눈엣가시일 수밖에 없었고, 생존에 위협을 느낀 쿠바는 소련과 밀착관계를 형성하게 됩니다. 토지개혁과 국유화 등 일련의 사회주의 개혁과정에서 70여 만 명의 쿠바인들이 미국으로 망명을 했습니다. 미국 정부는 이들 반 카스트로 세력을 부추겨 1961년 4월, 쿠바 남부 '피그스' 만(灣)에 상륙작전을 시도합니다. 하지만 쿠바 민중의 지지를 얻지 못한 반 카스트로 세력의 쿠바 침공은 실패로 돌아가고, 쿠바와 미국 관계는 악화일로로 치닫습니다.

1962년 미국은 쿠바에 대한 전면적인 경제봉쇄에 들어가고, 카스트로로부터 지원요청을 받은 소련의 후르시초프는 쿠바에 대한 방어를 약속합니다. 전통적으로 미국 영향권 아래있든 나라였으며 쿠바경제는 미국에 절대의존적인 관계였지만, 1952년 카스트로가 쿠데타로 정부를 전복 대미관계종결하자 미국은 카리브연안 각국에 공산화를 우려 쿠바를 제제하기 위해 벌인 작전이 유명한 피그만 작전입니다

피그만 사건 (카스트로정부전복미수사건)(1961년 4월)

피그만(The Bay of Pigs) 침공은 1961년 쿠바 혁명정권 카스트로가 사회주의 국가선언을 하자 다음날인 4월 15일 미 중앙정보국(CIA)이 주축이 돼 쿠바 망명자 1511명으로 침공군을 창설해 쿠바를 침공한 사건으로 쿠바망명자 115명이 숨지고 1189명은 체포됐으며 카스트로와 미국간의 대립은 이때부터 본격화했습니다. 이 사건은 전후 미국의 외교정책 중 가장 참담한 실패 중의 하나가 된 침공사건입니다.

쿠바 미사일 위기(1962년 10월14일)

소비에트 연방이 쿠바에 미사일을 배치하려는 데 대한 미국과의 군사적 대립으로 인한 위기이다. 러시아 측에서는 카리브 해 위기, 쿠바 측에서는 10월 위기라고 부른다. 1962년10월 14일, U-2기에 의한 첩보 사진에 쿠바에 건설 중인 미사일 기지의 사

진이 촬영되면서 촉발되었다.

1962년 여름, 미국 정부는 쿠바에 소련의 미사일 기지가 건설되고 있다는 정보를 입수합니다. 10월 14일 U-2기를 이용한 항공정찰을 통해 쿠바에 4곳의 미사일 기지가 만들어지고 있는 것을 확인한 미국 정부는 이를 미국 안보에 심각한 위협이 될 것으로 판단하죠. 당시 미소간의 핵전력은 7대 3 정도로 미국이 소련에 비해 우세를 점하고 있었고, 핵탄두를 투사할 수 있는 대륙간탄도탄(ICBM)과 잠수함발사미사일(SLBM)의 숫자에 있어서도 미국이 압도적 우위에 있었습니다. 한데 소련이 미국의 동부해안에서 불과 90마일밖에 떨어져 있지 않은 쿠바에 핵미사일 기지를 설치한다면, 미국의 핵 우위는 상쇄되는 것이나 마찬가지였습니다.

케네디 대통령과 커티스 르메이 미 공군 참모총장(앉은 이들 중 오른쪽에서 두 번째), 르메이 대장은 당시 미 군부 강경파 중 대표적 인물로 쿠바와 소련에 대한 전면전을 벌일 것을 주장했습니다.

팽팽한 긴장 속에 사태가 긴박하게 돌아갑니다. 10월 22일, 케네디는 라디오와 텔레비전을 통한 대국민 연설에서 소련에 대한 심각한 경고를 전달하죠. '소련이 쿠바에 핵미사일 기지를 건설 중이며, 미국과 서방 세계의 안전을 위해 쿠바에 무기를 운반하는 모든 선박에 대해 해상봉쇄를 단행한다'는 것이었죠. (당시 케네디의 표현으로는 봉쇄를 의미하는 blockade 대신 격리라는 뜻의 quarantine를 사용합니다) 또한 소련에 대해 14일 이내에 쿠바에 설치된 미사일을 철수하라는 압력을 가하죠. 이 전쟁 직전의 대립상황은 미국이 공중폭격이 아닌 해상봉쇄를 결정하면서 일단락 된 듯 합니다. 하지만 그건 미국만의 생각이었죠. 소련은 미국의 해상봉쇄가 '해적행위'라며 강력히 반발합니다. 게다가 쿠바의 보호를 위해 여러 대의 잠수함과 소련 선박을 쿠바 측으로 출발시킵니다. 소련 총리 흐루시초프는 미국의 해상봉쇄를 무시하고 뚫고 들어가라는 명령을 내린 채로 소련의 선박은 하루 이틀이 지나면서 점차 미국의 봉쇄선을 향해 다가갑니다. 소련 선박과 미 봉쇄선이 충돌하는 순간, '전투'가 벌어질 거라는 사실은 너무나도 당연했습니다. 이 무렵 쿠바의 카스트로는 흐루시초프에게 긴급 메세지를 전달합니다. 내용의 골자는 "미국의 쿠바 공격은 약 72시간 내로(당시 10월 26일) 감행할 것이다. 만일 미국이 쿠바를 침공한다면 소련은 미국에게 핵 선제공격을 부탁한다. 절대 미국에게 선제공격을 내주어선 안된다" 라는 내용이었죠, 케네디의 성명에 이어 핵무기를 관장하는 미군 부대들은 전면적인 핵전쟁을 준비했고, 소련도 비슷한 조치를 취하고 있었습니다. 온 인류의 운명이 걸린 도박이었지만, 어떤 나라도 개입하거나 중재할 수 있는 상황이 아니었죠. 그저 전 세계는 공포와 긴장 속에서 숨죽이며 사태의 전개를 바라보고 있었을 뿐이었습니다. 긴장은 10월 24일, 미사일은 운반하던 16척의 소련 화물선단이 해상봉쇄 작전을 펼치고 있던 미 해군 함정에 다가서면서 최고조에 달했습니다.

또 3일 뒤에는 쿠바상공에서 미군의 U-2기가 격추되어 조종사가 사망하고, 핵어뢰를 탑재하고 있던 소련 잠수함 B-59함이 미 해군 구축함의 폭뢰공격을 받는 일이 벌어집니다. 소련의 화물선단 호송임무를 맡고 있었던 B-59함은 이 공격으로 함체가 손상되고 산소가 고갈되는 상황에 빠집니다. 미 해군의 공격을 이미 전쟁상태에 들어섰다고 판단한 B-59 '사바스키' 함장은 반격을 위해 핵어뢰의 조립을 명령하지만, 다행히 최종단계에서 한 사람의 핵무기 통제 장교가 함장의 명령을 거부함으로써 핵어뢰에 의한 반격이라는 끔찍한 사태는 벌어지지 않았습니다. (당시 소련 해군의 핵무기 발사절차는 핵무기 통제권한을 가진 세 사람의 장교가 만장일치로 합의한 상황에서만 발사할 수 있도록 되어 있었습니다. '바실리 아르키포프'로 알려진 이 장교는 모스크바에서의 발사명령을 기다려야 한다고 함장의 명령을 거부했습니다)만약 이 때 B-59함이 핵어뢰를 사용했다고 한다면, 당시 최고조에 달했던 양국의 핵전력은 서로에 대한 보복공격을 가했을 것이고 인류는 아마도 끔찍한 재앙을 맞이했겠지요. 피를 말리는 듯했던 일주일간의 군사적 대치상황은 10월 28일, 미국이 쿠바를 침공하지 않는다는 약속을 전제로 하여 후르시초프 서기장이 전격적으로 쿠바에서 미사일을 철수 할 것을 선언하면서 마무리 됩니다. 전문가들은 만약 당시 핵전쟁이 벌어졌다면 미국과 소련 양국에서 각각 1억 명, 유럽에서도 수 백 만 명이 목숨을 잃었을 것이라고 추정하고 있죠. 50년 전 오늘은 인류가 핵전쟁에 가장 근접하게 되었던 계기가 된 날로 역사에 기록되고 있습니다.

미국의 상황대처방안 3가지

1. an air attack on the missiles (미사일기지 공중공격작전)
2. a full military invasion (군 침공작전 수립)
3. the naval blockade of Cuba, which was redefined as a more restrictive quarantine. (해군에 의한 해상봉쇄작전)

미국 정부는 소비에트 연방의 쿠바에서의 미사일 기지 건설을 무력시위라고 주장하여, 미사일 기지의 완공을 강행한다면 이를 선전포고로 받아들일 것이며, 제3차 세계대전도 불사하겠다는 공식성명을 발표했다. 전 세계는 케네디대통령의 과격한 발언에 의해 또다시 전 세계적 규모의 전쟁이 일어날지 모른다는 불안감에 떨었고, 학교와 가정에서 대피훈련과 방공호를 파는 작업이 실시되는 등 일촉즉발의 상황까지 가기에 이르렀다. 미국과 소련의 필사적인 외교에 의하여 소련측의 미사일 기지 건설이 중지되고, 그에 대한 대가로 터키에 있던 미국측의 ICBM(대륙간 탄도탄) 기지를 철수시킨다는 조건하에 사태가 종결됨으로써, 세계는 전면 핵전쟁의 위기에서 벗어날 수 있었다.

미국은 쿠바 미사일 위기당시 소련의 기지 건설을 강행할시 공군력에 의한 공중공격으로 미사일 기지를 파괴시킬 계획을 구체화 시켰으며 이 계획이 실체화 되지 않으면 육군에 의한 쿠바 총공격을 감행할 것이거나, 국제적 여론의 악화가 계속되면 해군력에 의한 쿠바 해상봉쇄작전을 시도할려고 하였음. 이 3가지 방안이 언론에 의해 유출되자 소련은 선박 회황을 시켜 이 사건을 종결시킨 것입니다

다음 자료는 오래전 답변내용 정리한 것입니다. 쿠바 미사일 위기가 발생된 역사적 인과 관계 입니다. 쿠바 카스트로정부 수립되자 미국관타나모기지 철수를 요구하자 미국이 이를 제지하자고 피그만 침공작전을 계획 실패하자. 쿠바는 미국견제를 위해 소련을 불러들인 것에 미국의 완전 철통 봉쇄작전으로 이를 저지하려는 미국은 현재까지 쿠바경제를 압박 쿠바는 현재 세계 4대빈국 으로 전락 북한 경제수준이하로 추락된 현재 입니다

미국-쿠바 관계 어땠나 **자료 : AFP**

1959	피델 카스트로, 바티스타 독재정권 축출
1961	미국, 쿠바와 외교관계 단절
1962	소련의 쿠바 미사일 기지 건설로 미국-소련 긴장 고조
1965	쿠바. 카마리오카항 통한 미국 망명 허용
1977	미국과 투바 양국 수도에 '이익대표부' 설치
1980	카스트로, 마리엘항 통한 보트 탈출 허용
2004. 5	쿠바계 미국인의 쿠바 방문을 3년에 한 번으로 제한
2004. 10	쿠바, 미국 달러화 통용 금지
2006. 7	카스트로, 장출혈 수술받고 동생인 라울에게 권력 이양
2008. 2	카스트로, 국가평의회 의장직 사임, 라울, 대통령에 선출
2009. 3	미 의회, 대쿠바 제재 개정안 의결
2009, 4	버락 오바마 미 대통령, 쿠바계 미국인의 쿠바 여행 및 송금 제한 완화

11. 사이버네틱스(cybernetics) 모형

1) 개념

사이버네틱스 모형은 설정된 목표를 달성하기 위해 정보와 환류 과정을 통해 자신의 행동을 스스로 조정해 나간다고 가정하는 모형이다. 이모형에서는 적응적 의사결정, 불확실성의 통제, 집단적 의사결정에의 응용, 인과적 학습에 의한 의사결정 모형의 수정 등이 나타난다. 사이버네틱스 모형은 완벽한 분석적 합리성이 존재하지 않는 상황에서 발생하는 습관적 의사결정을 잘 설명한다. 사이버네틱스 모형은 기계 및 동물에 있어서 제어와 통신에 관한 이론으로 목적달성행위를 정보와 환류에 의한 지속적인 통제행위로 이해한다.

2) 특성

① 합리모형과 가장 극단적으로 대립되는 이론

② 분석적 합리성이 완전히 존재하지 않는 적응적 · 관습적 · 기계적 의사결정 모형이다.

③ 대표적 학자는 Deutsch, Steinbrunner, Wiener, Steinbrunner

④ 합리모형과 달리 목표가 사전에 존재하지 않는 것으로 이해

⑤ 적응적 의사결정으로서 비목적적 적응모형

⑥ 불확실성에 의해 영향을 받지 않고 단지 사전에 설정된 범위에서 일탈하는 경우만 시행착오적으로 적응을 함

⑦ 집단적 의사결정에 적용 : Cyert & March의 회사모형, Allison의 Model Ⅱ, March &Simon의 조직모형

⑧ 합리모형에서는 새로운 정보에 의하여 대안의 수정이 일어나는 인과적 학습(causal learning)이 이루어지고, 사이버네틱스 모형에서는 사전에 설정한 프로그램을 수정하는 도구적 학습(instrumental learning)을 하게 된다.

3) 분석적 패러다임과 사이버네틱스 패러다임 비교

구 분	분석적 패러다임	사이버네틱스 패러다임
결정모형	합리모형, Allison의 Ⅰ모형	적응모형, 회사모형, Allison의 Ⅲ모형
합리성	완전한 합리성	제한된 합리성
의사결정	목표의 극대화를 위한 최적의 수단	비목적적 적응
대안분석	모든 대안의 동시적 분석	하나 보고 또 하나 보는 순차적 분석
불확실성	불확실성의 감소 추구	불확실성의 통제 추구
문제 해결	알고리즘(연역적 방식)	휴리스틱스 기법, 귀납적 접근
학습	인과적 학습	도구적 학습(시행착오적 학습)

12. 정책딜레마 모형

1) 의의

양립 불가능한 두 대안을 선택해야 하는 상황에서 한 대안의 선택으로 인해 다른 대안이 가져올 기회 손실이 크다면 선택이 곤란한 상황이 발생하는 데, 이에 대한 논의를 정리한 것이 딜레마모형이다. 이모형에서는 딜레마의 원인과 발생조건, 딜레마의 구성 요소, 정책선택과 대응 행동을 인과적 관계로 표현한다.

2) 딜레마 유형

① 일치된 딜레마 : 주어진 딜레마를 주관적으로도 딜레마를 설정하는 것
② 무시된 딜레마 : 주어진 딜레마를 주관적으로 딜레마로 파악하지 않는 것
③ 의사 딜레마 : 딜레마가 아닌 상황을 딜레마로 파악하는 것
④ 일치된 비딜레마 : 현실에 존재하는 딜레마를 정확하게 있는 그대로 인식해서 문제 상황에 효과적으로 대처해 효율적으로 해결하는 것

13. 우리나라의 정책결정(품의제)

1) 의의

품의제란 행정기관 내부에서 행정방침의 결정이나 행정행위 등을 할 필요가 있을 경우 해당사무의 담당자가 문서를 기안하여 결정권을 가진 상사에게 승인·결재를 얻는 절차에 관한 제도이다. 우리나라의 가족주의적 행정문화를 배경으로 하고 있으며, 1:1 결재방식이며 결재 단계가 중첩되므로 가외성과 관련이 있다.

2) 품의제의 장·단점

(1) 장점

① 구성원의 창조의식과 사기앙양, 사전심사 및 조종가능, 하의상달의 촉진과 제안의 유도, 하위직원 에게 관리자 훈련의 기회를 제공한다.
② 결재의 과정에서 다른 부서의 협조도 받기 때문에 정보가 공유된다.
③ 정책결정과 집행을 유기적으로 연계시킬 수 있다.

(2) 단점

문서의 과다현상으로 중요문제에 대한 충분한 검토가 불가하며, 품의과정이 길고, 능률저하 및 행정의 지연으로 행정의 전문성 저해, 국·과 등의 조직단위에 기반을 두므로 조직의 할거성 우려 및 부처·국·과 간 횡적인 협조가 곤란하다. 품의제는 계선 중심의 정책결정 제도로서 막료 등 전문가가 참여하기 어려우므로 전문성이 저해된다.

제 8 장 정책집행

1. 정책집행의 의의

1) 정책집행의 개념

정책집행은 정책결정과 정책평가를 연결하는 고리로서 정책의 성패가 결정되는 중요한 정책과정이다. 이러한 정책집행의 개념은 여러 학자들에 의해서 다양하게 정의되고 있다. 프레스먼(Pressman)과 윌다브스키(Wildavsky)는 정책집행을 단일 방향적인 것으로 해석하여 "의도한 결과를 달성하기 위해 인과 연쇄에 따라 순차적으로 진행하는 능력"으로 정의하고, 존스(Jones)는 사업계획에 효과가 발생하도록 하는 의도적 활동이며, 이러한 활동 주요 내용은 해석, 조직화, 적용으로 본다.

이에 정책집행(policy implementation)은 정책의 내용을 실현시키고, 구체화하는 과정을 의미하는 것으로, 정책의 내용을 실현시키는 것은 정책의 수단을 실현시키는 것이 핵심이 되며, 정책수단이 실현되더라도 정책목표가 달성되는 수도 있고 그렇지 않는 경우도 있으며, 어느 경우에나 정책집행은 이루어진 것으로 본다.

여하튼 정책수단의 실현이 있으면 정책집행이 이루어진 것으로 보고 정책집행이 있었는데도 정책목표가 달성되지 못한 경우는 부집행이 아니라 정책내용상의 논리가 잘못되었거나 또는 효과적이지 못한 정책집행 때문에 정책집행이 실패한 것으로 본다.

2) 정책집행의 중요성

1970년대 초까지만 하더라도 정책은 결정되기만 하면 간단히 집행되는 것으로 인식되었다. 그러나 사실은 정책이 결정되었다고 해서 저절로 집행되는 것이 아니고 전혀 집행되지 않을 수도 있고, 집행과정에서 수정과 변경되기도 한다. 경우에 따라서는 집행결과 문제가 해결되는 것이 아니라 오히려 문제를 더욱 악화시키기도 한다는 것이다.

이처럼 정책이 어떻게 집행되느냐에 따라 정책 효과가 달리 나타나게 되는데, 정책집행이 정책목표의 달성을 자동적으로 담보하는 것이 아니라 성공적인 정책집행이 이루어진 경우에만 가능하다는 전제 때문에 정책집행의 중요성이 부각되고 있다.

(1) 정책의도의 실현

정책을 성공적으로 이루어야만 비로소 정책을 결정한 보람이 있게 되고, 정책의제설정에서 정책결정에 이르는 무수한 참여자가 많은 시간과 노력을 투입하여 합리적·분석적 검토와 갈등, 협상 끝에 만들어 낸 정책도 성공적인 집행이 있어야만 그 결실을 맺게 된다.

정책결정에서 달성하기로 한 정책목표는 정책수단의 실현, 즉 정책집행이 있어야만 가능한 것이다. 여기에는 예외가 있는데 상징정책은 그 자체로서 의미를 가지고 집행이 필요 없거나 또는 장래에 이를 집행할 수 있는 방향으로 노력하려는 의지를 선언적으로 표명한 것이다.

(2) 실질적인 정책내용의 구체적 결정

정책결정과정에서 여러 가지 이유 때문에 일반적·추상적으로 결정된 정책내용이 정책 집행과정에서 보다 실질적이고 구체적으로 결정되는 경우가 많다. 정책의 내용은 정책결정과정에서 추상적으로 결정되는 경우가 대부분이고 이것이 집행과정에서 구체화된다. 정책상황이 복잡한 경우는 정책결정단계에서 구체적인 정책내용을 결정하는 것이 더욱 어려워진다. 정책결정단계에서 결정이 된 정책의 내용이 정책집행과정에서 수정·보완되는 경우가 많다. 또한 정책결정단계에서 일어나는 정치적갈등·타협 때문에 결정된 정책이 애매모호하고 불합리하며 상호모순적인 내용을 지니게 된다. 그래서 상호모순되는 정책목표들이나 정책수단들이 아무런 우선순위 없이 나열되거나 또는 추상적이고 막연한 내용만을 지닌 정책이 결정되어 집행과정에 가서야 그 정책의 내용을 결정하는 수 밖에 없다.

(3) 국민생활과 직결되는 정부의 활동

정책집행과정은 정부의 활동이 국민에게 직접 영향을 미치는 단계로 배분정책의 경우 직접서비스를 제공하는 단계가 되고, 규제정책의 경우 피규제자의 행동이나 권리행사를 직접적으로 제한하는 단계이다. 정책환경과 정책내부에 위치한 각종의 다양한 행위자들이 참여하며 상호복잡하게 얽힌 행위들이 상호작용함으로써 애초의 정책의도와는 다른 결과를 초래할 수 있다.

2. 정책집행의 유형

1) 결정자와 집행자의 관계에 따른 분류

정책결정자와 집행자 간에 관계를 유형화하는 것에 학자들마다 차이를 보이고 있다. 나카무라와 스몰우드는 정책집행유형을 고전적 기술관료형, 지시적 위임자형, 협상가형, 재량적 실험가형, 관료적 기업가형을 분류하고 고전적 기술관료형에서 관료적 기업가형으로 갈수록 집행자의 재량권이 확대된다고 보고 있었다. 이를 살펴보면 다음과 같다.

(1) 고전적 기술관료형

정책결정자가 결정한 정책 내용을 정책집행자가 충실히 집행하는 유형을 말한다. 결정자가 명확한 정책목표를 제시하고 집행자는 수단 선택을 위한 약간의 기술적 권한만을 가지고 있을 뿐이다.

(2) 지시적 위임자형

각종 행정적 조치를 취할 수 있는 권한을 집행자에게 위임함으로써 집행자는 더 많은 정치적 재량권을 행사하게 된다. 이 유형은 수단에 관해 결정자와 집행자 간에 의견 불일치가 일어나 실패로 끝날 가능성이 높은데, 미국 경제개발처의 오클랜드 사업의 실패가 대표적인 예이다.

(3) 협상가형

미국에서 정책결정자로서의 연방정부와 정책집행자인 주정부 사이에서 자주 나타나는 유형으로서 양자가 수단뿐만 아니라 목표에 대해서도 합의가 이루어지지 않고 있다. 이 점이 결정자와 집행자 모두가 정책목표의 소망성에 대해 동의했던 고전적 기술관료형이나 지시적 위임형과 다른 점이다. 결정자와 집행자는 협상·흥정함으로써 상호 적응하게 되는데, 협상이 원활히 이루어지지 못하면 정책집행은 실패한다.

(4) 재량적 실험가형

정책결정자가 상세한 정책결정을 할 수 없어 추상적인 목표 결정만 하고, 집행자에게 구체적인 목표와 수단 결정에 필요한 광범위한 재량권을 위임한다. 이런 유형이 나타나게 되는 이유는 정책결정자의 지식 부족과 골치 아픈 문제를 정책집행자에게 떠넘기려는 것이다.

(5) 관료적 기업가형

이 유형은 고전적 기술관료형과 정반대적인 성격을 지닌 것으로서, 집행자가 결정권을 장악하고, 정책과정 전반을 완전히 통제하기 때문에 집행자가 정책목표를 결정하여 결정자에게 받아들이도록 설득·강제한다. 그들이 그렇게 할 수 있는 것은 행정관료제의 지속성으로 인해 정책결정자는 수시로 바뀌지만 정책집행자는 계속 남아 있기 때문이다.

2) 정책의 유형에 따른 집행

라리플리와 프랭크린(1986: 221-224)은 정책결정 과정뿐만 아니라 집행과정도 수많은 정부기관과 이해관계집단이 참여하여 상호 타협과 흥정하는 정치적 과정으로 보고, 정책의 유형에 따라 집행을 둘러싼 집단 간의 정치적 과정이 달라진다고 한다. 첫째, 분배정책은 수혜집단이 정책의 대상집단이므로 집행을 둘러싼 이데올로기적 논쟁이나 작은 정부에 대한 요구가 거의 없다. 따라서 SOP나 상례적 절차의 확립이 용이하고 원만한 집행가능성이 높다.

둘째, 보호적 규제정책의 경우에는 일반대중을 보호하고자 특정집단을 규제하는 정책으로 집행 과정상 특징은 공익에 기초한 정부의 강한 규제나 기업활동을 정책으로 집행과정상 특징은 공익에 기초한 정부의 강한 규제냐 기업활동을 위한 정부 개입의 최소화냐를 중심으로 한 이데올로기적 논쟁이 지속되며, 정부의 규제를 완화하려는 운동을 주도한다. 따라서 피규제자들이 집행에 저항하고 집행을 추진하는 행정조직과 갈등 상황이 지속됨에 따라 SOP나 상례적 절차의 확립이 곤란하다.

셋째, 고소득층으로부터 저소득층으로의 소득 이전을 목적으로 하는 재분배정책의 집행상 특징은 다음과 같다. 이데올로기 논쟁이 첨예하여 비용 부담집단에 의한 작은 정부 또는 복지 혜택의 감소를 통해 조세를 삭감하자는 주장을 하면서 집행에 반대하기 때문에 SOP 또는 상례적 절차의 확립이 곤란하며 원만한 집행 또한 어렵다.

3. 정책집행과 정책결정

1) 정책집행과 정책결정의 관계

정책집행과 정책결정의 관계를 어떻게 볼 것이냐의 문제는 정치와 행정의 관계를 살펴볼 필요가 있다. 정치는 결정을 행정은 집행을 고유의 기능으로 가지고 있지만 양자의 관계는 이론사적 흐름에서 많은 변화를 가져왔다. 먼저 정책결정과 정책집행의 분리라는 측면을 강조하는 정치행정이원론을 살펴보고 기능의 통합 내지 유사성을 강조하는 정치행정일원론을 검토하고자 한다.

먼저 정치행정이원론은 정치는 정부의 광범위한 계획이나 기본방침을 결정하는 활동이며, 행정은 정치에서 결정된 이러한 계획이나 방침을 구체적으로 집행하는 활동으로서 사무적인 일(중립적, 전문적, 비정치적인 활동)이라고 하면서 정치행정이원론을 주장한다. 대표학자인 Wilson의 주장은 19C초 미국사회가 정실주의(spoils system)에 입각하여 행정조직의 민주적 운영을 위하여 지지되었으나 부패, 불공정, 무능, 비능률성이 만연하여 이를 극복하기 위한 실적주의제도의 채택운동이 광범위하게 전개되었을 때 Wilson이 이 운동을 지지하기 위하여 정치와 행정은 본질적으로 성격이 다르므로 정치는 정치인들이 담당하고 행정은 전문행정가가 담당하고 서로 간섭하지 않아야 된다고 주장했던 것으로, 능률지상주의의 이론적 근거가 되어 고전적 행정학의 기초가 된다.

반면 1930년대 정책의 TVA사업은 고도의 전문성이 요구되었고 행정각부처가 이 사업 계획의 수립을 직접 담당하였고, 의회는 행정부에서 결정한 내용을 통과시키는 수동적인 역할을 담당하게 되었는데 이는 정치행정이원론의 주장과는 완전히 다른 것이다.

이에 따라 행정부에서 담당하는 일이 정책의 집행만이 아니라 정책의 결정까지 담당하게 되어 행정과 정치는 이질적인 것이 아니라 동질적인 라고 보는 이론이다. Appleby는 행정인들은 집행을 위하여 정책내용을 계속적으로 구체화시키는 과정에서 실질적으로 정책을 결정하고 있다고 주장한다.

2) 정책결정과 정책집행의 공통점과 차이점

(1) 공통점

첫째, 정책집행활동이 실질적으로 정책의 내용을 확정시키기 때문에 정책결정이나 마찬가지의 기능을 수행한다는 점이다.

둘째, 두 가지의 기능은 본질적으로 의사결정이라는 공통점을 가진다.

셋째, 정책결정만이 아니라 집행활동도 정치적 성격을 많이 띠고 있다는 공통점이 있다. 집행단계에서도 활동이 단순하게 기술적 · 사무적 · 기계적인 것이 아니라 이해관계가 대립되는 관련자들 사이에서 타협, 흥정에 의하여 결정되는 정치적 성격도 강하게 띠고 있다.

넷째, 현대 행정국가화된 상황에서 행정의 주체인 행정부가 정책결정을 실질적으로 좌우하고 정책집행에서도 불합리하게 결정된 정책내용의 수정 · 보완과 애매하고 추상적인 정책의 구체화를 통해서 실질적인 정책결정의 역할을 담당하고 있기 때문에 정책집행자가 정책결정자의 역할을 한다는 점에서 정책결정과 집행은 큰 차이가 없다.

(2) 차이점

첫째, 정책집행단계에서 실질적 내용을 결정한다고 하지만 그 내용은 세부적이고 지엽적이 것에 영향을 미치는 경우가 대부분이고 정책결정단계에서는 전체에 영향을 미치는 광범위한 내용에 대해서 기본적인 결정을 하는 수가 많다.

둘째, 정책결정활동과 정책집행활동에서 다같이 의사결정이 중요한 부분을 차지하지만 정책집행단계에서는 의사결정에 못지 않게 의사결정에서 만들어진 계획의 실행을 위한 행동 또한 활동 그 자체가 중요한 부분을 차지한다.

셋째, 일반적으로 행정부 내부에서도 장 · 차관 · 국장은 정책결정에서 핵심적인 역할을 담당하고 ③ 하위조직에서는 자료수집 · 정보제공 등의 역할을 통해 정책결정에 참여하고, 정책집행에서는 하위조직의 일선관료들이 집행의 핵심활동을 담당한다.

3) 정책집행자와 정책결정자의 관계

(1) 정책집행자와 정책결정자의 구분

정책결정자와 집행자의 관계는 주로 의사결정권에 관한 문제로 실질적 결정권을 갖느냐의 문제이다. 이러한 경우 어느 수준에서 정책결정자와 집행자를 구분할 것인가가 문제되는데 이 경우 행정부의 계층제에서 어느 수준을 중심으로 결정자와 집행자를 구분할 것인가에 대해 객관적인 기준은 없다.

여기에서는 행정부내부에서 대통령을 정책결정자로 장관 및 관료조직을 집행자로 보거나 또는 장관을 정책결정자로, 국장들을 정책집행자로 보는 경우를 중심으로 검토하기로 한다.

(2) 정책집행자와 정책결정자의 관계

일반적으로 계층상 정책결정자가 상위직에 있으므로 정책집행과정에서 정책집행자보다 우위에 서리라고 예상할수 있겠지만 양자의 관계를 분석해 보면 다양한 유형이 존재한다.

Nakamura와 Smallwood는 정책결정자와 정책집행자의 관계를 중심으로 정책집행을 다섯 가지 유형으로 나누고 있는데

① **고전적 기술관료형(classical technocrats)이다.** 이 유형은 정책결정과 정책집행의 업무성질 및 담당주체면에서의 엄격한 분리에 입각하여 정책집행자는 정책결정자가 결정한 정책내용을 충실히 집행하는 유형을 말한다. 이 형태의 특징 또한 전제조건은 정책결정자는 정책목표를 명확히 결정하고 정책집행자는 이러한 목표를 지지하고, 정책결정자는 계층제적인 명령체계를 구축하고 집행자를 통제하며 구체적인 정책집행자에게 정책목표의 달성을 위해서 필요한 조치를 강구할 수 있는 기술적 권위를 위임한다.

집행자는 이러한 기술적 권위 또는 전문지식에 입각한 전문적 권위를 가지고 합법적인 정책수단을 마련하여 이를 집행할 수 있는 능력을 갖추고 있다. 나카무라와 스몰우드는 1960년대 초 '인간의 달착륙사업'이 위의 세 가지 특징을 그대로 나타내어 집행에 성공한 반면 '원자력발전소 건설사업'은 기술적 문제의 해결에 실패했기 때문에 정책집행이 결국 실패하게 되었다고 지적했다.

② **관료적 창업가형(buureaucratic entrepreneur)이다.** 이 유형은 정책집행자가 정책결정자의 결정권을 장악하고 정책과정 전반을 완전히 통제하는 유형이다. 그 전제조건은 정책집행자가 정책목표를 결정하고, 공식적 정책결정자를

설득 또는 강제하여 이 정책목표를 받아들이도록 한다. 정책집행자는 정책목표 달성에 필요한 정책수단을 확보하기 위해서 정책결정자와 협상·흥정을 한다. 나카무라와 스몰우드는 정책집행자들은 대통령에 의하여 임명된 장관이나 미 연방경찰국장 등인데 이들이 정책결정자인 대통령에 대항하여 권력을 행사할 수 있는 이유로 ⓐ 정책결정과 집행에 필요한 정보를 생산하고 통제할 수 있는 힘 ⓑ 거대한 관료조직이 새로운 혁신과 변화를 추구하는 정책결정자에게 대항하는 것 ⓒ 정책집행자 개인의 정치적 수완과 창업가적 노력과 공적으로 정책결정자를 압도하는 힘을 발휘하는 경우이다.

③ **기타유형으로서 양극단의 사이에 지시적 위임자형(instructed delegates)이다.** 이 유형은 고전적 기술관료형보다 집행자가 보다 많은 재량권을 행사하는 경우로서 이 재량권은 정책수단의 선택에서 주로 행사된다.

④ **협상가형(bargainers)이다.** 이 유형은 다섯 가지 중 가운데유형으로 정책 집행자가 정책수단만이 아니라 정책 목표에 대해서도 정책결정자와 협상·흥정을 하게 된다.

⑤ **재량적 실험가형(discretionary experimenters)이다.** 정책결정자가 막연하고 추상적인 정책목표를 결정하고 정책집행자에게 정책목표와 수단 등의 구체적인 내용 결정에서 광범위한 재량권을 위임하는 것으로 관료적 창업가형과 유사한 형태이다. 이러한 유형이 나타나게 되는 근본적인 이유는 심각한 문제가 있고 이를 해결해야할 필요성을 정책결정자들이 느끼고 정책결정자가 무엇을 어떻게 해야할지 모르는 경우이다. 이런 상태에서 정책목표만 막연히 결정하고 전문가인 정책집행자에게 구체적인 내용을 실험적으로 결정·추진 하도록 하고, 집행과정에서 환류되는 정보를 이용하여 문제를 해결하도록 하는 경우이다. 또한 대립·갈등하고 있는 정책결정자들 간에 구체적인 정책목표 및 정책수단에 대해서 합의를 보지 못하고 정치적 연합형성에 따라 막연하고 추상적인 내용만 결정하여 모순 갈등되는 내용 중에서 구체적인 내용을 결정하는 권한과 책임을 동시에 집행자에게 떠넘긴 경우에 발생한다.

4. 고전적 집행론과 현대적 집행론의 등장

1) 고전적 집행관과 그 한계

1970년대까지의 행정학은 두 가지 면에서 정책집행연구에 문제가 있었는데 먼저 연구대상에서 정책집행의 특정측면만이 강조되고, 현재 정책집행론에서 중시하고 있는 부분은 거의 취급되지 못하였고, 둘째 고전적 행정학이 지녔던 속성이 정책집행을 극히 단순하고 기계적인 것으로 암암리에 가정하였고 이 때문에 정책과정에 대하여 특별히 주의를 기울이지 않았다.

고전파행정학을 정책집행과 관련시켜보면 크게 세 가지의 특징을 지니고 있다. 첫째, 정책행정이원론이다. 행정은 사무적이고, 중립적인 전문가에 의해 과학적이고 객관적인 합리성을 기초로 추진될 수 있을 것으로 생각했다.

둘째, 20C 초에 등장한 Taylor의 과학적 관리운동으로 행정이 기초해야 할 과학적이고 객관적인 합리성의 기준으로서 능률을 제시하여 능률추구를 위한 동작연구, 시간연구를 통하여 조직의 상층부는 중요한 결정을 내리고 하층부는 기계적으로 수행하는 것이 능률의 향상을 가져오는 것으로 인식되는 것이다.

셋째, Taylor의 사고방식과 유사한 논리를 행정조직에 적용하여 연구하여 연구한 Weber의 관료제에서 전형적으로 요약정리 될 수 있다. Weber의 합리적 관료제는 분업에 의한 전문화의 이점, 분업화된 하위조직들의 조정을 위한 상위직의 결정권, 조직운영에서 개인의 자의적 행동의 영향을 배제하기 위하여 강조되는 공식화된 규칙의 지배 등을 특징으로 삼고 있다.

1930년대 고전과 행정학 속에 통합되어 Gulick과 Urwick은 정치에 의하여 결정된 정책의 내용을 행정은 충실히 사무처리 하듯이 집행하되, 행정조직의 상층부에서 의사결정을 하고 조직 하층부의 전문가가 이를 집행하되, 기계적 · 자동적으로 충실히 집행하면 능률성이 보장된다는 것이다.

이러한 이론적 배경을 가진 고전파 집행관의 잘못된 가정은 첫째, 정책결정과 정책집행은 이질적인데 특히 정책집행상의 의사결정은 기술적, 전문적, 비정치적이다.

둘째, 정책결정이 정책결정자에 의하여 시간적으로 먼저 이루어지고 다음에 정책집행자가 집행하는 식으로 정책결정과 집행은 단일 방향적이다.

셋째, 정책결정자와 정책집행자는 엄격히 분리되고 정책결정자가 결정하고 지시한 내용에 따라 정책집행자는 전문적 기술을 지니고 이것을 충실히 집행한다.

그러나 현대적 정책집행의 많은 연구에 의하여 위의 가정들이 반대로 다음과 같은 특징을 가지고 있다. 첫째, 정책집행과 정책결정은 그 성질면(의사결정, 정치적성격)에서 본질적인 차이가 없다.

둘째, 정책결정과정에서 먼저 정책의 내용이 확정되는 것이 아니라 실제로는 정책집행과정에서 그 내용이 확정되는 경우가 많다. 또한 단일방향적인 것이 아니라 양활동은 서로 영향을 주고받는 순환성을 띠고 있다.

셋째, 정책결정자와 집행자의 관계도 일방적으로 명령·지시하고 복종하는 고전파 기술관료형이 있는가 하면 정반대인 관료적 창업가 형도 있다는 점이다.

2) 현대적 집행론의 등장

현대적 집행론의 등장배경은 '1960년대 말에 정책실패가 미국에서 광범위하게 일어나 하나의 문제가 되었고 정책집행에 대한 연구가 폭발적으로 증가하였다. 정책실패가 이렇게 광범위하게 나타난 원인은 1960년대 중반부터 미국이 여러 가지 종류의 사회정책적 사업들을 막대한 예산을 들여서 대대적으로 추진하게 되었는데 이들 사업이 대부분 1960년대 말에 와서는 거의 실패한 것으로 인식되었다. 너무 많은 사업들이 실현가능성이 없거나 정책목표의 달성의 어려운 정책수단을 선택한 경우도 많았고, 경험이 부족하고, 탁상이론식의 판단에 의해 정책내용을 결정하여 이로 인해 집행과정에서 문제가 발생하여 집행이 어려워졌던 것이다. 또한 미국 정치체제의 다원론적 특성이 새로운 정책의 집행을 어렵게 만들었다.

그러나 시대적 상황인 1970년대에 와서 현대적 정책집행론이 유행하게 된 것은 Pressman과 Wildavsky의 1973년 출간한 집행론 때문인데, 이 책에서 미국 연방정부의 상무부내 경제개발단이 1966년 4월 흑인실업자를 취업시키기 위한 실험적 사업으로 Oakland라는 인구 36만 5천정도의 작은 도시에 2천 3백만 달러의 거액을 투자하여 공공시설건설하고 여기에 2,200개의 새로운 자리를 마련하고 160만 달러를 사기업체에 대여하여 800개의 일자리를 마련한다고 발표하였는데, 3년 후 약 3백만 달러가 겨우 지출되었고 새로운 취직자리도 10여개 정도에 불과한 결과를 낳았는데 이 실험적 사업이 실패하게 된 원인을 집행과정의 분석을 통하여 자세히 밝혔다.

이들 사업의 실패원인의 분석에서 첫째, 집행과정에서 참여기관과 참여자가 너무 많았다(연방정부의 집행책임자와 막료들, 연방정부 지방담당직원들, 연방정부의 노동부, 후생부, 회계검사원 오클랜드시장, 관료, 공공사업체의 직원, 은행가들, 사기업체대표, 흑인대표 등). 이렇게 참여자가 많게 되면, 하나의 사업을 집행하기 위하여 각 참여집단의 동의와 결정을 얻어야 하기 때문에 의사결정점(decision points)이 많아지고 하나 하나의 의사결정점은 바로 거부점(veto point)의 역할을 하고, 의사결정점이 비록 거부점의 역할을 하지 않더라도 하나 하나의 의사결정점에서 정책의 내용이 수정 · 변경될 가능성이 크며 이것은 집행의 원래의 의도에서 벗어나게 만든다.

둘째, 중요한 지위에 있는 자들의 빈번한 교체도 집행에 대한 기존의 지지와 협조를 허물어뜨린다. 이 사업의 경우 창안자인 상무부 차관보 폴 리가 중도하차하게 되어 사업을 곤경에 빠뜨렸다.

셋째, 정책의 내용을 결정할 때 집행을 위한 여러 가지 고려를 해야 하며, 특히 집행에서 실현가능성 있는 수단을 마련하고 정책목표를 달성할 수 있는 수단을 선택하는 것이 중요한데 오클랜드 사업은 이러한 고려가 부족하였다.

넷째, 적절치 않은 기관이 정책집행을 담당하였다. 원래 경제개발단은 경제적 불황에서 허덕이는 지역에서 경기회복을 주로 담당하는 기관이었기 때문에 사용하던 정책수단을 오클랜드에서도 그대로 적용하려 하였는데 오클랜드는 전체적으로 경기가 호황인 상태에 있었기 때문에 이 수단이 효과를 발생할 수 없었다.

3) 현대적 집행론의 접근방법

정책집행론의 연구가 성행하게 된 이유는 정책집행의 실패를 되풀이하지 않고 성공적으로 정책집행을 하기 위한 조건이나 전략을 알아내려는 것이다. 즉 처방적 지식을 제공하기 위함이다. 또한 정책집행이 어떻게 전개되는지를 파악해 보는 것이다. 정책집행이 어떠한 요인에 의하여 어떠한 과정을 거쳐 실패하게 되었는지를 경험적 실증적으로 연구하는데 그 목적이 있다.

이러한 접근방법은 다양하지만 여기에서는 하향식 접근방법과 상향식 접근방법에 대하여 살펴보고자 한다. 하향식 접근방법(top-down approach)은 전(방)향적 접근(forward mapping)이라고도 하는데, 정책집행의 성공여부를 좌우하는 요인 또는 정책집행을 좌우하는 요인을 중심으로 연구, 즉 정책결정에서 만들어진 정책을 출발점으로 하여 이것이 정책기관에 지시·전달되고 이것을 받은 집행기관이 집행을 준비하여 집행활동을 하는 과정을 정책결정에서부터 정책집행까지 그리고 정책집행의 설계에서부터 집행현장까지 살펴보면서 연구를 진행하는 방법이다.

반면에 상향식 접근방법(bottom-up approach)은 후(방)향적 접근(backward mapping)으로 집행현장에서 실제 일어나고 있는 상태를 기술·설명하는데 1차적 목적을 두는 연구. 집행현장에서 움직이고 있는 일선집행요원들의 활동과 여기에 영향을 미치는 집행요원의 사고방식, 집행 대상집단이나 이해집단. 지방정부기관 등의 상호관계를 연구의 출발점으로 하여 상부집행조직, 정책의 내용들을 연구하는 방법이다.

(1) 하향식 접근방법

하향식 접근방법은 사바티어(Sabatier)와 마즈마니언(Mazmanian)은 정책의 결정이 중앙정부가 결정하고 집행도 상부의 지시에 따라 이루어진다는 것이다. 그들은 성공적 정책집행의 전제 조건으로 분명한 목표, 정책 내용의 합리성을 보장하는 적절한 인과이론, 집행관료와 대상집단의 순응을 확보하기 위한 법적 구조화 능력, 헌신적이고 숙련된 집행 관료집단, 이해관계자 및 통치자의지지 및 안정적 집행환경 등을 제시했다.

결정되어야할 정책내용을 확인하고 이것이 성공적으로 집행되는 조건을 알아내고 이 조건이 충족되지 못하는 이유나 원인을 밝혀내려는 것인데 ① 목표의 달성정도는 어느 정도이며 정책집행의 결과로서 나타나는 정책영향이 원래 의도한 것과 일치되는지를 파악한다. ② 정책목표나 정책영향을 좌우하는 요인들을 파악한다. ③ 정책집행자나 정책대상집단의 행동이 정책내용과 어느 정도 일치하는지를 파악한다. ④ 정책집행의 경험을 통해서 얻게 된 정보와 교훈을 토대로 정책의 내용이 어떻게 수정·보완되는지를 파악한다.

하향식접근방법은 정책결정과정에서 만들어진 내용이 집행의 성공을 결정적으로 좌우하고 있는 현상으로 인식하고 성공적인 집행을 위해서는 무엇보다도 정책내용이 집행가능성을 고려하여 결정되어야함을 밝히고 있다. 또한 성공적 집행을 좌우하는 요인들은 서로 다른 성공가능성을 나타내고 여러 가지 집행과정이 왜 그런 차이를 나타내는지를 설명하고 이해하는데 커다란 도움이 되며 정책집행의 성공을 위해서 우리가 알아야 할 중요한 요소를 분명하게 그리고 체계적으로 밝히고 있는 점이다.

그러나 성공적 집행을 좌우하는 요소로서 하향식 접근방법에서 지적하고 있는 몇 가지 요소들은 실증적인 연구에서 그 중요성이 확인되지 못한 것들이 상당히 있다. 또한 정책집행을 원하는 자들의 입장에서 집행과정을 관찰하고 연구하기 때문에 반대자의 입장이나 전략·행동을 쉽게 파악할 수 없다는 점이다. 하향식 접근방법은 하나의 정책에 초점을 맞추어 그것이 집행되는 과정을 연구하는데 현실적으로 집행현장에서 여러 가지 정책이 동시에 집행되므로 어느 하나만이 특별히 중요한 것은 아닌 경우가 많다.

(2) 상향식 접근방법(bottom-up approach)

집행현장에서 일하고 있는 일선집행요원들에서부터 출발하여 이들과 직접 접촉하고 있는 정책대상집단, 관련이익집단, 중간매개집단, 지방정부의 관료들을 파악하고 이들이 가지고 있는 목표, 추진하고 있는 전략과 활동들을 파악하고 나서, 이들이 집행하고 있는 정책의 내용이 무엇이며 정책내용을 결정하고 집행하는 책임을 지고 있는 지방정부, 중앙정부의 관계자들을 확인하고 이들이 어떻게 계획을 수립하고 재원을 확보·배분하며 집행을 감독하는지를 파악한다.

이렇듯 최하층에서 출발하여 정책결정의 최상층으로 연구의 초점이 옮겨간다. 상향식 접근방법의 장점은 먼저 해결해야 할 문제가 바로 발생하고 있는 집행현장에서 일선집행요원을 비롯한 정책대상집단들이 감지하고 있는 문제의 성격과 이들이 이 문제를 해결하려고 하는 전략을 파악할 수 있다.

둘째, 상향식 접근방법은 집행현장에서 여러 가지 정책들이 동시에 추진되고 있고, 어느 하나가 집행조직이나 요원들의 특별한 주의를 끌지 못하는 경우에는 집행현장에서 여러 가지 정책들이 집행조직이나 요원들의 지원을 두고 경쟁관계에 놓이게 되는데 이 경우 하나의 정책을 강조하는 하는 하향식 접근방법으로는 이러한 복잡한 과정을 파악하기 어렵고, 상향식 접근방법으로 이러한 현상을 파악할 수 있다.

셋째, 하나의 정책이 집행되는 과정을 추적·연구하는 하향식에서 특정정책과 연결되는 결과를 파악하고자 하는 것과는 달리 집행현장을 있는 그대로 파악하기 때문에 집행현장에서 발생하는 의도하지 않았던 부수효과나 부작용들을 쉽게 파악할 수 있다. 넷째, 정책반대세력의 움직임이나 전략을 장기적으로 파악, 연구하기가 쉽다.

그러나 단점으로 첫째, 상향식접근방법은 집행현장을 지나치게 중시하고 하향식접근방법에서 중시하는 집행의 성공을 좌우하는 정책내용과 관련된 요인들을 지나치게 경시한다.

둘째, 집행현장에서 활동하고 있는 일선집행요원들과 정책대상집단들이 인지하고 있는 문제점과 요인을 중심으로 연구하게 되므로 이들이 인지하지 못하는 요인들 특히 이들이 쉽게 느낄수 없지만 간접적으로 영향을 미치는 사회, 경제, 법적요인을 무시하기 쉽다는 것이다. 셋째, 하향식과 같이 연역적 틀을 사용하기 어렵다.

(3) 종합

양자를 보완적으로 사용하여야 정책집행의 성공을 가져올 수 있는데 하나의 정책이 지배적으로 집행현장을 좌우하는 하향식접근방법이, 중요성이 비슷한 여러 개의 정책들이 경쟁적으로 집행되고 있을 때는 상향식접근방법이 유리하다. 둘째, 정책집행의 평균적, 일반적 과정을 보려면 하향식 접근방법을 이용하고, 여러 지역 간의 집행상의 차이를 파악하려면 상향식 접근방법이 유리하다. 그리고 정책의 내용이나 정책결정 및 집행조직의 특성 등이 정책집행에 미치는 영향은 하향식 접근방법을 통해 파악할 수 있고, 집행현장에서 나타나는 문제와 현상들은 상향식접근방법을 통해 파악하여 성공적 집행을 위해서 이용할 수 있게 된다.

5. 정책집행의 단계

1) 정책집행의 4단계

결정된 정책을 집행하기 위해서는 대략 4가지 단계를 거치는데 정책지침작성, 자원확보, 실현활동, 그리고 감시·감독의 4단계이다. 이들에 대해서 좀 더 구체적으로 살펴보면 아래와 같다.

2) 정책지침작성단계

정책지침은 집행자가 따라야 할 것과 정책의 집행에서 필요한 사항 등에 대하여 규정한 것을 의미하며, 정책이 법률의 형태를 띠면 이것을 구체화한 대통령령, 법령, 기타 집행책임자의 지시 등을 포함하고 외형상으로 보면 법규, 규정, 지시뿐 만 아니라 안내서, 지침서 등의 명문화된 것도 있고 구두로 지시하거나 연락하는 것도 있다.

정책지침개발과 작성활동은 기본적으로 정책결정과 기본적으로 정치적 성격에서 동질적으로 나타나지만, 주체면에서 보면 정책결정자는 국회, 행정부의 고위지도자들인데 정책지침작성은 주로 국 단위정도에서 실무가들이 담당하고 있어 정책결정보다 훨씬 폐쇄적이고 비공식적·비제도적 과정에서 결정된다.

정책지침은 무엇보다 정책의 내용을 구체화시켜서 집행자가 무엇을 해야하는 지를 알려준다. 무엇을 뿐만 아니라 어떻게 해야하는 지를 제시하는 기능이다. 이러한 집행업무 수행절차를 밝히는 기능을 수행하기 위해서 지침작성에서는 SOP를 개발·작성해야 한다. SOP는 업무내용과 절차에 관한 집행설계와 업무수행의 시간적 선후관계를 포함하고 있다. 작업순서도 작성이 PERT(program evaluation and review technique)나 CPM(critical path method)을 이용한다.

작업내용, 방법, 순서 등을 구체화시켜 전국적으로 적용될 수 있는데 하위집행자들의 시간절약, 하위집행기관의 SOP를 만들 수 있는 유능한 분석가가 없는 경우 중앙에서 개발된 SOP는 능률성과 효과성확보, SOP는 전국적으로 동일한 기준을 적용하게 함으로써 정책 대상집단에 대한 공평성확보 등의 잇점이 있는 반면 문제점으로 획일성을 지나치게 강조하여 개별적 특수성을 무시하거나 지나치게 세밀하여 집행현장의 사정에 적응하는 집행을 불가능하게 하든가, 과거의 SOP를 새로운 정책집행에 적용하려고 할 때 그것이 타성으로 변해서 커다란 장애가 된다는 것 등의 문제점이 있다.

3) 자원의 확보와 배분

물적인 자원과 전문집행관료나 요원 등의 인적자원과 집행조직이나 기구까지도 포함한다. 전문적 지식·기술을 갖춘 유능한 전문집행요원을 충분히 확보하는 것은 지극히 어려운 일이다. 자원 중 가장 중요한 것은 물적 자원 특히 예산확보인데 절대 액수도 중요하지만 확보의 시기가 극히 중요하다. 집행활동에서 필요한 시기에 자금이 지원되어야 한다.

4) 실현활동단계

정책의 실현을 위해서 행하는 물리적 활동으로 일선집행관료나 집행요원들에 의해서 정책이나 지침 속에 밝혀진 정책내용을 현장에 적용하는 단계이고 정책대상자에게 서비스를 직접 제공하거나 대상집단의 행동을 직접 규제하는 활동이다. 정책집행은 지침에 따라 인적·물적 자원을 배분만 한다고 저절로 이루어지는 것은 아니다. 적극적인 정책집행이 이루어지기 위해서는 담당자의 자발성과 창의성을 불러일으키는 노력이 요구된다(최봉기, 2004: 338).

5) 감독 · 통제단계

정책집행이 언제나 바람직한 방향으로 이루어지는 것은 아니다. 이것은 정책은 결정 당시의 상황이 집행 당시에 와서 변화될 수 있기 때문에 또 정책집행의 주체는 기계가 아닌 인간이기 때문이다. 따라서 그 정책이 처음 의도한 바를 달성할 수 있도록 많은 영향 요인을 통제하고, 진행 상황을 평가함으로써 집행의 효율성을 높일 수 있다. 그리하여 집행활동에 잘못을 발견하는 즉시 이를 바로잡아야 하며, 저항이나 방해요소를 발견하면 이를 제거해야 한다. 결국, 점검과 평가는 실현성과와 실현활동을 점검하는 것으로 집행과정에서 끊이없이 계속되어 집행관리나 리더십 행사에 필요한 정보를 제공한다.

6. 정책집행의 판단기준과 좌우요인

1) 정책집행의 성공

정책집행의 성공과 실패에 대해 명확한 개념 정립이 되지 않고 있다. 무엇이 성공이고 실패냐는 상당히 주관적이고 개인적 가치판단이 개입되어 있지만 여러 학자들의 견해를 종합해 보면 일반적으로 정책과정에서 원래 의도한 정책목표가 달성되었는가를 의미한다.

한편 성공적인 정책집행의 개념에 대해 세 가지 기준들을 제시하고 있다(권기헌, 2008: 297-298).

첫째, 목표달성의 정도이다. 성공적인 정책집행이란 정책이 설정한 목표를 얼마나 잘 달성했는가 하는 것으로 판단할 수 있다. 목표달성과 함께 목표 달성에서 나타난 부작용의 정도도 고려되어야 한다.

둘째, 목표달성의 원활성이다. 정책집행이 얼마나 원활하게 이루어졌느냐에 따라서도 성공 여부를 판단할 수 있다. 많은 논란과 우여곡절 끝에 목표가 달성된 경우에는 성공적인 집행이라고 보기 어렵고, 정책의 부작용이 더 클 수도 있다는 것이다.

셋째, 소요시간 및 예산이다. 정책집행에 소요되는 시간 혹은 비용으로 정책의 성공 여부를 판단하는 경우도 있다. 설사 소기의 목표를 달성했다하더라도 당초 예정한 시일보다 많은 시간이나 예산이 소요되었을 때에는 성공적인 정책집행이라고 보기 어렵다는 것이다.

결국 성공적인 정책집행이란 집행이 이루어지고 목표달성이 실현된 경우로서, 큰 논란없이 달성했고, 또 집행에 따른 부작용도 심각하지 않으며, 설정된 목표를 예정된 기한과 예산을 초과하지 않으면서 달성한 경우를 뜻한다.

2) 성공적 정책집행의 판단기준

정책집행연구의 1차 목적이 성공적인 정책집행을 위한 최선의 전략수립에 필요한 지식이나 논리의 제공하는 것이므로 성공적인 정책집행이 무엇인지를 알아야 한다. 정책 집행의 성공여부는 몇 가지 기준에 의해 판단할 수 있는데 여기에서는 실질적· 내용적 기준과 주체적·절차적 기준이 있다.

(1) 실질적·내용적 판단기준

실질적·내용적 측면에서 1차적인 기준은 정책집행을 통해서 나타난 효과성과 능률성을 살펴보는 것이다. 효과성(effectiveness)은 정책목표의 달성정도를 의미하는데, 목표달성도, 성과 또는 결과(impacts)라는 의미를 포함하고 있다.

많은 학자들이 이 효과성을 성공적인 집행의 기준 중에서 중요한 것으로 보고 있지만 효과성의 경우 세 가지의 문제점을 가지고 있다. 먼저 아무리 효과적인 집행이라도 지나치게 많은 비용이나 희생이 소모되면 성공적인 집행으로 복기 어렵다는 점이다. 또한 정책수단이 충실히 수행되어도 정책목표가 달성되지 않는 경우가 있다는 점과 결정되어 있는 정책의 목표가 애매·모호하거나,

상호모순 · 대립관계에 있는 목표들이 아무런 우선순위도 없이 표현되어 정책목표 분명하지 않을 때에 그 한계가 있다.

능률성(efficiency)은 정책의 효과를 극대화하고 정책비용을 최소화하는 집행이 성 공적인 것으로 보는 것이다. 능률성은 정책비용을 감안한다는 장점이 있으나 무조건 경비가 적게 들었다고 해서 성공적인 집행으로 보는 것은 문제가 있고, 효과에 대한 비용의 최소화로 보는 경우도 정책목표가 애매 · 모호하거나 모순 · 갈등관계에 있을 때 어떤 기준을 두고 판단해야할 것인가의 문제가 남아있다. 정책목표가 애매 · 모호하고 상호모순 · 갈등하는 정책목표들이 우선순위 없이 나열되어 있는 경우가 많은데 이런 경우에는 정책집행과정에서 정책목표를 구체화하고, 모순 · 대립되는 정책목표 간의 결정해야 하고, 결정된 내용을 집행해야 한다.

이에 정책집행의 성공여부를 판단하는 기준은 능률성이나 효과성 등이 될 수 있다. 실질적 정책결정과정의 소망성 판단기준은 정책목표와 정책수단이 실질적 내용적 측면에서 바람직스럽게 결정되어야 하는데 정책목표의 소망성 판단기준은 목표의 적합성을 고려하여 판단할 수 있다. 또한 정책수단은 소망성 기준과 실현가능성을 기준으로 판단할 수 있다.

(2) 주체적 · 절차적 판단기준

정책결정자, 정책집행자, 정책대상집단 및 관련자들의 요구 또는 기대를 충족시키는 정도나 집행절차상의 특정한 현상이 활동의 존재여부를 이용한 성공적인 판단기준으로 Rein과 Rabinovitz의 견해를 중심으로 살펴보면 아래와 같다.

① 정책의도의 실험

정책의 내용을 충실하게 실현하는 것을 성공적 집행으로 보는 것으로서 정책의도를 충실히 실현한다는 것은 정책목표, 정책수단, 정책의 추진방법 등을 충실히 실현한다는 것을 의미한다.

정책의도를 충실히 실현시키는 것을 바람직한 정책집행으로 보는 이유는 정책의도는 정책결정자들이 정책결정시에 결정한 내용이며, 정책결정자들은 국민의 대표들이기 때문에 정책의도를 정책집행에서 실현하는 것은 국민의 의사를 실현시키는 것이 되기 때문이다.

실제에 있어서는 여러 가지 제약 때문에 정책집행에서 정책의도를 살리기가 힘드는데 정책결정자들이 전문적인 지식이나 시간부족 등으로 정책내용이 잘 못 결정된 경우에 적합성이나 적절성이 약한 정책목표, 효과적이지 못한 정책수단이 마련될 수 있고, 정책결정과정에서 국민들의 다양한 이해관계가 충분히 반영되지 못하여 정책내용에 대하여 정치적 논란과 반대가 심한 경우가 발생할 수 있다.

이러한 경우는 문자 그대로 집행한다고 해서 정책결정자의 진정한 의도를 실현하는 것이 아니며 실현할 수도 없는 것이 대부분이고 집행과정에서 부딪치는 문제들을 언제나 고려하여 추진가능성이 있는 것으로 정책내용이 수정·변경되어 집행되어야 바람직한 집행으로 볼 수 있고, 이런 점에서 정책결정시의 정책의도가 성공적 집행의 기준이 되는데 한계가 있다.

또한 정책결정과정에서 결정된 정책내용들이 애매모호하거나 추상적이거나 상호모순. 대립되는 것들이 우선 순위없이 나열되어 있는 경우는 정책의도를 정확히 파악하기 어렵다.

② 관료적 합리성

집행주체인 관료들이 집행의 성공여부를 주관적으로 판단하는 기준을 의미하는 것으로 관료들은 일반적으로 집행이 도덕적으로 보아서 정당하고 행정적으로 보아서 실현가능성이 있고 지적으로 보아서 누구에게든지 합리적이라고 주장할 수 있게 되면 성공적이라고 보게 된다.

이 기준은 크게 두 가지의 내용을 내포하고 있는데, 첫째, 합리적이라는데 초점을 둔 기준으로 바람직한 측면(도덕적 정당성과 지적 합리성)에서 정책의 집행이 효과적 능률적일 뿐만 아니라 공정하게 이루어지는 경우와 둘째, 관료적이라는데 초점을 둔 기준으로 객관적, 국자적 차원에서 보면 바람직스럽지 못한 내용도 포함되어 있는 부분으로 관료들이 스스로 판단했을 때 성공적이라고 보는 것 중에서 객관적으로는 그렇지 못한 내용이 포함될 수가 있는 것이다.

특히 실현가능성의 문제를 성공적 집행의 기준으로 볼 때 나타나는 약점은 체제유지와 집행의 원만성에서 살펴볼 수 있는데, 체제유지는 정책집행을 통해서 크게는 국가체제나 정부 작게는 집행기관의 유지 발전을 성공적 집행의 기준으로 보는 것인데 객관적 입장에서 보면 바람직한 기준으로 작용할 수 있지만, 실제에 있어서는 하나의 정책이 성공적으로 집행되었다고 해서 체제에 대한 지지가 갑자기 상승하는 것도 아니고 체제는 체제담당자에 대한 국민의 선호, 체제의 정통성, 체제의 대한 국민의 선호 등 다른 요인에 의해서도 체제에 대한 지지가 크게 영향을 받기 때문에 체제유지를 성공적 집행의 기분으로 보는 것은 위험한 경우가 많다.

둘째, 집행의 원만성이다. 이것은 양면성을 가지고 있는데 정책내용이 명백히 되고, 이것을 집행하기 위한 절차가 표준화되어서 정책대상자 한 사람 한 사람에게 정책집행이 기계적으로 말없이 순조롭게 진행되는 경우는 성공적 집행기준으로 보면 문제가 없지만, 원만성을 성공적인 집행의 기준으로 이용하는 경우는 세 가지의 커다란 약점을 지니고 있는데 첫째, 성공적인 집행이 되어도 말썽이 많고 시끄럽게 집행이 되는 경우(규제정책), 둘째, 집행과정에서 강력한 집단이나 말썽을 부리는 정책대상집단의 요구에 지나치게 양보하여 원만성을 확보하는 경우, 셋째, 집행조직에서 타성이나 집행환경인 정치적 맥락이 지니고 있는 보수적 성격에 대립되는 혁신적 내용을 지닌 정책의 경우 판단기준으로 한계성을 지닌다.

(3) 정책집행 관련집단의 요구충족

정책에 의하여 영향을 받는 정책대상집단이나 집행에 관련된 기타 민간집단들이 집행과정에서 요구하는 바를 충실히 집행과정에 반영한 정도를 성공적 집행의 기준으로 보는 것이다. 정책 관련집단의 요구에 대응하는 것을 성공적 정책 집행의 기준으로 삼는 것은 수혜자들의 요구를 반영하여 정책집행을 해야 한다는 점을 강조한다는 의미에서는 민주적인 것이지만, 다음과 같은 치명적 약점이 있다.

먼저 강력한 이익집단의 요구에 민감하게 대응하여 특수이익을 옹호하여 일반이익을 희생 할 가능성이 있고, 둘째, 지나친 참여가 집행과정에서 거부점(veto points)을 많이 만드는 결과를 초래 하여 집행을 지연시키거나 방해하는 경우도 흔히 있다.

이상에서 설명한 성공적 집행의 판단기준들 간의 모순·대립은 주체적 절차적 기준들 간의 모순, 실질적·내용적 기준들 간의 모순, 주체적·절차적 기준과 실질적·내용적 기준들 간의 모순이 일어날 수 있다. 성공적 집행의 판단기준들이 서로 모순·대립될 때 어느 기준을 적용해야 할지는 일률적으로 말할 수는 없고, 하향식 접근방법에서는 정책의도의 실현을 강조할 것이고, 상향식 접근방법에서는 집행현장의 현지적응을 강조하여 집행관련집단의 요구 충족을 성공적 집행의 중요한 판단기준으로 삼을 것이다.

3) 정책집행을 좌우하는 요인

(1) 의미

성공적 정책집행을 좌우하는 요인이 무엇인가에 대해서도 학자들 간에 의견이 다양하다. 사바티어와 마즈마니언은 효과적인 정책집행에 영향을 미치는 요인들을 문제 취급의 용이성 정도, 법규가 집해 과정을 응집력 있게 구조화한 정도 및 집행에 영향을 미치는 비법규적 변수 등 세 가지로 범주화하여 독립변수로 제시했다.

안해균은 정책집행 체제 내부요인, 정책집행 체제 외부요인으로 나누어 설명하고 있으며, 노시평 외는 정책결정자 및 정책 관련 집단의지지, 프로그램 설계, 집행 체제의 능력 및 정책 대상집단으로 설정하고 있다.

여기서는 정책집행에 영향을 미치는 요인으로 정채 자체 요인, 집행 체제요인, 환경적 요인으로 구분하여 설명하고자 한다.

정책집행이 성공하려면 첫째, 바람직한 방향으로 영향을 미치는 여러 가지 요인들이 집행과정에 존재하고 있어야 하고, 둘째, 이러한 요인들이 적절히 배합되어야 한다. 여기서는 주로 첫째의 것을 고려하는데 실제에 있어서 이들 중 몇 가지 요소가 있다고 해서 정책집행이 성공하는 것이 아니고 오히려 중요한 요소 한두 가지가 빠지면 정책집행이 실패할 가능성이 커지기 때문에 정책집행의 실패요인 또는 정책실패요인이라고 부른다.

(2) 학자들의 연구경향

① Pressman과 Widavsky의 연구

프레스만과 윌다브스키는 오클랜드 사업이 실패하게 된 원인은 ① 정책집행과정에서 지나치게 많은 중간매개집단들이 있게 되면 공동행도의 복잡성 때문에 이들의 협조가 어려워져 집행이 어렵게 되고, ② 목표를 달성할수 있고 실현가능성 있는 수단이 구체적으로 마련되어야하고, ③ 이들이 정책결정단계에서 만들어지는 정책 또는 정책설계속에서 포함되어 있어야 하며, ④ 집행지도자들의 계속이 중요하다는 것이다.

그후 후속연구로서 수정된 내용을 보면, 첫째, 많은 기관의 개입이 공동행동을 어렵게 한다는 점외에도 집행담당주체에 대한 것으로 이후의 학자들이 집행조직내부의 주조. 분위기. 집행담당자의 능력과 성향 등이 정책집행의 성공에 영향을 미친다.

둘째, 정책내용에 포함된 정책수단의 합리성에 관한 것으로써 정책집행에 필요한 자원이나 기타 정책의 특성이 정책집행에 미치는 영향에 관해 계속 연구하였고, 이외에도 정책결정 및 환경의 지지 등의 요인을 지적하고 있다.

② 그 밖의 학자들

Edwards Ⅲ는 ① 의사전달요인에 대해서는 명확성과 일관성을 주로 논의하고, ② 자원에서는 집행요원, 물적시설, 집행권한등을 지적하고 있는 예 이들 두요인은 정책내용에 관한 것이고, ③ 집행자의 성향으로서 집행요원의 정책에 대한 순응문제를 지적하고, ④ 집행조직의 구조에서는 SOP를 다름어서 집행기관간의 집행책임의 분산 등을 취급하고 있는데 이 두 요인은 집행주체에 대한 내용이다.

Van Meter와 Van Horn은 성공적인 정책집행이 되려면, 첫째, 저책에 관련된 요인으로서 정책의 내용 속에 나타난 기준과 목표들이 명백해야 하고 정책결정에서 자원의 뒷받침이 보장되어 있어야 한다.

둘째, 집행관련 조직 간의 의사전달과 연계활동이 원활해야 하고 집행담당조직의 구조나 분위기가 집행에 도움이 되어야 하고 능력있는 집행요원을 보유하고 있어야 하며, 집행자들이 정책에 호의적이어야 한다. 셋째, 사회·경제·정치적 요인들도 중요하다.

Nakamura와 Smallwood는 정책결정단계에서 결정된 정책내용의 명확성, 정책결정자의 행동 등이 성공적 정책집행을 좌우하고, 정책집행단계에서 정책집행을 담당하는 조직이 지닌 구조, 관료적 규범, 인적·물적자원 등이 중요하며, 정책평가 단계에서 이루어지는 평가의 성격과 평가자의 영향 등이 중요하다는 것이다.

성공적 집행을 좌우하는 요인에 대한 경험적·체계적 연구를 종합·정리하여 가장 방대하고 포괄적으로 요인들을 제시한 Sabatier와 Mazmanian이다.

이들은 요인들은 크게 3가지로 나누었는데, 첫째, 해결할 정책문제의 성격으로서 여기에는 정책문제를 해결할 기술적 이론이 존재하는지 여부, 정책대상집단 행동의 다양성, 대상집단들이 정책에 의해서 변화시켜야 할 행태변화의 정도, 정책대상집단이 전체인구 중에서 차지하는 비율을 중요시했고, 둘째, 정책환경에 대한 것으로 6가지가 포함되는데, 일반국민, 이익집단, 언론기관, 정책결정자등의 지지에 관한 것, 사회, 경제적 및 기술적 환경에 관한 것이 포함되어 있다.

셋째, 정책의 내용에 관한 것으로서 애초에는 7가지를 제시하여 이들을 크게 두 가지로 나누어 정책내용에 관한 것과 정책주체에 관한 것으로 나누어 설명하고 있다.

원래 사바티어와 매즈니안은 정책내용에 포함된 변수를 크게 두 가지로 나누고 설명하려고 했는데 정책결정자가 정책을 결정할 때 합리적 조치를 취하여 의도적으로 변화시킬 수 있는 요인, 그렇지 못한 요인을 구별하여 전자를 정책내용에 포함된 변수라고 생각한 것이다.

즉, 이것은 법령이 집행을 구조화할 수 있는 능력으로 부르는데 집행이 성공되도록 입법적으로 집행활동을 통제·유도·지원하는 힘을 의미하며, 집행의 성공을 위해서 정부가 의도적으로 조작·통제·변화시킬 수 있는 요인들을 정책결정과정에서 정책내용에 포함시키는 것이 실천적인 측면에서 중요하다는 것이다.

이들을 종합해 보면, 정책집행활동에 영향을 미치는 모든 요인들이 정책집행을 좌우하는 요인으로 ① 정책집행활동은 정책집행자들이 행하는 활동이므로 정책집행자들에게 영향을 미치는 요소는 전부 정책집행을 좌우하는 요인이 된다. ② 정책내용이 정책집행활동에 영향을 미친다. ③ 정책결정자는 집행자를 지휘·감독하므로 이들의 지원이 직접적으로 집행활동에 영향을 미친다. ④ 정책대상집단은 정책집행활동과정에서 정책내용에 순응하여 정책 집행의 성공을 좌우하게 된다. 이들 내용들을 좀더 구체적으로 살펴보고자 한다.

(3) 정책의 특성과 자원

정책의 내용이 바람직스럽고 달성해야할 정책목표와 실현시켜야할 정책수단이 명확하며 또 정책집행을 위한 자원이 충분히 확보되면 정책의 집행은 쉽게 성공할 수 있는 조건이 갖추어 지는 것이다.

① 정책내용의 명확성(Clarity)과 일관성(Consistency)

정책목표와 정책수단은 집행관련자들에게 명확하게 전달·이해되어야 정책집행이 성공할 가능성이 커진다. 그러나 미리 주의할 것은 구체화되고 세밀한 정책내용이 언제나 정책집행의 성공에 도움을 주는 것이 아니라 오히려 방해가 될 수도 있다는 점이다.

㉠ 의사전달의 왜곡과 불완전

정책내용이 명확하여야만 집행이 성공할 수 있는데 그 이유는 첫째, 정책집행자가 무엇을 목표로 집행을 하고 그 목표달성을 위한 수단으로서 무엇을 구체적으로 알아야만 집행상의 활동을 할 수 있고, 둘째, 정책대상집단도 정책의 내용을 명확히 알고 있어야만 정책내용에 순응하기 위하여 무엇을 해야 할 것인지를 알게 된다.

정책의 내용이 정책집행자, 정책대상집단 등에 명확하게 인지되려면, 정책내용이 이 들에게 정확하게 전달되어야만 하는데 의사전달은 조직의 상층부에서 결정된 정책이나 정책지침이 집행을 담당하는 최하위 일선부서로 전달되면서 왜곡현상이 일어나고, 정책목표나 정책수단을 결정하거나 이를 구체화한 정책지침을 작성하는 작업은 중앙정부에서 담당하고 이를 집행하는 활동은 지방정부의 일선관료나 중간매개집단의 집행요원이 담당할 때, 정책의 정확한 내용에 대해서 이해하지 못하거나 오해를 하는 경우가 많이 발생하고, 정책의 집행이 전국의 곳곳에서 흩어져 이루어지는 경우 위의 두 가지 문제를 더욱 약화시킨다.

㉡ 정책의 일관성

정책의 일관성 결여는 첫째, 동일한 정책이나 정책지침 속에 포함된 정책목표들이나 정책 수단들이 상호 모순·대립되고 있으며 이들 간에 우선순위가 명백하게 나타나 있지 않는 경우이다. 둘째, 정책들간에 상호 대립·모순되는 경우(예 도로 포장 전화시설 상수도 공사), ③ 지나치게 급속하거나 잦은 정책의 변경 때문에 정책이 시간적으로 일관성을 잃게 되어 과거의 정책과는 다른 새로운 정책에 대해서 혼란을 일으키는 경우이다.

㉢ 정책내용의 명확성

정책내용이 애매모호하게 되는 이유는 정책결정자들의 시간·전문지식의 부족, 정책문제 상황이 복잡하거나 동태적이 어서 구체적인 정책내용을 결정하지 않고 정책집행과정에서 결정하도록 하는 경우, 정책집행 현장마다 특수성이 강하여 전국에 획일적으로 적용할 정책내용은 추상적으로만 결정하고 구체적인 것은 현장의 사정에 맞추어서 집행하도록 하기 위한 경우, 정책결정자들 간에 선호의 차이고 정책목표나 수단의 구체적인 내용에 대하여 합의를 얻지 못하여 합의가 가능한 추상적인 내용만 결정하든지 아니면 서로 모순.대립 되는 내용들을 포함시켜서 합의를 얻기 때문이다.

그러나 정책내용이 지나치게 세밀하게 구체화되는 것은 그 나름대로 약점이 있는데 집행상의 신축성이 필요한 경우 집행현장의 상황에 적응하기 위하여 정책이 지나치게 세밀하고 구체적이 되지 않아야 된다. 집행상의 신축성은 자칫잘못하면 집행자의 재량권의 남용.약용을 초래하여 정책목표의 변질이나 반대중적, 비효과적 집행을 가져올 수 있다.

② 정책내용의 소망성(desirability)

정책집행담당자, 정책대상집단, 기타 집행에 관련된 사람들이 정책을 바람직스러운 것으로 인식하면 정책집행의 성공가능성이 커진다. 사회전체의 여론이나 관련자들이 정책의 소망성을 인정하는 데는 크게 두 가지의 측면이 영향을 미치는데, 먼저 정책이 객관적으로 보아서 실질적 내용적 측면에서 바람직스러워야 하고, 절차적 측면에서 정책결정과정이 민주적이어야 한다. 즉 정책결정과정이 폐쇄적이어서 관련자들의 참여가 제한되지 않아야 한다는 것이다.

정책내용의 소망성 판단기준은 정책목표가 우선순위가 분명하고, 적합성 · 적절성을 가지고 바람직스러워야 하며, 정책수단은 효과성, 능률성, 공평성이 있어야 하고 실현가능성이 있어야 한다.

③ 정책집행수단 및 자원의 확보

정책집행을 위해 필요한 수단이나 인적(전문가) · 물적 자원(예산)은 정책집행의 성공 여부를 좌우하는데, 정책으로서 달성하고자 하는 정책목표나 또는 그 목표를 달성하기 위한 정책수단이 정책대상집단 등의 행태변화를 내용으로 하는 경우 집행자는 설득, 유도, 강압적 방법을 이용하여 정책관련자들의 행태를 집행자가 의도하는 방향으로 변화시킨다.

즉 예선의 지원, 순응확보수단으로서의 강압적 방법을 사용할 수 있는 권한, 능력을 갖춘 집행요원 등은 모두 넓은 의미의 정책집행수단으로 불리는 적으로 성공적 정책집행을 위해서 꼭 필요한 것이다.

④ 정책의 기타특성

㉠ 정책의 중요성

정책이 중요하면 정책결정자나 또는 강력한 정치적 지도자의 주목을 끌기가 쉽고, 이들의 강력한 지지를 얻게 되면 집행은 보다 쉽게 추진될 것이고 성공적 집행가능성도 커진다고 생각할 수 있다. 그러나 정반대로 성공적 집행가능성이 적어진다고도 생각될 수 있다.

정책의 중요성은 먼저 정책으로부터 영향을 입은 자의 숫자, 특히 정책대상집단의 규모에 의하여 크게 좌우된다. 둘째, 정책이 사회적 제 측면에서 광범위하게 영향을 미치는 경우 집행이 비교적 힘들어진다. 셋째, 정책의 영향이 강한 경우, 즉 정책목표달성을 통해서 이룩하려는 변화의 정도가 클수록 또 정책수혜집단에게 제공되는 혜택의 크기나 피규제집단 및 비용부담집단이 부담하는 희생이나 비용의 크기가 클수록 정책은 보다 중요해지고 또 집행이 어려워진다.

㉡ 문제상황의 특성

문제상황이 복잡하고 동태하고 동태적이고 불확실하면 정책내용이 불명확하게 되고 정책집행자의 지적 능력으로 해결할 수 없는 상태가 집행과정에서 나타날 뿐만 아니라, 이해관계자들의 갈등이나 대립도 쉽게 파악되지 않는다. 또 이렇게 되면 이미 결정된 정책에 대해서도 논란이 끊이지 않게 되어 집행의 성공이 어렵게 된다.

㉢ 정책유형의 차이

배분정책은 집행과정에서 특정한 수혜자가 정책대상집단이 되므로 이들이 정책의 집행에 반대하지 않아서 집행의 어려움이 적지만, 규제정책이 경우에는 정책대상집단으로 집행자가 계속 상대하는 자가 정책에 의하여 피해를 보는 피규제자들이며, 이들의 협조가 집행의 성공을 좌우하므로 규제정책의 집행의 성공하기는 보다 어려워진다.

(4) 정책결정자 및 정책관련집단의 지지

정책집행자를 감독·통제하고 있는 정책결정자나 일반국민, 언론 등의 정책에 대한 태도와 정책대상집단의 정책에 대한 태도 등은 정책집행의 성공을 크게 좌우한다.

① 정책결정자의 지지 및 태도

대통령, 장·차관, 국회의원 등의 정책결정자들은 집행에 필요한 인력, 예산, 기타 강력한 권한 등을 확보해 줄 수 있고, 집행요원 지휘·감독·통제할 수 있기 때문에 집행에 강력한 영향력을 행사한다.

② 대중 및 매스컴의 지지

대중과 매스컴의 지지와 협조도 상당히 중요한데 선출된 정책결정자들은 선거구민의 태도를 중시하여 이들 선거구민의 정책에 대한 지지가 그 정책의 집행에 커다란 영향을 미치고 매스컴의 태도도 정책집행에 커다란 영향을 미친다.

③ 정책대상집단의 태도와 정치력

정책대상집단은 정책으로부터 직접 혜택을 보는 수혜집단과 정책으로 인하여 희생을 감수해야 하는 희생집단으로 나누어지는데 성공적인 정책집행을 위해서는 수혜집단의 강력한 지지가 있어야 하고 희생집단의 저항이 약해야 한다.

(5) 집행조직과 담당자

① 집행주체와 성공적 정책집행

정책집행의 성공을 위해서는 집행주체가 가장 중요한데 이 주체가 능력과 의욕을 갖추고 집행활동을 하는데 여러 가지 방해요소가 있어서 집행이 어려워지는 것이다. 즉, 관료적 규범과 집행절차, 집행체제의 특성과 중간매개집단은 그 예이다.

② 집행주체의 능력과 의욕

㉠ 집행자의 능력

집행자가 갖추어야할 능력은 집행자가 차지하는 지위, 또는 집행에서 담당하는 역할에 따라서 조금씩 달라지는데 먼저 정책집행자는 지적 능력을 지녀야 한다. 둘째, 관리자로서의 능력을 지녀야 한다. 이를 위해 전문집행요원의 확보가 필수적이다. 셋째, 정치적 능력이다. 이해관계자들과의 타협·흥정, 자원의 확보, 반대자의 설득, 방해의 극복, 바람직한 정치적 지지획득 등을 위한 정치적 능력을 지녀야 한다.

㉡ 집행자의 의욕과 태도

정책집행자는 정책의 집행을 위해서 강한 의욕을 지니고 있어야 정책이 성공적으로 집행될 가능성이 커진다. 이러한 집행자의 의욕은 집행자들의 의식상태, 집행자들을 자극하여 동기를 부여할 수 있는 유인의 존재여부, 집행자들의 신념, 지도자의 지도역량, 정채결정과정에서의 참여여부, 순응의 확보수단, 집행조직의 특성에 따라 달라진다.

③ 집행조직의 관료적 규범과 집행절차

㉠ 집행조직의 구조

조직의 구조 중 정책집행에서 영향을 미치는 중요한 것은 집행과정상 외부의 환류되어 들어오는 정보를 빨리 처리할 수 있고, 내부에서 상·하로 의사전달이 쉽게 될 수 있는 의사전달체계, 조직내부의 하위조직간 업무협조와 조정이 쉽게 될 수 있는 분업 체계이다.

㉡ 조직의 분위기와 관료규범

집행조직도 능력과 의욕도 집행이 성공하기 위해서 중요한데 집행조직의 능력과 의욕은 조직의 분위기와 관료규범 등에 의하여 영향을 받는다. 조직의 분위 중 특정 정책에 대한 조직구성원의 태도는 중요한데 예를 들어보면 영국에서 노동당이 집권하여 사회복지정책을 추진했을 때 집행과정에서 보수적 관료조직의 저항에 부딪친 일을 들 수 있다. 관료규범은 조직의 분위기와는 달리 특정정책과는 무관하게 모든 조직에 공통적으로 존재하는 구성원 전체의 지배적 태도로서 정책집행에 도움을 주기도 하고, 방해가 되는 것도 있는데, 관료적 규범이 정책집행의 성공에 미치는 역기능은 관료조직이 그들 조직자체의 발전·유지를 가장 우선시한다는 측면과 조직은 언제나 조용하고 원만하게, 평화스러운 가운데 업무를 추진하려고 한다는 점이다.

㉢ 집행절차

집행절차에 있어서 SOP, 중간매개집단, 참여의 세 가지 측면에서 살펴보면 첫째, 집행 상에 필요한 제 활동들에 대한 표준화된 절차가 마련되면 집행요원은 이에 따라 기계적으로 활동만 하더라도 집행은 성공할 가능성이 크다.

그러나 이러한 SOP도 정책집행에서 역기능을 가지는데 전체적으로 보아 표준적인 것은 전체의 평균적인 상황에 가장 적합한 것일 경우가 많고 따라서 경우별로 특수사정을 감안한 신축적인 집행을 저해할 가능성이 크다. SOP의 엄격한 규정을 따름으로서 시간적 지연을 가져오는 경우가 많다. 다른 업무를 추진하기 위해 개발된 SOP를 새로운 정책에 그대로 적용할 경우 오히려 역기능을 초래한다.

둘째, 집행절차나 과정에서 중간매개집단 등의 중간개입자가 많아지면 이들의 형태, 의욕, 능력이 집행을 결정적으로 좌우한다.

셋째, 참여의 문제로 이해관계자인 정책대상집단이든, 정책에 관련된 자이든, 정책집행에서 협조를 얻어야 할 자들은 집행과정의 중요한 의사결정에 참여시키는 것이 협조를 얻는 지름길이 되어 참여가 많을 수로 집행의 성공가능성은 커진다.

④ **집행체제의 특성과 중간매개집단**

㉠ 중간매개집단과 집행체제의 복잡성

정책집행에서 중간매개집단(intermediary group)은 공식적 집행자로부터 정책책임을 위임받아서 정책집행을 돕는 개인이다 집단(지방정부나 제3섹타)을 의미하는 것으로, 이러한 경우 위임기관의 순응확보가 문제가 되며, 또한 집행체제가 복잡할수록 집행은 어려움에 부딪치게 되는데 수평적 측면에서 보아 조직들 간에 협조와 조정이 어려워서 집행이 어려움에 봉착하는 것이고, 수직적으로 보아 집행조직들 간의 명령체제가 약하고 또한 느슨하게 연계되어 있기 때문에 집행이 지연되고 정책내용이 집행과정에서 변질되는 문제이다.

㉡ 부성할거주의와 조정의 어려움

정책집행 시 부성할거주의로 인한 문제점은 협조와 조정이 어려워서 집행이 중단 되거나 시간이 지연되는 것, 책임의 분산으로 인하여 정책내용 중 집행되지 않는 부분이 생기고 따라서 전체적인 성공을 기대하기 힘든 경우가 있고, 활동의 중복이나 모순·갈등이 발생한다.

㉢ 느슨한 연계와 거부점

지방자치제하의 지방정부는 중앙정부와 느슨하게 연계되어 독자적 결정권을 지닌 하위수준의 정부들이 해결해야 될 문제, 문제를 보는 시각, 우선할 목표 등의 측면에서 중앙정부와의 차이로 인해서 중앙정부에서 결정된 정책이나 정책지침이 집행현장에 실현될 가능성이 감소하게 되는데 그 이유는 정책내용이나 정책지침이 집행현장까지 전달되기 힘들고, 정책이나 정책지침이 통과해야 하는 정부와 정부 간의 연계점 하나하나가 모두 정책집행을 중단시킬 수 있는 거부점(veto point)이 되고, 비록 모든 거부점을 무사히 통과하여 정책이 집행된다고 해도 그 내용이 크게 변질될 가능성이 크다.

7. 정책집행상의 순응

1) 순응과 불응의 의의

순응(compliance)이란 특정의 행동규정에 일치하는 행위자의 행동을 말하고, 불응이란 그러한 규정과 일치하지 않는 행동을 말한다. 따라서 정책집행에 있어서 불응이란 정책결정자가 결정한 정책의 내용 및 지침과 일치하지 않는 정책집행과정의 참여자 즉, 정책집행자 및 정책대상집단의 행태를 말한다. 결국 순응·불응이란 정책이나 볍규에서 요구하는 행태를 정책집행자나 정책대상단이 따르는가의 문제라고 할 수 있다.

공공정책의 제정 목적은 사람들의 행위에 영향을 주거나 통제하자는 것이다.

즉 정책은 사회문제의 해결을 목표로 하는데, 이를 위해서는 그 문제의 해결과 관련되는 정책 대상집단의 행태 변화가 필수적이다. 만약 국민이 정부가 제정하는 정책에 대해 순응을 거절한다면, 사람들의 행위에 아무런 영향을 미치지 못하고 정책집행은 실패로 끝나게 된다. 따라서 정부정책에 대해 사람들이 순응하도록 유도하는 것은 매우 중요하다.

2) 순응의 중요성과 순응주체

순응과 불응의 문제는 궁극적으로 정책과정에 관여하는 집단 간의 권력관계와 관련된다. 따라서 정책집행에 관여하는 집단의 수와 종류가 다양할수록 불응의 문제는 복잡해진다. 우리나라의 경우도 지방자치 실시와 더불어 지방정부의 권한이 강화되고 있고, 또한 지역주민들에게도 산업폐기물, 쓰레기처리 수용시설 및 원자력발전소 설치의 필요성을 느끼지만 자기 주거지역에 이러한 시설들이 들어서는 데는 강력히 반대하는 소위 님비현상이 확산됨에 따라서, 정책집행기관의 집행요원과 정책대상집단의 순응을 확보하는 것이 더욱 중요한 문제로 대두되고 있다.

순응의 주체는 첫째는 정책대상집단이고, 둘째는 정책집행을 담당하는 중간매개집단 및 서비스 제공을 직접 담당하는 있는 집행담당자들이다. 따라서 정책집행에 개입하는 중간매개집단과 일선집행담당자의 순응이 없으면 정책집행의 성공은 어려워지고, 정책대상집단의 순응은 성공적 집행을 위해서 무엇보다 중요하며 규제정책의 경우에는 더욱 그렇다.

(1) 정책대상집단과 불응

정책은 일반적으로 사회문제해결을 목표로 하는데 사회문제해결을 위해서는 문제의 해결과 관련된 정책집단의 형태변화가 필수적이다. 즉, 정책대상집단의 행태변화를 위해서는 정책수단이 마련되고 이를 집행하게 되는데 정책대상집단의 행태변화가 수반되지 않으며 정책집행이 실패하게 되는 것이다. 이와 같이 정책대상집단이 정책결정자가 의도한대로 형태를 변화시키지 않는 경우가 정책대상집단의 불응이다.

(2) 정책집행기관과 불응

정책집행기관에는 합법적인 권한을 부여받고 있는 정책집행기관과 공식정책의 집행을 보조하기 위해 정책집행기관으로부터 책임을 위임받은 중간매개집단이 포함한다. 중앙정부의 정책을 집행하는데 있어서 지방정부 및 민간기관의 중간매개집단의 활용이 늘어남에 따라서 이들 집단의 요원들이 정책결정자의 의도대로 따르지 않는 불응에 대한 대책이 커다란 과제로 등장하고 있다. 대체적으로 불응의 행태는 고의적 의사전달 조작, 집행의 지연, 정책의 임의변경, 부집행, 형식적 순응, 정책의 취소 등이 있다.

3) 순응의 유형

순응의 유형으로는 일반적으로 첫째, 강제적 순응으로 순응이 처벌과 같이 강제성에 의존하는 순응을 말한다. 불응의 편익을 감소시키고 비용을 증대시킴으로써 순응을 확보하는 것이며, 확보전략으로는 체벌, 벌금, 자격정지, 면허박탈, 직위 해제 등의 제재를 들 수 있다.

둘째, 타산적 순응으로 사람들이 순응하는 것이 불응하는 것보다 더 이익이 된다고 믿는 경우의 순응이다. 이 때 개인의 순응을 확보하기 위해 제공되는 이익이 유인이다.

셋째, 규범적 순응으로 법이나 정책의 정당성, 타당성에 대한 존경 또는 정책에의 동의나 의무감으로 인해 정책에 순응하는 것이다.

넷째, 상황적 순응으로 사회적 존재로서 인간은 다른 행위자인 사회나 집단의 평가나 압력에 의해 순응을 보인다(남기범, 2009: 341-342).

4) 순응을 좌우하는 요인

순응이나 불응의 발생원인은 크게 세 가지로 나누어 볼 수 있는데 정책의 내용과 관련된 요인, 정책결정 및 집행담당자의 관련된 요인, 순응주체와 관련 요인이다.

(1) 정책의 내용

① 정책의 소망성

정책의 실질적 내용이 바람직스러워야 하는데, 정책목표가 바람직스러워야 하고(택시탑승), 정책수단이 정책목표의 달성을 위하여 바람직스러운 것(과외금지)이어야 하고, 정책목표나 수단의 소망성 판단은 사람마다 다른 주관적 가치판단(규제정책의 공장주인, 배분정책의 수혜자)이다.

② 정책의 명료성과 일관성

정책집행은 정책이 명료할 때 순응을 확보하기가 쉬운데 이 명료성은 정책목표가 애매모호한 경우, 정책내용이 일관성을 잃은 경우(공간적 · 시간적 일관성 - 고속도로 속도제한과 조령모개식의 수정), ③ 이 두 가지 조건이 충족되어도 순응주체에게 정책내용이 분명하지 않은 경우 불응이 발생할 위험이 높다.

(2) 정책결정 및 집행기관과 관련된 요인

① 정책집행자의 태도와 신뢰성

집행자의 태도와 집행기관의 신뢰성도 대상집단의 순응을 크게 좌우하는데 이것은 집행기관의 태도 및 집행의 일관성에 의해서 크게 영향을 받고 또한 평에 집행기관이 어떻게 일하는지에 의해서 영향을 받는다.

② 정책결정기관과 집행기관의 정통성

정통성이 약한 정책담당 기관이 결정하거나 집행하고 있는 정책에 대해서는 정책목표의 순수성에 대한 의심 때문에 정책대상집단이 순응하지 않는 경우가 많다.

③ 중간매개자 및 집행관료의 인식

상부책임자나 중앙정부가 정책지침이나 태도를 수시로 변경하는 경우에는 신뢰성을 상실하여 일선관료나 지방정부는 집행과정에서 정책지침이나 명령에 불응한다.

(3) 순응주체와 관련된 요인

① 순응주체의 능력부족

순응주체가 지적능력이 부족하여 정책내용을 이해할 수 없거나 정보를 획득하지 못하여 정책내용을 모르고 있으면 순응이 안 된다. 또한 경제적 능력 부족한 경우로 일선관료의 불응이 일어나는데 필요한 자원을 충분히 제시간에 배정하지 않은 경우이다.

② 순응주체의 순응의욕 부족

순응주체가 순응의욕이 없으면 불응이 발생하는데 이러한 순응의욕이 없게 되는 원인은 순응하는 것이 단순히 귀찮아서 또는 거부감이 생겨서 불응하는 경우(예, 쓰레기 분리수거), ② 순응에 따르는 경제적 비용을 부담하기 싫어서, 즉 경제적 능력은 있으나 손해를 보기 싫어서 순응의욕이 없는 경우(예 폐수정화기 설치)이다.

5) 순응확보수단

(1) 여러 가지 확보수단

일반적으로 순응확보수단은 정책내용의 소망성, 명료성, 일관성이나 정책담당기관의 신뢰성이나 정통성 문제 때문에 발생하는 것이 아니라 이들은 주어진 것으로 보고순응주체에 문제가 있어 즉 순응주체가 능력이 없는 경우, 특히 이해부족이나 정보획득 능력에 문제가 있는 경우를 대비한 정보제공을 위한 PR이나 의사전달 등이 많이 거론되고 있는 것이다.

이러한 순응확보수단은 불응이 일어나지 않게 하는 근본적인 처방이 된다. 실제에 있어서는 가장 많이 활용되고 있는 것은 도덕적 설득, 유인, 처벌의 세 가지 방법이다.

(2) 3대 순응확보수단 – 도덕적 설득, 유인, 처벌

순응주체가 심리적 거부감이나 경제적 부담 때문에 불응을 하게 되면 이를 극복하기 위한 세 가지의 방법, 즉 도덕적 설득, 유인, 처벌의 방법이 있다.

① 도덕적 설득

순응주체에게 특정한 정책에 순응하는 것이 국가·사회적으로 보아서나 또는 윤리·도덕적 차원에서 올바른 것 또는 좋은 것임을 인식시키기 위한 설득을 의미한다. 이러한 도덕적 설득을 위해서는 정책내용이 객관적으로 타당하고, 일관성이 있고, 분명하고, 정책결정기관이나 집행기관이 객관적 정통성과 신뢰성을 가져야 한다.

② 유인(incentive) 또는 보상(rewards)

순응을 하는 경우에 혜택을 제공하고 순응자가 자발적으로 순응하도록 하는 방법이다. 유인이 지닌 최대의 장점은 순응하면 얻을 수 있는 보상이나 혜택을 제공하고 순응여부는 순응주체의 자발적인 선택에 맡기는 것이지만, 약점은 화폐적 유인은 도덕적인 자각이나 이타주의적 고려에 의하여 자발적으로 순응하는 사람들의 명예나 체면을 고려하지 않고 인간을 타락시킬 가능성이 있고, 순응의 경우에만 보상이나 유인이 제공되어야 이 방법의 효과가 발생하는데 점검이나 확인이 극히 어려운 경우가 많고, 비용이 많이 든다는 사실이다.

③ 처벌 또는 강압

순응하지 않는 행위는 처벌하거나 처벌하겠다고 위협하여 순응을 확보하는 방법(벌금의 부과, 계획했던 지원의 철회, 세금감면의 취소)이다. 이러한 처벌은 정책담당자의 비용이 들지 않는다는 가장 큰 장점이 있지만 약점으로 유인은 자발적 순응을 유도하는데 비해서 처벌은 강제적으로 순응을 확보하지 때문에 개인의 인권, 재산 등이 침해하게 되고, 처벌은 감정적인 적개심을 유발시켜 처벌만 없으면 불응을 쉽게 하도록 하는 심리적인 역효과를 가져오고, 또 저항이나 도피를 일어나게 하고, 처벌을 위해서는 불응의 행태를 정확하게 점검·파악할 수 있어야 하는데 이것이 어려운 경우가 많다는 것이다.

또한 처벌은 개인의 인권이나 재산을 침해하는 행위이기 때문에 여러 가지 제약조건이 따르는데 도덕적 정당성이 있어야 하고(정책의 소망성, 정책기관의 정통성 · 불응행위 자체가 사회정의 면에서 처벌을 당연히 받을만하다는 사회적 합의), 도덕적 정당성은 상당히 주관적이기 때문에 사람에 따라 논란이 있을 수 있으므로 국민적 합의를 제도적으로 보정하여야 하며, 처벌의 효력은 처벌의 확실성과 강도에 의하여 크게 좌우되는데 이중에서 처벌의 확실성은 불응행위를 놓치지 않고 정확하게 파악 · 처벌해야 그 가능성이 커지는 것이다.

8. 일선집행관료의 재량

1) 집행현장의 중요성

집행현장의 중요성은 상향식 접근방법에서 사회적 서비스를 제공하는 사업들의 연구에서 강조되었는데 집행현장의 중요성을 구체적으로 보면, 집행현장은 정책집행이 직접 일어나서 정책의도가 실현되는 현장이다. 정책의 내용이 애매모호 하거나 추상적인 경우는 말 할 것도 없지만 그렇지 않는 경우에도 상당한 재량권을 가진 일선집행담당자의 집행방법이나 집행내용에 따라서 정책의 내용이 실질적으로 결정된다. 집행 현장이야말로 문제가 발행한 현장이기 때문에 집행의 결과로 나타나는 문제 상태의 변화를 파악하고 그 결과에 따라 적절한 방법으로 신축적인 대응을 해야 하며, 중요한 결과는 정책집행책임자나 정책결정자에게 그 정보를 환류시켜서 정책의 수정, 변경에 활용하도록 하여야 한다.

그러나 집행현장의 일선관료들은 특정정책을 성공적으로 추진하는데 필요한 능력이나 지식을 제대로 갖추지 못 하는 경우가 많다. 일선 집행요원이 여러 정책 중 특정한 정책의 집행에만 의욕을 지니고 최선을 다하는 것은 기대하기 어렵다.

2) 집행담당자의 재량권 강화의 필요성

(1) 정책내용이나 정책지침이 불분명한 경우

정책내용이나 지침이 불분명하게 되어 있거나, 또는 무리하게 정책내용이나 지침을 명확하게 만든 경우에는 일선 집행요원에게 광범위한 재량권을 부여하는 것이 성공적 집행을 위해서 바람직하다.

정책내용이 불분명하게 되는 이유는 첫째, 정책결정자들 간에 또는 정책지침을 작성하는 자들 간에 이해관계, 가치관의 차이로 정책내용에 대한 합의를 보지 못하고 극히 추상적이고 모순·갈등·대립관계에 있는 목표와 수단들이 우선 순위 없이 나열되는 경우이다.

둘째, 정책목표를 달성할 수 있는 최선의 정책수단을 발견, 개발하기 위한 이론이나 기술이 부족한 경우, 셋째, 일선 집행현장에서의 상황이 복잡하여 현장별로 특수성이 강하고 대상사례별 특수성이 강하면 정책내용이나 지침이 불분명해진다.

이렇게 정책내용이나 정책지침이 불분명한 경우에는 일선집행요원의 광범위한 재량권이 필요한데 이를 위해서 일선관료들은 추상적이고 일반적인 정책지침이나 정책 내용을 현실에 맞게 구체화시켜서 적용하기 위한 재량권, 구체적인 정책내용이나 지침이 현실에 맞지 않는 경우 광범위하게 예외를 인정할 수 있는 재량권, 현장에서 예상하지 못했던 사태가 일어나는 경우에 대비하여 필요한 재량권 등을 지니고 있어야 한다.

이러한 경우에 재량권을 인정하지 않으면 첫째, 정책목표와 수단 등이 정책내용에 대하여 관련자들 간에 이해관계의 대립으로 의견의 일치를 보지 못한 경우에 억지로 특정세력의 견해를 따라 일관성 있고 명확한 정책내용이나 정책지침의 개발, 작성하게 되면, 집행현장에서 광범위한 저항이 발생하거나 표면상의 형식적인 순응만 있게 되어 정책의 집행이 극히 어렵게 된다.

둘째, 이론이 부족하고 상황이 복잡한데도 중앙에서 사전에 자세하고 구체적인 정책지침을 만들거나, 중앙집행기관이 집행상의 의사결정을 독점하게 되면 집행현장의 구체적, 개별적 사례에 적합한 지침이나 결정이 되지 못해서 문제를 올바르게 해결하지 못하고 집행은 실패하게 된다.

(2) 집행관련자들이 참여한 경우

집행현장에서의 참여자인 정책대상집단, 관련된 이해집단 및 타 정부기관이 모두 집행에 개입하여 저항하거나 방해하거나 자신의 요구를 주장하고, 많은 경우 이들의 협조나 묵인이 없이는 정책집행이 어렵다. 또한 집행기관들도 느슨하게 연결되어 있는 경우가 많고 하기 때문에 집행을 위해서 어느 정도의 타협·흥정이 필요하다.

이러한 흥정·타협을 하려면 정책의 근본적인 목적을 염두에 두면서 일선집행담당자의 광범위한 재량권이 필요한 것이다. 또한 집행 과정에 관련 집단들의 참여를 통해서 이해를 상호 조정하는 것이 집행을 위해서 필요하고 이러한 참여과정에서 흥정, 타협을 할 수 있도록 집행요원에게 재량을 부여하는 것이 반드시 필요하다.

3) 재량권의 의미와 문제점

(1) 재량권의 의미

재량(discretion) 또는 재량권은 크게 세 가지의 의미로 반대차선으로 차가 운행하는 경우의 예를 보면 원칙적으로 금지되어 처벌을 받지만 예외적으로 갑자기 사람이 앞에 뛰어 들어온 경우와 기타 특별한 경우에 인정된다고 할 때 교통경찰이 행사할 수 있는 재량권은 첫째, 갑자기 사람이 차 앞으로 뛰어 들어온 경우 예외적 조항을 그대로 적용하여 처벌을 받지 않는다. - 어느 정도 갑자기, 둘째, 사람이 들어온 경우가 아니고 강아지가 뛰어 들어와서 이를 피하려고 한 경우를 기타 특별한 경우에 해당되는 것으로 인정하는 것이다. - 첫째보다 재량 넓음 셋째, 둘째보다 재량이 더욱 넓은 것으로 차 앞에 돌멩이가 갑자기 뛰어 들어와도 기타 특별한 경우로 인정하는 것이다. 그러나 속도가 느려서, 한눈을 팔다가 넘어온 경우를 인정하면 재량범위 넘어선 위법행위가 된다.

(2) 광범위한 재량권의 문제점

집행현장의 복잡한 사정이나, 지방정부의 재량권은 중요하지만 재량권이 커질수록 일선관료는 이를 악용하거나 집행현장세력에 의해서 정책의 근본목표가 자의적으로 수정, 변질될 가능성이 크다는 점이다.

첫째, 일선관료의 횡포 가능성이다. 사회적 약자를 수혜자로 하는 소득재분배 정책에서 많이 나타난다.

둘째, 정책이 집행현장에서 변질되어 목표의 대치가 일어나는 경우 - 예를 들면 재배분정책이 배분정책으로 변질되는 경우가 흔히 있는데 가난한 학생들에게 지급하기로 한 장학금을 가난의 기준을 정하기가 힘들다는 이유로 성적을 기준으로 지급하는 경우이다. 이렇듯 정책집행의 딜레마는 재량의 필요성과 재량의 필요성을 지나치게 강조하여 민주적 원칙에 어긋난 집행요원의 횡포와 정책의 변질초래가 될 수 있다는 것이다.

4) 상황론적 집행

(1) 두 가지의 집행전략

책집행을 바라보는 시각은 하향식 접근방법과 상향식 접근방법이 있다. 하향식 접근방법운 중앙 통제적 집행전략을 구사한다. 집행책임을 맡고 있는 중앙기관에서 집행내용, 방법, 절차 등에 대하여 사전에 정책 지침 속에 세밀하게 규정하여 일선집행요원은 이 규정을 현지에서 충실하게 적용해야 집행이 성공한다고 보는 것이다. 이 전략은 명확한 정책지침, 최소한의 참여, 일선집행담당자의 최소한의 재량권 등이 성공적 집행을 위해서 필요하다고 주장한다.

반면에 상향식 접근방법은 현지적응적 집행전략을 구사한다. 현지적응적 집행전략은 정책지침은 가급적이면 추상적, 일반적이어야 하고, 참여가 보장되어야 하며, 무엇보다도 일선집행담당자의 재량권이 대폭 확대되어야만 현지의 특수성에 쉽게 적응하여 집행이 성공할 수 있다고 보는 것이다.

(2) 상황론적 접근의 필요성

중앙에서 사전에 치밀하게 계획된 프로그램에 따라 집행하는 것과 일선집행요원에게 광범위한 재량권을 인정하는 것 중에서 어느 전략이 보다 성공적 집행을 보장할 수 있을까?

상황에 따라 다른데 어떤 경우에는 중앙통제적 프로그램화된 집행전략이 다른 경우에는 현지적응적 집행전략이 보다 성공적인 집행을 보장하는 것이다. 어떤 상황에서 양 전략이 성패를 좌우할 수 있다. 현지적응적 집행전략은 ① 정책관련자들 사이에 정책목표나 수단에 대하여 의견상의 갈등, 대립이 있는 경우, ② 상황이 복잡하고, 집행현장에 취급해야 되는 개별적 사례들의 특수성이 강한 경우, ③ 기존의 이론이나 기술로서의 구체적 집행수단을 밝힐 수 없는 경우와 같이 집행내용이나 집행지침이 세밀하고 구체적이 될 수가 없고 억지로 세밀하고 만들면 집행상의 문제가 많은 경우, ④ 집행에 개입하는 관련집단이나 기관이 많고 이들의 협조가 집행에서 중요한데 중앙 집행기관에서 이들에 대해 강력한 지도력을 지니지 못하는 느슨한 집행 체제에서는 이들의 집행과정에서의 참여를 보다 활성화하기 위해 현지 적응적 전략이 필요하다. 이와 상황이 반대되는 상황에서는 중앙 통제적인 프로그램화된 집행이 보다 성공적 집행을 달성할 수 있다고 볼 수 있다.

제 9 장 정책평가

1. 정책평가의 의의

1) 정책평가의 의의 및 중요성

정책평가란 넓은 의미로는 정책대안에 대한 사전 비교·평가도 포함한다고 할 수 있지만, 일반적으로 정책이 결정되어 집행된 결과 또는 집행되고 있는 결과에 대한 사후 평가·분석을 의미한다. 평가란 행정과정의 중요한 단계로서 정책결정의 환류장치라고 할 수 있다. 결국, 정책평가란 정부가 결정하여 추진한 정책의 결과가 좋고 나쁨에 대하여 가치를 판단하는 활동으로써 Gerston(1997: 120)은 정책평가를 간단하게 원래 가지고 있던 의도와 결과를 정책이 얼마나 효과적으로 달성했는가를 측정하는 활동으로 정의하고 있다.

이러한 정책평가에 대한 관심은 1960년대 이후부터 그 중요성이 부각되기 시작했다. 1960년대 중반부터 미국의 존슨 대통령은 '위대한 사회의 건설'이라는 슬로건 아래 시작된 미국의 각종 사회정책적 사업들이 60년대 말에 와서 실패를 하게 되는 과정에서 국립무료유아원사업에 충격적인 사업평가 보고서가 발간되어 정계와 학계에 커다란 파문을 일으켰다.

평가결과 이 사업의 가장 중요한 목표인 어린이들의 지능 및 정서개발에 별다른 영향을 주지 못하고 목표가 달성되지 못했다는 결론에 이르러 각종 사회정책적 사업들에 대해 보수주의자들의 공격을 받게 되는 계기를 마련하였고, 미국정치계의 사상적 흐름에 커다란 영향을 미친 정치적 사건이었다.

이 사건 이후로 미국의 사회정책적 사업들이 의도했던 효과를 거두지 못했다는 지적이 빈번하면서 평가의 필요성이 대두되었고, 1970년에 이후 분석기법과 컴퓨터의 활용이 극대화되면서 정책평가연구가 더욱 발전하는 계기를 마련하였다.

2) 정책평가와 사업평가, 정책분석의 구별

정책평가는 정책이 좋은지 나쁜지를 비판적으로 검토하는 활동으로 대상은 정책이다. 실제에 있어서는 정책평가과 사업평가는 서로 혼용되어 사용되는 경우가 허다하다. 왜냐하면 평가대상면과 평가방법면에서 동일한 경우가 많다. 사업평가의 사업은 정책수단인 경우가 대부분이고, 하위수준의 정책과 거의 동일하게 사용된다.

평가방법면에서 사업평가의 방법이나 정책평가의 방법이 거의 동일하다. 정책분석은 사전적으로 정책대안의 결과를 예측하고 이에 근거하여 정책대안을 비교, 평가하는데 비하여, 정책평가는 주로 정책이 결정되고 집행된 후에 집행과정이나 정책결과를 사후적으로 검토하는 것이다.

정책평가란 정책이 결정·집행된 이후에 어떤 결과를 가져왔는지를 일정한 시점에서 사후적으로 판단하는 과정이다. 또한 이 과정 속에서 단순히 정책이 집행된 후에 나타난 정책효과의 크기나 집행과정상의 모든 활동이나 산물을 대상으로 수행할 수 있다.

2. 정책평가의 목적과 종류

1) 정책평가의 목적

정책평가는 분명한 목적을 가지고 시작한다. 누구를 위한 평가인지, 측정하기를 원하는 것이 무엇인지, 어떻게 평가할 것인지 등 왜 평가를 하는지에 대한 목적의식을 가지고 출발한다. 이러한 평가의 목적에는 크게 유용한 정보의 제공, 책임성 확보, 이론의 구축에 의한 학문적 기여 등이 있다.

(1) 정책결정과 집행에 필요한 정보제공

평가를 통한 양질의 정보나 지식을 통하여 정책평가는 첫째, 정책의 추진 여부를 결정한다. 정책의 계속적 추진여부를 결정하는데 필요한 정보, 즉 구체적으로 정책의 중단, 축소, 유지, 확대 여부를 결정하는데 도움을 준다.

둘째, 정책의 내용수정이다. 정책목표와 정책수단이 집행 후에 실제 정책문제 변화 및 문제상황과 비교·분석하여 이에 따라서 수정을 가한다.

셋째, 보다 효과적인 집행전략수립을 할 수 있다. 주로 과정평가에서 제공되는 정보에 의하여 가능한데, 집행과정의 검토와 집행활동의 점검을 통하여 목표달성에 효과적인 정책수단을 발견하고 보다 능률적인 집행절차와 집행활동의 설계를 수립하는데 도움을 준다.

(2) 정책과정상의 책임성확보

정책평가의 두 번째 목적은 책임성의 확보이다. 정책과정상의 책임은 첫째, 집행요원들의 집행활동이 법규나 회계규칙 등에 합치하게끔 강제하여 법적 책임성을 확보하는 것이고, 둘째, 관리자가 능률적, 효과적으로 집행업무를 관리하여야 하는 책임을 확보하며, 셋째, 정책담당자가 일반국민에게 정책의 효과와 능률을 보장해야 하는 정치적 책임을 확보하는 것이다.

법적·회계적 책임을 면하려면 집행과정에서 법률에 합치되도록 집행이 이루어져야 하고, 또 재정·회계규칙에 따라 자금이 사용·지출되어야 한다. 관리상의 책임은 좁은 의미의 과정평가와 집행과정의 평가를 통해서 집행설계, 절차, 활동 등을 평가함으로써 집행관리자에게 보다 효과적이고 능률적이고 능률적인 관리를 하게끔 자극, 유도, 강제할 때 그 책임이 확보된다. 정치적 책임은 정치체계의 담당자가 국민들에게 지는 책임으로서 구체적으로 선거를 통해서 지게 된다. 결국 이를 통한 통제 매카니즘이나 동기부여의 도구로서의 기능을 수행한다.

(3) 이론 구축에 의한 학문적 기여

정책과정에 대한 평가는 정책수단에서부터 정책결과에 이르는 인과경로를 검토, 확인, 검증하고 이것은 하나의 변수가 변화함에 따라 다른 변수나 정책효과가 어떻게 변화하는지에 대한 가설을 검토, 확인, 검증하는 것이다. 이러한 과정을 통해 이론의 구축에 의한 학문적 기여를 할 수 있다.

2) 정책평가의 과학적 및 비과학적 방법

정책평가는 과학적, 체계적, 객관적 방법에 의한 평가와 비과학적, 주관적 방법에 의한 평가가 모두 포함되지만 올바른 정책평가를 위해서는 과학적 방법에 의거해야 한다.

3) 정책평가의 종류

오늘날의 정책평가는 분석기법의 발전과 더불어 다양한 접근을 통하여 이루어지고 있다. 평가는 주관적 평가와 객관적 평가, 양적 평가와 질적 평가, 공급자 평가와 수혜자 평가, 내부평가와 외부평가, 형성평가와 총괄평가, 총괄평가와 과정평가 등 다양한 측면에서 이루어지고 있다.

(1) 총괄평가

① 총괄평가의 개념

총괄평가(summative evaluation)는 정책이 집행되고 난 후에 정책이 사회에 미친 영향을 추정하는 판단활동이다. 여기서 정책이 사회에 미친 영향, 충격은 정책효과 있고, 부수 효과와 부작용 등의 희생도 있다. 총괄평가는 크게 효과성평가, 능률성평가, 공평성평가 등이 이용된다.

② 효과성평가

정책의 효과성은 정책목표의 달성정도를 의미하는데 효과성을 판단하는 것이 총괄평가의 가장 핵심적인 작업이다. 효과성의 판단은 의도했던 정책효과가 과연 그 정책 때문에 나왔는지, 발생한 정책효과의 크기는 정책목표와 대비하여 어느 정도인지의 판단, 정책효과의 크기는 해결하고자 했던 원래의 정책문제의 해결에 충분할 정도인지를 판단한다.

여기에서는 결국 정책효과가 의도했던 목표를 달성했는지가 효과성판단의 핵심이며 현재 평가되는 정책의 중단, 축소, 현상유지, 확대 중 어느 것을 선택할 것인지를 결정하는데 필요한 정보를 제공한다.

③ 능률성평가

능률성평가는 비용의 측면을 고려하여 주로 B/C분석에 의존하고, 비경제정책(돈으로 환산될 수 없는)의 경우 능률성평가는 커다란 한계를 가지고 있으며, 효과성평가를 전제로 하는 경우가 많다.

정책비용부분과 효과부분을 합쳐서 정책영향 또는 정책충격이라고 부르고 이의 추정을 위해서 효과성평가와 같은 논리로 진행하는 평가를 정책영향평가 또는 정책충격평가라고 부른다.

순수한 의미에서의 능률성 평가의 내용은 정책의 직접적 비용은 얼마인지, 부작용이나 사회적 충격을 포함한 사회적 비용은 얼마만큼인지, 정책효과는 비용을 상쇄시킬 만큼 큰 것인지를 판단하고 평가내용에 따라 정책의 중단, 추진, 목표나 수단의 수정, 변경을 가한다.

④ 공평성평가

정책효과와 비용의 사회집단간의 배분이나 지역간의 배분 등이 공평한지를 평가하는 공평성 평가도 있어야 한다.

(2) 과정평가(process evaluation)

① 과정평가의 개념

과정평가는 집행과정상에서 나타난 집행계획, 집행절차, 투입자원, 집행활동 등을 검토하여 여러 가지 문제점을 해결하고 바람직한 집행전략을 수립하는데 도움을 주고자 하는 활동이다. 즉, 어떤 정책이 처음에 언명된 지침에 따라서 제대로 집행이 이루어지고 있느냐 하는 것이다.

이러한 과정평가는 정책집행 및 활동을 분석하여 이를 근거로 보다 효율적인 집행전략을 수립하거나 정책내용을 수정, 변경하며 정책의 중단, 축소, 유지, 확대여부의 결정에 도움을 주며, 시간적인 기준으로 정책집행도중에 집행전략이나 집행설계의 수정, 보완을 위해서 수행하는 형성평가와 사후적 과정평가로 나눌 수 있다.

좁은 의미의 과정평가는 총괄평가 보다 정확하게 주로 효과성평가의 완성에 의해서 이루어진다. 좁은 의미의 과정평가에서는 정책활동(수단)으로부터 목표까지 이르는 도중에 개입되어 있는 중간목표를 포함한 변수들간의 인과관계경로를 확인, 검증하려는 것으로 효과성평가를 보완한다.

여기에서는 주로 아래의 내용을 평가하여 정책효과는 어떠한 경로를 거쳐서 발생하게 되었는지, 정책효과가 발생하지 않은 경우에 어떤 경로에 잘못이 있었는지, 보다 강한 영향을 미치는 경로는 없는지에 대해 답하는 내용을 지닌 과정평가는 효과발생의 경로를 밝혀서 총괄평가를 보완하고 다른 상황에 대한 정책의 적용여부와 정책실패의 중요한 하나의 원인인 인과 경로의 잘못을 밝힌다.

② 집행분석 또는 집행과정 평가

집행분석 또는 집행과정평가는 정책이 의도했던 대로 집행이 되었는지를 확인, 점검하는 것이다. 그 내용으로는 원래집행계획에서의 활동들이 이루어졌는지, 계획된 양·질의 자원(인적, 물적)이 계획된 시간에 투입되었는지, 원래 의도한 정책대상집단에 실시되었는지, 관련된 법률이나 규정에 순응하고 있는지에 대한 질문에 답함으로서 집행과정평가는 다음과 같은 목적을 위해서 이용되는데 첫째, 집행활동의 설계상의 약점을 파악, 보완하고 활동을 위한 보다 바람직한 절차, 방법 등을 제시하여 효율적 집행전략을 수립하게 하고, 둘째, 정책집행상의 여러 가지 상황을 점검하여 정책수단의 수정, 변경을 도모하고 이를 통해서 바람직한 정책내용을 위한 정보를 제공하고, 셋째, 이 집행과정분석은 새로운 평가목적으로 책임성 확보에 기여한다.

3. 정책평가의 절차와 평가성 검토

1) 정책평가의 절차

정책평가를 계획할 때 가장먼저 해야 할 일은 정책평가를 통해서 알고자 하는 것이 무엇인가를 정확하게 밝히는 즉, 평가의 목적이 무엇이냐는 따라 어떻게 평가할 것인지가 결정되는데 평가의 목적은 정책결정이나 집행과정에서 필요한 정보를 제공하며, 정책책임자의 책임을 확보하고, 학문적인 기여를 하는 것으로 나눌 수 있다.

이에 일반적으로 평가의 절차에서 가장 먼저 이루어져야 하는 것이 정책평가의 목적을 확인하고 결정하는 것이다. 둘째, 정책목표, 수단 및 정책구조를 파악하고 평가의 대상을 구체적으로 확정된다. 셋째, 평가방법을 결정하고, 넷째, 자료의 수집과 분석을 실시한다. 마지막으로 평가결과를 제시하는 순으로 진행된다.

2) 평가성 검토

(1) 평가성 검토의 의의

평가성 검토(evaluability assessment)또는 평가성 사정은 본격적인 평가를 시작하기 전에 실시하는 평가의 소망성과 가능성을 검토하는 것이다. 일종의 예비평가인데 소망성 있는 평가를 위한 검토를 하고, 평가이용자를 확인하고 이들이 평가에서 원하는 정보를 확인하고, 어떠한 정책 또는 정책의 어떠한 부분이 평가가능한가를 검토한다.

이러한 평가성 검토는 여러 가지 이점이 있는데 한정된 예산과 인력의 효율적 활용, 정책관련자로 하여금 추진하는 사업의 평가가능성을 향상시키기 위한 노력을 자극, 유도하고, 사업의 목표, 활용 등에 대한 수정 보완을 유도하며, 평가성 검토에서 밝혀진 내용이 앞으로의 평가에 길잡이 역할을 하게 된다.

(2) 평가성 검토의 내용과 절차

평가성 검토에서는 먼저 평가대상이 되는 정책의 범위를 확정하고, 정책구조를 파악한다. 둘째, 평가가 가능한 모형을 작성한다. 즉, 실현가능한 모형을 작성하고, 측정가능성을 검토하는 과정이다. 셋째, 평가성 검토 결과와 활용방안을 제시한다.

막대한 노력, 경비와 시간이 소모되는 본격적인 평가가 이전에 예비적 평가를 함으로서 평가 불가능한 사업이나 사업의 부분들을 평가대상에서 제외하여 효율적인 평가를 하게 된다. 평가를 원하는 사업내용에 대해서 평가가능성을 향상시키기 위한 노력을 촉진하고, 본격적 평가를 위한 청사진을 제공한다.

4. 정책평가의 논리

1) 정책평가와 인과 관계

과학의 목적은 일반현상에 있어서 인과관계를 찾는 것이다. 즉, 현상을 구성하고 있는 변수들 간의 관계를 밝히는 것이므로 이러한 변수들 간의 관계는 과학적인 인과관계를 근거로 했을 때 그 가치가 높아지는 것이다. 그러므로 과학의 역사가 원인과 결과간의 관계를 규명하려는 활동의 역사라고 할 수 있다.

정책평가의 경우에 있어서도 그 목적은 본질적으로 정책수단과 목표사이에 존재하는 인과관계를 검증하려는 것이다. 인과관계에 있어서의 원인은 '발생하는 것', '일으키는 것'이라고 볼 수 있다.

정책평가에 있어서 어떤 정책수단을 통해서 그 결과로 정책효과가 발생하였는지의 검토는 반드시 이루어져야 한다. 인과관계를 입증하기 위해서는 여러 가지 전제조건이 있다.

결국 타당성 있는 평가는 과학적 방법에 의한 가설검증과 같은 것이므로 평가방법 자체가 과학적 방법이다. 그래서 정책평가는 정책결정자가 믿고 있는 정책수단과 목표사이의 인과관계를 아직 증명되지 않은 상태에 있는 하나의 가설로서 간주하고 이를 검증하려는 의도를 가진 과학적방법의 일부며 과학적 조사에서의 방법을 그대로 사용한다. 객관적·과학적 방법이 이루어지기 위해서는 타당성과 신뢰성이 확보되어야 하는 것이다.

2) 평가의 타당성(validity)

(1) 타당성의 의미

타당성은 측정하고자하는 것을 측정하였는가에 대한 문제이다. 정책평가에 있어서 실제로 평가하고자 한 것을 정확히 평가하였는가의 문제와 직결된다. 어떤 특정한 상황에서 정책이 집행된 후에 결과 변수 상에서 변화가 일어났을 때 이 변화가 정책 때문에 발생했는지 아니면 다른 요인에 의해서 발생하게 되었는지를 명백히 하면 된다. 이 경우에 정책평가는 내적타당성이 있게 된다. 즉, 비행청소년에 대한 상담이라는 정책수단을 마련했을 경우 개선의 효과가 있었다면 실질적으로 상담 때문에 그러한 효과가 나타났는지 여부를 말하는 것이다.

정책실현과 정책효과 사이의 인과관계를 평가하면 평가는 내적타당성이 있게 된다. 이러한 타당성은 외적 측면에서 보면 어떤 특정한 상황에서 내적타당성을 확보한 정책평가가 다른 상황에서도 적용될 가능성을 정책평가의 외적타당성이라고 한다. 즉, 특정한 상황 내에서 타당한 평가가 그 상황에서 얼마만큼 타당할 것인가가 외적타당성이다.

(2) 타당성의 저해요인

정책평가에 있어서의 내적타당성은 어떤 정책이 특정 효과를 가져온 경우에 그 정책이 원인이 되어 특정효과가 발생했다고 판단하면 평가는 내적타당성이 있다고 한다. 이러한 원인과 결과간의 인과관계의 적합도를 파악하는데 방해가 되는 요인이 타당성을 저해하는 요인이라고 할 수 있다.

내적타당성을 저해하는 요인으로는 첫째, 대상집단의 특성변화이다. 대상집단의 특성이 실제적인 변화가 일어나는 경우, 즉 우연한 사건에 의해서 결과변수가 변화한다거나, 단순히 시간이 경과함에 따라 대상집단의 특성이 변화하는 경우이다.

둘째, 대상집단의 동질성의 확보문제이다. 실험집단과 통제집단의 구성이 동질성을 확보하느냐는 문제와 실험대상이 실험기간 중에 실험대상에서 이탈한다거나 평균의 법칙에 의한 통계적 회귀와 관련된 경우이다.

셋째, 관찰과 측정방법과 관련된 경우이다. 이 경우는 시험효과, 즉 처음의 측정이 두 번째의 측정에 영향을 미친다거나, 측정기준이나 측정도구가 변화하여 정책효과가 왜곡되는 현상을 말한다. 그 외에도 다른 요인간의 상호작용에 의해 두 개의 왜생변수들이 서로 결합하여 문제를 야기하기도 한다.

정책평가에서의 어떤 특정한 상황에서 효과가 있는 것으로 내적타당성을 확보한 평가결과가 다른 상황에서도 그대로 적용될 가능성의 정도를 의미한다. 즉, 특정정책의 평가결과가 다른 특정대상, 다른 특정 시기, 다른 특정 상황에서도 적용될 수 있는 일반화의 가능성 정도를 의미한다.

외적타당성의 저해하는 요인은 다음과 같다(남궁근, 1994: 179-180). 첫째, 일반화가 가능할 수 있는 대상집단의 범위문제, 둘째, 일반화가 가능할 수 있는 시기에 관한 것, 셋째, 일반화가 가능한 상황이나 환경에 관한 문제에서 나타날 수 있다.

이러한 외적타당성을 높이기 위해서는 최대한 현실과 맞는 조건에서 이루어지는데 바람직하다. 그러나 내적타당성은 이와 반대의 논리이다. 결국 내적타당성을 지나치게 강조하면 현실적인 상황에 일반화를 시키는데 문제가 발생할 수 있어 서로 상충된 면을 지니고 있지만, 보다 정확한 평가가 이루어지기 위해서는 우선 내적타당성이 높아야 하겠으나, 내적타당성과 외적타당성이 균형을 유지할 수 있는 평가설계가 필요하다.

3) 평가의 신뢰성

(1) 신뢰성의 의미

신뢰도는 측정도구가 어떤 현상을 반복해서 측정했을 때, 얼마나 일관성있게 측정할 수 있느냐 하는 정도를 의미한다. 안정성, 일관성, 예측가능성, 정확성,

의존가능성 등으로 표현될 수 있는 개념이다. 즉, 비교가능한 독립된 측정방법에 의해 대상을 측정하는 경우 결과가 비슷하게 되는 것, 최대한 비슷한 방법으로 같은 속성을 측정하여 두 방법 간의 일치정도, 측정도구가 측정하고자 하는 현상을 일관성 있게 측정하는 능력으로 표현되기도 한다.

결국 동일한 개념에 대해 측정을 반복했을 때 동일한 측정값을 얻는 정도를 의미한다. 신뢰도를 측정하는 방법은 재검사법, 평행양식법, 반분법, 내적일관성 등이 널리 이용된다(Nachmias, 1979:104-106). 첫째, 재검사법은 동일한 상황에서 동일한 측정도구로 동일한 대상을 시간을 달리하여 두 번 측정하여 그 결과를 비교하는 것이다. 둘째, 복수양식법은 평행양식법이라고도 하며, 최대한 비슷한 두 가지 형태의 측정도구를 동일한 표본에 차례로 적용하여 신뢰도를 측정하는 방법이다. 셋째, 반분법은 측정도구를 임의로 반으로 나누어 각각 독립된 두 개의 척도로 사용함으로써 신뢰도를 추정하는 방법이다. 즉 조사항목의 반을 가지고 조사결과를 획득한 다음 항목의 다른 반쪽을 동일한 대상에 적용하여 얻은 결과와 비교하는 방법이다. 넷째, 내적일관성은 동일한 측정을 위한 항목간의 평균적인 관계에 근거한 신뢰도를 측정하는 방법이다.

(2) 신뢰성의 저해요인

평가에 있어 신뢰성을 저해하는 요인은 크게 세 가지의 측면에서 나타난다. 먼저 측정도구와 관련된 내용이다. 이 경우 측정도구의 모호성을 제거하고 좀더 측정도구를 명확히 사용하는 것이 필요하다. 또한 측정자들의 면접방식과 태도가 일관성을 유지하여야 한다. 둘째, 측정대상과 관련된 요인이다. 조사대상자가 잘 모르거나 전혀 관심이 없는 내용에 대한 측정은 하지 않는 것이 좋다. 모르거나 관심이 없는 경우 무성의한 대답으로 실제와는 전혀 다른 결과가 초대된다. 셋째, 측정상황과 관련된 요인이다. 측정이 이루어지는 상황이 현실과 동떨어진 상황일 경우에는 결과의 변화가 일어날 수 있다.

5. 정책평가의 방법

정책평가의 방법은 크게 실험적 방법과 비실험적 방법으로 크게 나눌 수 있고, 실험적 방법은 다시 진실험과 준실험으로 나눌 수 있다.

1) 비실험적 방법의 논리와 약점

(1) 비실험적 방법의 논리

비실험적 방법에 의한 정책효과의 평가는 진실험에 의한 정책효과의 평가와 준실험에 의한 정책효과의 평가를 제외한 모든 정책효과의 평가방법들을 포함한다. 비실험적 방법에 의한 정책효과의 평가는 정책의 효과를 평가하는데 무작위 배정에 의하여 실험집단과 통제집단을 구성할 수 없고 다른 유사한 방법에 의해서도 실험집단과 통제집단을 구성하기 어려우며, 정책을 집행하기 전과 집행 후에 여러 차례에 걸쳐서 정책집행대상을 관찰하여 평가에 필요한 자료를 수집하기 어려운 경우에 이용한다. 조사설계에 의한 자료수집과 통계적 분석의 이용, 정책평가 또는 인과관계를 판단하기 위한 비실험적 방법은 비실험적 또는 진실험적 설계에 의한 자료수집과 이들을 분석하는 통계적 방법으로 다중희귀분석, 인과관계분석, 시계열 분석 등이 이용된다.

(2) 대표적 비실험설계와 그 약점

① 사후적 비교집단 구성과 선정효과

비실험설계는 정책대상 집단과 다른 집단을 정책집행 후에 사후적으로 찾아내어 일정한 시점에서 비교하고 설계하는 것인데 이 경우 선정변수(실험집단이나 정책대상집단으로 뽑혀지게 만든 요인)의 개입에 의한 선정효과를 사업효과로 착각하기 쉽다. 또한 선정효과의 측정곤란의 근본문제를 안고 있다.

예를 들면 영어특별교육을 실시한다고 가정할 때 영어특별지도를 하는 특별반에서 공부하기를 희망하느냐 않느냐가 선정변수, 이 경우 스스로 어느 집단에 들어가기를 희망하는 경우를 자기선정(self - selection)이라 하는데 이 경우는 언제나 선정효과 존재한다고 할 수 있다.

② 통계적 분석과 그 약점

통계분석적 측면에서 보면 비실험 설계는 본질적으로 두 가지의 변수를 조사설계에서 처리하지 못하기 때문에 정책효과를 정확히 측정하지 못한다.

즉, 허위변수와 혼란변수의 개입이다. 여기에서 영어특별교육을 통한 실력의 향상을 위한 프로그램이 있다고 가정할 때 허위변수(spurious variables)는 (b)와 (c)가 실제로 관계가 없는 경우 (b)와 (c)를 허위상관이라 부르고, 이 경우 (a)가 허위변수가 된다.

반면 혼란변수(confounding variables)는 (b)와 (c)가 인과관계가 존재한다고 생각하면 (a)가 혼란변수가 된다. 허위변수나 혼란변수는 성숙효과와 선정효과를 발생시켜 정확한 정책효과의 평가를 어렵게 만든다.

의욕(a)
↙ ↘
특별교육(b) ----------〉 실력향상(c)

결국 통계적 분석의 논리와 약점은 첫째, 혼란변수와 허위변수를 정확하게 측정하여야 하는데 현실적으로 이것이 극히 어렵다는 점이고, 둘째, 혼란변수나 허위변수가 무엇인지 모르는 경우가 대부분이라는 점이다.

2) 실험적 방법의 논리와 약점

(1) 실험적 방법의 의의

사회실험은 실험실이 아닌 사회라는 상황속에서 행하여지는 실험이지만 여기에서 사용하는 개념이나 기본논리는 실험실에서의 실험과 유사하다. "실험은 반드시 실험집단과 이에 비교되는 통제집단(control group)을 미리 확보"하여 실험집단에는 처리를 가하고 통제집단에는 처리를 안 가해서 일정한 시간이 지난 후에 양 집단이 나타내는 결과변수 상에서의 차이를 처리의 효과라고 판단한다.

이 경우 기본요소는 실험대상, 처리, 처리효과, 결과변수이다. 이러한 사회실험에는 진실험과 준실험이 있다. 진실험(true-experiment)은 실험집단과 통제집단의 동질성을 확보하여 행하는 실험이며, 준실험(quasi-experiment)은 두 집단의 동질성을 확보하지 않고 행하는 실험이다. 즉 동질성이 확보되었느냐 그렇지 않느냐는 무작위로 결정하느냐 않느냐를 의미하는 것이여 이에 따라 진실험과 준실험으로 구분할 수 있다.

(2) 준실험의 논리와 약점

대표적 준실험설계의 방법은 비동질적 통제집단의 설계(non-equivalent control group design)이다. 이는 실험집단과 비교하기 위한 비교집단을 하나 더 추가하여 통제집단과 비교가 이루어지도록 한다. 이 경우 실험집단과 동질적이지 않기 때문에 비동질적 통제집단이라 불린다.

이러한 준실험의 약점은 첫째, 선정과 성숙의 상호작용문제이다. 즉 양 집단간의 성숙효과가 틀리게 되는 현상이다. 둘째, 집단특유의 사건(intra-session history)이 일어날 때 이를 해결할 수 없다는 점이다. 특별히 문제가 되는 경우는 실험대상집단이 자원(volition)에 의하여 실험집단을 선택하고 자원하지 않는 자를 비교집단을 구성하는 경우에는 자기선정에 의한 배정이 이루어져 그 효과를 정확히 파악할 수 없다.

이러한 준실험의 약점을 보완하는 방법은 첫째, 가급적 실험집단과 비교집단이 동질적이 되도록 구성하는 방법이다. 둘째, 실험집단과 통제집단을 실험대장을 배정할 때 어떠한 명백한 기준을 이용하는 방법을 고려해 보아야할 것이다.

(3) 진실험의 논리와 약점

진실험은 실험집단과 통제집단의 동질성을 확보하여 행하는 실험이므로 선정과 성숙의 상호작용을 어느 정도 배제하고 내적타당성을 확보할 수 있는 방법이다. 실험이 있게 되어 실험집단에게만 정책이 집행되면 정책효과만큼 실험집단은 통제집단과 달라지게 될 것이다. 이 경우 두 집단간 차이가 바로 정책효과지만 이 논리를 따라 정책효과를 추정하는 것은 정책집행이 실험집단에만 한정될 경우에만 옳다.

정책수단의 내용이 통제집단에게 누출되는 경우가 많고, 정책이나 사업의 효과로 실험집단의 사람들이 태도 변화가 있을 경우 통제집단의 사람들이 이것을 모방하게 되는 현상이 발생한다. 누출과 모방효과를 합하여 오염현상 또는 확산효과라고 부르는데 이 확산을 통제집단도 정책의 효과를 향유하는 것이다.

이러한 제약점이 발생하는 근본적인 원인은 실험집단과 통제집단의 동질성을 확보하기 위해서 같은 지역이나 생활환경 속에 있는 실험 대상자들은 무작위로 나누는데서 발생한다. 같은 지역이나 생활환경을 가지고 있는 사람들은 상호접촉이 많으므로 이들이 무작위로 실험집단이나 통제집단으로 구분이 되더라도 계속 서로 접촉하게 되므로 오염현상 등이 발생하는 것이다.

또한 외적타당성상의 약점인 호오손효과의 발생이다. 호오손효과(Hawthorn effect)는 실험대상자들이 실험의 대상으로써 그들이 관찰되고 있다는 사실을 알게 되어 평소와는 다른 행동을 하여 발생하는 효과로 여기에 대한 대책은 사회실험을 가능한대로 조용하게 추진하여 실험대상자들이 실험이 진행되고 있다는 것과 자기들이 주목의 초점이 되어 있다는 것을 모르도록 하는 수밖에 없다.

또한 실제 현상에 있어서 심각한 도덕적 문제를 일으키지 않는 경우에는 정치적 반대자들에게 호소하고 설득하여 실험의 중요함을 인식시켜서 이들의 협조를 얻는 것이 중요하며, 실험대상자로 하여금 자기가 원하는 대로 실험집단이나 통제집단 중 어느 것이든지 선택하도록 하는 방법인데 이것은 바로 앞에서 본 준실험이 되어버린다.

진실험을 추진할 경우 첫째, 내적타당성면에서는 진실험이 우수하다. 둘째, 외적 타당성면에서는 비슷하나 준실험이 오히려 약간 우수하다. 셋째, 실행가능성면에서는 준실험이 우수하다고 할 수 있다.

6. 정책평가의 활용

1) 정책평가 활용의 의의

정책평가의 목적은 정책결정과 집행에 필요한 정보제공, 정책과정상의 책임성의 확보, 이론구축에 의한 학문적 기여 등이다. 결국 이러한 목적으로 이루어진 평가의 결과는 그 목적에 맞게 활용이 이루어져야 할 것이다. 그러나 정책평가를 위한 이러한 많은 노력에 비하여 평가결과들이 제대로 활용되지 못하고 있다는 비판이 1970년대 후반부터 일기 시작하였다. 어떤 유형의 활용인지, 어디에 활용할 것이지를 분명히 하고 정책평가가 이루어져야 하고, 그러한 결과는 그 목적에 맞게 활용이 되어야만 한다.

정책평가를 활용하는 방식은 크게 도구적 이용과 관념적 이용으로 구분해 볼 수 있다. 도구적 이용은 정책평가의 결과를 구체적 의사결정이나 문제해결을 위하여 사용하는 경우이며, 관념적 이용(계몽적 활용)은 어떤 문제에 대한 정책결정자의 사고방식이나 관념에 변화를 일으켜서 간접적으로 정책이나 유사한 정책에 영향을 미치는 것이다. 정책평가의 결과가 활용되지 못하고 있다는 지적은 눈에 당장 보일 수 있는 도구적 활용이 제대로 이루어지고 있지 않다는 것이다. 그러나 장기적으로 보면 관념적 활용도 정책의 내용이나 추진방법에 근본적인 변화를 일으킬 수 있으므로 매우 중요하다.

2) 정책평가의 활용을 좌우하는 요인

정책평가의 결과를 활용하는데 영향을 미칠 수 있는 요인은 크게 평가결과의 적실성과 신뢰성, 사용자의 저항, 의사전달이나 확산상의 문제 등이 있다.

(1) 적실성과 신뢰성

평가의 결과를 활용하기 위한 가장 선결조건이 평가된 내용의 적실성과 신뢰성을 유지하는 것이다. 적실성은 사용자의 요구충족과 적시성, 즉 필요한 시간 내에 평가결과를 제공하는지 하는 문제이다.

결국 사용자의 요구에 얼마나 잘 부합되는지 필요로 하는 시점에 결과가 제공되어질 수 있느냐 하는 문제이다. 또한 신뢰성은 평가결과에 대한 사용자의 믿음이다. 올바른 평가방법이 적용되고 정확한 자료가 이용되어 평가되었을 때 그 평가결과는 이용자로부터 신뢰성을 확보할 수 있을 것이다.

(2) 의사전달상의 문제

평가결과의 의사전달 과정상에서 왜곡과 삭제의 가능성은 늘 존재한다. 왜냐하면 하급자가 상급자에게 전달하는 과정상에 상급자가 싫어하거나 꺼리는 평가결과를 왜곡하여 보고하거나 삭제할 가능성이 크다. 관료제 조직 자체가 가지는 문제성으로부터 나타난다. 또한 결과보고를 통해 사용자가 이해하기 어려운 기법이나 전문용어를 사용하여 평가결과가 제대로 이해되지 못할 가능성은 늘 존재한다.

(3) 이용자의 저항과 타성

평가라는 것은 가치를 판단하는 활동으로 좋은 평가를 받은 경우는 모를지라도 사용자에게 불리하게 평가되어지는 경우는 사용자의 의도적 외면이 있게 마련이다. 대부분의 평가결과들은 현재 상태의 잘못을 지적하고 이에 대한 개선책을 탐색하는 것이 주를 이룬다. 이것은 책임성의 문제와 결부되어 사용자의 저항에 부닥치게 되는 것이다.

(4) 평가결과의 악용

사용자가 지나치게 깊이 평가과정에 개입하게 되면 사용자의 개인적인 이익이나 정치적 지위를 옹호하는 평가가 되어 타인에게 신뢰성을 상실하게 될 가능성이 크다. 또한 평가자의 경우 평가 의뢰자와의 관계성에서 보면 의뢰자의 입장을 전혀 무시할 수 없는 평가가 이루어질 가능성이 크다는 점이다.

어떤 정책평가의 경우는 의뢰자와 평가자의 관계가 아주 밀접한 경우가 있고, 이러한 평가결과는 사용자에 의해서 악용되어질 소지는 다분히 안고 있다 할 것이다.

(5) 최대의 활용을 위한 고려사항

정책평가의 결과를 최대한 활용하기 위해서는 좀더 적실성과 신뢰성을 가진 평가를 위한 평가자의 노력과 이용자의 저항을 극복하거나 의사전달상의 애로를 극복하기위한 제도적 정치를 강구하는 것이 무엇보다 중요하다 하겠다.

7. 우리나라 정책평가제도

현재 우리나라 정부업무 성과관리는 과거 국무총리실, 기획예산처, 행정자치부 등이 개별적으로 실시하던 평가를 각 부처의 자체평가를 중심으로 통합하여 운용하고 있다. 중앙부처평가는 자체평가와 특정평가로 구분되는데 자체평가는 주요 정책과제, 재정성과, 인사, 조직, 정보화 등 5개 분야에 대해 각 부처가 자체평가하며, 특정평가는 대통령 지시사항, 혁신관리 등 관리대상 업무와 특정시책, 고객만족도의 3개 분야로 구분하여 국무총리가 평가한다.

지방자치단체는 국가위임사무, 국고보조사업 등에 대해 행정안전부 주관의 합동평가를 받으며, 공공기관의 경우 기관의 특수성과 전문성을 고려해 개별법('공공기관의 운영에 관한 법률')에 따라 평가를 하도록 하고 있다.

정부업무평가의 절차를 보면 다음과 같다. 첫째, 각 기관이 그 임무 달성을 위해 전략적 관점에서 계획을 수립하고(성과관리계획), 둘째, 한정된 자원을 효율적으로 활용하여 업무를 추진하면서 집행 과정을 점검한 후(집행 · 점검), 셋째, 조직의 역량과 성과를 측정 · 평가하여(자체평가, 특정평가, 재평가, 합동평가), 넷째, 그 결과를 정책의 개선이나 자원배분, 개인의 성과보상 등에 반영하는(평가결과 활용) 등 네 단계를 거쳐 이루어지고 있다(이종수 · 윤영진, 2007: 287-288).

정부부문에 있어서의 평가제도의 발달과정을 살펴보면, 첫째, 국무총리 기획조정실의 심사분석 도입('61.9~'81.10)으로 정부부문에 최초로 심사분석을 도입하고 정부정책의 평가기능을 수행하는 업무가 「정부조직법」 상에 최초로 부여된 시기이다. 주로 경제개발계획에 대한 연차별 실적평가를 실시하여 경제력 판단 등 거시경제 운영에 반영하였고, 1971년부터 평가교수단을 활용하여 예산사업 중심으로 진도분석 및 추진상 문제점과 대책중심의 과정평가 기능을 수행하였다(차의환, 2002: 66).

둘째, 경제기획원의 심사분석('81.11~'94.12)과 국무총리실 정책평가('90.4~'94.12)의 이원화시기로, 1981년 기구개편에서 심사분석업무가 경제기획원으로 이관되어 1983년부터 시작된 정부투자기관 경영평가 비중위주로 평가가 수행됨에 따라, 각 중앙부처의 정책평가추진은 소극적이고 평가투입노력도 미비한 수준으로 일관되었다. 그리고 국무총리 행정조정실의 정책평가는 정부 내 평가기능의 이원적 체계가 탄생한 것을 의미하며, 경제기획원의 심사분석제도가 전 정부적 차원의 국정흐름을 진단하는데 한계성을 갖고 있는 데에 대한 보완적 성격에서 출발하였다. 이에 행정조정실을 신설하여 주요 국정현안과제 등 추진중인 시책들을 분석 · 평가하는 등 정책평가기능을 수행하였다.

셋째, 국무총리 행정조정실의 심사평가('94.12.~'98.2)로 이때 총리실의 정책평가기능과 경제기획원의 심사분석기능이 통합되었다. 이 시기는 현안과제 중심의 수시평가에 큰 비중에 둠에 따라 집행과정평가에 크게 기여하였다.

넷째, 국무총리 국무조정실의 심사평가기능('98.3~) 강화로 기관평가제도를 도입한 시기이다. 그간의 평가가 각 부처의 일부 주요정책과제에 대하여 실적중심의 평가를 수행함으로써 부처의 종합적인 업무추진력에 대한 평가가 결여됨에 따라, 각 부처의 업무와 업무추진역량, 국민만족도를 종합적으로 평가할 수 있는 기관평가제도를 도입하여 부처간 경쟁을 유도한 것이다(심오택, 2001: 27). 특히 이 시기에는 평가기능과 역할이 확산되었는데, 중앙평가기관으로서 국무조정실이 법률적 근거를 갖게 된 것은 2001년 5월부터 효력을 발휘한 「정부업무 등의 평가에 관한 기본법」의 제정이다. 즉 정부부처에서 이루어지고 있는 모든 평가에 관련된 업무들을 이 법이 총괄하고 있음을 의미한다(박병식,

2001: 155).

2009년 현재 정부업무평가의 중요한 특징은 성과관리의 기본 방향을 제시하고, 성과중심의 행정을 강조하는 것이다. 그러나 우리나라의 경우는 인력면이나 시설면에서 평가를 위한 수준이 그리 높지 않은 것이 사실이다. 이러한 비판은 향후 정책평가에서 사람들이 정책평가에 대한 관심을 더 높여야 하며, 그 질적 수준을 지속적으로 향상시켜야 한다는 과제를 안고 있다. 특히 정책을 연구하는 학자나 전문가들의 의견에 따르면, 우리나라의 경우 정책평가에서 산출된 일련의 정보들이 향후 수행하게 될 정책의 질을 개선하고 올바른 방향을 제시하게 될 사람들에게 제대로 제공·활용되지 못한다고 지적한다. 무엇보다 정책평가에서 나온 결과들이 정책담당자에게 모두 제공될 수 있는 방안을 모색하는 것이 앞으로 해결해야 할 문제이다(신현기 외, 2008: 115-116).

이러한 한계점을 극복하기 위해 현재의 정부는 다음과 같은 성과관리의 기본방향을 제시하고 있다. 첫째, 각 부처는 평가의 전제가 되는 성과관리계획, 즉 기관의 임무와 비전, 중·장기전략목표, 연도별 목표 및 성과지표 등이 포함된 성과관리 전략계획 및 시행계획을 미리 제시해야 한다. 둘째, 각 부처는 평가 결과를 조직, 예산, 인사·보수 등에 적극적으로 활용하도록 의무화하고 있다. 셋째, 현행 정부업무평가는 정책 등의 계획 수립과 집행 과정에 대해 자율성을 부여하되 그 결과에 대해 책임을 확보하고, 정부업무의 성과·정책품질 및 국민의 만족도를 제고함을 목적으로 하고 있다(이종수·윤영진, 2007: 288).

제 10 장 정책변동

1. 정책변동의 개념과 요인

1) 정책변동의 개념

정책변동을 '정책환경 변화로 인해 정치적·행정적 과정을 통해 결정된 정부의 정책목표와 이를 달성하기 위한 핵심적인 정책수단이 다른 것으로 변경되는 것' 이다. 정책변동은 특정분야에 어떤 정책이 이미 성립되어 있는 상황에서 기존정책이 시간이 흐름에 따라 변화하는 것을 의미한다(김준현, 2001: 8).

또한, 정책변동의 개념을 정책환경과의 관계를 중시하는 체계론적 관점에서 정의한다면 정책환경이 변화하면서 정책체제에 대한 투입이 변화하여 이것이 과거의 투입에 의하여 결정된 정책을 변화시키는 것이며, 투입의 변화가 정책의 변동으로 나타나기 위해서는 전환과정에서 정책자체를 포함해서 그와 관련된 제반변수의 특성, 변수의 수와 변수 상호의존관계가 질적으로 또는 양적으로 변화하는 것으로 설명할 수도 있다(Howgwood and Peters, 1983: 25-33).

2) 정책변동의 요인

정책결정 요인론이란 정책의 내용을 결정하거나 결정된 내용을 수정·삭제·보완 등으로 변동이 일어날 때 좌우하는 요인이 무엇인가를 밝히려는 노력의 결과라 할 수 있는데 요인론에서 주장하는 큰 두 가지의 요인은 사회경제적 요인과 정치 행정적 요인으로 볼 수 있다. 정책결정의 사회·경제적 요인이란 한 국가의 예산지출, 소득, 인구 등 정치체제 외부에 위치한 객관적 요인들을 말하는 것으로, 주로 경제학자들에 의해 주장되어 왔다. 이러한 논의는 정치체제 외부의 요인에 의해 정책이 영향을 받는다는 점에서 환경결정론이라고도 한다. 더불어 정치학자나 행정학자들은 정책결정에서 정치 행정적 요인을 중요시하여 정치적 다원주의에 바탕을 둔 정당간의 정쟁, 투표율 등을 정책결정의 변수로 삼아 정책상황을 분석하기도 한다.

2. 정책변동의 모형에 대한 제 이론

정책변동을 설명하는 모형은 Sabatier의 옹호연합모형(Advocacy Coalition Framework : ACF)과 Kingdon의 정책흐름모형(Policy Stream Framework : PSF)이 있으며, Hofferbert의 정책산출 변동모형(Policy Output Change Framework: POCF), Hall의 패러다임 변동모형(Paradigm Change Framework :PCF)그리고 Mucciaroni의 이익집단위상 변동모형(Interest Group Fortune Change Framework: ICF)등이 있다.

1) Sabatier의 옹호연합모형(Advocacy Coalition Framework : ACF)

Sabatier(1988)는 1988년 정책변동을 위한 설명으로서 옹호연합모형(ACF)을 제시했다. 이는 외적변수(external parameters), 옹호연합(policy advocacy coalition), 신념체계(belief systems), 정책중개자(policy brokers), 정책학습(policy learning), 정책산출(policy output), 그리고 정책변동(policy change)등으로 구성된다.

〈그림 10-1〉 Sabatier의 옹호연합모형의 정책과정

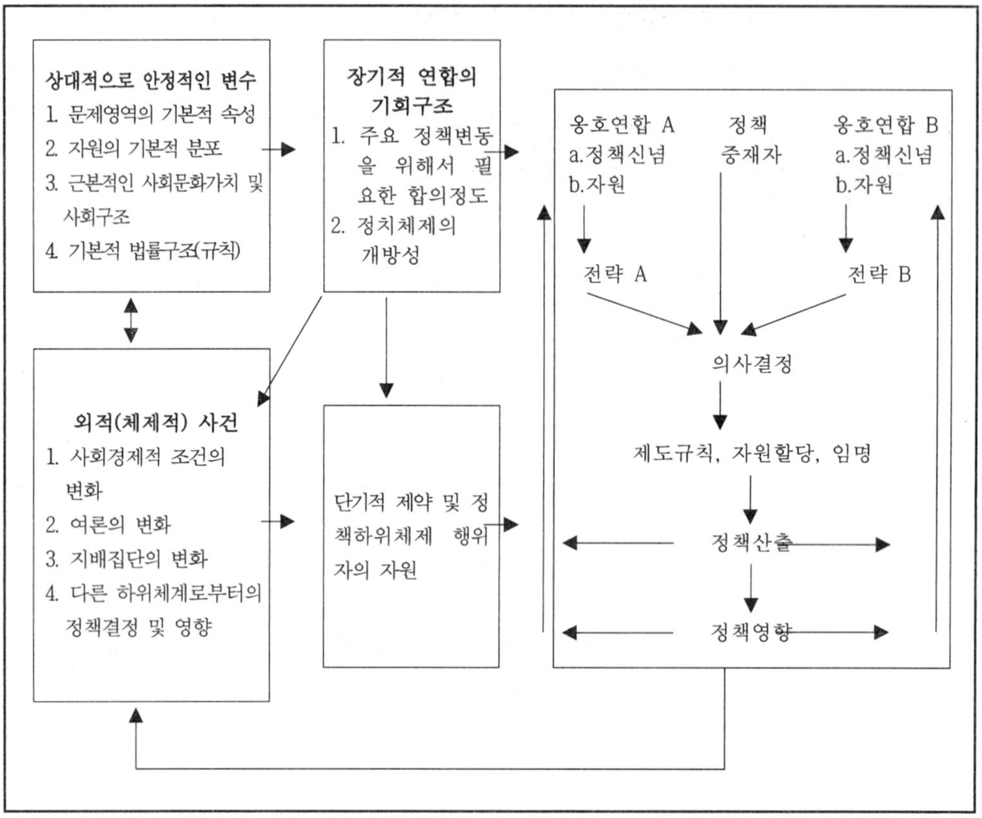

출처: Sabatier & Jenkins-Smith, 2007: 202.

(1) 외적변수(external parameters)

장기간에 걸친 정책과정의 안정성과 정책변동을 이해하기 위해 본격적으로 제시된 옹호연합모형(ACF)은 특정정책을 옹호하고자 정치적으로 중요한 활동을 하는 옹호연합을 분석단위로 상정한다. 이러한 연합의 형성과 활동에의 제약을 가하거나 전략적 기회를 제공하는 결정적인 영향은 정책하위체제의 외적변수에서 비롯된다.

외적변수는 안정적인 외적변수(stable external parameters)와 역동적인 외적변수(dynamic external events)로 구성되어 있는데, 전자는 문제영역의 기본적 속성, 자연재원의 기본적 분포, 근본적인 사회문화가치 및 사회구조, 기본적인 법

적구조 등이며, 후자의 경우에는 사회경제적 조건의 변화, 여론의 변화, 지배집단의 변화, 다른 하위체제로부터의 정책결정 및 영향 등을 들 수 있다.안정적인 외적변수들은 변화가 불가능하지는 않으나 마치 종교의 개종처럼 변화의 속도가 매우 더디고 범위 또한 협소하다. 반면역동적인 외적변수는 정책하위체제에 단기간에 큰 영향을 미친다(장지호, 2004: 177).

(2) 옹호연합(advocacy coalition)

옹호연합모형(ACF)은 어떤 일정한 정책영역 또는 하위체제 내에서 신념을 공유하는 행위자들끼리 옹호연합으로 서로 뭉친다. 정책은 합리적 분석과 정치적 산물이다. 정책과정상의 정치적 활동에는 경쟁과 함께 협력도 중요하다. 이런 과정에서 경쟁하는 세력에 대항해서 자신들의 이익이나 선호를 옹호하기 위해 연합의 형성이나 조직화된 협력들이 일어나게 되는 것이다.

(3) 신념체계(belief systems)

정책하위체제를 살펴보면 관련자는 몇 개의 옹호연합을 구성하는데, 이들은 기본적인 가치, 정책에 대한 인과가정, 정책수단에의 동의와 같은 주요한 신념체계(belief systems)를 공유하는 행위자들의 협력체로 구성된다. 이러한 신념체계는 규범적 핵심(normative core), 정책핵심(policy core) 그리고 도구적 측면(instrumental aspect)의 계층적 구조로 구성된다 .규범적 핵심은 신념체계 중 가장 최상위의 수준으로 자유, 평등, 발전, 보존 등의 존재론적인 공리가치의 우선순위를 정한다. 정부와 시장의 우위를 결정하거나 문제해결에 우선시 되는 기본 가정들, 예를 들어 과학기술의 발전을 보는 낙관적 혹은 비관적인 시각이냐에 따라 구분된다.

규범적 핵심은 연합을 형성하게 되는 가장·근본적인 시각으로 그의 지향점이 광대하므로 특정 정책과의 직접적인 연관성은 다른 계층의 신념보다 떨어진다. 정책핵심은 특정 하위체제에서 실제 운용되는 정책과 밀접히 연관되어 있다. 정책에 관련되어 어떠한 특정목표가 정해질 것인지 혹은 목표달성의 필수조건들이 어떠한 것인지에 관한 인과적 인식을 말한다. 이에 비해 도구적 측면의 신념은 가장 범위가 좁은 것으로 행정상 혹은 입법상의 운용과정에서 나타나는 정책수단, 예산의 배분, 성과에 대한 평가, 법적개정 등이다. 이는 특정한 세부적 정책에만 국한되는 것으로 가장 구체적이며 변화가능성이 다분하다(장지호, 2004: 178).

(4) 정책중개자(policy brokers)

이러한 옹호연합들 간의 대립과 갈등을 중재하는 제3자를 정책중개자(policy brokers)라고 부른다. 정책중개자의 주요 관심은 옹호연합들 사이의 갈등을 줄이면서 합리적인 타협점을 찾아내는 것이다. 옹호연합들은 그들이 소유하는 재원을 동원하여 그들의 신념체계를 공공정책으로 변화시키려고 경쟁하게 되는데, 이 때에 정책중개자인 제3의 행위자들, 즉 정치인과 관료들에 의해 중재되는 것이다(전진석, 2003: 224).

(5) 정책학습(policy learning)

정책학습은 경험으로부터 초래되며, 옹호연합의 믿음체계 변경과 관련되어서 나타나는 생각이나 행태의 변화를 의미한다. 따라서 정책학습은 옹호연합들의 신념체계의 수정을 의미한다. 이러한 신념체계의 수정은 주로 신념체계의 계층적 구조에서 도구적 측면에 집중되며, 반면에 정책핵심에서는 변화가 일어나기 쉽지 않다. 정책핵심의 주요한 요소들을 변화시키기 위해서는 정책연구의 계도기능을 통한 10년 이상의 장기간에 걸친 정보의 축적을 필요로 한다. 옹호연합모형(ACF)에서는 이러한 정책학습이 장기적이고 점증적인 변화를 촉진하는 힘으로 파악된다(Munro, 1993: 124). 옹호연합모형(ACF)은 옹호연합들의 신념체계 변화를 의미하는 정책학습을 유도하는 조건으로 옹호연합들 간 상당한 수준의 갈등과 논쟁을 촉진하는 전문적인 공개토론회, 공청회, 포럼 등이 있어야 한다.

(6) 정책산출(policy output)과 정책변동(policy change)

결국 옹호연합들 간의 정책학습을 통해 정책산출이 나오게 된다. 이것이 이전과는 현저하게 다른 정책산출일 경우 정책변동이 이루어졌다고 할 수 있다. 이러한 정책형성과정의 정책변동은 정책집행과정으로 이어지게 된다.

2) Kingdon의 정책흐름모형(PSF)

(1) 3가지 과정의 흐름[8)]

3가지 과정의 흐름은 정책문제흐름(policy problem stream), 정책대안흐름(policy Alternative stream), 그리고 정치흐름(political stream)이다. 이들이 하나로 결합될 때, 정책변동의 창[9)]이 열리는데, 이들 3가지 흐름은 대체적으로 상호독립해서 진전되고 작용한다.

정책대안흐름은 정책문제흐름에 대한 반응여부와 상관없이 개발되고 정치흐름은 당면하고 있는 문제와 상관없이 갑자기 변동된다. 그렇다고 이들 흐름이 절대적으로 독립되어 있다는 것은 아니다. 정책대안흐름에서의 아이디어 선정의 기준은 전문가들이 정치적인 제약여건이나 예산상의 제약여건이 무엇이라고 하는 예측을 가능하게 함으로써 영향을 미친다. 정치흐름에서의 선거결과는 어느 정도 정치흐름과 정책문제흐름을 연결시킴으로서 당면한 문제에 대한 대중의 인식에 영향을 미칠 것이다. 이러한 점에도 불구하고 정책흐름모형(PSF)에서는 이들 흐름이 대체로 상호 독립해 있으며, 서로 다른 힘에 지배되며 다른 고려점과 다른 행태를 보여주고 있다. 일단 이들 3가지 흐름이 분리되어 흐른다는 것을 이해하게 되면 의제변동 및 정책변동은 이들 흐름의 결합작용 등

8) kingdon(1984)은 정책변동을 설명하기 위해 1984년 정책흐름모형(PSF)을 제시했다. 정책흐름모형(PSF)은 조직화된 무정부상태를 특징으로 하는 쓰레기통모형(garbagecan model)의 특징이 추가된 변형모형이다. 쓰레기통 모형은 Cohen, March, Olsen이 제시한 것으로, 조직화된 무정부상태를 지닌 조직은 기본적으로 선호의 불확실성, 불분명한 기술, 유동적인 참여행태를 지니고 있다고 본다. 즉 정책흐름모형(PSF)도 조직의 정책형성과정이 조직화된 무정부상태, 즉 혼돈으로 보는 것이다.

9) 정책변동의 창(window of policy change) 이론의 기초가 되는 정책의 창(policy window)이론은 미연방정부의 보건·교통정책을 담당하고 있던 고위관료들과의 4년여에 걸친 면접과 정부문서, 정당정강, 신문기사, 여론조사 등을 기초로 해서 만들어졌다.

에 있게 된다. 그러나 현실적으로 정책변동의 창은 정치흐름에 의해서 열리게 되는 경우가 많다. 정책주창자들이 문제를 인지하고 대안을 준비하고 있을 때, 결정적인 정치흐름이 나타나 창을 여는 것이다. 특히 정권교체는 가장 눈에 띄고 광범위한 정치흐름의 변화이다.

(2) 정책변동의 창(window of policychange)

정책변동의 창이 열렸다는 것은 특정 정책을 지지하는 정책주창자들이, 그들이 선호하는 해결책을 강요하거나 자신들의 특별한 문제에 관심을 기울이도록 압력을 행사하여 정책변동의 기회를 맞이하였다는 것을 의미한다.

창은 예측 가능하게 열리기도 한다. 예산심의나 국정감사와 같은 예정된 의정활동이 좋은 예이다. 반면 창은 예측할 수 없는 우연한 사건에 의해서 열려지기도 한다. 우연한 사건은 특정의 정책문제에 심각성을 더하게 하고, 결정적으로 정책주창자들에게는 그 문제에 그들이 개발해 놓은 정책대안을 해결책으로 제시할 수 있는 절호의 기회가 오게 되는 것이다. 예를 들어 오일쇼크(oilshock)로 인한 주유소 앞의 긴 차량행렬에 대해 정부가 집중하게 되면, 각종 이익집단들(대중교통, 철도, 에너지관련 단체)은 자신들의 정책대안을 에너지자원 부족이라는 문제에 최선의 해결책으로 포장하고 제시한다. 또 다른 일례로 대형비행기사고는 안전항공운행에 관심이 있는 집단에게 또 하나의 정책변동의 창을 열어주게 된다. 만일 그들에게 준비되어 있는 정책대안이 있다면, 그 정책대안이 채택되고 집행되어질 수 있는 절호의 기회를 주는 것이다. 한편 창이 오랫동안 열려있는 채로 있는 경우는 매우 드물다. 기회를 놓치면 다른 창이 열릴 때까지 기다려야 한다. 정책변동의 창이 열리는 시간이 짧기 때문에 정책문제와 정책대안간의 강력한 결합이 이루어진다. 그 결과 체제가 정책문제와 정책대안으로 과부하되는 경우도 있다. 만약 참여자들이 충분한 자원을 기꺼이 투자하려 한다면 몇몇 문제는 해결될 수 있을 것이고 몇몇 제안은 입안될 것이다. 그렇지 못한 정책문제나 정책대안은 충분치 못한 자원이 동원되었기 때문에 표류하고 만다(kingdon, 1984: 95-172).

(3) 정책변동(policy change)

정책문제흐름, 정책대안흐름, 그리고 정치흐름에 의해 정책변동의 창이 열리게 되면, 창 내부에서 정책주창자들이 자신들의 이해관계에 따라 대응하며 전략을 이끌어나간다. 전략에는 온건전략뿐만 아니라 강경전략도 포함된다. 이러한 정책형성과정의 상호작용을 통해 이전과는 다른 내용의 정책변동이 이루어지는 것이다.

〈그림 10-2〉 정책변동의 창

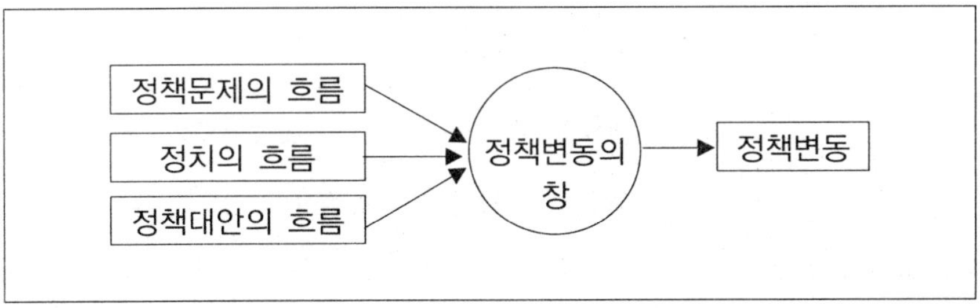

3. 정책네트워크와 변동

1) 정책네트워크이론

정책네트워크는 "특정 정책과정에 참여하는 다양한 행위자들의 상호작용 및 관계 구조"로 정의된다(남궁근, 1999: 178). 일반적으로 네트워크란 규정된 범위의 행위자, 대상 또는 사건들을 연결하는 특정 유형의 관계이다. 구체적으로 정책네트워크는 행위자(actor), 그들 간의 연계(linkages)로 이루어져 있다는 점을 강조하고 있다. 행위자들 간의 연계(linkages)는 의사소통과 전문지식, 정보, 그리고 여타 자원을 교환하는 통로로서 작용하며, 하나의 정책네트워크의 경계(boundary)는 단지 공식기관들에 의하여 결정되는 것이 아니라 기능적 적합성과 구조적인 틀에 의존하는 상호인지(mutual recognition)의 과정으로부터 결정된다는 것이다(Jardan & Schubert, 1992: 12).

〈표 10-1〉 정책네트워크 : Rhodes 모델

네트워크 유형	특성
정책공동체	•안정성 •수직적 상호의존성 •고도의 제한된 멤버십 •제한된 수평적 연계
전문가 네트워크	•수직적 독립성 •전문성에 근거한 이해관계 •고도의 제한된 멤버십 •제한된 수평적 연계
정부간 네트워크	•제한된 멤버십 •광범위한 수평적 연계 •제한된 수직적 상호의존성
생산자 네트워크	•변동적 멤버십 •제한된 수직적 상호의존성
이슈 네트워크	•불안정성 •제한된 수직적 상호의존성 •다수의 구성원

출처 : Marsh & Rhodes, 1992: 14.

2) 정책네트워크 변동요인

정책네트워크 변동을 특징으로 하는 이슈네트워크의 경우 안정성과 계속성을 내세우는 정책커뮤니티도 시간의 흐름에 따라 변화한다는 것으로 보았다. 정책커뮤니티로 존속하면서 내부구조나 영향력이 달라지는 경우가 있는가 하면 정책커뮤니티가 이슈네트워크로 전환하는 경우도 있다(유훈, 2011).

정책네트워크에 변동이 일어나는 주요요인은 크게 네 가지로 구분하여 고찰하고자 한다.

첫째, 경제적·시장적 요인이다. 도시화와 사회문제가 증가함에 따라 기존의 정부기관을 주축을 이루었던 정책커뮤니티가 붕괴되고 정책과정 참여자가 증가함으로써 이슈네트워크로 전환했다는 사실을 알 수 있다.

둘째, 이념적 요인이다. 한 국가의 집권당이 정권교체 됨에 따라 이념의 변동이 일어났고, 이것이 나아가서 정책네트워크 변동의 원인이 되었다는 것이다. 예를 들어 우리나라 독과점규제정책과 관련된 정책네트워크의 경우에도 독과점기업에 대하 이념의 변화가 네트워크 변동의 원인이 되었다.

셋째, 지식적 · 기술적 요인이다. 새로운 기술이나 지식의 개발 · 확산이 정책네트워크 변동의 원인이 되었다. 흡연이 건강에 해롭다는 사실이 널리 확산됨에 따라 담배와 관련된 정책네트워크에 변동이 일어나 종전의 정책커뮤니티가 이슈네트워크로 전환되었다는 것이다.

넷째, 제도적 요인이다. 제도의 구조적 측면뿐만 아니라 정책결정자들의 선호나 행태까지도 포함하는 것으로 해석하고자 한다. 예를 들어 우리나라에서 1980년에 공정거래법을 들 수 있다. '독점규제 및 공정거래에 관한 법률'이 제정된 것은 신군부가 집권하여 제도적 요인으로 정책네트워크에 큰 변동이 일어났기 때문이다(유훈, 2011).

4. 정책변동의 유형

정책변동은 그 변동의 정도와 형태에 따라 여러 가지 유형으로 구분되는데[10], 이중 Hogwood와 Peters의 정책변동의 이념형(ideal type)이 가장 대표적으로 사용되고 있다. 그들은 복잡한 정책의 변동을 정책혁신 또는 쇄신(policy innovation), 정책유지(policy maintenance), 정책승계(policy succession) 및 정책종결(policy termination)의 네가지로 구분하고 있다. 이들은 복잡한 정책의 변동을 유형화하는 일종의 이념형으로서 현실과 다소의 거리감이 있다고 하더라도 개별 정책변동은 이들 4가지 유형의 하나 또는 둘 이상의 요소를 지니고 있다고 할 수 있다.

10) 정책변동의 유형을 구분하는데 일반적으로 제시되는 기준은 ① 변동에의 의도성, ② 실질적 변동이 야기되는 정도, ③ 법률상 변화가 필요한 정도, ④ 예산분배가 달라지는 정도, ⑤ 정책의 근본취지의 변화여부 등을 들 수 있으나 학자에 따라 다양하게 제시하고 있다.

1) 정책혁신 또는 쇄신(policy innovation)

정부가 이전에 개입하지 않았던 분야에 개입하기 위해 새로운 정책을 형성하는 것으로, 사회문제가 처음으로 정책문제로 전환되고, 이것을 해결하기 위해 정부가 정책을 결정하는 것으로 기존의 정책이나 법률, 조직, 예산 및 사업 활동이 없는 상태에서 완전히 새로운 것을 만들어내는 것을 의미한다. 따라서 엄격히 보면 정책의 변동이라기보다는 신규정책형성이라고 할 수 있다.

2) 정책유지(policy maintenance)

처음 설정된 정책목표와 이를 달성하기 위한 실행적 정책수단 등이 일정시간이 경과한 후에도 계속 유지되는 것을 의미한다. 그러나 정책의 기본적 특성에 직접적으로 영향을 미치지 않을 정도로 실질적 정책수단 혹은 정책 대상 집단의 범위 등이 변동되는 경우라도 이 범주에 포함시킬 수 있다. 즉 정책환경은 끊임없이 변화하고 있으며, 이에 따라 모든 정책은 그 내용이나 그에 수반되는 예산액 또는 대상 집단의 규모, 집행절차 등이 얼마간 변동될 수 있으나, 정책의 기본적 목표와 실질적 정책수단이 변동되지 않은 경우 이를 정책유지로 볼 수 있다[11).

3) 정책승계(policy succession)

현존하는 정책의 기본적 성격을 바꾸는 것으로서 정책의 근본적인 수정을 하는 경우(정책의 중요한 일부를 없애거나, 새로운 부분을 추가하는 경우), 정책을 없애고 완전히 대체(replacement)하는 경우 등을 포함한다. 어느 경우이거나 기본정책목표는 변하지 않기 때문에 정책 '승계' 라고 부르게 되고 이점에서 정책종결과 차이가 있다. 또 정책목표는 변화되지 않지만, 정책수단인 사업(program)이나 사업을 담당하는 조직(organization), 예산항목에서도 중대한 변화가 일어난다는 점에서 정책유지와 다르다.

---

11) 영구임대주택을 예로써 들 수 있다. 1987년 도입된 이후 1993년부터 그 수혜 대상자를 청약저축 가입자모두에게 확대시키는 변동을 가져왔다.

4) 정책종결(policy termination)

현존하는 정책을 완전히 소멸시키는 것으로서 정책수단이 되는 사업들, 이들을 지원하는 예산이 완전히 소멸되고 이들을 대체할 다른 정책도 결정하지 않는 경우이다. 정부는 이 분야의 개입을 중단하고 민간부분에게 모든 것을 맡기는 경우로서 그 예가 드물다(정정길, 2002: 788-789).

이들 네 가지 유형간의 차이와 상호관계를 극단적으로 유형화시키면 네 가지 정책변동의 유형은 다음과 같이 〈표 10-2〉으로 요약된다.

〈표 10-2〉 정책변동 유형간의 비교

구분	정책혁신	정책승계	정책유지	정책종결
변동과정	의도적 (purposive)	의도적	적응적 (adaptive)	의도적
조직 측면	기존조직 없음 새로운 조직탄생	적어도 하나이상의 조직이 변동	의도적인 조직변동이 없음: 관리상의 결과론적 변화	기존조직이 없어짐
법률 측면	기존법률 없음 새로운 법률제정	기존 법률의 개정, 새로운 법률의 제정	일반적으로 법률의 개정이 불필요함	관련 법률 폐지
예산 측면	기존 예산 없음 새로운 정부지출	예산항목등의 대폭 수정, 변경	기본틀은 유지한 채 상황에 따른 예산책정	모든 정부지출 종결

출처: Hogwood & Peters, 1983: 27. 재정리.

제3부 정책분석의 기법과 실제

제11장 정책분석

제12장 정책분석 기법:

선형계획법, 목적계획법,
의사결정분석, PERT,
게임이론, 델파이기법,
시계열분석, 회귀분석,
비용편익분석

제 11 장 정책분석

1. 정책분석의 의의

정책대안의 비용과 편익을 분석하고 평가하는 활동을 말한다. 정책분석의 개념은 다의적으로 사용되고 있다. 맥래(MacRae)와 윌드(Wilde)는 정책분석을 "여러 대안들 사이에서 최선의 정책을 선택하기 위해 이성적인 사고와 실제적인 증거를 활용하는 것"으로 정의하는가 하면, 스토키(Stokey)와 젝하우서(Zeckhauser)는 "합리적인 정책결정자가 목표를 수립하고 이러한 목표를 달성하기 위한 최선의 방법을 탐색해 가는 논리적 과정이 활용되는 분야"라고 정의하고 있다. 정책분석의 활동 유형에는 정책결정 요인에 관한 분석, 정책결정자들에게 제공해 줄 수 있는 정책에 대한 정보의 산출, 정책집행 결과에 대한 사후적 분석인 정책의 모니터링과 평가활동, 특정 정책이 추구하는 의도와 운용에 관해 연구하는 정책 내용의 분석 등이 포함된다.

2. 정책분석의 특성

정책분석은 기술·평가·처방을 각각의 목적으로 하는 여러 학문분야와 전문적 분야로부터 발전되었다. 하나의 응용분야로서의 정책분석은 사회과학 및 행태과학 뿐만 아니라 행정학·법학·철학·윤리학 그리고 체제분석과 응용수학 등의 다양한 분야들로부터 방법과 이론 등 많은 것을 원용하고 있다.

1) 정책분석의 접근방법

정책분석가는 다음의 세 가지 질문에 대한 정보와 개연성 있는 논증을 제공해 줄 것으로 기대된다. 첫째, 사실(fact)에 관한 질문으로 그 존재 여부는 가치의 달성을 제한하거나 촉진시켜 줄 수 있다. 둘째, 가치(values)에 관한 질문으로 그 달성여부는 어떤 문제가 해결되었는지에 관한 주요 검증기준이 된다. 셋째, 행위(actions)에 관한 질문으로 그 채택여부는 가치의 달성을 초래할 수 있다.

이러한 세 가지 질문에 대한 정보와 개연성 높은 주장을 산출하기 위하여 정책분석가는 경험적 · 평가적 · 규범적 접근방법을 사용할 수 있다.

〈표 11-1〉 정책분석의 세 가지 접근방법

접근방법	주요질문	정보의 유형
경험적	그것이 존재하며 존재할 것인가 하는 사실: facts)	기술적 · 예견적
평가적	그것은 어떤 가치를 가지는가 하는 가치: values)	평가적
규범적	무엇이 행해져야 할 것인가 하는 행위: action)	처방적

(1) 경험적 접근방법

주로 주어진 공공정책의 원인과 결과를 기술하는 것과 관련된다. 여기서의 주된 질문은 사실적이며(그것이 존재하고 있는가?), 산출되는 정보의 유형은 기술적(記述的)인 성격을 띠고 있다. 분석가가 보건 · 교육 · 교통 · 등에 대한 공공지출을 기술하고 설명하며 혹은 예측하는 경우를 그 예로 들 수 있다.

(2) 평가적 접근방법

주로 어떠한 정책의 가치문제를 결정하는 것과 관련된다. 여기서 주된 질문은 가치문제이며(그것은 어떤 가치를 가지는가?), 산출되는 정보 유형은 평가적인 성격을 띠고 있다. 예를 들면, 다양한 조세정책에 대한 기술적 정보를 마련한 후에, 분석가는 배분적 조세부담에 관한 여러 가지 서로 다른 방법들을 그것들이 초래할 윤리적이고 도덕적인 결과들에 따라 평가 할 수 있다.

(3) 규범적 접근방법

공공문제를 해결할 수 있는 미래의 행동노선을 제안 하는데 관심을 둔다. 여기서의 주된 질문은 행위와 관련이 있으며(무엇이 행해져야 할 것인가?), 산출되는 정보의 유형은 주로 처방적인 성격을 띠고 있다.

2) 다양한 탐구방법

정책관련정보는 그 성격이 기술적이든, 평가적이든 혹은 처방적이든 간에 일정한 분석절차를 도입함으로써 산출된다. 이러한 분석절차는 질문의 유형에 따라 달라진다. 정책분석의 일반적인 분석절차는 문제구조화, 예측, 제안 혹은 처방, 등으로 이루어지는 입반적인 분석절차이라 할 수 있다. 그 중 문제구조화(problem structuring)가 기초가 된다. 이를 자세히 살펴보면 다음과 같다.

첫째, 예측은 정책의 미래 결과에 관한 정보를 산출한다. 둘째, 제안은 미래의 행동노선이 가져다 줄 바람직한 결과들에 관한 정보를 산출한다. 셋째, 정책을 분석하기 위해서는 정책문제와 그 가능한 해결방안에 관해 인지하고 있어야 한다. 넷째, 문제구조화는 어떤 정책상황에 대한 정보에 직면하여 분석가들이 근심스럽고 당혹스러우면서도 뭔가를 해야만 하는 상황, 그 곤란성이 전체 상황에 확산되어 총체적으로 영향을 미치게 된 상황을 탐구하는 단계이다.

3) 정책논증의 구조

정책분석은 정책논증의 구조이다. 정책분석은 단지 정책 관련 정보를 산출하기 위한 다양한 탐구 방법을 사용하는 데에 그치지 않는다. 즉 분석가는 다양한 정보를 산출하려 할 뿐만 아니라 그러한 정보를 공공정책에 대한 타당한 논증으로 전달하려 한다. 정책 논증은 이해 관계자들이 정책대안에 대해 합의하지 못하는 이유를 밝혀 줄 뿐만 아니라 정책 이슈에 대한 논쟁을 하기 위한 중요한 도구이기도 하다(박성복 · 이종렬, 2002).

(1) 정책 관련 정보(policy relevant information)

여러 가지 방법들을 통해 산출되며 분석가의 주장에 대한 증거를 구성하며 정책 논증의 출발점이다. 정책분석을 정책문제, 정책미래, 정책행위, 정책결과, 정책성과 등에 관한 정보를 산출해 내기 위해 다양한 방법을 사용한다.

(2) 정책주장(policy claim)

정책논증의 결론이며 정책정보의 출현에 뒤따라 나타날 때 '그러므로'라는 표현으로 연결된다. 따라서 정책주장은 정책관련 정보의 논리적 귀결이다.

(3) 근거(warrant)

정백분석가가 정책 관련 정보를 정책 주장화시키는 데 필요한 정책논증에서의 가정이다. 근거에는 여러 가지 유형이 있는데 권위적·통계적·분류적·직관적·인과적·실용적·비판적 가정 등을 포함한다. 이것은 정책 관련 정보를 합의하지 못하거나 갈등이 유발 될 수 있는 정책주장으로 전환하는 과정에서 그 주장이 수용되도록 정당한 이유를 제공하는 역할을 한다.

(4) 보강(backing)

근거가 제대로 수용되지 않을 경우 근거를 보강하기 위해 사용될 수 있는 추가적인 가정이다. 근거를 위한 보강 역시 다양한 형태로 나타날 수 있다. 즉, 과학적 법칙, 전문가의 권위에의 호소, 윤리적 및 도덕적 원리 등의 형태가 포함될 수 있다. 이것은 분석가로 하여금 좀 더 근본적인 가정들을 파악할 수 있게 해 준다.

(5) 반론(rebuttal)

원래의 주장이 수용되지 않거나 조건부로만 수용되는 상태를 말하는 제2의 결론, 가정, 혹은 논증이다. 즉, 정책이슈를 형성하게 된 것이다. 정책분석가는 반론에 대하여 고려해 봄으로써 상대방의 입장을 이해할 수 있고, 자신의 주장과 가정을 비판하는 데 있어 체계적인 수단을 얻게 된다.

3. 정책결정과정에서 정책분석

1) 정책체제

정책분석가들은 정책체제에 관련되어 있는 다양한 형태의 많은 행위자들 중의 일부이다. 하나의 정책체제(policy system)란 정책이 만들어지는 전반적인 제도적 형태를 의미한다. 정책체제는 공공정책, 정책관련자, 정책환경이란 세 가지 요소로 구성되어 있으며, 이들 구성요소들은 상호관련성을 띤다.

〈그림 11-1〉 정책체제의 세 가지 요소

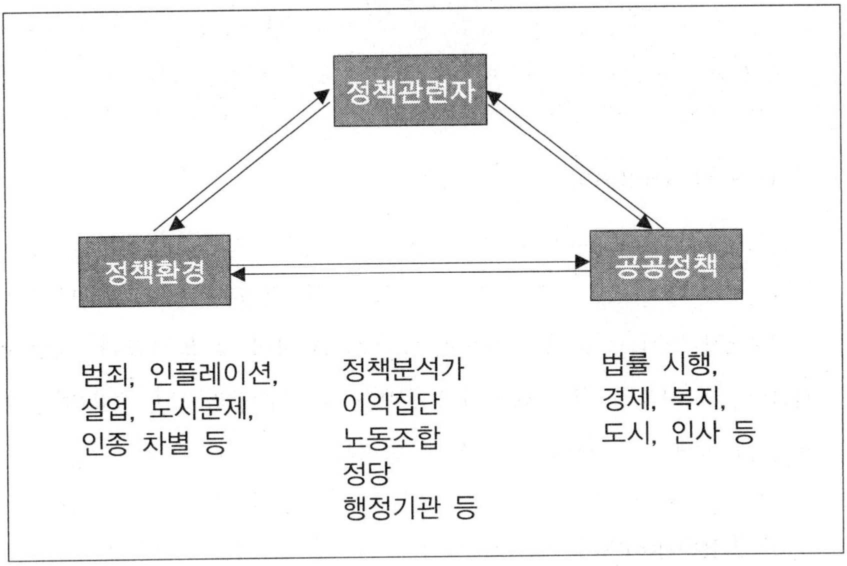

출처 : Dye, 1978; 박성복 · 이종렬, 2002.

(1) 공공정책

정부기관이나 관료들이 장기간에 걸쳐 결정한 일련의 선택으로서, 이는 국방 · 경제 · 보건 · 교육 · 복지 · 범죄 등 다양한 분야의 이슈 영역에서 형성된다. 서로 다른 다양한 집단들의 갈등을 포함하는 정부의 실질적 혹은 잠재적 행동노선들이 존재하는 것이다. 주어진 하나의 정책이슈는 대개 정책문제의 정의에 관한 갈등의 결과라 할 수 있다.

(2) 정책관련자(policy stakeholder)

정부의 결정에 영향을 미치거나 정부의 결정으로부터 영향을 받기 때문에 정책에 이해관계를 갖고 있는 개인이나 집단을 가르킨다. 즉 시민단체, 노동조합, 정당, 정부기관, 국회의원, 정책분석가 등의 정책관계자들은 정책환경에 대한 똑같은 정보에 대해서도 흔히 전혀 다르게 반응한다.

(3) 정책환경(policy environment)

정책이슈를 유발하는 사건들이 발생하는 구체적인 맥락을 의미하는 것으로서, 정책관련자들과 공공정책에 영향을 주고 또한 다른 한편으로 정책관련자들과 공공정책의 영향을 받기도 한다.

2) 정책분석의 단계

정책분석 단계는 한 번 만에 그치는 것이 아니라 계속적이고 반복적인 과정이다. 또한 반드시 전체적인 과정이 그대로 일어나는 것이 아니라 현실 세계에서는 생략되거나 중복되는 경우도 빈번하다. 또한 경우에 따라서 정책분석의 단계는 앞뒤가 바뀔 수도 있고 어떤 단계는 생략되어 질 수도 있다. 일반적으로 정책분석의 단계는 문제의 분석과 목표설정, 대안의 탐색과 개발, 예비분석, 대안 결과의 예측, 대안의 비교 · 평가, 분석 결과의 제시 등으로 나누어 볼 수 있다. 이는 그림 〈그림 11-2〉와 같이 나타낼 수 있다.

〈그림 11-2〉 정책분석의 과정

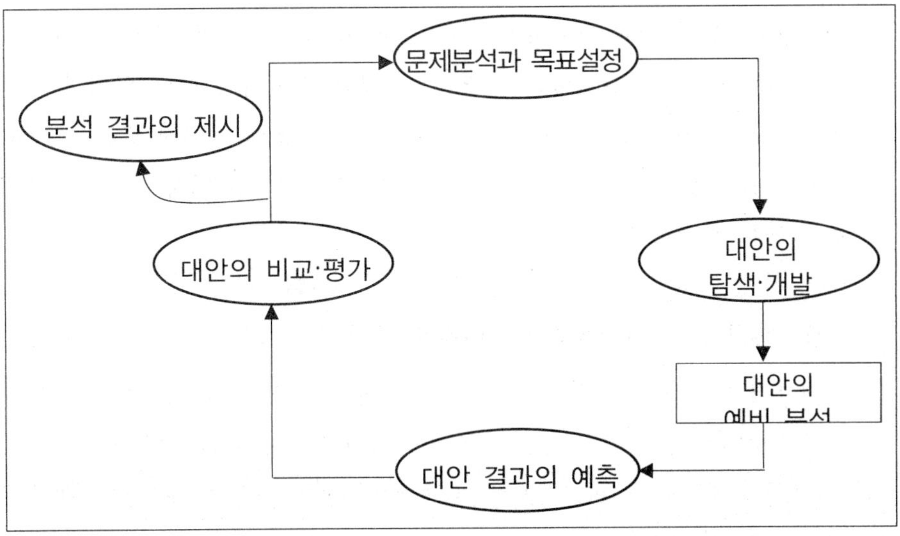

(1) 문제분석과 목표설정

현실에서 수많은 복잡한 정책문제가 대두되는데, 먼저 그 성질과 유형을 명확히 밝혀야 한다. 즉, 정책문제를 명확하게 인식하는 데서 정책분석이 시작된다.

다음은 문제해결을 위해 목표를 명확히 설정해야만 한다. 설정된 목표가 명확하지 않으면 정책대안의 탐색에서 어려움을 겪게 된다. 또한 이 단계에서 여러 대안들을 평가할 때 사용될 평가기준을 정해야 하는데, 그것은 관점에 따라서 그 내용이나 수준이 달라질 수 있다.

(2) 대안의 탐색과 개발

문제를 어떻게 정의하느냐에 따라서 탐색 · 개발될 해결 대안들의 유형이 전혀 달라지는 것은 물론이지만, 어떤 하나의 문제 정의에서도 여러 가지의 해결 대안을 생각해 볼 수 있다. 대안의 탐색 · 대안들을 탐색하거나 새로운 대안을 개발하는 단계를 말한다. 이 단계에서는 특히 정책분석가의 창의력이 중시되는데, 가능한 한 문제를 해결할 수 있는 좋은 방안들을 많이 찾아내고 새로 개발하는 노력이 필요하다.

(3) 대안의 예비분석

대안의 탐색·개발 단계에서 등장시킨 대안의 수가 많으면 많을수록 더 좋은 정책대안이 나올 수 있는 반면, 대안 결과를 예측하고 비교·평가하는 데는 많은 비용과 시간, 능력 등이 필요하다. 그러므로 정책분석 활동에 사용할 수 있는 비용, 시간, 능력 등의 한계를 고려해 볼 때 본격적인 심층적 분석의 대상이 되는 대안들의 수를 합리적으로 제한하는 것이 필요하다. 이렇게 본격적인 분석에 앞서서 탐색·개발된 대안들을 개괄적으로 분석하여 다른 대안들에 비해 그 질이 월등히 떨어지는 대안들, 그래서 더 이상의 정밀한 분석을 해 볼 필요가 없는 대안들을 골라내는 작업이 이루어지는 단계가 예비분석 단계이다. 물론 예비분석 단계에서 대안들을 검토해 본 후, 검토 대상에 오른 대안들 외에 새로운 대안을 탐색·개발해 볼 필요성이 제기될 경우에는 대안의 탐색·개발이 다시 진행된다.

(4) 대안 결과의 예측

정책의 합리성을 제고시키기 위해서 정책문제를 해결하고 정책목표를 달성할 수 있는 적절한 정책대안을 탐색하는데 많은 노력을 기울인다. 대안탐색과 밀접한 관련되어 있는 예측방법에 관하여 체계적으로 검토하여야 한다. 예측은 크게 투사적 예측, 이론적 예측 판단적 예측 등 구분할 수 있다. 투사적 예측기법으로는 전통적 시계열분석, 선형경향추정, 비선형시계열, 자료변환 등을 개략적으로 검토하게 된다. 이론적 예측기법으로 는 인과모형, 회귀분석, 상관분석 등이 있다. 판단적 예측기법은 델파이기법, 교차영향분석 등이 있다.

(5) 대안의 비교·평가

중요한 정책대안들이 각각 어떠한 결과를 가져올 것인지를 예측하고 난 후에는 이러한 대안들 중에서 어떠한 대안이 정책목표를 달성하는 데 가장 크게 기여하는지 알기 위해 일정한 기준을 적용하여 대안들을 비교·평가해야 한다. 즉, 대안들 간의 우선순위를 정하는 것이다. 대안들 간의 우선순위를 정하여 좀더 바람직한 정책 대안을 찾으려면 우선순위를 정할 수 있는 기준이 있어야 한다. 이와 같이 바람직한 정책대안과 그렇지 못한 정책대안을 판단하는 기준을 정책대안의 비교·평가 기준이라고 한다.

정책대안의 비교·평가는 사회적 적합성의 차원에 따라 당위성 차원의 분석, 실현성 차원의 분석, 능률성 차원의 분석으로 구분해야 한다. 어느 한 차원의 비교·평가가 빠지게 되면 그에 해당하는 차원의 적합성이 상실되어 적절한 비교·평가가 이루어지지 않으며, 그럼으로써 좀더 바람직한 정책대안을 제시할 수 없게 되기 때문이다. 정책대안의 비교·평가에 대한 당위성 차원의 기준으로는 대표적으로 형평성 등이 있으며, 실현성 차원의 기준으로는 기술적 실현 가능성, 행정적 실현 가능성, 재정적·경제적 실현 가능성, 법적 실현 가능성, 정치적 실현 가능성 등이 있다. 그리고 능률성 차원의 기준으로는 능률성과 효과성 등이 있다.

(6) 분석결과의 제시

정책분석의 최종단계이다. 분석결과를 분석의뢰자에게 제출하는 단계이다. 분석결과의 제시를 통해 활용이 이루어지며, 활용을 통해서 분석과정에 대한 종합적 평가가 진행되어진다. 분석결과제시의 목적은 첫째, 정책결정을 위한 정보를 제공하는 것이다. 즉, 결정을 위한 주장근거, 반대자에 대한 반박근거로 활용할 수 있다. 둘째, 정책관련 집단 간의 토론 촉진될 수 있다. 이를 통해 정책문제에 대한 의견을 제출하고, 이해관계자들에 대한 논쟁촉진, 자신의 주장에 대한 수정과 지지를 위한 객관적 자료를 확보할 수 있다. 최종적으로 정책결정의 질 향상에 기여할 수 있다.

4. 정책분석의 한계

1) 정책특성상의 문제

먼저 정책문제 자체와 정책문제 정의가 갖는 다음과 같은 특성 때문에 완전한 정책분석이 어렵다.

첫째, 정책문제의 정의는 '참'과 '거짓'이 분명한 것이 아니다. 정책문제에 대한 정의는 주관적 판단을 요구하므로 항상 판단상의 갈등을 일으킨다.

둘째, 하나의 정책문제는 대단히 넓은 연관성을 가진다. 그러므로 그 정책문제와 관련된 모든 관련변수들을 빠짐없이 분석한다는 것은 거의 불가능하다.

셋째, 정책문제는 상황의 변화에 따라 그 본질이 달라진다. 문제시되는 상황에 대한 규범적 판단이 달라져도 역시 정책문제의 내용은 달라진다. 그러므로 정책문제 정의는 한번으로 끝나는 것이 아니라 계속적으로 재정의 되어야 한다. 그러나 문제 상황의 변화를 상시추적하고 이에 규범 판단을 적용시켜 계속적으로 문제를 분석하여 재정의 하는 작업이 완벽하게 이루어지기는 어렵다.

넷째, 정책문제는 가치의 사회적 배분에 관련된 문제이다. 그러므로 정책문제 정의는 항상 사회적 갈등을 일으킨다.

다섯째, 정책문제는 분석 과정에 의해서만이 아니라 정치 과정을 통하여 정의되고 해결되는 문제이다. 그러므로 정책문제와 이에 대한 해결방안의 선택이 정책분석에 의해서 완전히 이루어질 수는 없다.

2) 정책상황상의 불명확적 한계

정책상황의 불명확적 한계는 크게 두 가지로 요약할 수 있다. 첫째, 정책상황은 끊임없이 변화하기 때문에 그 특성을 지닌 정책상황을 완전하게 분석한다는 것은 거의 불가능하다는 것이다. 둘째, 분석적으로 접근할 수 있는 정책상황은 단순화된 상황이다. 그것은 항상 실제의 상황과 다르고 허구성을 지니고 있다. 따라서 불완전하게 분석된 허구의 정책 상황을 토대로 이루어진 여타의 분석도 당연히 한계를 지닐 수 밖에 없다.

제 12 장 정책분석 기법

1. 게임이론

1) 게임이론의 기초개념

게임이론은 둘 이상의 선택 주체가 다른 사람과의 관계에서 어떻게 최선의 결정을 할 수 있을 것인지에 대해 분석하는 것이다. 즉 한 집단, 특히 기업에 있어서 어떤 행동의 결과가 게임(놀이)에서와 같이 참여자 자신의 행동에 의해서만 결정되는 것이 아니고 동시에 다른 참여자의 행동에 의해서도 결정되는 상황하에서, 자기 자신에 최대의 이익이 되도록 행동하는 것을 분석하는 수리적 접근법이다.

게임이론이란 상충적이고 경쟁적인 조건에서의 경쟁자간의 경쟁상태를 모형화하여 참여자의 행동을 분석함으로써 최적전략을 선택하는 것을 이론화하려는 것이다.

2) 게임이론의 발전과정

게임이론은 1944년 J.폰 노이만과 O.모르겐슈테른의 공저 《게임이론과 경제행동 Theory of Games and Economic Behavior》에서 이론적 기초가 마련되어, 제2차 세계대전 당시 잠수함 전투에 이 이론을 이용한 미국의 물리학자인 P.모스에 의해서 더욱 발전되었다. 1950년대 초반 터커(Tucker)에 의한 '죄수들의 딜레마게임(prisoner's dilemma game)'과 게임의 균형에 관한 내시(John Nash)의 논문이 비협동적 게임이론의 토대를 마련한 이후 게임이론은 주로 군사학에서 적용되어 왔으나, 지금은 경제학 · 경영학 · 정치학 · 심리학 · 행정학 등 사회과학 많은 분야에서 게임이론의 유용성이 널리 인정되었다.

3) 게임이론의 내용

게임이론에 있어서는 게임 당사자를 경쟁자라 하고, 경쟁자가 취하는 대체적 행동을 전략이라 하며, 어떤 전략을 선택했을 때 게임의 결과로서 경쟁자가 얻는 것을 이익 또는 성과라고 한다.

어떤 경쟁자가 어떤 전략을 선택하느냐에 따라 좌우되는 것이므로 각 경쟁자는 상대방이 어떤 전략을 선택하더라도 자기의 이익(성과)을 극대화시킬 수 있는 전략을 선택하게 된다. 게임은 경쟁자의 수에 따라 2인 게임(예: 장기 · 바둑), 다수 게임(예: 포커 등으로 흔히 n인 게임이라 한다)으로 분류된다. 가장 많이 나타나는 게임의 형태는 2인 영합 게임(zero-sum game)인데, 영합이라는 말은 서로 상반되는 이해를 가지는 2인 게임의 경우, 한쪽의 이익은 상대방의 손실을 가져오게 되어 두 경쟁자의 득실을 합하면 항상 영(zero)이 된다는 것을 의미한다. 또, 경쟁자가 취하는 전략의 수가 유한 개수의 경우를 유한게임이라 하고 무한인 경우를 연속 게임이라 하는데, 유한 영합 2인 게임이 이론적으로 가장 널리 전개된다.[12)]

따라서, 각각의 경쟁자들은 여러 개의 대안들을 가지고 있으며, 상대방의 전략을 완전히 비밀로 할 수도, 상호 간에 의사소통과 타협을 할 수도 있다. 이에 따라 각 대안의 결과는 상대방이 선택한 대안에 따라 상이하며 여기에서 이루어질 수 있는 모든 관계를 정책결정의 틀 속에서 연구한다.

예컨대, 함께 절도를 한 두 범죄자를 서로 의사소통을 할 수 없도록 각자의 방에 가둔 후, 아래와 같은 상황을 설명하였다. 두 범죄자는 자신의 선택과 상대방의 선택을 고려한 후 최선의 선택을 하게 된다(김두식 외, 2006: 233).

〈표 12-1〉 게임이론의 예시

구분		상대방의 선택(B)	
		자백	묵인
나의 선택(A)	자백	(5, 5)	(1, 10)
	묵인	(10, 1)	(3, 3)

12) http://100.naver.com/100.nhn?docid=8965

2. 델파이방법

1) 개념과 연혁

(1) 개 념

델파이방법(Delphi-Technique)은 여러 전문가들로부터 식견 있는 견해를 획득하고 교환하고 개발하는 판단적 예측절차이다. 이 기법은 1948년 랜드연구소에서 개발되어 공공부문이나 민간 부문에서 수많은 예측활동에 이용되어 왔으며, 토의에서 나타나는 여러 가지 왜곡된 의사전달의 근원을 제거하기 위해 고안되었다(박성복 · 이종렬, 2000: 226-227).

(2) 연 혁

본래 델파이방법은 미래예측에 초점을 두고 창안되었기 때문에 희랍의 신탁을 본따서 Delphi라고 명명되었다. 델파이 방법은 1948년에 경마의 결과예측을 위해 처음으로 실험된 이후 주로 RAND연구소에 의해 개발 · 응용되어 왔다 RAND연구팀은 1950년대 초에 미공군의 지원을 받아 전문가의 의견활용을 위한 연구과제를 수행하였다. 동 연구의 목적은 일련의 설문을 총해 수집된 의견을 계속적으로 환류해 줌으로써 전문가집단의 의견을 근접시켜 신뢰할 만한 결론을 도출하고자 한 것이었다. 연구의 주제는 재래식 무기와 핵무기를 조화시킨 최적의 전략목표체제를 도출하려는 것이었다.

이렇게 창안된 델파이방법은 큰 관심을 끌지 못하다가 1960년대 중반부터 산업계에서 기술발전을 예측하는 데 광범하게 활용되기 시작하였다. 또한 미래의 과학발전 및 생활수준 등을 예측하는 데도 널리 이용되었으며 RAND연구소의 Gordon과 Helmer가 행한 장기예측연구는 그 대표적인 것이었다. 그 후 델파이방법은 미래예측뿐 아니라 조직의 목표설정 및 정책수립에 이르기까지 적용영역이 확대되었으며 정부나 기업, 학술연구 등에서 가장 대표적인 비계량적 예측기법으로 널리 활용되고 있는가.

2) 델파이방법의 특징

델파이방법은 본질적으로 한 사람보다는 여러 사람의 전문가에 의존하는 것이 정보의 양이나 판단의 신뢰성 면에서 유리하다는 전제하에 전문 다집단의 의견을 종합하는 한 방식이다. 이러한 집단의견을 수렴하는 전통적인 방식은 위원회나 세미나 등 여러 형태의 회의였다. 델파이는 이들 회의를 통한 의견종합방식이 갖는 문제점을 개선하려는 시도에서 비롯된 것이라 하겠다.

(1) 회의방법의 문제점

첫째로 회의에서의 결론은 구성원간의 개인적인 역학관계에 의해 영향을 받기 쉽다. 흔히 달변가, 공격적인 사람, 연장자나 상급자들의 의견이 지배하는 경향이 있기 때문이다.

둘째로, 회의에서는 집단적인 압력이나 분위기에 휩쓸려 각 개인의 판단이나 의견과는 엉뚱하게 다른 결론에 도달하는 경우가 많다.

셋째로, 회의에서는 자기의 체면이나 타인에게 주는 인상을 의식하여 진정한 의견을 감추거나 일단 표현한 의견을 고집하는 경향이 있다. 특히 중대하고 이해관계가 수반되는 사항일수록 의견표시를 꺼리거나 주장을 관찰하려는 사람이 많게 된다.

(2) 델파이방법의 특징

회의 등 전통적인 의견종합방식이 갖는 위와 같은 문제점들을 해소 내지 극소화하기 위해 델파이방법에서는 각 전문가들에게 개별적으로 설문서와 그 종합된 결과를 전달·회수하는 과정을 거듭함으로써 독립적이고 동등한 입장에서 의견을 접근해 나갈 수 있도록 한다. 따라서 델파이 방법의 특징 내지는 장점을 요약하면 다음과 같다.

① 익명 : 모든 전문가나 지식인들은 익명이 보장된 상태로 개별적으로 답변한다.

② 반복 : 개인들의 판단들을 집계해서 그 결과를 모두에게 다시 돌려줌으로

써 각자가 이전의 의견을 수정할 수 있게 한다.

③ 통제된 환류 : 종합된 판단의 전달은 질문지에 대한 응답들을 집계한 형태로 이루어진다.

④ 통계처리 : 개인들의 응답 데이터는 통계적으로 대표값(중위수, 최빈수, 평균), 산포도 및 빈도 등으로 요약된다.

⑤ 전문가 합의 : 이 기법의 최종 목표는 전문가들 사이의 합의가 도출될 수 있게 하는 것이다.

3) 델파이방법의 운용과정

(1) 운영 · 조직

델파이방법의 운영과 관련되는 집단은 세 가지가 있다.

첫째, 사용주체로서 델파이방법을 통해 필요한 정보를 획득·활용하고자 하는 개인이나 집단을 말한다. 둘째, 일련의 델파이설문서를 작성하고 실시하여 그 결과를 분석하는 모니터 팀이 있어야 한다. 셋째, 응답집단을 필요로 하는데, 10-50명의 전문가들로 구성되며 몇 차례 설문에 계속해서 응답하게 된다. 이들 세 집단이 반드시 달라야 할 필요는 없으며 연구프로젝트의 경우처럼 사용주체와 모니터 팀이 같거나, 전문가협회의 경우처럼 사용주체가 곧 반응집단이 되기도 한다.

(2) 실시단계

델파이방법의 실시절차는 상황에 따라 적절히 변형시켜 운영하는 것이 바람직하지만 일반적으로 다음과 같은 단계를 거친다.

제1단계는 선정된 응답집단에게 최초의 설문서를 보내게 되는데, 흔히 개방식으로 여러개의 항목을 열거하도록 요구한다. 미래예측의 경우는 예상되는 주요 사태를 열거하도록 하고 목표 및 정책수립의 경우는 가능한 대안을 탐색하도록 한다.

제2단계는 첫 번째 설문의 결과를 분석하여 다수가 지적한 항목들을 종합한 제2차 설문서를 응답집단에 보내면서 이들 각각의 사태가 언제쯤 발생할 것인가를 추정하게 한다. 이와 함께 제1단계의 분석결과에 비추어 첫 번째 설문에 밝힌 각자의 의견을 재검토하게 하고 계속해서 자기의견을 주장하고 싶을 때는 그 이유나 근거를 기술해 주도록 요청한다.

두 번째 설문에 대한 반응, 즉 각 사태의 발생시기에 대한 추정자료는 통계처리하여 중위수, 1사분위수, 3사분위수 등의 대표치를 산출한다. 여기서 얻어진 각 항목(사태)에 대한 추정대표치통계와 극단적인 반응에 대한 이유 등을 요약하여 세 번째 설문을 작성하게 된다.

제3단계는 세 번째 설문서를 보내서 각 사태의 발생시기에 관한 각자의 지난번 응답을 재검토하도록 요청하는 동시에 극단적인 반응(1사분위수 이하나 3사분위수 이상)을 고수하고자 할 때는 역시 그 정당성을 설명해 주도록 한다. 설문서가 회수되면 두 번째 설문 때와 마찬가지로 청리하여 다음번 설문서를 작성하게 된다.

제4단계에서도 같은 과정을 반복하여 의견이 접근할 때까지 계속하여야 한다. 설문과 환류가 계속됨에 따라 중위수, 즉 사태별 발생연도의 평균치가 달라질 뿐 아니라 사분편차가 점점 좁아져 이견의 접근경향이 나타난다. 단계의 중단 여부는 의견접근 정도와 합의를 필요로 하는 정밀도 등을 감안하여 모니터 팀에서 결정하여야 한다.

4) 델파이방법의 종류

델파이방법은 조사도구나 용도에 따라 여러 가지 유형이 있다. 우선 조사에 사용하는 방법에 따라 전통적인 델파이와 실제시간 델파이로 나눌 수 있을 것이다.

첫째의 전통적인 델파이는 델파이연습이라고도 부르며 설문서를 이용하여 응답을 수집하는 방식으로서 일반적으로 널리 쓰이는 방식이다. 모니터 팀에서 설문서를 개발하여 응답집단에 보내고 회수한 다음 그 결과를 분석하여 다음 설문서를 보내는 과정을 되풀이하게 된다. 이 방법은 시간이 많이 소요되고 비용도 많이 드는 것이 보통이다.

둘째의 실제시간델파이는 델파이회의라고도 부르며 컴퓨터를 이용하여 응답과 처리·환류를 신속히 함으로써 극히 짧은 시간에 의견을 종합할 수 있는 방식이다. 모니터 팀에서는 미리 응답자 개개인이 컴퓨터 터미널을 통해서 교신을 할 수 있도록 미리 프로그램을 작성하고 각 반응을 즉시 처리·통보하는 자료분석 프로그램을 운영하여야 한다. 이 방법은 소요시간이 단축되므로 신속을 요하는 문제에 활용될 수 있다. 그러나 컴퓨터설비를 필요로 하고 응답집단 개개인을 동시에 서로 다른 장소에 확보해야 하는 어려움이 있다.

델파이방법은 용도에 따라 예측델파이와 정책델파이로 나눌 수 있다. 델파이방법은 본래 미래예측을 위해 창안된 것이지만 최근에는 정책수립이나 목표설정에도 많이 활용되고 있다.

첫 번째 예측델파이는 통계적·정량적인 예측이 불가능한 문제에 대하여 전문가들의 판단을 종합함으로써 미래에 닥쳐올 사태와 그 발생시기를 추정하려는 것이다. 따라서 불확실한 장래를 대상으로 하는 기획에 있어서 비계량적 상황에 대한 대표적인 예측수단으로 꼽히고 있다.

두 번째, 정책 델파이(policy Delphi)는 기존의 델파이를 정책문제에 적용하는 것을 말한다. 전통적인 델파이는 기술적인 문제에 대한 그 방면의 동질적인 전문가들의 의견을 수집하여 합의된 견해를 도출하려고 하는 반면, 정책 델파이는 주요 정책이슈의 해결책에 대하여 있을 수 있는 강력한 반대 의견을 창출하려고 한다. 또한 정책 델파이는 전통적 델파이의 반복과 통제된 환류라는 두 가지 원칙에 기초를 두되 다음의 몇 가지 원칙들을 더 가진다(박성복·이종렬, 2000: 227).

① 선택적 익명 : 예측의 초기 단계에서만 익명이 유지되고 정책대안들에 대한 상반된 주장이 표면화되면 공개적인 토론이 이루어지게 된다.

② 식견 있는 다수의 확보 : 참가자 선정에서 '전문성' 뿐만 아니라 '흥미와 식견'도 기준이 된다.

③ 통계적 반응의 차별화 : 개인의 판단들을 집계할 때 일반적인 방법 외에 불일치와 갈등을 부각시키는 수치가 사용된다.

④ 갈등의 구조화 : 정책대안을 탐색하는데 정책이슈에 대한 갈등을 의도적으로 조성하고 그것을 이용한다. 대립되는 입장의 가정과 논증을 표면화하여 명백하게 한다. 따라서 정책 델파이의 결과는 합의일 수도 있고 계속적인 갈등일 수도 있다.

⑤ 컴퓨터 회의 방식 : 컴퓨터 회의를 통해 개인들 간의 의견 교환을 익명으로 진행시키고 직접 대면할 필요성을 줄인다.

정책델파이는 ① 문제의 명료화, ② 대상자 선정, ③ 질문서 설계, ④ 1차 결과의 분석, ⑤ 후속 질의서의 작성, ⑥ 회의소집, ⑦ 최종 보고서의 준비 등의 절차를 통해 이루어진다.

5) 활용 및 한계

RAND연구소에서 개발된 델파이방법은 1960년대 중반 이후 더욱 발전되고 광범하게 활용되기 시작하였다. 델파이방법 및 그 적용에 관한 연구보고 내지 논문만 하더라도 1970년까지 이미 270여건이 발표되었으며 적용영역은 예측과 정책분석 및 선택뿐 아니라 역사적 사례의 중요성이나 모형의 타당성 등에 관한 판단에 이르기까지 확대되고 있다. 특히 장기적 미래예측분야에서는 델파이방법을 이용하여 미래의 과학발전, 인구성장, 자동화, 우주탐색, 전쟁가능성과 예방, 미래의 무기체제 등에 관하여 상당한 의견의 합치를 보았다. 또한 델파이방법은 조직이나 사회 각 분야에서 지향해야 할 목표를 탐색하는 등 가치판단적인 과제에 대해서도 많이 적용되어 효과를 거두고 있다.

실제로 델파이방법은 단계를 거듭함에 따라 의견이 접근하는 속도가 예상외로 빠르고 의견의 현저한 전환이 발생하는 것으로 보고되고 있다. 따라서 응답집단을 크게 하고 단계를 많이 반복하면 비교적 정확하고 신뢰로운 결론을 얻을 수 있다는 것이다.

그러나 델파이방법의 절차 및 결과의 타당성에 관해서 비판을 제기하는 사람도 많다. 그 대표적인 것들을 소개하면 다음과 같다.

첫째로, 동원된 전문가들의 자질과 역량의 문제이다. 특정 분야의 전문가들은 자기의 좁은 전공영역에 집착하여 거시적인 전망과 예측은 잘못하는 경우가 많다. 그렇다고 시야가 넓은 전문가들은 선정하다 보면 다수의 반전문가들의 설익은 판단에 의존할 가능성이 높다. 따라서 응답집단의 전문가들을 선정하는 일은 가장 중요하고 그만큼 어려운 작업이라 하겠다.

둘째로, 델파이과정에서 응답이 불성실하거나 조작될 가능성이 있다. 응답자들이 충분한 검토와 사고를 하지 않고 설문에 답하거나 귀찮아서 자기 주장을 쉽게 철회해 버린다. 델파이는 익명으로 실시되기 때문에 체면을 손상할 염려가 없으므로 이러한 경향이 두드러진다.

셋째로, 설문 여하에 따라 응답이 크게 달라지는 경향이 있고 응답의 표현이 모호하여 처리과정이 자의적으로 이루어질 우려가 있으며 그만큼 델파이결과의 신뢰도는 낮아지기 쉬운 것이다.

3. 시계열분석

1) 시계열분석의 의의

시계열분석이란 시간의 경과에 따른 어떤 변수의 변화경향을 분석하여 그것을 토대로 미래의 상태를 예측하려는 방법이다. 즉 시간을 독립변수로 하여 과거로부터 현재에 이르는 변화를 분석함으로써 미래를 예측하려는 동태적인 분석방식인 것이다. 따라서 시계열분석은 동일시점에서 여러 사례를 비교분석하는 정태적인 횡단분석과 반대되는 분석방법이라 할 수 있다.

시계열분석은 과거의 변화경향에 관한 계량적인 분석을 토대로 미래를 추정하는 방식이므로 예측의 객관적인 준거를 제시한다. 또한 변화의 유형과 요소들은 분리시켜 파악할 수 있게 하므로 합리적인 판단과 통제에 도움을 준다. 시계열분석은 변화경향이 명료하고 비교적 안정적이며 이에 관한 자료들이 축적되어 있을 때 활용할 수 있는 예측방법이다.

2) 시계열변동의 구성

시계열이란 시간경과에 따른 사상의 변동상황을 발생순서에 따라 관찰·배열해 놓은 통계자료를 말한다. 시계열변동은 흔히 다음 네 가지 성분으로 구성되어 있다고 보고 있다.

(1) **추세변동** : 경향변동 또는 계속변동이라고 불리며 장기간에 걸쳐 변화양상을 관찰해 보면 연속성과 규칙성이 나타나는 경우를 말한다.
(2) **계절변동** : 1년 주기로 하여 계절에 따라 정기적으로 같은 변화경향을 나타내는 경우로서 농한기의 계절적 실업이나 성수기의 가격상승 등이 그 전형적인 예이다.
(3) **순환변동** : 수개년을 주기로 하여 상승과 하강이 반복되는 변동을 가리키며 대체로 경기변동이 여기에 해당된다.
(4) **불규칙변동** : 일정한 경향을 발견하기 어려운 원인불명의 변동으로서 예측이 어려워 오차를 유발하기 쉬운 부분이다. 전반적인 시계열변동 중에서 위의 세 가지 변동요인을 제거한 부분으로 잔여변동이라고 한다.

실제로 경제사회영역의 시계열변동에는 이상 네 가지 구성요소들이 몇 가지씩 복합된 경우가 대분이다. 그러나 시계열분석에 있어서는 순환변동이나 계절변동을 제외한 장기적인 추세, 즉 추세변동을 측정하는 데 초점을 두게 된다.

3) 경향선의 산출

시계열분석은 과거의 변화경향을 파악하여 미래를 예측하려는 것이므로 그 변동경향을 가장 잘 나타내는 경향성을 규명하는 것이 급선무이다. 경향선은 시계열변동의 중축을 따라 진행하는 동적 평균선으로서 경화도표상의 각 점을 가장 근사하게 통과하는 직선 또는 곡선이 된다. 여기서 경과도표란 시간의 경과에 따른 과거의 실적을 각각 점으로 표시한 것이다.

경향선을 긋는데에 사용되는 방법을 흔히 평활기법이라고 부른다. 문자 그대로 이는 기복이 있는 변화경향을 둥글게 만들어 대표적인 경향성을 산출하는 방법이며 여기에는 가장 간단한 목측법으로부터 최소자승법에 이르기까지 여러 가지가 있다.

(1) 목측법

목측법은 경과 도표상에서 여러 점들의 전반적인 경향을 잘 나타내도록 눈짐작으로 선을 긋는 방법이다. 주관적인 판단에 의한 것이므로 정확도는 낮지만 신속하게 대체적인 경향을 파악하는 데는 편리하다.

(2) 이동평균법

각 시점을 중심으로 그 전후 몇 개 시점의 값들을 산출평균하여 각각의 평균치들을 연결시켜 줌으로써 경향선을 긋는 방법이다. 이동평균법을 쓰면 예외적인 값들이 중화되어 대체적인 경향변동을 파악할 수 있게 된다. 실제 예측에 있어서는 시점 t까지 수개 실적치의 산술평균을 다음 시점의 추정치를 사용한다.

(3) 지수평활법

이동평균법에서는 각 시점의 실적치들을 같은 비중으로 처리하는 데 반하여 지수평활법은 최근에 가까운 실적치일수록 더 큰 비중을 두어 이동평균을 구하는 방식이다. 따라서 전자를 단순이동평균법이라 한다면 지수평활법은 가중이동평균법이라 할 수 있다. 이렇게 가중치를 부여하는 것은 최근이 실적일수록 미래를 예측하는 데 더 중요하다는 가정에 입각한 것이다. 지수평활법은 최근의 실적치일수록 예측치와 높은 관련이 있으리라는 일반적인 통념에 부합되며 실적치에 관한 자료가 축적되지 않은 상황에 서도 이용할 수 있고 계산이 비교적 간편하다는 등의 장점이 있다. 반면에 단점으로는 실제 변화경향이 직선형인 경우에 누적적인 오차가 생길 우려가 있으며, 합리적으로 결정할 수 있는 기준이 없다는 점이다.

(4) 최소자승법

최소자승법이란 과거 각 시점에 있어서의 실적치로 부터의 거리, 즉 편차의 자승의 합계를 최소로 하는 경향선을 구하여 그것을 연장함으로써 미래를 예측하고자 하는 방법이다. 즉 여기서 산출되는 경향선은 실적치와 경향선 상의 추정치의 차의 자승화를 최소로 하는 선으로서 가장 적합한 선인 것이다. 통계적으로 경향선을 나타내는 방정식을 산출하기 전에 우선 목측이나 기학적인 판단에 의해서 적절한 경향선의 형을 선정하지 않으면 안된다.

4. 회귀분석

1) 개념과 연혁

회귀분석이란 과거의 추세에 관한 시계열자료를 분석하여 변수들 간의 함수관계를 나타내는 방정식을 도출한 다음에 그 함수식을 이용하여 이미 알고 있는 독립변수에 관한 전망을 토대로 종속변수의 추정치를 예측하는 방법이다. 즉 원인을 나타내는 독립변수(들)을 기초로 하여 결과를 나타내는 종속변수의 비교적 정확히 예측하려는 방법인 것이다.

원래 회귀분석은 영국의 유전학자 F. Galton이 1900년을 전후하여 부자간의 신장에 관한 분석을 하면서 발전시킨 개념이다. 그가 수집한 자료에 의하면 아들의 신장은 아버지의 신장과 달리 인간 전체의 평균에 되돌아가려는 경향이 있음을 발견하고 변수들 간의 함수관계를 회귀라는 용어로 표현하였다고 한다.

회귀분석은 둘 또는 그 이상의 변수들 간의 상관관계를 이용하여, 상관관계가 높은 어떤 변수를 독립변수로 하고, 이를 토대로 추정하고자 하는 다른 변수를 종속변수로 하여 예측모형을 설정한 다음 미래의 일정 시점에서의 값을 추정하는 방법이다(김두식 외, 2006 : 233). 특히 컴퓨터의 발달로 고려되는 변수가 증가되고 자료처리속도가 엄청나게 빨라짐에 따라 회귀분석모형의 활용범위는 훨씬 확대되었다.

2) 단순회귀분석과 다중회귀분석

각각 하나의 독립변수와 종속변수사이에 함수관계를 분석하는 경우로써 대개 y=ax=b형태의 선형회귀방정식으로 나타난다. 이 회귀직선은 관찰된 변량간의 관계에 가장 적합한 것이라야 하며 따라서 통계적으로 모든 적재값으로 부터의 편차가 가장 적은 직선이어야 한다. 그러므로 회귀선의 산출에 가장 많이 이용되는 것이 앞에서 살펴본 최소자승법이다. 최소자승법을 통해서 일단 회귀직선의 계수들이 산출되면 독립변수 값을 대입하여 의 추정치를 얻을 수 있는 것이다.

다중회귀분석은 한 개가 아닌 여러 개의 독립변수를 토대로 종속변수를 추정하는 경우에 다중회귀방정식을 쓴다. 즉 독립변수 과 종속변수의 관계를 나타내는 일반모형에 의해서 종속변수(Y)를 추정하게 되는 것이다. 따라서, 회귀분석은 선형적인 관계를 직선의 식으로 표현하는 것이다. 직선의 관계가 아닌 곡선의 관계가 있을 때는 비선형 회귀(다항회귀)를 사용하여야 한다.

$$Y_i = a + \beta_1 x + e_i$$
$$Y = \text{절편} + \text{기울기}(x) + \text{잔차}$$

* a : 회귀계수, 모수, 절편
β : 회귀계수, 설명변수 x의 기울기, 설명변수 x가 한 단위 증가할 때 종속변수 Y의 증가량
x : 결정변수
e : 오차항, 회귀직선에 의해서 설명되지 못하는 부분

3) 회귀분석의 성격과 한계

회귀분석은 통계적 예측모형설정에 있어 가장 많이 이용되며 따라서 기획기법으로서도 큰 비중을 차지한다. 그러나 회귀분석은 몇 가지 과정과 조건을 전제로 하며 이는 분석 결과를 해석하고 활용하는데 반드시 염두에 두어야 할 점이다.

첫째로, 회귀분석에 의한 예측함수는 추세분석과 마찬가지로 기존의 실적 자

료를 토대로 한 것이므로 그러한 관계가 앞으로도 지속될 것이라는 전제를 바탕으로 한다. 물론 실제 예측에 있어 함수관계나 회귀계수들은 수정·조정할 수 있겠지만 거기에는 이미 가치 판단과 목표의식이 내포 되므로 회귀분석의 범주를 벗어나는 것이다.

둘째로, 회귀분석만으로 독립변수와 종속변수 사이에 인과관계가 통계적으로 입증되지 못한다는 점이다. 본래 회귀함수는 독립변수와 종속변수간의 관련성을 나타낼 뿐이며 인과성을 제시해 주는 것은 아니다. 변수들 간의 인과관계는 논리적 연역이나 이론적 분석을 통해 입증 또는 설정되어야 한다. 실제 변수들 간의 인과관계 설정에는 시차와 상호작용 가능성 등이 면밀히 검토되지 않으면 안된다.

셋째로, 다중회귀분석에 있어서 독립변수들 간의 상호관련성이 존재 한다는 점이다. 이는 제 변수들 간의 단순상관행렬을 보면 쉽게 나타난다. 이러한 상호관련성은 경제나 사회현상들을 대상으로 하는 경우에 복합적으로 연결되므로 특히 주의를 요한다.

넷째로, 회귀분석에는 잔여 값이 서로 독립적이고 정상분포 되어 있다고 가정한다. 그러나 실제에 있어서는 잔여 값들 사이에 연속적인 상관이 존재하는 경우가 많다. 이러한 상관성을 규명하는 기법들이 개발되고 있으나, 일반적으로는 정상분포에 가깝도록 사례수를 크게 하는 방식을 취하고 있다.

5. 산업연관분석

1) 개념

대체로 한 나라의 국민경제의 순환과정은 소득순환과 산업간 순환의 두가지 측면으로 파악 될 수 있다. 소득순환은 소득의 발생과 처분, 즉 생산활동결과 임금 이윤 및 이자의 형태로 배분된 국민소득이 그 처분과정에서 소비재와 투자재의 구입을 거쳐 다음의 생산과정으로 합류되는 과정을 말하며 산업간 순환은 산업부문 상호간의 재화와 용역의 거래를 말하는 것으로 국민소득추계에서는 제외하는 분야이나 산업간의 관련관계를 파악하는 데 매우 중요한 순환이다.

국민소득분석이 소득순환을 대상으로 하여 국민경제 전체의 경제활동을 분석하는데 대하여 산업관련분석 은 이러한 소득이 발생하는 배후의 생산구조에 주목한 산업간 순환을 대상으로 하여 산업부문간의 상호 의존관계를 파악함으로써 최종수요와 산업, 생산, 고용, 수입 등 국민경제의 각 부문 간 연관관계를 분석하려는 것이다.

2) 산업연관분석의 효용

산업연관분석에서 작성되는 투입-산출표는 경제순환을 계량화 하여 생산구조분석, 기술구조분석, 산업규모의 예측, 산업투자계획의 수립 등 광범위한 목적에 사용된다.

산업연관분석의 장점 및 용도는 다음과 같다.

① 산업연관분석에서는 경제 전체와 이를 구성하는 산업, 가계 정부 그리고 해외부문 등 각 부문이 연결된다. 따라서 산업연관분석은 거시경제문제와 미시경제문제를 서로 연결하여 검토할 수 있게 하므로 경제의 각 부문과 전체간의 변화에 일관성 있는 분석이 가능하다.

② 케인즈류의 거시경제분석은 GNP나 투입-산출표의 최종수요부문에서 종열의 합계부문으로 나타나는 가계소비지출, 정부지출, 투자, 그리고 수입 등의 총량문제를 주로 검토의 대상으로 하므로 경제내부구조의 변화를 도외시 하나 투입-산출표 분석은 거시경제변수의 변화를 각 산업의 규모나 경제순환의 변화와 관련시켜 검토할 수 있게 한다.

③ 투입-산출표는 산업간에 발생하는 거래가 파악되므로 이를 통하여 중간수요, 투입-산출구조, 연쇄효과, 거래구조 그리고 기술구조 등을 파악할 수 있게 한다.

④ 동태적 산업관련분석은 자본재의 거래구조나 경제 전체의 자본구조의 변

화과정을 파악 할 수 있게 한다.

⑤ 투입-산출표를 통하여 가계소비, 투자, 수출 등 외생부문변수의 변화에 따른 각 산업의 생산량 변화와 각종 요소의 소요량 등을 검토할 수 있다.

3) 투입-산출표와 연관계수

(1) 투입-산출표(또는 산업관련표)

산업관련표는 일정 기간(통상 1년) 중 국민경제체계 내에서의 모든 재화와 용역의 산업간 거래를 중심으로 하여 산업생산과 소득형성 및 지출 등 국민경제의 순환에 대한 통계적 수치를 일정한 기록원칙에 따라 행렬형식으로 나타낸 표이다.

(2) 투입계수

투입계수는 상품 1단위의 생산을 위하여 투입하는 각종 원재료 및 부가 가치의 크기를 말한다. 투입계수가 투입과 산출 간의 기본적 관계를 나타내기 위해서는 물량투입계수의 산출이 이상적이라 하겠으나 실제로는 물량투입계수의 산출이 불가능하므로 금액표시의 투입계수를 산출 이용하게 된다.

산업연관분석은 투입계수를 기초로 산출되는 역행렬계수(생산유발계수)에 의한 산업간 또는 산업과 최종수요와 상호 의존관계를 분석하는 길이므로 무엇보다도 투입계수의 안정성이 요구된다.

그러나 기술변화가 급속히 일어나는 개발도상국에서의 투입계수는 불안정하므로 이를 어느 정도 완화하기 위하여 국산과 수입을 통합하여 조사한 생산자 가격 평가표의 투입계수표를 작성 이용하게 된다.

(3) 생산유발계수

1단위의 최종수요가 주어지는 경우에 각 산업의 생산에 미치는 직접·간접의 파급효과를 말하여 다부문승수 또는 레온티에프 승수라고도 한다.

(4) 수입 및 부가가치 유발계수

수입유발계수 행렬은 최종수요의 결정으로 이에 의하여 유발되는 중간재수입액을 구하는 것이며, 부가가치유발계수 행렬은 최종수요에 의한 부가가치 유발효과를 계측하는 것이다. 부가가치유발계수의 열 합계는 1이 된다. 이는 최종수요에 의한 생산유발효과가 일부 원자재수입으로 해외 유출되고 나머지는 부가가치로 나타난다는 것을 의미한다.

(5) 영향력 계수와 감응도 계수

영향력 계수는 전 산업 평균 생산유발계수에 대한 산업부문별 생산유발계수의 비율로 후방연쇄효과를 나타내는 지표로 이용된다.

감응도 계수는 전 산업의 최종수요를 모두 1단위씩 충족시키기 위해 어떤 산업이 생산해야 할 생산액의 전산업에 대한 비율로 전방연쇄효과를 나타내는 지표로 이용된다.

4) 산업연관분석의 한계

산업연관분석에서는 다음 두 가지 가정에 입각하고 있다.

첫째로, 적어도 단기간에 있어서는 생산양태, 즉 생산요소들의 투입비율이 대체로 안정적이라는 기술불변을 가정하고 있으며, 둘째로, 어떤 특정 산업은 특정 생산물만을 생산한다는 비결합생산을 가정한다.

그러나 현실경제에서는 생산요소들이 꼭 과거와 비례적으로 투입되지 않으며, 기술진보가 이루어지고, 생산물의 구성에 변화가 생길 뿐만 아니라 투입되는 생산요소들 간에 대체가 일어난다. 따라서 그러한 기본적인 가정이 실제와 합치된다는 보장이 없으며, 장기에 걸친 동태적 분석에서는 특히 그러하다.

6. 비용 · 편익분석

1) 개념

비용 · 편익분석이란 일반적으로 대체가능한 여러 사업활동으로 부터 나타나는 비용과 편익을 평가하는 실제적인 방법을 의미하며 사회자본에 관한 투자기준을 마련하기 위해 고안된 분석도구의 하나이다. 특히, 경제학에서의 비용 · 편익분석이라는 말은 여러 대체안들로 부터 공공정책을 선택해야 할 때 관련된 제 요소를 비교하여 결정하는 수단을 의미한다. 즉, 희소한 자원을 민간부분과 공공부분 사이에 또는 대체적 공공사업들 사이에 효율적으로 배분할 수 있게 하는 경제적 분석방법인 것이다.

예컨대 정부 또는 공공단체가 수자원개발을 위해 댐을 건설할 때 몇 가지 계획안을 놓고 각각의 경우의 비용과 수익의 양면을 비교, 검토하여 그 중 가장 유리한 계획안을 채택하는 것과 같은 방식이다.

한편 이 분야의 대가인 Prest와 Turvey는 비용 · 편익분석을 다음과 같이 정의하고 있다.

비용 · 편익분석이란 사업의 바람직한 정도를 평가하는 실제적인 방법이다. 즉 그것은 모든 관련된 비용과 편익들을 계수화하여 평가하는 것을 의미한다.

2) 비용과 편익의 측정

각 사업대안들과 관련된 비용과 편익들은 가능한 한 금전적 가치로 계량화하는 것이 바람직하다. 그러나 특히 공공사업의 경우에는 계량화에 한계가 있을 뿐만 아니라 같은 대상을 평가하는 데도 상황에 따라 측정방법이 달라진다.

(1) 완전경쟁시장에서의 평가

완전경쟁시장의 경우에 유형의 편익은 공공서비스가 시장에서 판매되는 가격이라든가, 소비자가 서비스를 시장에서 구입하는 가격으로 측정가능하다. 마찬가지로 비용도 정부가 생산물을 민간기업으로부터 구입하는 경우 그 생산물에 지불해야 하는 비용에 의해서 측정된다.

완전경쟁시장에서의 시장가격은 자원의 기회비용을 의미하므로 이 가격을 이용하여 민간부분에서 공공부분으로 이전된 자원의 진정한 가격을 평가할 수 있다.

(2) 불완전경쟁시장에서의 평가

만약 현실의 시장이 완전경쟁적 시장이 아니고 독점시장이나 과점시장 같은 불완전경쟁시장이라며 이때의 시장가격은 진정한 사회적 가치를 반영한다고 볼 수 없다. 따라서 이러한 경우에는 시장가격을 완전경쟁적인 가격으로 수정해야 하는데, 이렇게 수정된 가격을 「잠재가격」이라고 한다.

한편 비용편익분석에서 진정한 비용을 평가하려면 세금은 비용에서 제외하고 보조금은 추가적인 비용으로 계상해야 한다.

(3) 비화폐적 가치의 평가

화폐가치로 환산하기 어려운 무형의 비용과 편익에 대해서는 시장가격을 통해 측정할 수 없으므로 간접적인 평가방법에 의존해야 한다. 예컨대 개개인의 시간이 갖는 가치는 각기 교통수단에 대해 지불하는 요금들에 의해서 간접적으로 평가할 수 있다. 또 청소년 선도사업과 같은 비물질적 공공사업의 편익은 직접적인 평가가 어렵기 때문에 그 결과 절약되는 비용이다. 예컨대 청소년범죄의 감소로 인한 소년원 예산의 감축액 등으로 계산할 수도 있을 것이다.

간접적으로도 편익을 측정할 수 없는 경우에는 편익 대신에 효과, 즉 목표달성도를 평가하여 비교하는 비용·효과분석이 이용가능성을 검토해야 한다. 바꾸어 말하면, 일정한 비용으로 효과를 극대화할 수 있는 대안이나, 일정한 효과를 달성하는 데 최소의 비용이 소요되는 대안을 택하는 분석방법이다. 그러나 이러한 비교·분석은 추구하는 목표들이 같은 대안들에 대해서만이 적용가능하다는 점에서 한계가 있다.

3) 비용과 편익의 비교 · 평가기준

사업이나 정책의 비용과 어떤 편익을 비교하기 위해서는 투입되는 비용과 산출되는 편익들을 일정 시점의 가치로 환산하는 작업을 선행해야 한다. 시간적 가치를 무시한 단순합산에 기초를 둔 대안의 비교·평가는 무의미할 뿐만 아니라 왜곡될 수 있기 때문이다. 그러므로 전 계획기간에 걸친 비용과 편익을 각각 현재가치로 바꾸어 비교·평가의 기초로 삼아야 한다. 사업이나 대안들의 비용과 편익을 비교·평가의 기초로 삼아야 한다. 사업이나 대안들의 비용과 편익을 비교·평가하는 기준은 다음 세 가지가 널리 적용되고 있다.

(1) 순현재가치

순현재가치는 비용의 현재가치보다 편익의 현재가치가 초과되는 부분을 가리킨다. 따라서 적절한 사회적 할인율을 적용한 결과 순현재가치가 0보다 큰 경우에는 그 사업이나 정책은 채택할 가치가 있는 것이며, 복수의 대안들 중에서는 순현재가치가 가장 큰 것을 선택해야 한다.

(2) 편익 · 비용비율

단순히 순편익의 크기만을 기중으로 사업을 선정할 경우에는 사업의 규모가 커지면 자동적으로 순편익도 커지게 되므로 일정한 예산제약 아래서는 항상 상대적으로 규모가 큰 사업만 채택될 수 있다. 이와 같이 사업계획을 순편익의 크기에 따라 선택한다는 것만으로는 정확한 기준이 될 수 없으므로 조금 까다로운 편익·비용비율에 의해 사업계획을 선택 할 수 있다.

편익·비용비율기준을 적용하면 단순히 순편익기준으로 사업을 선택할 때 발생할 수 있는 그러한 문제를 피할 수 있겠지만 이 또한 불완전한 기주이다. 순전한 편익·비용비율의 순서에 따라 사업을 선택한 다면 소규모 사업으로서 순편익이 약간 있는 경우가 유리하게 된다.

또 편익·비용비율을 적용할 때 발생할 수 있는 문제는 사업으로부터 발생하는 간접적인 효과를 처리하는 방법의 차이에 의해서도 나타난다. 만일 공공사업을 수행함으로써 여러 가지 불리한 간접적인 효과가 발생하면 그것을 비용으로 처리하여 분모에 계산하느냐 아니면 공공사업의 편익에서 그 액수만큼을 제외하여 분자에서 제외하느냐에 따라 편익·비용비율이 달라져서 사업선택기준이 달라지는 문제가 발생한다.

4) 내부수익률

비용과 편익을 같게 하는 내부적 수익률을 구하여 사회적 할인율과 비교하는 방법이다. 여기서, 내부적 수익률이란 투자사업의 순현재가치를 0으로 만드는 할인율로 정의된다. 내부적 수익률로 표시하면 이것은 다음과 같다.

사회적 할인율을 상회하면 이것은 투자사업의 할인율로 정(+)의 현재가치를 갖는다는 것을 뜻하며, 그렇지 않으면 반대의 경우가 일어난다.

따라서 내부적 수익률의 기준은 r을 사회적 할인율 r 과 비교하는 것이며, 가 유일한 값어치라면, 이것은 문제의 투자사업이 사회후생을 증가 또는 감소시키는지를 나타낸다. 물론 r이 기간마다 변화하면, 내부적 수익률의 기준은 더 이상 쓸모가 없다. 예컨대, 어떤 때는 r이 f를 초과하고 또 어떤 때는 r가 f를 초과하면 r과 f의 비교에서 투자의 현재가치가 정(正)인지 또는 부(負)인지를 단정할 수 없다.

5) 관련되는 논쟁점

(1) 할인율 선택

공공사업에 대한 타당성 여부는 현재 시점에서 평가되어야 하기 때문에 미래에 걸쳐 발생하는 편익과 비용은 모두 현재가치(present value)로 환산하여 평가할 필요가 있다. 미래의 모든 편익과 비용을 현재가치로 환산한다는 말은 곧 현재가치로 할린(discount)한다는 뜻이며, 이 때 적용하는 이자율을 할인율(discount rate)이라고 한다.

각종 사업의 우선순위나 투자의 채택 여부는 실제 할인율을 얼마로 잡느냐에 따라 크게 좌우된다. 즉 높은 할인율은 편익이 단기간에 걸쳐 집약적으로 발생하는 단기투자에 유리하고 낮은 할인율은 장기간에 걸쳐 편익이 발생하는 장기투자에 유리하다. 이와 같이 공공사업에서는 상당한 기간에 걸쳐 수익이 발생하므로 적절한 할인율을 찾아내는 것이 매우 중요하다. 만약 할인율을 너무 높게 잡으면 순현재가치가 너무 작아지므로 사회적으로 필요한 사업의 타당성이 낮게 평가될 수 있고. 반대로 할인율을 너무 낮게 잡으면 사회적으로 불필요한 사업의 타당성이 너무 높게 평가될 수 있다.

① 민간할인율

시장이자율(market rate of interest)은 일반소비자들의 현재 소비와 거래소비 사이의 선택 정도를 반영하고 있기 때문에 민간할인율로 선택하는 데 의미가 있다. 따라서 민간할인율(private discount rate)은 민간자본시장에서 형성된 시장이자율을 중심으로 결정되는 할인율을 의미한다. 자본시장이 완전경쟁시장이고 위험부담(risk)이 없다면. 이때 형성된 시장이자율은 소비자들의 시간선호(time preference)가 적절히 반영되어 있으며, 자본의 한계생산성과도 일치하고 투자의 한계 효율성과도 일치한다. 따라서 정부는 완전경쟁적 시장에서 결정되는 이자율을 공공사업의 할인율로 사용할 수 있다. 그러나 현실적으로는 자본시장이 불완전경쟁적이며, 또한 불확실성 위험 및 자본소득에 대한 과세 등이 존재하므로 시장 할인율을 사용하면 공공사업의 진정한 현재가치로 평가 할 수 없기 때문에 시장이자율을 적절히 조정하여 사용해야 한다.

② 사회적 할인율

공공투자에 적용되는 할인율은 민간투자의 사적할인율과는 다른 값으로 적용되어져야 하며, 이를 사회적 할인율(social discount rate)이라고 한다. 사회적인 할인율은 사회구성원들이 미래소비 또는 미래세대의 후생증진을 위해 현재소비를 억제 희생해도 좋다는 경제적 판단기준을 반영한다는 것이라야 한다. 즉 그것은 현재소비의 희생가치가 미래소비 증대가치와 일치하는 것이어야 하며 이를 [사회의 한계적 시간선호율](community's marginal rate of time preference)이라고 한다.

그러나 현실적으로 사회적 할인율의 최적조건을 갖추기는 어렵다.

따라서 적합한 사회적 할인율로서 자본의 사회적 기회비용을 사용하는 것이 통례이다. Baumol도 이러한 사회적 할인율을 권장하고 있으며, 이에 위험부담 조세 인플레이션 등의 요인을 고려하고 있다.

(2) 위험부담과 불확실성

장래의 순편익 발생가능성에 대해서 확률분포가 알려진 상황에서 위험부담(risk)을 무릅쓰고 어떤 사업을 채택하는 모험에 대해서 할인율에 프레미엄(premium)을 부가하는 것이 일반적이다. 그러나 공공사업의 경우에는 위험부담이 있더라도 실패의 대가를 일반대중들이 분담하기 때문에 프레미엄을 부가할 필요가 없다는 주장도 있다. 한편 편익발생가능성에 관해서 확률분포를 전혀 알 수 없는 경우는 불확실성(uncertainty)에 속하며 이때에는 그러한 프레미엄을 고려할 필요가 없다. 그러나 실제에 있어 위험 부담적 상황인지 불확실한 상황인지를 엄격히 구분하기 어려운 경우가 많다.

(3) 고용 및 소득재분배

비율 편익분석의 핵심이 되는 기회비용의 개념은 다른 대체적 기회의 상실을 전제해 왔다. 그런데 어떤 자원이 처음부터 유휴상태에 있었다면 기회비용은 0이 된다. 마찬가지로 경제가 실업사태에 직면하고 있을 때 공공사업의 고용에 따른 기회비용은 감안할 필요가 없지만 서로 있을 때 공공사업의 고용에 따른 기회비용은 감안할 필요가 없지만 서로 경쟁적인 선택관계가 성립되는 사업의 선택에 있어서는 기회비용이 적절히 반용 되어야 한다. 공공투자사업의 효과는 소득재분배적인 견지에서도 서로 다를 수 있다. 즉, 사업 X의 수익은 저소득층이 향유하고, 한편 고소득층 소비자는 사업 Y의 수익을 향유할는지 모른다. 더욱이 소득재분배효과가 공공시설의 건설기간 중 용역에 대하여 계층별로 상이한 대가를 발생할 수 있다. 이러한 문제점을 완화하기 위해서 공공사업의 편익을 받는 사람들은 구분하여 절적한 가중치를 선택할 필요가 있다.

즉, 공공사업의 편익을 계산할 때 저소득층에 제공되는 편익에는 높은 가중치를 부과하고 고소득층에 제공되는 편익에는 낮은 가중치를 부과하여 저소득층에 필요한 공공사업을 상대적으로 유리하게 할 필요가 있다. 이렇게 해서 비용편익분석이 가지고 있는 소득재분배 면에서의 약점을 어느 정도 보완할 수 있다.

(4) 공공부문에서의 한계

비용 편익분석은 개념상으로나 실제상으로 여러 가지 문제점을 안고 있다. 그 대표적인 것들은 무형적 비용 및 편익의 측정곤란, 기회비용의 반영곤란, 비교 평가의 기준선택 곤란 등이 그것이다. 더욱이 공공투자사업의 경우에는 이 밖에 할인율의 적용문제, 분배와 사회적 형평의 반영문제 등이 수반된다. 보다 근본적인 문제로서 비용 편익분석결과를 기계적으로 적용하게 장래세대의 이익 또는 국익이 고려대상에서 제외될 우려가 있다. 산출 내지 추정되는 비용과 편익은 과거 또는 현재를 기준으로 하고 있기 때문이며, 외부경제효과가 큰 공공사업들의 순편익은 낮은 경우가 많기 때문이다.

한걸음 더 나아가서 비용 편익분석은 기준의 정치 경제체제를 고착시키는 기능과 과거와 같은 투자형태를 답습하는 투자계획을 선택하도록 하는 기능을 한다는 비관도 제기되는 있다. 즉 기존의 자본주의 체제의 유지 존속에 기여하고 기득권을 가진 자본가계급에게 유리한 방향으로 투자를 유도하는 기준이라는 것이다. 이러한 견해는 최근에 부각되고 있는 정치경제학적 비판이론과 맥을 같이한다.

7. 시뮬레이션 분석

1) 개 념

의사결정을 필요로 하는 사회문제들은 대부분 불확실성이 개재되어 있고,

의사결정과 후속되는 사건사이에 상호작용이 일어나며, 관련되는 하위변수들 상호간에 역동적인 종속관계가 존재한다. 이처럼 얽혀 있고 복잡한 대규모의 사회체제나 문제들에 대해서 확정적 또는 확률적 해답을 구하기가 매우 어려운 경우들이 많다. 이러한 상황에서 해결책을 강구하기 위한 의사결정기법 중의 하나가 시뮬레이션이다.

시뮬레이션이란 실제 문제상황이나 체제의 주요 특징들을 추출하여 모형에 적용한 결과를 분석 평가함으로써, 실제현상을 설명하고 예측하는 데 타당한 해답을 모색하는 기법이다. 결국 시뮬레이션은 모형을 써서 행하는 인위적인 시험이라고 할 수 있다. 즉 실제 문제나 체제를 단순화시키고 체계화시켜 모형을 형성하고, 그 모형에 실제로 가능성이 높은 상황이나 대안에 관한 자료를 투입하여 결과를 산출하는 실험을 여러 차례 실시해 봄으로써 실제 문제와 체제의 장래 상황을 예측하고 통제하기 위한 해결책을 강구하려는 것이다.

2) 종 류

넓은 의미의 시뮬레이션 속에는 어떤 가상적인 조건을 상정한 일체의 실험 또는 연습들이 모두 포함된다. 예컨대 교육훈련의 방법으로 많이 쓰이는 역할 연기나 비상사태대비 등도 시뮬레이션의 일종인 것이다. 그러나 의사결정과 관련하여 수행되는 시뮬레이션은 다음 세 가지로 분류 할 수 있다.

(1) 실물 모형을 이용한 시뮬레이션

일정한 물리적 조건을 설정한 공간에서 행하는 실험으로 시뮬레이션의 가장 기본적인 유형이다. 예컨대 여러 가지 형태의 모형비행기를 가지고 여러 실험조건하에서 기체의 바람에 대한 압력 또는 추진력 등을 측정해 보는 방식이다. 한강종합개발계획을 수립할 때 2백만 분의 1로 축소한 실물모형을 제작하여 실험을 통해 홍수의 영향 등을 검토한 것 등이 전형적인 예에 속한다.

(2) 게임을 이용한 시뮬레이션

게임이론은 다양한 실체적인 경쟁 상태에 있는 개인들의 각각 취할 수 있는 경쟁방법 또는 전략을 개발·채택함에 있어 실험적 게임을 통해 최선의 방안을 결정짓는 방법이다. 기획과 관련하여 게임이론이 적용될 수 있는 영역은 전쟁 게임, 경영 게임, 선거 게임 등이 있다.

(3) 컴퓨터를 이용한 시뮬레이션

분석하고자 하는 문제나 개체가 많은 변수들을 포함하고 있어 인간의 능력으로는 도저히 모형의 실험적 운용이 불가능한 경우에 컴퓨터를 이용 할 수 밖에 없다. 컴퓨터는 엄청나게 빠르고 방대한 정보처리 능력을 갖고 있기 때문에 모형만 설정되면 얼마든지 투입자료를 바꾸어가면서 모의실험을 해볼 수 있다. 최근 발전 계획과 관련되는 시뮬레이션은 거의 컴퓨터를 이용하고 있다.

3) 컴퓨터 시뮬레이션 단계

(1) 모형의 구성

시뮬레이션의 대상이나 문제상황이나 체제는 수많은 요소들로 구성되는데 그 중 중요한 것만을 추출한 것이 변수이다. 원칙적으로 모형은 독립변수와 종속변수간의 인과관계를 묘사한 분석의 도구이다. 시뮬레이션 모형에서 고려되어야 할 변수들은 다음과 같다.

① 외생변수

시뮬레이션 모형을 하나의 체계로 볼 때 체제의 외부로부터 주어지는 독립변수로서, 정책결정자가 선택하여 통제할 수 있는가에 따라 통제가능변수와 통제불가능변수로 구분된다.

② 상황변수

어떤 체제 또는 그 구성요소들이 특정한 시점에서 갖는 상황을 나타내는 변수로서 외생변수와 내생변수 사이의 일정한 인과관계에서 결정되며 일반적으로 통제불가능한 것으로 간주된다.

③ **내생변수(endogenous variable)**

체제로부터의 산출을 나타내는 종속변수로서 다른 변수들로부터 영향을 받는다. 이상과 같은 변수들을 결합시켜 연속적(sequential) 혹은 인과적인 행태의 함수식을 구성하는 것이다.

(2) 실험의 설계

일단 시뮬레이션 모형이 완성되면 그 실험적인 적용을 어떻게 할 것인지 구체적인 사항들을 결정해야 한다. 예컨대, (i) 모형의 초기조건(initial condition), (ii) 상이한 체제반응(system response)을 얻기 위한 매개변수(parameter)의 설정,(iii) 매 시뮬레이션 시행의 길이, (iv) 동일한 매개변수를 갖는 시뮬레이션 횟수, (v) 측정해야 할 변수와 측정방법 등이다. 즉 시뮬레이션 모형의 실제 실시에 따른 제반 절차와 그 해석방법 등을 설계하는 단계이다.

(3) 컴퓨터 프로그램의 작성

시뮬레이션 모형과 구체적인 조건들을 컴퓨터 프로그램(computer pro- gram)으로 전환하는 작업이다. 모형이 간단하다면 일반적인 컴퓨터 언어(EORTRAN, ALGOL, PL/I)로 쉽게 작성되지만 대부분의 경우 컴퓨터 시뮬레이션 언어(SIMSCRIPT, GPSS 등)를 사용하면 더욱 효율적이다.

4) 시뮬레이션 실시

시뮬레이션 모형은 대부분 아무런 제약이 없는 무작위현상에 대응하여 적용되어야 한다. 그러한 무작위 현상을 재생하기 위하여 동전던지기, 난수의 사용 등의 방법으로 동일한 발생확률을 가진 상황을 도출하여 여러 차례에 걸친 모의실험을 실시하게 되는 것이다.

5) 결과의 해석 · 결정

시뮬레이션을 통해 도출된 여러 가지 조건별 결과 또는 해답을 비교·검토하여 그것들이 각각 갖는 장·단점과 정책적 의미를 해석함으로써 가장 바람직한 대안을 선택하는 단계이다.

6) 필요성과 효용

기획과정에서 합리적 의사결정을 추구하는 데 시뮬레이션을 크게 기여할 수 있다. 모의실험을 통해서 얻은 결과를 토대로 각 대안을 채택할 경우에 예상되는 미래상태에 관한 충분한 정보를 가지고 의사결정에 임할 수 있기 때문이다. 특히 시뮬레이션이 필요한 경우는 다음과 같다.

첫째는 사상이 복잡하고 수학적 해답을 구하기가 어려운 경우이다. 분석대상인 체제의 구성이 역동적(dynamic)이거나 불확실하여 확정적인 해답을 얻기 곤란한 경우에 시뮬레이션이 활용된다.

둘째는 결정에 큰 위험이 따르는 상황이나 문제의 경우이다. 이 때에는 충분한 사전연구와 대책강구가 요구되므로 시뮬레이션을 통해서 그러한 위험을 예견하고 다각적인 대비책을 마련해야 하는 것이다.

셋째는 어떤 체제나 사업을 운영하는 데 막대한 비용이 소요되는 경이이다. 예컨대 로켓트 발사의 사례처럼 비용이 엄청나게 많이 드는 경우에 실패가능성을 최소화하기 위해서 모의실험을 해볼 필요가 있는 것이다.

넷째는 실제체제를 가지고는 실험적 운영이 불가능한 경우이다. 경제체제나 사회현상들 중 많은 부분이 여기에 해당한다. 예컨대 통화량이 물가에 어떤 영향을 미치는지를 알아보기 위해 통화량을 실험적으로 조절할 수는 없는 일이다. 따라서 시뮬레이션을 통해 그 관계를 밝혀 정책결정의 기초로 삼고자 하는 것이다.

7) 한 계

시뮬레이션은 대규모의 복잡한 과제들을 많이 다루는 발전기획에서 특히 그 효용가치가 높지만, 활용상 한계가 있는 것도 사실이다. 우선 모형을 작성 할 때 변수의 선택, 시뮬레이션 횟수의 결정 등 구체적인 실험설계에 따라서 결과가 달라질 수 있다. 그러한 자의적인 판단이 결과에 영향을 미친다는 사실은 모의실험이 갖는 신뢰성에 한계가 있음을 의미한다.

다음으로 시뮬레이션을 통해 산출되는 해답은 최적해가 아니라 근사치에 해당한다는 점이다. 여러 가지 전제조건과 가상적인 상황을 투입요소로 삼아 산출된 결과이며, 그러한 투입요소들을 달리함에 따라 여러 가지 해답이 산출되기 때문이다. 따라서 최종적인 선택에 있어서는 정책결정자에게 그만큼 큰 재량권을 부여하는 셈이 된다.

8) 주요사용기법

(1) 시스템다이내믹스

시스템다이내믹스는 1961년 MIT의 Jay Forrester 교수가 산업체 재고량과 노동력의 불안정한 변화, 시장점유율의 감소문제들을 다룬 산업동태론을 발표한 이후 기업경영, 공공정책, 공학, 그리고 각종 인간의 의사결정행위에 대한 이해와 문제해결을 위해 기존의 선형적인 방법에서 벗어나 사회의 시스템의 작동 메커니즘을 직관적으로 파악하여 시스템을 효과적으로 변화시킬 수 있는 방법을 찾는 것에서 시작하였다(Forrester, 1961, 1969, 1971; Hamilton, et. al., 1969; Mass, 1974; Sterman, 1987; Darling and Richardson, 1990, Richardson, 1998, 문태훈, 2002). 이는 상호작용하는 변수와 이들의 직접적 연계를 중심으로 진행되는 시뮬레이션으로 볼 수 있다. 즉 모형화를 위한 시스템다이내믹스적 접근은 변수간의 일시적 원인과 결과 상호관계를 표현하지만 행위자들이 직접적으로 나타나는 것은 아니다. 이는 행위자기반모형과 가장 큰 차이라 볼 수 있다.

시스템다이내믹스는 상호작용하는 변수를 모형화하고 직접적 연계를 조정할 수 있는 사회시뮬레이션 방법으로 인구의 증가에 따른 자원이 고갈되는 상황을 인과관계 루프를 통해 나타내 준다.

SDA에 대해 조금 더 깊이 설명하자면 환원주의적 관점을 바탕으로 하는 분석적 사고는 시야를 좁혀가며 사물을 관찰하는 것에 반해 시스템 사고는 전일주의에 기반하여 시스템의 다양한 프로세스의 상호작용을 관찰하는데 이는 분석적 사고가 정적인 상황을 관찰한다고 본다면 시스템 사고는 활동하는 유기체를 관찰하는 방식에 비유될 수 있다.

시스템 다이내믹스에서 요구하는 시스템 사고의 구성 요소는 시스템의 지속적인 변화를 인정하는 파동의 사고, 음양의 인과관계를 바라보는 인과적 사고, 인과관계의 사슬이 순환되는 구조를 강조하는 되먹임으로 볼 수 있는데 단편적이고 개별화된 관점이 아니라 각 요소들의 상호작용적 관계를 바탕으로 하고 있다. 이러한 시스템적 사고의 구성요소는 현재 순간 그 시스템의 상태는 바로 전 시스템 상태와의 어떤 변화의 함수인 시스템다이내믹스로 표현 할 수 있다. 이 함수는 좋다는 뜻이 아니라 점점 강화된다는 의미인 양의 피드백, 나쁘다는 뜻이 아니라 점점 약화된다는 의미인 음의 피드백, 의사결정이 바로 영향을 미치지 않지만 시간의 지체가 커질수록 통제가 어려워지고 변화량도 커질 수 있는 시간의 지체라는 요소를 가진 동태적 시스템을 표현하는 방법 Stock(축적), Flow는 Stock의 변화량으로 구성된다.

(2) 행위자기반모형

행위자기반모형은 컴퓨터를 이용한 방법론으로 분석가들이 특이한 방법으로 상호작용하는 행위자들이 구성하는 인공적 세상을 만들고, 분석하고 실험하는 연구기법으로 행위자와 행위자들의 상호작용에 대한 시뮬레이션이다. 이는 agent-based model, bottom-up model, artificial social system을 포함해서 몇몇의 이름으로 사용되는데, 통상 행위자기반 모형이라 한다.

행위자 기반 모형은 상호작용하는 많은 행위자들로 이루어진 작은 가상세계로 크게 행위자, 행위자가 활동하고 상호작용하는 시스템 공간, 시스템에 영향을 끼치는 외부환경 등의 세 가지 요소로 구성된다. 이들 요소를 바탕으로 한

설계를 통한 연구 방식을 뜻한다. 즉 행위자기반모형은 복잡적응계에서 나타나는 여러 창발현상들이 단순화된 통계적 모형만으로는 시스템을 전체적으로 이해하기 어렵다는 관점에서 내부적 이동의 자유과 결정의 자유, 즉 자율성을 가진 행위자(agent)를 통해 미시적 관점으로 시뮬레이션 하는 것을 의미한다(김유심 · 이민창, 2007 : 33-34). 또한 ABM은 행위자와 행위자들 사이의 관계를 규정하는 '행동규칙'으로 구성된다. 이 때 행위자는 시뮬레이션을 가능하게 하는 행위의 기본단위로 연구자의 연구 목적에 맞게 복합체제의 구성요소로 구성요소와 이들 상호간의 관련성이나 의존성을 정의함으로 작동하게 된다. 그리고 환경자체가 하나의 행위자로 정의되기도 한다. 조금 더 쉽게 설명하자면, 기본적 활동의 단위를 agent로 하는 행위자기반모형은 한 모형이 연구자가 디자인한 한 사회로 그 사회속의 많은 구성원들 즉 다수의 행위자들로 구성된다. 시뮬레이션의 결과는 행위자들의 상호작용에 의해 나타난다. 행위자는 모델링되는 상황에서의 행위자로 대표되는데 이는 미시적 차원의 행위를 살펴보는데 용이하게 사용될 수 있다. 넓게 말해 행위자는 분명한 정체성을 가지는 컴퓨터 프로그램에서의 코드 단위로 자율성과 목적지향성을 갖는다. 행위자가 가진 자율성은 효과적으로 독립적 행위를 가능하게 하고 정의된 임무의 성취를 가능하게 한다. 또한 지능과 적응성을 가지는데 일반적 소프트웨어의 agent와 명백히 구분된다. 그러나 행위자는 소프트웨어의 한 종류이고 ABM은 목적 기반 프로그램 기술을 통해 쉽게 사용 될 수 있다.

행위자기반모형은 연역법과 같은 시작, 즉 명시적 가정과 함께 시작한다. 그렇지만 이러한 가정은 귀납적으로 분석될 수 있는 시뮬레이션 된 자료를 산출할 수 있기 때문에 연역법처럼 단순한 이론적 정리를 통해 논리를 펼치지 않는다. 그렇지만 전형적인 귀납법과 다르게 시뮬레이션 된 자료는 진짜 세상에서 직접 측정한 것이 아니고 명확한 전제를 통해 작동한 시뮬레이션을 통해 측정된 자료이다. 즉 통상의 귀납적 연구에서의 자료의 특성은 가정에 대한 결과를 찾음으로 일정한 패턴을 찾는데 그 목적을 두고 있는 반면에, 행위자기반모형은 연역적 전제를 실험을 통해 입증하는데 그 목적이 있다. 이에 행위자기반 사회 시뮬레이션은 기존의 방정식을 이용한 사회 설명보다 좀 더 명확하고 현상을 모형화하는 것을 용이하게 한다.

모형과 모형이 상징하는 것의 관계는 통계와 같은 수학적 평균을 내는 기술을 요구하지 않지만 매우 직접적으로 현상을 나타낼 수 있다는 장점을 가진다. 즉 모형의 한 행위자(agent)는 직접적 행위자(actor), 즉 현실에서의 사람과 같은 역할을 담당한다. 그리고 모형에서 행위자에서 다른 행위자로의 메시지가 전달되는 것은 현실에서의 직접적 대화나 직접행동을 나타낸다. 그리고 행위자가 있는 환경의 변화는 행위자의 행동하는 환경의 변화를 의미한다. 결과적으로 행위자기반모형은 단편적 현실이 아니라 보편적 현실을 이해하는데 더 큰 도움이 된다, 시뮬레이션은 중간적 일반화에 대한 공식적 모형으로 간주되지만 분석적 모형이 아니라 현상을 부분적으로 이해하는 모형과 같이 간주할 필요가 있다(Elmonds Bruce & Hales David. 2005: 210).

행위자기반모형은 미시적 관점과 거시적 관점을 이어주는 다리 역할로 사회학자들이 원하는 타당성을 얻기 위해 합리적 수준에서 이론적 연구를 위한 새로운 연구도구로 볼 수 있다(Macy & Willer, 2002: 162). 즉 현실의 사람과 같은 행위자는 자율적으로 의사를 결정 할 수 있는 독립체인데, 이들의 집합으로 된 모형 시스템이 현실을 반영한다. 각각의 행위자들은 자유롭게 상황에 접근 할 수 있고 설정된 일련의 규칙을 바탕으로 의사를 결정 할 수 있다(Bonabeau, 2002: 3). 이러한 행위자의 특징은 상호작용의 단순한 형태로 인해 결과를 예측하기 어렵게 하는 시스템의 창발현상을 야기한다. 그러나 창발현상은 공식적으로 추론될 수 있다. 최적의 역량과 정보의 이용가능성에 대한 명확한 가정 하에 행위자를 작동하는 신고전주의 경제모형은 비용이 들지 않는 거래를 통해 행위자들 사이에 자원의 효과적인 재분배를 가능하게 한다. 그러나 이럴 경우는 행위자가 최적화된 전략을 사용 할 때 보다 오히려 순응적인 전략을 사용할 때 가능하다(Axelord, 1997: 4).

행위자 기반 모형은 제3세대 시뮬레이션으로 설명되기도 한다. 제1세대는 1960년대 거시시뮬레이션으로 거시현상의 예측을 위해 거시수준의 변수를 규정하는 다수의 방정식을 이용한 것이다. 그리고 제2세대는 1970년대 미시시뮬레이션으로 거시현상의 예측을 위해서 분석단위로 개인과 관련된 미시적 변수를 이용한 시뮬레이션이다. 미시적 관점의 시뮬레이션이라는 점에서 행위자 기반모형과 유사하게 보이지만 행위자가 직접적으로 환경에 따라 적응하고 주어진 상황에 맞게 결정을 내리는 자율적인 성격의 행위자를 가진 행위자를 중심으로 한 시뮬레이션이라는 점에서 미시적 시뮬레이션(microsimulation)13)과는 차이가 있다(Macy & Willer, 2002: 145).

이러한 행위자기반모형은 개인적 행동(Individual behavior)이 비선형적이고 규정된 설명이 다른 변수에 의해서는 설명되지 못하는 한계를 가지는 경우, 개인적 행동이 학습과 적응을 포함하는 기억, 경로의존성 그리고 각 시행의 결과가 바로 앞의 시행의 결과에만 영향을 받는 일련의 확률적 시행에서 벗어난 행위(non-Markovian)나 일시적 상관관계를 나타내는 경우, 행위자간의 상호작용이 복합적이고 네트워크를 생성할 수 있을 경우, 시스템이 선형적으로 안정함에도 불구하고 작은 변화에 큰 영향이 끼칠 수 있는 경우, 즉 통상적으로 여겨지는 것이 어떠한 상황에서는 적용되지 않는 경우와 같이 창발현상이 잠재되어 있을 경우에 유용하게 사용될 수 있다(Bonabeau, 2002: 7280-7281, 7284).

합리적인 행위자를 바탕으로 행위자 스스로가 이전의 상황에 대한 기억과 이동에 대한 자율성을 가지도록 하도록 설정된 행위자기반모형은 문제 해결을 위한 방정식의 답이 분명히 제시되거나, 분석되거나 혹은 수치로 나타낼 수 있어 복잡한 사실을 간단하게 설명할 수 있는 경우와 사용된 수학적 모형이 컴퓨터를 이용한 행위자를 어디서나 적용가능하게 하는 보편적 적용가능성을 가진다는 장점을 가진다. 그러나 수학적 공식을 정립할 수는 있지만 이의 적용에는 한계점을 가진다. 이런 경우에는 행위자기반모형은 모수(parameters)나 가정에 따라 결과의 변화를 조사하는 것에 사용할 수 있다(Axtell, 2000: 1-3).

(3) 사회연결망분석(social network analysis)

사회연결망분석(social network analysis)은 주요행위자들이 상호 의존적이라는

13) 미시적시뮬레이션은 다량의 데이터를 가지고 개인이나 조직의 단순함을 설명하기 위해 사용되는 기법으로 이러한 간단성이 미래에는 어떻게 될 것인가를 예측한다. 이는 사회보장, 개인이 납부해야 하는 세금과 같은 분배적 이행을 측정하는데 적합하다(Gilbert. N, 2008: 17-18).

가정하에서 서로간의 관계에서 도출되는 특성을 분석하는 하나의 이론이자 방법론이라고 할 수 있다(김용학, 2004: 24). 또한, 행위자간의 관계분석을 통하여 숨어있는 구조적인 연결패턴을 발견하고 도식화하여 자원 및 정보의 흐름에 따른 조직간 관계의 구조적인 특성을 파악할 수 있는 것이 사회연결망 분석의 가장 큰 장점이다. 특히 사회연결망 분석은 수학적 응용을 통한 네트워크의 구조를 분석하는 접근방법으로 행위자와 관계를 함수로 정의하여 이를 그래프이론, 선형대수, 통계확률, 시뮬레이션 등을 이용하여 거리의 계산, 중심성 경향 등을 나타낼 수 있다.

다시 설명하자면, 네트워크 중심성, 구조적 공백 등 사회연결망 연구에서 중요한 행위자를 찾아내기 위한 핵심적 개념을 이해할 필요가 있다. 먼저 네트워크 중심성은 연결중심성, 매개중심성, 인접중심성, 위세중심성 등으로 측정된다. 중심성에 대한 설명을 다음과 같이 정리하였다.

첫째, 연결중심성은 한 행위자가 네트워크의 국지적(local) 범위 내에서 다른 행위자들과 얼마나 많이 또 직접 연결되어 있으면서 중앙에 위치하는지를 계량화한 지수로서 결국 연결정도 중심성이 높은 행위자는 네트워크에서 가장 활동적인 행위자가 되고 성과도 높아질 수 있다(Wasserman & Faust, 1994: 215). 둘째, 매개중심성은 한 행위자가 얼마나 다른 행위자들과의 네트워크를 구축하는데 중개자 혹은 브릿지 역할을 수행하느냐를 측정하는 개념으로, 어떤 행위자 '나'와 '다'사이에 존재하는 행위자 '가'의 매개중심성은 네트워크 상에서 '나'와 '다'를 연결하는 가장 짧은 경로들에서 '가'가 포함되어 있는 경로의 비율을 측정하는 중심성 지표이다(강창현, 2001: 88). 셋째, 인접중심성은 높은 행위자는 다른 행위자와 가장 가까운 거리에 위치하여 가장 적은 노력으로 빠르게 전체 연결망 내에 내재되어 있는 자원에 접근할 수 있으며 의사결정에 영향력을 행사할 수 있다(Baldwin, Bedell & Johnson, 1997: 16). 넷째, 위세중심성는 행위자의 중심성을 계산하는 과정에서 이 행위자와 연결관계가 있는 다른 행위자의 중심성 지수를 이용하여 연립방정식을 푸는 개념으로, 연결된 행위자들의 중요성에 가중치를 주는 고유백터(eigenvector)를 이용한 중심성 지표이다.

8. 의사결정분석

1) 의사결정분석의 기초개념

의사결정이란 미래의 목표를 달성하기 위하여 여러 가지 행동대안중에서 최선의 대안을 선택하는 행위를 뜻한다. 의사결정문제에서 어떤 행동대안의 결과가 확실하지 않은 경우가 많다. 정책결정자를 비롯한 의사결정자는 이러한 확실치 않은 미래상황에 직면하여 문제를 분석할 수 있는 논리적인 준거틀(framework)을 익히고 응용할 수 있어야 한다. 이러한 준거틀을 제시할 수 있는 이론과 기법이 바로 의사결정 분석(decision analysis)이라고 할 수 있다.

2) 의사결정상황과 유형

의사결정자에게 주어진 상황은 의사결정에 필요한 정보가 얼마나 정확하고 충분한가에 따라 구분되는데 의사결정의 종류도 그러한 상황의 특성에 따라 구분되어진다. 즉 의사결정에 있어 어떤 방법과 기준을 적용할 것인가는 관련 정보를 얼마나 갖고 있느냐 하는 상황에 따라 달라진다는 것이다. 이와 관련하여 의사결정의 상황은 세 가지로 분류할 수 있다.

첫째는 확정적인 상황으로서 의사결정자가 선택 가능한 대안별로 어떤 결과가 발생한 것인지에 관한 정보를 사전에 미리 알고 있는 경우이다. 이 때에는 최적의 의사결정이 가능하게 되므로 확정적 모형을 채택할 수 있다. 따라서 최적화 기법의 활용이 가능하다.

둘째는 모험적인 상황으로서 의사결정과 관련된 정보가 유일 확정적으로는 알려져 있지는 않으나 대안별로 출현 가능한 결과와 그 결과가 각각 나타날 확률을 알고 있는 상황을 의미한다. 따라서 의사결정자는 상황이 얼마나 변동될 가능성이 있는지를 알고 있는 상태이다. 이 때 활동될 수 있는 의사결정모형은 확률적 모형이며, 이용 가능한 기법으로는 시뮬레이션 및 그와 유사한 방법들이 있다.

셋째는 불확실한 상황으로서, 갖고 있는 정보가 의사결정 대안별로 나타날 결과의 일부나 전부를 제시해 주지만 그들 각각에 대한 확실한 정보나 발생확률은 알려져 있지 않은 경우이다. 이러한 상황하에서 적용할 수 있는 의사결정 기법은 별로 없으나 최근에 많은 연구들이 이루어지고 있다.

(1) 확정적 상황

확정적 상황에서 적용할 수 있는 최적화 기법들은 여러 가지가 있으나 가장 대표적인 것은 선형계획법이다. 선형계획은 추구하는 목적이 뚜렷하며 목적을 나타내는 변수와 투입변수들 간에 관계가 선형이고 제약조건이 여러 개일 경우에 적용될 수 있다. 이 때 투입변수와 목적을 나타내는 산출변수가 무한히 분해가능하다는 전제하에 적용되는 기법이다.

변수들 간에 관계가 선형인 경우에도 문제의 성격에 따라 이들 문제에 대한 해를 좀 더 효율적으로 구할 수 있도록 선형계획의 아이디어를 토대로 여러 가지 새로운 기법들이 개발되었는데 정수계획, 수송계획, 목적계획 등이 그 대표적인 것들이다. 또 변수들 간의 관계가 선형이 아닌 경우에는 선형계획법을 적용하기 어렵기 때문에 비선형계획이라는 수리계획법을 사용하여 그 해를 구할 수 있다. 한편 결과상황에 관한 확률의 추정이 가능한 모험적 상황에서는 의사결정분석, 재고관리, 대기이론, 모의실험 등의 분석기법들이 활용될 수 있다.

이용할 수 있는 의사결정의 기법은 의사결정의 유형에 따라서도 달라진다. Simon은 의사결정의 유형을 두 가지로 분류한 바 있다.

첫째는 정형적 의사결정으로서 반복적이고 관례화되어 일정한 방식이 설정되어 있는 경우를 말한다.

둘째는 비정형적 의사결정 으로서 결정대상이 개별적으로 독특하기 때문에 결정방식이 구조화되어 있지 않은 경우를 말한다. 정형적 의사결정부분은 관리과학적 방법의 개발과 컴퓨터의 발달로 많은 진전이 이루어졌으나 비정형적 분야는 아직도 답보상태임을 부인하기 어렵다. 관리과학적 방법의 대표적인 기법인 OR은 의사결정에 대해서 계량적인 기초를 제공하는 과학적 방법을 총칭하는 개념이다. 즉 OR은 특정기법을 지칭하는 것이 아니라 광범하고 일반적인 개념이다.

따라서 OR 속에는 앞에서 열거한 최적화 기법들뿐 아니라 PERT, CPM 등 일정계획법, 모의실험, 게임이론 등이 모두 포함된다.

(2) 불확실한 상황

① 의사결정나무의 이용

현재의 의사결정이 최선의 결정이라고 판단한 후, 나중에 처음 결정할때에 다른 대안을 택하였더라면 보다 나은 결과를 가져왔을 것이라고 후회하는 경우가 종종 있다. 지금의 결정이 미래의 결과에 커다란 영향을 미치기 때문에 최선의 결정을 위해서는 모든 경우의 의사결정 흐름을 면밀히 분석할 필요가 있다. 연속적으로 일련의 의사결정을 하는 것을 다단계 의사결정이라고 하고, 이렇게 여러 번에 걸쳐 의사결정을 해야 하는 의사결정문제에 적합한 방법으로 의사결정나무(decision tree)에 의한 분석방법이 많이 사용되고 있다. 이 방법이 위험한 상황하에서의 다단계 의사결정문제에 적합한 이유는 다음과 같은 유용성을 들 수 있다.

첫째, 연소된 의사결정이 그림(tree diagram)으로 표시되기 때문에 문제 자체를 쉽게 이해할 수 있다.

둘째, 의사결정나무의 각 가지 밑에 확률을 기입하여 각 시점(node)에서의 기댓값을 쉽게 산출하여 기입할 수 있다.

셋째, 그림으로 표시된 의사결정과정을 단계별로 쉽게 이해할 수 있고, 그 단계별 과정을 조정할 수 있다.

② 의사결정나무의 구조

의사결정자는 의사결정문제에 대한 특성을 이해한 후, 어떠한 선택을 먼저 해야 하고 어떠한 선택을 나중에 해야 할지를 판단하고 나서 사전에 획득한 정보를 토대로 어떤 종류의 선택을 할 수 있는가를 판단하여, 상황(사건)의 전개에 따라 어떤 결과가 나타날지를 체계적으로 나무그림(tree diagram)에 담아야 한다. 보통 의사결정나무에는 다음의 요소들이 포함된다.

첫째, 의사결정시점이다. 정사각형(□)으로 표시되며, 의사결정을 반드시 해야 하는, 즉 여러 대안 중 하나의 대안을 선택해야 하는 시점이다. 이 의사결정시점을 기점으로 나뭇가지 모양으로 대안들이 뻗어 나간다.

둘째, 상황시점이다. 원모양(○)으로 표시하며, 의사결정자의 통제 밖에 있는 결과상황들의 발생을 나타낸다. 상황시점을 기점으로 오른쪽으로 뻗어 나가는 가지가 각 상황을 나타내며, 보통 가지 위에 상황의 이름이나 기호, 또는 특징 등을 기입하고 가지 밑에는 발생확률을 기입한다.

셋째, 결과치이다(payoff). 최종적으로 뻗은 가지 끝에 추정되는 결과치(이득, 효용, 손실, 확률 등)를 기입한다.

넷째, 비용이다(cost). 어떤 대안을 선택함으로써 비용이 발생할 경우 해당 대안을 나타내는 가지 밑에 기입한다.

다섯째, 기대값이다(expected value) 각 과정에서 계산된 기대값은 각 시점(node) 위에 표시된다. 이렇게 각 시점에 표시된 기댓값을 비교하면서 최선의 기대값이 있는 가지는 남겨두고 나머지 가지들은 자르는 형태로 의사결정을 해 나간다. 한편 이 기댓값들은 우측에서 좌측으로 이동하면서 계산된다. 최종 가지 끝에 결과치가 나타나 있는데, 그 결과치의 오른편에 각 가지의 발생확률과 결과치를 곱하여 계산된 기댓값을 기입해 두는 것이 편리하다. 이 기대값을 기대화폐가치(EMV)라고 부르며 기대화폐가치를 기준으로 하여 최적대안을 선택하게 된다.

제4부 정책사례분석

사례 1 새만금 간척종합개발사업

1. 정책사례의 개요

1) 추진배경

새만금 간척종합개발사업의 추진 배경은 국내외 농업여건과 식량사정을 감안해 농경지와 535백만톤 규모의 수자원을 확보하기 위해 1960년대부터 검토가 시작되었다. 이어 1973년의 세계적인 식량파동, 1980년대 초 외미 도입사태를 겪으면서 관계부처 협의와 주민동의, 어업보상 등 관련절차를 거쳐 1989년부터 본격적으로 추진되었다.

2) 정책목적

새만금 간척사업의 목적은 첫째, 통일시대를 대비한 대규모 식량단지의 조성, 둘째, 21세기 서해안 시대의 미래를 여는 지역발전의 중심지 조성, 셋째, 개발과 보전이 조화된 세계적 수준의 친환경 간척지구 조성이다. 이러한 새만금 간척사업은 전라북도 군산시와 부안군을 33km의 방조제로 연결하여 전라북도 군산, 김제, 부안 등 1도, 2시, 1군, 18읍 · 면 · 동을 포함하고 있다. 개발면적은 총 40,100ha로 여의도 면적의 140배를 넘으며 토지조성 계획 면적이 28,300ha이고 담수호개발 계획 면적이 11,800ha이다. 현재의 토지이용계획은 식량단지 17,950ha와 근교원예단지 2,500ha, 수산개발단지 2,000ha, 농어촌 8,000ha 기타 5,050ha로 계획되었다. 예정된 총사업비는 3조 489억으로 외부 방조제 및 배수갑문공사 비용이 1조 7,337억원이며 내부개발비용은 1조 3,152억원이다.

2. 정책사례의 주요내용

새만금 간척종합개발사업을 시간의 흐름에 따른 추진 경과는 다음과 같다.

〈표 13-1〉 새만금 간척종합개발사업의 추진경과

년 도	내 용
1971-1986	새만금 사업예정지 및 기본조사 실시
1986-1988	경제성 타당성 분석
1989	기본계획 관계부처 협의
1986-1991	환경영향평가 및 협의(구 환경처)
1989. 11. 6	기본계획 확정
1991. 08. 13	사업시행 기획 확정·고시
1991. 08. 19-10. 4	주민 동의서 징구
1991. 10. 22	공유수면 매립허가·고시
1991. 11. 13	사업시행인가·고시
1991. 11. 28	사업 착공
1995. 08. 03	전시관 준공 및 개관
1998. 12. 30	1호방조제 준공
1999. 05-2000. 06.	민관공동조사 실시
2000. 08. 18.	민관공동조사 종합보고서 총리실 제출
2000. 08.-2001. 03.	민관공동조사 결과 등을 토대로 관계부처에서 수질대책 등 세부실천방안 마련
2001. 03. 05	국회·언론 등에 국무조정실·농림부·환경부·해양수산부·전라북도 등 관계부처 검토의견 공개
2001. 03. 21	지속가능위에서 토론 등을 통한 사회적인 합의후 결정 건의
2001. 05. 7 - 11	총리실·지속가능위 공동주관 공개토론회
2001. 05. 25	친환경적 순차개발방안 확정
2001. 08. 06	정부방침에 따른 세부 실천계획 확정
2001. 12.	방조제 22.1㎞ 완료 (공정 66.9%)
2003. 02. 11	노무현 대통령, 당선시 사업 추진 약속
2003. 05.	김영진 농림부장관 중단할 수 없음을 발표
2003. 07. 15.	서울행정법원 집행정지 명령
2003. 07. 22.	김영진 농림부장관 사표제출
2003. 08. 25	농림부 본안소송 제기
2003. 10. 10	노무현 대통령, 전국체전 개최지인 전라북도에서 사업추진 재확인
2006. 03. 16	대법원 새만금 간척종합개발사업 계속 진행 판결
2006. 03. 17	끝막이 공사 재개
2006. 04. 21	방조제 33km 최종연결공사 완료

새만금 간척종합개발사업은 농림부에서 사업타당성이 검토된 후 경제부처의 반발 속에 전두환 전 대통령에 의해 재검토 지시 후 사업의 진행이 더디게 이루어졌다. 그러던 가운데 노태우 전 대통령이 대통령 선거운동 기간에 공약으로 내걸어 사업추진에 불을 당긴 후, 야당의 김대중 대표와의 협상을 통해 본격적인 추진이 결정되었다. 노태우 정부에서 사업 착공이 이루어진 후 김영삼 정부에서도 지속적으로 사업이 추진되었다. 정책환경의 변화로 인해 김대중 정부에 와서 사업에 대한 재검토가 이루어지고 이 시기부터 사업추진과 환경보호 간에 심한 대립과 갈등의 양상이 전개된다. 결국 이러한 대립과 갈등은 법정으로 옮겨져 노무현 정부에 와서 2006년 대법원의 판결에 의해 일시 정지된 사업의 재추진이 결정되게 된다. 이러한 굴곡을 거쳐 2006년 4월 방조제 최종 연결공사가 완료된다.

3. 정책적 시사점

새만금 간척종합개발사업은 초기에 수립된 정책의 목표가 사업과정에 변경되는 과정을 겪었으며, 또한 정책과정에서 많은 우여곡절을 겪었다. 정책결정과정에서 주무부처와 의견을 달리하는 부처간의 정책조정의 문제점을 드러내기도 하였으며 정책을 집행하는 과정에서 지역주민과 이해 관계자들간의 관계에서도 여러 차례 실수가 드러나기도 하였다.

새만금 간척종합개발사업의 진행과정으로부터 얻을 수 있는 교훈을 다음과 같이 정리해 볼 수 있다.

1) 결정 · 집행시스템의 안정화와 지속성 요구

안정적이고 지속적으로 추진이 가능할 수 있는 결정 및 집행시스템이 필요하다. 많은 경우 대형국책사업들은 집행도중에 환경분쟁 등 각종 분쟁에 휘말려 당초 계획했던 일정대로 추진되는 경우가 거의 없다. 새만금 사업의 경우도 대표적인 사례이다. 이러한 대형 국책사업을 당초의 계획대로 추진시킬 수 있는 계획 및 집행관리시스템이 필요하다.

2) 다양한 형태의 통제장치 마련

국책사업의 경우 계획당시의 소요 비용보다도 집행과정에서 몇 배 이상 더 소요되는 것이 대부분이다. 집행과정에서 당초의 계획당시 비용보다 대폭 증가되는 경우 이에 대한 다양한 형태의 통제장치가 필요하다. 가령, 경부고속철도 사업의 경우(1992-2004) 당초 5조 8천억원이었던 사업비가 12조 7천억원 이상으로 늘어났으며 새만금 간척사업 방조제 축조(1992-2003)의 사업도 당초 약 1조 3천억원이었으나 현재는 3조 2,570억원 이상으로 증가했다. 이러한 경우 매몰비용 때문에 계속 사업을 추진해야 한다면 이것 역시 엄청난 예산낭비일 수 있을 것이다.

3) 정책결정과정에서 나타난 정책실패의 복합성의 대비

새만금 간척종합개발사업의 경우 사업이 오락가락하고 중단과 재개를 거듭한 데에는 대부분의 정책실패사례에 작용한 요인들이 복합적으로 작용했다고 볼 수 있다. 즉, 사업결정과정의 합리성 결여, 중앙정부 내 여러 부처간의 혼선, 개발과 보전논리의 충돌, 장기적인 집행과정에서 여건변화가 발생했을 때 대응문제, 불충실한 사업타당성 검토, 사회적 갈등관리시스템의 부재 등을 들 수 있다. 이러한 문제들에 대한 심도 있는 해결책이 당연히 요청된다고 하겠다.

4) 합의되지 않은 정치적 결정에 대한 논의

새만금 간척종합개발사업은 처음부터 각 부처들 간의 합의가 없는 상태에서 내려진 전북지역주민들의 표심을 잡기위한 정치적 결정으로 처음에는 농지확대와 담수호 건설이 주목표이었다. 그러나 이러한 목표에 대해 경제기획원은 매우 회의적이었다. 그 이유는 사업에 대한 경제적 타당성이 부족하였으며, 가까운 미래에 쌀개방문제가 점차로 논의되어야 하기 때문에 농지확대는 문제가 있으며, 공업용지도 인근에 군장공업단지를 비롯한 많은 지역에서 추진하고 있어 그 목표도 바람직하지 못했다.

5) 재원조달의 문제와 경제적 타당성 결여

선거라는 정치적 결정에 의해 탄생된 새만금 사업은 재원조달의 문제와 경제적 타당성이 없어 경제부처들의 '추진불가'라는 판정을 받았으나 영향력의 팽창·유지라는 조직목적을 가졌던 농림수산부와 산업화의 과정에서 소외되었던 경험을 만회하고자 했던 전라북도를 한 축으로, 국가 전체적 차원의 경제적 타당성을 책임져야 했던 경제기획원과 당시 '처'로 승격하여 조직적 역량을 확보해야 했던 환경처를 다른 한 축으로 하여 새만금사업 논쟁은 지지부진하게 지속되고 있었다. 이를 집권적으로 조정한 것은 행정의 최고 통수권자이던 대통령이다.

6) 예산배정의 문제

예산배정이 제대로 이루어지지 않아 공약으로 머무르던 새만금 사업은 걸프전 발발이후 열린 여야 영수회담을 통해 실질적인 착공의 기회를 갖는다. 미국의 요청으로 걸프지역에 군의료지원단을 파견해야 했던 정부로서는 해외 파병을 위한 국회동의절차를 거치기 위해 김대중 평민당 총재의 도움이 필요했기 때문이다. 1991년 7월여야 영수회담에서 김대중 총재는 새만금사업의 착공을 강력히 요청하였고, 노태우 대통령이 이를 받아들여 국고투입 지시를 내림으로써 새만금사업은 실질적으로 착수된다.

7) 사업의 경제적 타당성과 정치적 합리성의 조화

사업성의 부재로 추진불가인 새만금사업이 대통령 선거 6일전에 선거공약화되고, 후보당선으로 사업의 추진이 결정된 새만금 사업은 결국 경제적 타당성

(경제적 합리성)과 지역민심(정치적 합리성) 사이의 조화가 필요하다. 물론 우리나라와 같은 정치·행정 문화속에서 대통령이 정치적으로 결정한 국책사업(정치적 합리성)을 새만금이라는 정치적 사업에 대한 예비타당성조사, 환경영향평가는 형식적인 절차가 될 가능성이 있다. 그러므로 정치적으로 결정된 사업을 경제적·행정적 절차를 통해 정부부처들이 사업목표에 대한 합의를 형성하고 지역주민들에 대한 적극적이 홍보를 통해 사업내용에 대한 정확한 인식을 갖도록 해야 할 것이다.

8) 사업목표에 대한 각 부처들 간의 합의가 필요

사업의 목표에 대한 각 부처들 간 합의가 부재하면 정책과정 내내 지속적으로 문제가 제기되는데, 타당성이 적은 정책목표로 인해 농림부와 경제기획원 등의 다양한 부처들간의 갈등이 야기된다. 즉, 전북표심을 잡기 위한 단순한 정책목표는 결국 경제적 타당성이 없는 사업목표로 전락하였는데, 사업의 당초에는 농지확대와 담수호 건설이 주목표이었으나. 여기에 복합산업단지를 추가하여 정책목표변경이 이루어지면 각부처간에 혼란 야기되었다. 예를 들면, 전북도·농림부 등은 적극 추진, 경제기획원·환경처·환경단체들은 적극 반대하는 양상이 벌어지게 되었다.

9) 위기관리단계별 홍보매체 및 방식에 대한 사전 기획

1998년 이전에는 새만금사업에 대한 홍보는 없었다고 해도 과언이 아니다. 1998년 시화호 사건이후 찬, 반 양 이해관계자들 사이에서 사업의 위기가 발생했던 시기의 정책홍보는 일관된 목소리를 내기 위한 대변인을 선정하고 위기관리단계별 홍보매체 및 방식이 사전에 기획되어야 한다. 그러나 이점에서 미흡한 점이 있다.

10) 정확한 정보의 사용을 통한 행정기관의 홍보

행정기관이 홍보를 할 때 가지고 있는 여러 정보 중 유리한 정보만 가지고 활용하다가 사후에 다른 기회를 통해서 관련 이해관계자들에게 불리한 정보까지 노출되는 경우 행정불신으로 연결되고 결국에는 사실에 바탕을 둔 정보까지 불신되는 경우가 많다. 모두가 신뢰할 수 있는 정확한 정보의 사용이 필요하다.

사례 2 의약분업 정책

1. 정책사례의 개요

1) 추진배경

의약분업은 각자의 전문성에 따라서 진단과 처방 기능은 의사에게 그리고 처방된 의약품을 조제하는 기능은 약사가 담당하도록 하는 제도이다. 지금은 익숙해져서 당연하게 생각되는 개념이지만, 불과 7-8년 전만 해도 의와 약을 분리는 일반인들에게 생소한 개념이었다.

의약분업 실시 이전에는 의사에 의한 처방과 조제의 병행은 물론, 약사의 임의조제가 관행으로 여겨졌다. 또한, 의사와 약사 공히 수익의 대부분을 의약품 판매에서 발생하는 약가마진에 의지하고 있었기 때문에 불필요한 의약품을 다량 처방하게 되는 원인이 되었다. 예컨대 감기에 걸린 것 같은데 병원에 갈 시간이 없으면 근처 약국에 가서 감기약을 구입(조제)하여 드링크제와 같이 먹는 것이 일상화 되어 있었음은 물론, 병원에 가서 진찰받은 후 간호사가 지어주는 약을 잔뜩 받아 오는 것도 당연한 일로 여겨졌다. 이러한 의료환경 하에서 우리나라는 의약분업을 실시하고 있는 다른 국가들에 비해 상대적으로 많은 약을 복용하는 국가이다. 특히 항생제 내성률 면에서는 세계 최고 수준에 도달하는 등 다양한 의료문제가 발생하게 되었다.

2) 정책목표

정부는 심각한 의약품 오남용으로부터 국민들의 건강을 보호해야 할 책임이 발생하였다. 정부가 의와 약을 분리하는 의약분업정책을 통해 얻고자 하는 정책목표는 다음의 네 가지로 요약된다.

(1) 의약품의 오남용 예방,

(2) 의약품의 적정하용으로 약제비 절감
(3) 환자의 알권리 및 의약서비스의 수준 향상
(4) 제약산업의 발전 및 의약품 유통구조의 정상화

3) 의약분업의 도입에 관한 논의

그런데 의약분업을 통한 의와 약의 분리는 의사와 약사의 경제적 이해관계에 큰 변화를 가져왔다. 또한 이에 따라서 의료대란이라는 사상 초유의 의료공백 상태가 발생하는 등 이해관계에 따른 집단행동 또한 불사하는 결과를 가져왔다.

(1) 의약분업 도입하지 못하는 이유

우리나라에서 의약분업이 도입되지 못했던 실질적인 원인은 의약품 판매에서 발생하는 이윤동기 때문이다. 의약품에 대한 의사의 직접 지배권을 통한 이윤창출구조가 형성·지속되어 오면서 의료서비스 전반에 심각한 구조적 결함을 내포해왔고 이는 곧 사회적 비용을 초래하여 왔다. 또한, 약품판매에 따른 이윤동기는 국민들의 약물 오남용 문제로 이어졌다. 특히 우리나라의 항생제 내성률은 의약분업 실시국가보다 6-7배 이상 높고, 항생제의 사용량도 다른 나라에 비해 상대적으로 높은 편이다. 우리나라 의료보험 환자 가운데 58.9%가 항생제 처방을 받고 있어 WHO 권장치인 22.7%보다 상당히 높으며 사용 적합률도 67.4%에 불과하다.

(2) 우리나라 보건의료정책의 제도적 특성에의 기익

보건의료는 공공성의 성격이 강한 것에 비해 우리나라는 역사적으로 민간우위의 공급체계로 형성되어 왔다. 따라서 정부와 민간부문(의사협회, 약사회, 병원협회)간에 유기적인 파트너쉽을 형성하면서 정책을 결정하고 집행해 왔다. 이러한 관계가 가능했던 것은 보건의료단체는 보건의료에 대한 전문 지식을 갖추고 있으므로 정책과정에서 정책전달자로서 필수적인 부분을 차지하며, 만약 이들이 정책과정에서 불응한다면 의미 있는 정책성과를 기대할 수 없기 때문이었다. 이러한 관계구조는 민간부문을 정부기구에 제도적으로 참여시키고, 정부업무를 민간에게 위탁시키며 보건전문단체조직 구성원을 정부관료로 콥테이션(cooptation)하게 했다.

2. 의약분업정책의 주요내용

1) 본격적인 정책형성 이전

우리나라의 경우 대한민국 정부수립 이후 약사법을 제정할 때 의약분업 개념이 처음 들어왔다. 즉 1953년에 제정된 약사법에는 의사는 처방하고 약사는 조제한다는 원칙이 규정되었다. 그러나 여전히 의와 약을 분리하지 않는 한의학 전통이 강했으며, 또한 의와 약을 분리하려면 동네마다 의원과 약국이 들어와 있어야 하는데 당시의 여건은 그렇지 못했다. 이에 따라 예외 규정을 두어서 의사가 약을 직접 조제하는 것을 허용했으며, 약사가 의사의 처방전 없이 조제하는 것도 허용하였다. 그 후로도 60, 70년대로 거치면서 꾸준히 전문가들 사이에서 의약분업의 필요성에 대한 논의가 있어 왔지만 구체적인 진전은 별로 없었다.

의약분업에 대한 논의는 의료보험제도의 실시와 더불어 구체화되었다. 의와 약을 분리하는 의약분업에서는 병원과 약국을 모두 방문해야 하기 때문에 한 군데만 방문할 때에 비해서 의료비가 증가하게 된다. 특히 약국에 가서 약을 사 먹을 때에 비해서는 훨씬 의료비가 증가하게 된다. 따라서 의료보험이 적용되지 않을 경우, 개인의 의료비 부담이 너무 커지기 때문에 의약분업을 실시하기 어렵게 된다. 즉 의료보험의 실시는 의약분업을 실시하기 위한 기본 조건이라고 할 수 있다.

1977년 처음 직장의료보험이 도입된 이후 정부에서는 1980년대 초에 지역의료보험 도입을 위한 시범사업을 실시했다. 이때 의약분업에 대한 시범사업도 함께 하기로 하여 1982년에 목포시에서 의약분업 시범사업이 실시되었다. 그러나 진료 후 약을 따로 사야한다는 불편함과 약사들의 반대에 부딪혀서 시범사업은 1985년에 중단되었다. 이후 1980년대 후반 들어 의료보험제도가 전 국민을 대상으로 확대된 이후 다시 의약분업이 논의되었으나 의사와 약사의 반대로 인하여 구체화되지는 못했다.

그러다가 90년대에 한방과 약이 충돌하는 이른바 '한약분쟁'이 일어났다. 그리고 한약분쟁의 종결과 함께 1994년 약사법이 개정되었는데, 이때 개정된 약사법에서 의약분업의 실시 시기를 규정하게 되었다. 즉 1997년 7월에서 1999년 7월 사이에 의약분업을 시행하도록 한 것이다. 한방과 약 사이에 분쟁이 발생하게 된 근본계기가 바로 의와 약이 분리되지 않았기 때문이라는 논리에 따라 의와 약을 분리하자는 안이 나오게 된 것이다.

〈표 13-2〉 본격적인 정책형성 이전단계에서의 의약분업 논의

1977. 05.	의/약사회 의약분업 합의
81 .07. - 85. 10.	의약분업 시범사업
1989. 07.	의약분업논쟁과 약국의료보험 실시
1993. 10.	한약분쟁과 의약분업실시시기 명시
1997. 12.	'의료개혁위원회'와 의약분업 모형개발

법으로 의약분업 시행 시기가 명시되기는 했지만, 이후 별다른 논의나 준비 없이 시간이 흘러갔다. 그리고 1997년에 김대중 대통령이 선출되고 취임 초 김대중 대통령은 100대 국정과제로서 의약분업 실시를 포함하게 된다. 어차피 법의 규정에 따라 의약분업을 해야 하기는 했지만, 국정과제의 하나로 포함되었다는 것은 그만큼 의약분업을 실시하려는 의지가 강했다는 것을 의미하는 것이다.

2) 의약분업 정책형성 및 결정과정

법률로 정해진 기간의 도래와 새 정부의 국정과제에 의약분업이 포함된 것을 기반으로 1998년 5월 21일 주무부처인 보건복지부는 의약분업추진협의회, 즉 분추협을 조직하여 의약분업에 대해 논의하였다. 이때 각계각층의 위원들의 토론 결과 합의안이 나오게 되는데, 이것을 분추협 안이라고 한다. 그런데 분추협 안을 토대로 세부사항을 논의하는 과정에서 의사협회의 대표는 퇴장을 하면서, 이미 합의했던 내용에 대해 반대하는 입장을 보이게 된다.

의사들의 반대로 분추협의 안을 더 이상 추진할 수 없게 되자 1999년 1월에 그 당시 여당이었던 국민회의의 주도로 다시 합의의 장이 만들어졌다. 하지만 이 역시 협의에 실패하게 된다. 그러나 정부와 여당은 의약분업을 추진하고자 하는 강한 의지가 있었기 때문에 분추협 안을 계획대로 실행하려고 하였다. 하지만 이익단체의 반대를 무시할 수만은 없는 것이었다. 그래서 의사와 약사 시민단체가 2달 안에 새로운 합의안을 도출해 오면 그것을 받아들이겠다는 조건으로 시간적 여유를 주었다. 따라서 시민단체가 중재자가 되어서 시민대책위원회가 만들어지고 두 달간 여러 차례의 공청회와 토론이 이루어졌다.

1999년 5월 10일 약속한 시간이 되었다. 이때 합의가 이루어지지 못하면 분추협 안을 무조건 따라야 하는 상황이었다. 의협은 막바지까지 고민하다가 결국 합의서에 서명하게 된다. 기적적으로 합의가 이루어진 것이다. 그러나 이 합의에 대해 모두가 동의하는 것은 아니었다. 특히 의약분업의 실시로 인해 불이익을 볼 수밖에 없는 진료과 의사들 사이에서 의약분업 정책에 대한 반대 분위기가 고조되었다.

한편, 새로운 합의에 따라 정부는 의약분업에 대한 시행준비에 착수 했다. 그 가운데 하나가 '의약품 실거래가 상환제'인데 이는 의약품 유통개혁의 하나로 이해될 수 있다. 즉, 의약품을 유통체계의 구조조정을 통해 의약품 납품비리를 근절하고 의약품 거래의 실제가격을 보험약가에 반영하도록 하는 제도이다. 정부는 1999년 11월 15일, 예정대로 보험약가를 30.7%인하하고 이를 보전시켜주기 위해 의료보험 수가를 12.8% 인상하는 조치를 취했다. 따라서 진료와 약 처방이 많은 비중을 차지하는 의료기관에 불리하게 적용되어서 이들을 중심으로 의약분업에 대한 반대감정이 심해지게 되었다.

이때 의료계에서는 의쟁투를 결성하고 2000년 2월 17일 대정부규탄대회를 개최하기로 결정했다. 그 날 여의도 문화광장에 모인 의료계 사람들은 3만 8천여 명이었다. 의약분업은 7월에 시작되는 것이므로 한편에서는 의약분업을 준비하면서 사태가 이렇게 되자 정부는 대책을 고심한다. 정부는 파국을 막기 위해 의료계의 대통령 면담을 마련하였다. 면담 후 돌아온 집행부의 파업철회 발표에도 불구하고 의료계는 파업을 강행하였다.

2000년 3월 30일 의원파업을 시작하여, 4월 6일부터 전공의 파업, 의대 교수 성명서 발표로 의료계 전반으로 의약분업 반대 행동이 확산되었다. 의료계는 어쨌든 7월 의약분업을 하지 않겠다는 뜻을 가지고 있었기 때문에 또 다른 파업이 예고되고 있었다.

파업이 5일째에 들어서면서 사태가 심각해지자 또 다른 해법으로 정치권에서 여야 영수회담이 이루어졌다. 이회창 당시 한나라당 총재가 의료계의 입장을 받아들여 의약분업 실시를 6개월 연기하고 시범사업을 하는 것을 제안했으며 김대중 대통령이 약사법의 개정을 약속하면서 돌파구가 마련되었다. 이때 약사법 개정에 대해 논의하기 위해 정부와 의료계는 대화의 자리를 마련된다. 대화가 이루어지자 의료계는 다른 한편에서는 정부를 압박하기 위해 총 파업에 돌입하였다.

〈표 13-3〉 의약분업 정책형성 및 결정과정

98. 05. - 99. 02.	'의약분업추진협의회(분추협)'와 분업연기
1999. 03. - 05.	'의약분업시민대책위(시대위)'와 분업합의
1999. 07.	'의약분업실행위원회'의 구성
1999. 11.	의약품실거래가 상환제의 도입
1999. 11.	의료보험수가 9.0% 인상
1999. 11.	의사회, 의약분업 반대집회
2000. 04.	의사회, 병의원 시한부 집단휴업(의료대란 시작)
2000. 06.	의료보험수가 6.0% 인상
2000. 06.	의사회, 병의원 '집단 휴폐업'

3) 의약분업정책 집행과정

정부와 의료계, 약계의 대화가 진행이 되어서 2000년 11월 11일 의·약·정이 합의를 보았다. 기나긴 투쟁의 시간 끝에 대단원의 타협을 본 것이다. 그리고 2001년 7월 18일 약사법 개정안이 국회를 통과했다. 1953년 의약분업 원칙이 포함된 약사법이 제정된 지 48년이 흘러 드디어 의약분업의 내용이 포함된 약사법이 입법된 것이다.

〈표 13-4〉 의약분업정책 집행과정

2000. 07.	약사회, 약사법개정저지를 위한 단식농성
2000. 07.	의사회 전공의, '파업'
2000. 07.	의료보험수가 9.2% 인상
2000. 08.	의사회, 병의원 '집단파업'
2000. 09.	의대교수, '외래진료중단'
2000. 09.	의료보험수가 6.5% 인상
2000. 10.	의사회, 1,2,3차 의료기관 총파업
2000. 11.	의약정 협상타결
2001. 01.	의료보험수가 7.08% 인상

4) 평가

의약분업 정책과정에서는 정책의 빈번한 변동이 발생하였다. 대체조제의 경우 허용에서 금지, 완전금지로 변경되었으며, 주사제의 경우 제외에서 포함 부분제외, 완전제외로 변화하였다. 또한 의료수가의 경우 역시 12.8%→6.0%→6.2%→6.5%→7.1% 등(1999년 11월 이후 누적인상률 48.9%)으로 많은 변화를 보이고 있다.

이 과정에서 의도하지 않은 정책비용이 발생하였는데 구체적으로 의료보험수가인상으로 인한 의료보험 재정위기(2000년 7월 이후 3차례 수가인상으로 1조8,200억원 인상효과)의 발생은 물론 국민들의 정책불신과 혼란을 초래하였다. 이 같은 혼란이 발생하게 된 것은 목표의 집착과 폐쇄적 의사결정기구로 인한 것이다. 당시에는 의약분업실행이라는 당위성에 집착하였을 뿐만 아니라, 의약정, 의정대화 기구 하에 힘의 논리가 지배했다.

3. 정책적 시사점

정책의 비일관성 문제를 해소하기 위해서는 문제해결 논리에 의한 정책수정을 제도화해야할 필요성이 대두된다. 의사결정 기구를 Open-System 형(의사결정기구에 정책이해관계자를 참여시켜 협상과 토론)으로 제도화하고 개방형 시스템 하에서 피드백을 촉진시켜 오차수정(피드백이 없는 이해당사자의 요구수용은 비일관성 초래)이 가능하도록 하는 것이 필요하다.

〈표 13-5〉 개방형 시스템 하에서의 정책수정

구분	정책수정	비일관성
이해관계자 참여	공개성(구성원의 참여보장)	폐쇄성(제한된 참여)
의사결정	문제해결논리	힘의 논리
게임규칙	협상, 논변/ 피드백 촉진	밀실거래/피드백제한

사례 3 스크린쿼터제

1. 정책사례의 개요

1) 스크린쿼터(Screen Quota)의 의의

스크린쿼터(Screen Quota)란 영화관에서 영화를 상영할 때 자국의 영화를 일정 기간 이상 의무적으로 상영하도록 규제하는 조치를 말한다. 우리나라에서 영화를 상영하는 모든 극장은 연간 일정한 일수 이상의 한국영화를 반드시 상영하여야만 한다. 이 제도의 정확한 명칭은 '한국영화 의무상영 제도'이며 '스크린쿼터제'는 관용적으로 불리는 용어이다. '쿼터' 혹은 '수입쿼터'(Import Quota)란 어떤 외국 상품을 수입할 때 일정한 양만을 수입하도록 제한하는 보호무역주의(Protectionism)적 정책수단이다. 스크린쿼터제 역시 국내 영화관에서 외국영화의 자유로운 상영을 허용하지 않는 반면 국산영화는 일정 기준 이상의 상영일수가 보장되도록 차별적으로 대우한다는 점에서 보호주의 정책의 일종이다.[14] 즉, 국내 영화시장에서 수입외화와의 경쟁을 제한함으로써 외국영화에 의한 무차별 시장잠식을 견제하고 자국의 영화산업을 보호하려는 정책인 것이다.

2) 스크린쿼터(Screen Quota)의 도입배경

우리나라에 스크린쿼터제가 처음으로 도입된 것은 1966년 영화법 제2차 개정이 이루어지면서였다. 1966년 8월 3일 법률 제1830호로 전문개정된 영화법 및

14) 스크린쿼터제는 1947년에 제정된 '관세 및 무역에 관한 일반협정'(General Agreement on Tariff and Trade)에 의해 최초로 국제법상의 법조문으로 명문화되었다. GATT법 제4조 '영화에 관한 특별규정'(Special Provisions relating to Cinematograph Films)에서는 내국민대우 원칙에 대한 예외로 회원국들이 자국영화에 대한 특혜로 스크린쿼터를 시행할 수 있다고 허용하고 있다. 그러나 영화의 원산지 결정방법이나 구체적인 스크린쿼터 적용방식 등에 대한 명확한 규정은 없다. 그럼에도 불구하고 문화정책 차원에서 중요한 것은 스크린쿼터제가 국제무역법인 GATT법에 의해 명백히 인정된 합법적인 제도라는 사실이다. 다만 제4조 (d)항은 스크린쿼터의 제한, 자유화, 또는 폐지를 위한 협상 역시 가능하다고 규정하고 있다.

영화법시행령에는 국산영화를 연간 6편 이상 상영하되 총상영일수는 90일 이상이 되어야 한다는 규정이 신설되었다. 그 이후 스크린쿼터제의 구체적인 내용은 수차례에 걸친 영화법 개정을 거치면서 여러 번 변화되어 왔다. 1996년 영화법을 대체하여 제정된 영화진흥법 및 영화진흥법시행령의 규정에 의하면 1년 중 2/5일 이상, 즉 146일 이상 한국영화를 상영하도록 의무화하였다. 하지만 문화관광부장관과 지방자치단체장의 재량으로 최대 40일까지 감경이 가능하기 때문에 실제 한국영화 의무상영일수는 106일 이상인 셈이었다. 그런데 2006년 7월 1일부터는 개정된 영화진흥법시행령에 의해 스크린쿼터일수가 기존규정의 절반인 73일로 축소되어 시행되고 있다. 다만 기존의 감경조항은 삭제되었다.

지난 2006년 1월 26일 한덕수 부총리 겸 재정경제부 장관은 "7월1일부터 스크린쿼터 일수를 현재의 146일에서 73일로 축소하기로 결정했다"고 밝혔다. 한국영화 의무상영 일수가 기존의 절반 규모로 줄어든 것이다. 1998년 개시된 한미 양자간투자협정(Bilateral Investment Treaty, BIT) 협상과정에서 미국 측 요구로 불거져 나왔던 스크린쿼터 축소문제는 수년간 한국 영화계의 강력한 저항으로 인해 BIT 협상 자체를 좌초시킬 정도로 '뜨거운 감자'였다. 그런데 미국과의 자유무역협정(Free Trade Agreement, FTA)을 추진하던 한국정부는 미국 측이 요구했던 협상개시의 전제조건들을 수용하는 일환으로 스크린쿼터 축소단행을 결정했던 것이다. 한덕수 부총리는 "대외의존도가 70%를 넘는 우리나라로서는 FTA 등 세계적인 무역자유화 대열에 동참하지 않으면 생존할 수 없는 형편"이라며 "한국 영화의 국내 시장점유율이 50%를 넘는 상황에서 현행 스크린쿼터를 계속 유지할 이유가 없다"고 그 이유를 밝혔다. 이에 대해 그동안 줄곧 스크린쿼터 축소 절대불가 입장을 고수해오던 영화계는 격렬히 비난하며 반발하였다. 그러나 정부는 3월 6일의 국무회의에서 '1 · 26 발표'를 그대로 수용하여 스크린쿼터일수를 기존의 50%로 축소하는 내용의 영화진흥법시행령 개정안을 의결하였다. 이렇게 개정된 영화진흥법시행령은 같은 해 7월 1일을 기하여 발효되었다.

2. 정책의 주요내용 및 시사점

1) 정책논변: 문화논리 vs. 경제논리

정책과정에서는 흔히 여러 가지 상이한 주장들이 제기되어 경합되기 마련이다. 각종 공식적 및 비공식적 참여자들은 정책논변을 통해 각자 자기 주장의 타당성을 강조하며 경합을 벌이게 된다. 여기서 가장 중요한 것은 그럴듯한 논리와 이를 뒷받침할 수 있는 확실한 증거자료이다. 통상적으로 정책논변의 공통언어는 경제논리라고 할 수 있다. 상이한 사안들 간의 비교를 위해서는 공통된 단위로 환산되어야 하는데, 화폐단위(경제가치)로 나타내는 것이 가장 객관적인 비교방식으로 통용되기 때문이다. 따라서 스크린쿼터를 '문화주권'이라는 무형의 가치로 강조하는 식의 주장만으로는 BIT나 FTA의 경제적 효과를 구체적인 수치들로 내세우는 주장에 비해 설득력이 떨어질 가능성이 크다. 그러므로 경제외적 가치를 다루거나 계량화하기 어려운 문화정책의 경우에도 문화논리 일변도의 주장보다는 경제논리로 잘 번역된 문화논리를 함께 구비할 필요도 있다.

그런데 정책과정에서 반드시 염두에 두어야 할 것은 정책이란 궁극적으로 '공익'(public interest)의 증진을 목표로 삼아야 한다는 당위성이다. '공익의 추구'야말로 공공행정의 존재의의이자 이윤극대화를 꾀하는 기업과 근본적으로 다른, 그리고 반드시 달라야만 하는 근거가 된다. 공익이란 여러 가지 다양한 종류의 가치들을 포함한다. 즉, 경제적 가치뿐만 아니라 돈으로는 계산할 수 없는 각종 경제외적 가치들도 공익의 중요한 구성요소가 된다. 따라서 정책논변과정에서도 경제논리 일변도의 비교·평가는 바람직하지 않으며 문화논리, 환경논리, 복지논리 등 다양한 가치들이 함께 고려되어야 할 것이다.

2) 정치과정으로서의 정책과정

한편 현실의 정책과정은 합리적 계산과정이라기 보다는 사실상 정치과정(political process)인 경우가 많다. 특히 이해당사자들이 첨예하게 대립하고 있는 갈등상황에서는 더욱 그러하다. 이런 의미에서 정책은 정치게임의 산물이라고도 할 수 있다. 문화논리를 주장하는 문화관광부와 경제논리로 일관하는 경제부처의 입장 차이는 비용편익분석과 같은 합리적 계산에 의해 조정된 것이 아니다. 미국과의 안보·통상 관계를 고려한 국제정치적 맥락과 문화가치와 경제가치의 갈등이 빚어내는 국내정치적 맥락 속에서 이루어졌다. 경제부처 관료들은 국익을 위해서는 한미 FTA 체결의 필수적이라고 계속해서 노 대통령을 설득했다. 국민들의 지지를 염두에 둘 수밖에 없었던 노무현 대통령으로서는 경제성장이 시급한 과제가 아닐 수 없었다. 그래서 그의 정치적 판단은 미국과의 갈등 보다는 협력체제 구축을 통한 경제발전이 더 바람직하며 이를 위해서 스크린쿼터 문제에서 양보하는 결단을 내릴 필요가 있다는 방향으로 변하였다. 또한 시종일관 스크린쿼터 축소 절대불가를 부르짖던 이창동 문화관광부 장관 역시 대한민국 국무위원의 한 사람임에도 불구하고 나라 전체의 국익을 무시한다는 따가운 눈총 속에 언제까지나 자기 고집만 내세울 수 있는 형편이 못되었다. 이처럼 스크린쿼터 축소 결정은 최고위급 정책결정자들에 의한 정치적 차원의 결단이었다. 물론 그 과정에서 각 부처 실무진들이 작성한 구체적인 보고자료들이 참고되기는 했었다. 그러나 스크린쿼터 일수를 축소여부와 관련된 핵심결정은 순수한 경제 혹은 문화논리보다는 정치논리에 의해 좌우되었던 것이다.

3) Noisy minority vs. Silent majority

스크린쿼터제 사례에서 나타나는 중요한 특징의 하나는 목소리 큰 소수(한국 영화인들)의 주장이 오랜 시간 거의 일방적으로 정책과정을 지배했었다는 점이다. 스크린쿼터제는 전형적인 고객정치(client politics) 상황, 즉 비용은 다수에게 분산되고 이익은 소수에게 집중되는 상황이다. 어떠한 계기에서건 기존 정책의 변화가 시도되는 경우, '조용한 다수'(silent majority)의 입장은 목소리 큰 '요란한 소수'(noisy minority)의 주장에 파묻혀버리기 쉬운 것이다. 그런데 사실 이러한 상황이야말로 행정관료들의 객관적이고 공정한 판단 능력이 절실히 요청되는 때라고 할 수 있다. 정부는 일부 특정한 계층이 아니라 국민 모두를 위한 공익을 추구해야 한다. 따라서 요란한 잡음 속에서도 과연 무엇이 공익에 보탬이 되는 길인지 냉철하게 판별할 수 있어야 한다. 또한 요란한 다수의 목소리에 파묻혀 잘 들리지 않는 조용한 다수의 생각이 무엇인지 판별해낼 수 있어야 한다. 그런데 아쉽게도 현실적으로는 '시끄러운 놈에게 떡 하나 더 주는' 식의 정책결정이 자주 일어나는 것이 사실이다. 그러나 적어도 바람직한 관료상은 일부 '떼쓰는' 혹은 '악쓰는' 소수에 '포획(capture)되지 않기 위해 공익에 대한 확고한 기준을 가지고 소신 있는 결정을 내리는 것이다.

4) '뜨거운 감자' 다루기

(1) 이슈선점의 중요성

스크린쿼터 축소문제가 시작되자마자 한국 영화계는 즉각 이 사안을 '문화주권' 문제로 규정하였다. 일단 영화인들이 '스크린쿼터 = 문화주권'이라고 문제정의를 선점하게 되자 이 사안을 경쟁정책이나 통상정책 혹은 산업정책 차원에서 접근해야 한다는 주장은 수용되기 힘들었다. 그러다보니 스크린쿼터일수 축소는 곧 문화주권의 포기로 여겨졌지 시장경쟁을 촉진시켜 영화산업의 발전을 꾀하려는 진흥정책으로 받아들여지지는 않았던 것이다. 만약 스크린쿼터 문제가 처음부터 문화주권이 아닌 산업정책 문제로 정의되었더라면 그렇게까지 '뜨거운' 감자가 되지는 않았을 수도 있었다. 이것은 어떤 문제상황이 처음에 어떤 식으로 정의되느냐가 이후 정책대안의 탐색 및 비교평가 작업에 결정적인 영향을 미친다는 점을 잘 보여주고 있다.

(2) 감성적 접근의 중요성

스크린쿼터 문제는 곧 문화주권의 문제라는 영화계의 규정이 쉽게 대중들에게 수용될 수 있었던 중요한 이유는 매우 감성적인 용어들이 많이 동원되었다는 점이다. 어떤 문제사안에 대해 정확한 지식을 충분히 가지고 있지 않은 경우에는 딱딱한 전문용어나 복잡한 통계수치 보다는 사람의 감정을 자극하는 짧은 두세마디 표현이 훨씬 더 설득력 있게 다가가게 된다. 물론 감성적인 접근이 실제

문제해결을 위한 실질적 대안을 모색하는 데 있어서는 그다지 효과적이지 못할 수 있다. 그러나 적어도 문제의 성격을 규정하는 단계에 있어서는 감성적인 접근이 보다 강렬한 인상을 심어줌으로써 문제정의를 선점하기 쉽다는 것이다.

(3) 전략의 비교: 침묵(복지부동) vs. 공론화(정면대응)

2000년 이후 한국영화의 급성장에도 불구하고 영화계는 이전과 마찬가지로 한국영화의 생존을 위해서는 스크린쿼터가 여전히 필요하다는 주장을 굽히지 않았다. 반면 경제관료들은 이제는 스크린쿼터 같은 보호장치는 더 이상 필요 없다고 반박하였다. 이 상황에서 문화관광부 관료들은 스크린쿼터에 관한 한, 적어도 대외적으로는, 사실상 침묵으로 일관하였다. 워낙 시끄럽고 골치 아픈, '뜨거운 감자'와도 같은 문제이기에 그냥 덮어두고 지내었던 것이다. 그런데 이러한 복지부동형 전략과는 반대되는 전략을 생각해 볼 수 있다. 즉, 날카롭게 대립되는 주장들을 공개적으로 다루면서 정면대응하는 공론화 전략이다. 어떤 사안에 대하여 관련된 모든 이해당사자들의 입장과 주장을 공개리에 터놓고 논의해보도록 하는 것이다. 공개토론의 가장 큰 유익은 그 과정에서 편견, 억지, 거짓, 혹은 불완전한 추론 등이 비판에 의해 걸러질 수 있다는 데 있다. 물론 그 과정에서 갈등이 더욱 증폭되어 가뜩이나 뜨거운 감자가 더 뜨거워질 가능성도 있다. 그러나 모든 주장들이 공개적으로 검증을 거치게 된다는 점에서 보다 합리적인 결론이 도출될 가능성 역시 높아지게 된다.

(4) '감자 식히기': 인내심, 정보제공, 우군확보

'뜨거운 감자'로 비유되었던 스크린쿼터가 결국 절반으로 축소될 수 있었던 것은 다시 비유컨대 그 감자가 식어버렸기 때문이라고 할 수 있다. 그렇다면 뜨거운 감자를 식히는 방법은 무엇인가? 스크린쿼터 사례를 통해 생각해볼 수 있는 첫 번째 전략은 인내심이다. 즉, 시간이 흐르면 뜨겁던 감자도 식어버리겠지 하고 그냥 인내하면서 기다리는 것이다. 시간이 지나면서 객관적인 상황과 환경이 변하게 되면 이해당사자들의 이해관계에도 변화가 올 수 있다. 그렇게 되면 굳이 애쓰지 않아도 자연스럽게 갈등이 해소될 수 있는 것이다. 그러나 앞에서 지적했듯이 이러한 침묵 전략은 문제를 해결한다기 보다는 사실상 그냥 덮어두고 쳐다보지 않는다는 점에서 상당히 불합리한 전략이기도 하다.

두 번째 전략은 정보제공이다. 영화계에 대해 동정적이었던 일반 여론이 점차 비판적으로 전환하였던 배경으로는 스크린쿼터제 및 한국 영화계의 사정에 대한 각종 다양한 정보가 널리 알려지게 되었다는 점을 꼽을 수 있다. 예를 들자면, 우선 한국영화의 시장점유율이 매년 50%를 훨씬 초과할 정도로 높아졌다는 소식과 또 해외 유명 영화제에서 한국영화들의 수상소식이 연이어 전해지면서 이제 한국영화계를 이전처럼 동정할 필요가 없다는 방향으로 여론이 변하게 되었다. 스크린쿼터와 같은 국산보호장치는 다른 문화예술 장르에는 없고 유독 영화에만 있다는 정보는 국민들에게 우리나라 영화산업이 그동안 매우 특별한 정책적 특혜를 누려오고 있었음을 알게 해주었다. 또한 영화제작에 참여하는 대부분 스태프들의 수입은 최저생계비에도 훨씬 못 미치는 수준이라든지, 혹은 영화제작자와 투자자는 막대한 손해를 입는 경우라도 톱스타들은 거액의 출연료를 미리 받는다는 정보는 유명배우들의 스크린쿼터 사수 주장의 진실성에 의문을 제기하게 하였다.

세 번째 전략은 우군확보이다. 이 전략은 이해관계에 얽매인 당사자들과는 물론이고 정부기관과도 독립되어 있는 전문가들의 냉철한 판단과 조언의 힘을 빌리는 것이다. 스크린쿼터 사례의 경우, 영화계에서는 스크린쿼터를 옹호하는 일부 대학교수 등 전문가 그룹을 자주 활용하였다. 이들의 연구결과를 자신들의 감성적 주장을 뒷받침하는 '과학적 증거'로 내세우기도 하였다. 이에 비해 스크린쿼터 축소의 당위성을 공개리에 주장하려는 전문가는 거의 없었다. 만약 정부가 스크린쿼터 축소의 필요성을 과학적으로 보여줄 수 있는 '용감한' 전문가들을 우군으로 충분히 확보했었더라면 아마도 상황은 많이 달라졌을 것이다. 감자가 뜨거워지도록 열을 가하는 주장에 맞서서 일군의 전문가들이 전문적 식견을 바탕으로 그 주장의 한계, 모순, 취약점을 지적해준다면 뜨거운 감자를 식히는 데 큰 도움이 될 것이다. 다만 이 때 주의해야 할 점은 우군이 될 전문가들이 어떤 식으로든 정부에 종속되어 있으면 안 된다는 것이다. 만약 그 전문가들이 재정이나 인사면에서 정부의 입김 하에 있는 사람들이라면 그 주장의 신뢰성 자체가 깨어질 것이기 때문이다.

사례 4 교육행정정보시스템 정책

1. 정책사례의 개요

교육행정정보시스템(NEIS : National Education Information System)이란 시·도 교육청에 서버를 구축하여 전국 1만여 개 초·중·고·특수학교, 182개 지역교육청, 16개 시·도교육청 및 교육인적자원부가 인터넷을 이용하여, 모든 교육행정정보를 전자적으로 연계 처리하며, 국민 편의 증진을 위해 행정자치부(G4C), 대법원 등 유관기관의 행정정보를 이용하는 종합 교육행정 정보시스템을 말한다.

즉, NEIS란 모든 교육행정기관 및 초·중·고등학교를 인터넷으로 연결, 단위학교 내 행정정보는 물론 전 교육행정기관에서 처리해야 하는 업무를 인사·예산, 회계, 교무/학사, 보건 등 27개 영역에서 나누어 전자적으로 연계처리하기 위한 시스템으로, 각 시·도 교육청에 데이터베이스 서버를 두고 시·도 교육청은 시스템에 대한 행정적·재정적 지원을, 교육인적자원부 장관과 시·도 교육감은 시스템을 유지·관리 하되 직접 입력정보에 접근할 수는 없고, 권한을 인증 받은 각급 학교의 담당교사가 필요한 개인정보 등을 입력하고 관리하는 교육행정정보시스템이다.

2001년 7월 교육부는 전자정부 사업의 일환으로 기존의 교육정보화시스템인 C/S(Client Server)를 폐기하고 새로운 시스템인 NEIS로 교육행정시스템을 전환할 것을 결정하였다. 이후 교육부는 시스템을 개발하여 2002년 10월 개통을 하려 하였으나 교직단체로부터 시범운영을 연장하고 인권침해 항목을 조정하자는 의견에 따라 일단은 회계, 급여, 인사 등 일반행정 22개 영역을 우선 개통하고 교무학사 등 학생과 관련된 3개 업무 영역은 2003년 3월 개통하기로 2002년 8월 합의하게 된다.

하지만 2002년 12월에 전교조 집행부가 바뀌면서 전교조의 새로운 집행부를 중심으로 한 시민단체들이 반대의사를 밝히게 되고 정책 추진과정에서 마찰과 혼란이 발생하였다. NEIS에 찬성하는 측은 교육부문의 정보화는 시대적 흐름이며 교육정보의 효율적 관리를 위해 반드시 필요한 사업임을 내세운다. 하지만 반대하는 쪽은 학부모와 학생의 신상자료가 유출될 경우 심각한 인권 침해의 요소가 있으며, 교육행정당국이 획일적으로 통제하고 간섭할 경우 교권이 침해되어 교육의 자율성이 보장될 수 없다는 점을 들어 시행에 반대하였다.

교육부와 전교조를 축으로 한 대립과 갈등은 당시의 사회적 분위기와 맞물려 이념이나 가치관의 문제로까지 번져나갔고, 곧바로 교육계 내부의 문제가 아닌 사회적 이슈가 되었었다. 정책이슈가 시민사회로 번져나가 사회적 이슈가 되는 국면에 도달하였다. 비록 수많은 갈등과 협상을 거쳐 2004년 9월에 최종 합의가 이루어졌지만, 2년여에 걸친 극심한 대립은 우리 사회에 많은 갈등과 혼란을 발생시켰기에 예상하지 못했던 사회적 비용을 지불한 사례이다. 이 사례는 정책을 추진함에 있어서 사회적으로 고려해야 할 요소가 점점 더 많아지고 있는 현실을 단적으로 보여주고 있다. 즉 정책을 추진하는데 있어서 기술적인 효율성 이외에도 개인 정보보호, 윤리성, 집행대상 집단의 순응 등의 문제를 사전에 고려해야 하고 사회적 비용을 줄이기 위해서는 적절한 참여 메카니즘을 만들어 민주적 거버넌스를 구축하는 것이 시급함을 보여주는 사례이다.

정부 정책을 둘러싸고 많은 관심층과 관계자들이 대립하는 경우가 점차 많아지고 있다. 본 사례가 우여곡절을 겪은 과정을 반추해 봄으로써 이러한 갈등상황이 발생할 경우에 대한 대처능력을 키우고, 행정의 민주성과 효율성 사이의 접점을 찾아보는 것은 중요한 의미가 있는 일이 될 것이다.

NEIS 사례의 경우에는 정부를 비롯한 시민 단체 등 많은 이해 당사자들의 의견을 정책 과정에 수렴 하였다. NEIS를 찬성의 가장 중심에 있는 당사자는 정책을 수립하고 추진하는 교육인적자원부(이하 교육부)이다.

교육부와 함께 NEIS에 찬성하는 대표적인 단체가 한국교원단체 총 연합회(이하 교총)이다. 정책의 초반부에는 교총은 NEIS에 대해 미온적인 반대 입장을 표명하였다. 하지만 사안이 진행되면서 NEIS 시스템이 정착되면서 주요 반대이유 중 하나였던 교원의 업무 부담이 줄어들게 되기 때문에 교원의 이익단체로서 반대할 이유가 없었다고 본다. 물론 이 밑에는 교육부와 교총간의 오랜 협력적인 기반이 있었을 것임은 쉽게 상상할 수 있다. 그리고 NEIS 문제가 이념의 문제로 확장되자 NEIS 시행을 촉구하는 대표적인 역할을 하는 이익단체가 되었다.

NEIS 구축에 반대하는 가장 큰 단체는 전국교직원노동조합(이하 전교조)이다. 전교조는 NEIS의 도입은 근로조건의 변경에 해당하므로 근로자와 사용자가 동등한 지위에서 자유의사에 의하여 결정하여야 한다고 주장하면서, 교육부가 주장하는 NEIS 기대효과에 대하여 NEIS 시스템은 시 · 도 교육청에서 불법으로 과다하게 학생, 학부모, 교원정보를 집적 관리함으로써 정보유출의 가능성이 크고 인권침해의 소지가 있으며, 교사의 활동을 중앙에서 통제하려는 불법적인 시스템이라고 강력하게 반대하는 입장에 섰다. 전교조는 정책의 전 과정에 있어 일관되게 반대 입장을 견지하였다. 일종의 정부에 대한 견제자의 역할을 수행한 것이다. 그 이후 우여곡절을 겪으면서 종국적으로는 교육부와 최종 합의를 이루어 NEIS의 실행에 동의하는 등 주도적인 역할을 한다.

이와 함께 시민단체들도 정책 과정 전반에 참여하게 되는데, 초기에는 전교조를 중심으로 몇몇의 시민단체만이 NEIS에 대한 문제를 제기했지만, 점차 이 문제가 사회적 이슈가 되고, 개인정보인권이라는 가치가 문제의 핵심으로 떠오르게 되면서 수십 개 단체가 연합하여 공동성명을 발표하는데 까지 이르기도 하였다.

이 외에도 각종 언론을 비롯한 국가인권위원회, NEIS 시스템 구축자 등이 정책 과정 전반에 걸친 참여자라고 볼 수 있다. 정책의 주요 참여자 들을 중심으로 입장 변화를 살펴보면 다음 표와 같다.

〈표 13-6〉 주요 정책 당사자들의 입장 변화

		교육부	교 총	전교조
NEIS 시행 여부	정책 형성기	전면시행	보완후 시행	보완후 시행
	갈등 심화기	정책혼선	보완후 시행 및 C/S 반대	폐기 및 C/S 복귀
	갈등 해결기	보완후 시행	보완후 시행	대안제시
	합의안	코로케이션(co-locatoin)방식[15]의 NEIS 시행		

15) co-location 방식이란 3개 영역에 대해 학교별로 서버를 만들되, 이를 시 · 도 교육청별로 한곳에 모아 관리하는 방식으로 양측의 안을 절충한 방식이었다.

NEIS 사례에서 가장 문제가 된 것은 개인 정보 인권에 대한 입장 차이이다. NEIS에는 학생들과 학부모들의 개인적인 자료가 입력되고 각종 행정을 위해 활용되도록 계획되어 있었다. 이러한 상황에서 교육부는 개인 정보에 대한 보안을 철저하게 유지할 수 있다는 입장이었고, 전교조를 비롯한 NEIS에 반대하는 시민단체들은 정보 보안이 완벽하게 이루어 질 수 없다는 주장을 하는 동시에, 그러한 정보를 집적하여 사용하는 것조차 정보 인권에 반하는 행동이라고 주장하였다. 이는 예전부터 이루어져 온 논쟁인 행정의 효율성과 민주성 사이에서 어느 가치에 좀 더 중점을 두는가 하는 문제라고 볼 수 있다. 이 외에도 교사 업무에 대한 가중과 교원의 자율성 박탈, 기 투입된 C/S 사업을 폐기하고 NEIS로 전환하는 과정에서 예산 낭비의 문제 등이 전교조와 교육부간 갈등의 중심이 되는 주제들이었다.

이와 더불어 정책의 추진과정에서 교육부 내부적으로 하나의 정책을 수립 시행하는데 있어서 시간적 자원의 부재나 홍보의 미비 그리고 시민단체와의 갈등을 해결해 나가는 과정에 대한 역량 강화 등 많은 시사점을 담고 있는 것이 NEIS 사례이다.

2. 교육행정정보시스템 정책사례의 주요내용

본 사례는 크게 교육부 내부에서 정책이 형성되어가는 기간에 대해 살펴본 '정책의 태동 및 형성기'와 정책 시행과정에서 외부 당사자들과의 갈등이 발생한 시기인 '사회적 갈등기'로 나누어 전체적인 사례의 흐름을 살펴보려 한다. 정책이 내부적으로 결정되고 완성되는 시기와 정책 대상자들에게 노출된 이후에 갈등이 발생·해결되는 과정을 구분해 살펴봄으로써 정책 단계별 시사점을 정리해서 살펴볼 수 있도록 하였다.

1) 정책의 태동 및 형성기

(1) 정책의 태동기(1996. 5.~2000. 10.)

〈표 13-7〉 NEIS 정책 태동기의 주요 일지

일 시	내 용
1995.5.31.	제1차 교육개혁안에서 학생생활기록부가 도입
1996.3.	1996년 3월부터 전국 초, 중등교육의 학생부의 전산화 작업을 착수
1997.	교사 개인별 컴퓨터인 S/A(Stand Alone System)을 개발
1999.	단위 학교내의 종합관리체제인 C/S(Client Server)의 도입

정책의 태동기는 NEIS 사태가 발생하기 이전에 교육정보화의 중요성에 대해 정부가 인식을 하고 그에 대한 여러 가지 방안을 모색하던 시기를 말한다. 이는 1995년 5.31. 교육 개혁 발표 시기부터, 1999년 C/S의 도입이 실시된 시기까지이다.

기존의 학사업무는 대부분 수기식으로 이루어져 왔다. 하지만 관리해야 할 학생들의 정보가 갈수록 방대해지고 대학 입시 등의 사정방법이 다양해지면서 기존의 수기식 방법으로는 한계가 나타날 수밖에 없었다. 또한 학생들과 교사들에 대한 정보화 교육의 필요성이 갈수록 높아짐에 따라 교육과 행정 분야 모두에 각종 정보화 기기 등을 이용할 필요성이 대두되기 시작하였다. 이러한 배경을 바탕으로 1995년 이른바 5.31. 교육개혁안에서 교육정보화라는 개념이 태동하게 된다.

1995년 5월 31일 이른바 5.31. 교육개혁으로 불리는 제1차 교육 개혁안이 발표되었다. 여기에서 중요한 사항 중 하나가, 학생생활기록부가 도입되어 1996년 3월부터 전국 초·중등교육의 학생부의 전산화 작업을 착수하기로 한 것이다. 특히 고3의 학생부 자료에서 대입전형의 관련 내용을 전산 입력하여 대학에 제공하였다.

이러한 전산화 작업의 일환으로 1997년에는 교사 개인별 컴퓨터인 S/A(Stand Alone)를 개발하여 학교생활기록부를 전산화하였다. 또한 1999년에는 단위 학교 내의 종합관리체제인 C/S(Client Server)가 구축되기 시작했다. S/A는 교원 개인의 PC

에서 학생부 등을 관리·운영하지만, C/S는 단위 학교에 서버를 두고 LAN으로 연결한 학내 전산망을 운영하는 방식이다. C/S는 1997년에서 2001년까지 5개년에 걸쳐 구축하여 2002년까지 전국 초·중등학교에 보급하려는 계획을 가지고 있었다 (2001년 4월 1일 기준 85% 추진).

(2) 정책의 형성기(2000. 10.~2001. 8.)

〈표 13-8〉 정책 형성기의 주요 일지

일 시	내 용
2000.10.~2001.3.	교육행정정보화에 대한 BPR- ISP 실시
2001.5.	전자정부 11대 과제중 하나로 NEIS 선정 C/S와 NEIS 연계안 채택
2001.7.10.	C/S 폐기 및 전국단위 NEIS 구축계획을 대통령 업무 보고안으로 제출
2001.11.24.	NEIS 사업 추진 기본계획 수립
2002.3.	시스템 설계 완료
2002.6.~2002.9.	물적 기반 구축
2002.8.~2002.9.	NEIS 사용자 및 업무담당자 교육
2002.8.	NEIS 10월 전면 개통 발표

NEIS가 처음 추진되던 당시는 김대중 정부가 의욕적으로 추진하던 국가 정보화 사업이 본격화된 시기이다. 이는 21세기 지식정보화 시대의 도래와 함께 세계 각국이 전자정부 구축을 위한 구체적 사업을 본격화하기 시작한데 영향을 받은 것으로 이러한 국제적 환경은 김대중 정부의 정책 패러다임을 정보화로 결정하게끔 하였다. 이는 대통령이 직접 전자정부의 수립을 지속적으로 언급할 만큼 관심을 가지고 있던 사안이었으므로 교육부 내부에서도 중점적으로 정보화 사업을 추진할 배경이 마련되어 있었다고 볼 수 있다.

기존의 C/S 시스템은 1999년부터 전국의 학교에 보급 중이었으나, 예산상의 이유와 보안상의 이유 등으로 2000년 무렵부터 다른 시스템으로의 전환이 고려되기 시작하였다. 이에, 교육부는 ISP와 BPR을 실시하게 되었고, 실시 당시에 교육행정정보화 사업 추진단은 C/S와 NEIS를 연계하는 연계안과 시 · 도 교육청을 중심으로 서버를 운영하는 통합안을 모두 검토하였다.

통합안은 모든 데이터와 응용 프로그램을 시 · 도 교육청에 위치한 서버에서 관리하는 시스템으로, C/S의 전면폐기를 의미하는 것이었다. 이에 반해 연계안은 기존에 구축되어 있던 학교 내 서버를 활용하여, 새로운 서버를 교육청에 설치하고 두 시스템 간에 데이터를 송수신 하여 연계하는 방안이었다. 당시 교육부 내부의 담당부서인 정보화지원 담당관실은 연계안을 지지하였고, 시 · 도 교육청이나 학교 등 일선 기관에서는 대체로 통합안을 찬성하는 분위기였다.

담당부서인 정보화지원 담당실에서 연계안을 찬성한 이유는 기 구축된 시스템을 활용할 수 있고, 시 · 도 교육청에서 모든 데이터를 관리하는 NEIS 시스템으로 전환하기 위해서는 법제도를 함께 변경해야 한다는 어려움 때문이었다. 즉, 현행법상 학교 정부의 유지 관리 책임은 1차적으로 교장에게 있으므로, 통합안으로 결정될 경우에는 책임소재가 불분명해진다는 점 때문에 대체로 연계안을 지지하고 있었다.

하지만 최초에 외부 민간업체에 BPR과 ISP 용역을 맡긴 결과는 C/S를 전면폐기하고 NEIS를 구축하는 통합안이었다. 따라서 교육부는 BPR 결과 보고서 내용을 수정 요구하여, 계획서 상 통합시스템 구축을 분산구축으로 수정하고 기존에 보급된 시스템의 연계방안을 요구하였다. 이러한 최종 결론은 '기 구축된 각급 학교의 SIMS(C/S)와 연계해서 행정정보시스템을 구축함으로써 SIMS(C/S)의 정보 인프라와 응용프로그램 및 데이터를 활용하여 사업을 추진한다'였다. 이러한 결론은 2001년 5월 17일 전자정부특별위원회 대통령 보고에서도 그대로 반영되어, 교육인적 자원부는 '2002년 12월까지 C/S 보급을 완료하고 교육행정온라인 시스템을 구축한 후 지원업무를 단계적으로 확대하겠다'라고 밝혔다.

하지만 NEIS 구축 사업이 전자정부 11대 사업으로 선정되면서 전자정부 전체를 아우르는 큰 맥락 안에서 통합형 시스템으로 결정되었다. 기존의 결과와는 달리 2개월 후인 2001년 7월 10일 교육부는 '전국단위 NEIS 구축'을 위한 기본계획을 수립하고, 2001년 7월 16일 전자정부특별위원회에 보고한 '전자정부구현 중점과제 세부추진계획 추가제출'이라는 문서에서 'NEIS 사업의 추진'을 보고 했다. 즉, 교육부는 전자정부구현 중점과제 세부 추진계획에 의거해서 본격적으로 NEIS 시스템을 도입하게 되었다. 당시에 교육부 내부에서도 연계안을 주장하는 목소리와 통합형을 주장하는 목소리가 혼재되어 있었다. 하지만 이러한 과정을 거쳐 시스템의 효율성이나 보안·예산상의 이유로 인해 통합형 시스템으로 결정되었고 이때부터 NEIS는 본격적으로 추진된다. 하지만 이 과정에서 많은 의혹과 논란이 제기되었고, 이러한 과정상의 문제점을 지적하는 언론기사들도 많이 보도되었다.

하지만 결국은 정부 내부의 의견 조율을 거쳐 2002년 7월 드디어 NEIS의 시행이 결정되었고, 정부 내부에서 결정된 NEIS 정책이 교원들에 대한 교육과정을 통해 외부에 알려지기 시작한다. 당시에는 NEIS의 추진에 큰 문제가 없는 것으로 보였다. 전교조 등은 NEIS에 대한 문제를 제기하였지만, 전면 폐지를 주장하지는 않았으며 교총 등 다른 민간단체들도 보완 후 시행이라는 의견을 가지고 있는 상태였다. 정치적으로는 김대중 정권이 임기 말을 앞두고 전자정부 사업의 완성을 이루기 위해 추진에 박차를 가하던 시기였으며 따라서 촉박한 일정 하에 NEIS의 개통이 추진되던 상황이었다.

일부 부분에 대한 개선과 보안이 이루어지길 바라는 여론은 어느 정도 수렴되었고, 이를 바탕으로 향후 문제가 될 3개 영역을 제외한 나머지 영역에 대해서 2002년 10월 전면 개통이 이루어지게 된다.

2) 사회적 갈등기

(1) 갈등의 형성기(2002. 7.~2002. 11. 4.)

〈표 13-9〉 갈등 형성기의 정책 일지

일 시	내 용
2002.6~9.	NEIS 물적 기반 구축
2002.7.16.	교육부의 NEIS사업 추진 계획 작성 보고
2002.7.	전교조 NEIS 대책팀 구성, NEIS 반대 교사 서명운동 및 전자인증 거부운동 전개
2002.9.12.	교육부 NEIS 3개 영역 시행연기 결정
2002.11.4.	NEIS 22개 영역 개통식(교무/학사, 보건, 입(진)학 제외)

정부 내부적으로 1년여에 걸쳐 추진된 NEIS 사업은 사용자 교육에 참여한 교사들을 중심으로 시행이 알려지게 되었으며 이를 계기로 점차 반대의 목소리가 나타나기 시작했다. NEIS의 본격적인 시행을 앞두고 2002년 6월부터 2002년 9월에 걸쳐서 NEIS의 물적 기반 구축작업이 실시되게 된다. 이를 계기로 기존 교육 정보 시스템인 C/S의 폐기와 NEIS로의 전환을 인식하게 된 전교조는 2002년 7월 들어서면서 반대를 표명하게 된다. 이때는 전면적인 반대나 철폐가 아닌 주로 업무 과중이라는 문제점에 초점이 맞추어 졌으며 개인 인권 보호 같은 문제는 표면위로 떠오르기 전의 시기이다.

과거 C/S 시스템에서는 정보화 담당교사가 있어 한 사람이 한 학교의 정보화 업무를 모두 담당하는 구조로 이루어져 있었다. 하지만 NEIS의 경우에는 교사 개개인이 자신이 맡은 업무를 직접 입력하고 관리하는 시스템이었다. 이와 더불어 시스템 초기라는 한계 때문에 각종 오류가 발생하고 이전에 익숙해진 시스템과 달라졌기 때문에 느껴지는 거부감 등 보다 구체적이고 실질적인 이유 때문에 반대하는 목소리가 제기되었던 시기이다.

이러한 반발에 대응해 교육부도 시스템이 충분히 안정되기 위해 필요한 시간상의 제약을 인정하며 주요 3개 부분에 대한 연기를 결정하게 되었고, 최종적으로 2002년 11월 4일에 22개 영역에 대한 개통식을 실시하게 된다. 연기된 부분에 대해서는 학사일정에 맞추어 이듬해인 2003년 3월 개통하기로 결정하였다.

(2) 갈등의 전개기(2002. 12.~2003. 3.)

〈표 13-10〉 갈등의 전개기의 정책 일지

일 시	내 용
2002.12.13.	전교조 원○○ 위원장 취임. NEIS 반대 가속화
2003.2.10.	NEIS 반대 교사 서명운동 및 전자인증 거부 운동
2003.2.14.	전교조, 교육부 장관과 교육부 실무자를 검찰청에 고발
2003.2.19.	전교조, NEIS에 대한 진정서 국가인권위에 제출
2003.3.3.	2002년 12월 제외된 영역에 대한 서비스 개통
2003.3.6.	윤○○ 교육부 장관 취임
2003.3.8.	각계 전문가 15명으로 구성된 '교육 행정 정보화 위원회' 출범
2003.3.27.	NEIS 중단 촉구 연가집회

2002년 말에서 2003년 초에 이르는 이 시기는 교육부와 전교조 간의 갈등이 본격적으로 시작된 시기이다. 2002년 12월 대통령 선거가 실시되어 진보적인 성향을 가진 새로운 정권이 들어서게 되면서 NEIS의 2003년 3월 전면 실시 계획에 변화가 오기를 기대하는 분위기가 전교조 내부에 형성되었다. 또한 전교조 내부에서도 상황 변화가 일어나는데, 전임 이○○ 위원장이 물러나고 NEIS 전면 철폐를 주장하며 좀 더 강성을 띤 새로운 위원장이 당선되면서 양측 간의 충돌은 점점 심해져 갔다.

이와 같이 NEIS에 대한 반대의 목소리가 높아져 가는 가운데 전교조 이외에 각종 시민 단체와 NGO들도 반대의 목소리에 동참하게 된다. 또한 단순히 반대 의사 표명이나 시위를 통해 자신들의 목소리를 관철하려는데 그치지 않고, NEIS에 대한 진정서를 국가 인권위에 제출하는 등, 법적인 수단을 통해 NEIS 실시를 반대하기도 한다.

그럼에도 2002년 12월 제외되었던 3개 영역에 대한 서비스가 개통되고, 이로 인해 반대하던 단체들의 반발은 더욱 극심해져 NEIS 사태는 해결의 기미가 보이지 않는 채 해를 넘기게 된다.

(3) 갈등의 심화기(2003. 4.~2003. 6.)

〈표 13-11〉 갈등의 심화기의 정책 일지

일 시	내 용
2003.4.4.	충남 보성초 교장 자살 사건
2003.5.12.	인권위 NEIS 권고문 발표
2003.5.18.	인권위 결정 대폭 수용과 NEIS 전면 재검토, 교육부의 권고안 수용을 촉구하는 전교조 위원장의 단식농성 돌입
2003.5.26.	인권위 결정 대폭 수용과 NEIS 전면 재검토 합의
2003.6.1.	교육부 NEIS 시행지침 발표 전교조는 시행지침을 사실상 NEIS 전면 시행 및 합의 파기로 규정
2003.6.2.	전교조, 교육부 관료 4명을 직권 남용 혐의로 형사 고발

NEIS를 둘러싼 최대의 갈등 시기는 서산 보성초등학교 교장 자살사건이 발생한 2003년 4월에서 교원단체 간 대립이 정점에 치달았던 6월까지로 볼 수 있다. 이 시기는 NEIS의 본질적 문제, 다시 말해서 효율성대 인권침해 논쟁이 교단문제에 포획되어 전개되는 양상을 띠었다.

즉 '전교조의 반전교육'과 '서교장 사건'과 같은 교단갈등 이슈들의 발생으로 NEIS 시행에 관련된 이슈들은 오히려 교원단체 간 대결에 부속되는 의제로 퇴조하였다. 교단갈등은 노무현 정부 출범을 전후로 가속화되어온 한국 사회의 이념 대립의 맥락에서 이해되는데, 특히 보수 언론과 단체들이 반전교조 담론을 적극적으로 동원하였다.

이 과정에서 이전까지 'NEIS 보완 후 시행'의 한 목소리를 내던 교총 등 보수적 교원단체들이 'NEIS 지지(또는 모호한 반대)'로 선회하면서, NEIS 갈등의 구도는 전교조 대 반전교조의 양상으로 변화되었다. 이에 전교조는 국가 인권위원회 농성을 돌입하였으며 NEIS 중단 촉구의 연가집회를 강행하였다. 이때부터 NEIS 갈등은 사회적으로 뜨거운 이슈가 되었다.

(4) 갈등의 해결기(2003. 6.~2004. 9.)

〈표 13-12〉 갈등의 해결기의 정책 일지

일 시	내 용
2003.6.18.	교육정보화위원회 국무총리 산하기구로 구성
2003.7.7.	국무총리 산하 교육정보화 위원회 첫 회의
2003.7.17.	경찰은 업무방해 등으로 전교조 위원장 구속
2003.10.20.	2학기 수시 원서 접수 C/S-NEIS 병행
2003.10.~11.	각 지부 교사들 NEIS 입력거부 선언
2003.11.7.	2004학년도 대입자료 NEIS로 작성 지침 전달
2003.12.15.	교육 정보화 위원회 최종안 통과 - 새로운 시스템에 대한 합의
2003.12.17.	윤 교육부장관 사퇴
2003.12.30.	DB 서버수를 둘러싼 견해차이로 최종합의 실패
2004.2.	교육정보화 위원회 해체, 새로운 NEIS 담당부서 편성
2004.9.23.	교육부와 전교조, 새 시스템에 최종 합의

2003년 6월 교육정보화위원회가 국무총리 산하기구로 구성되면서 사건은 다른 국면을 맞게 된다. 당시 기나긴 투쟁으로 인해 여론은 점점 악화되어 가고 있었고, 종래 전교조와 교육부간의 대립으로 여겨졌던 NEIS 사태는 교총 등 다른 보수단체가 적극적으로 개입하게 되면서 사회적 분열은 이전에 비해 더해지고 있었다.

또한 2004년 대학입시가 다가오고 있었고 이로 인한 혼란이 예상되는 등 전교조와 교육부 측 모두 예전에 비해 좀 더 강한 협상의지를 갖게 될 조건이 형성되고 있었다. 이러한 상황에서 교육정보화위원회를 통한 회의가 계속되면서 NEIS 사태는 점점 합의 국면으로 전환된다.

이 과정에서 교육부와 전교조 간 합의 문건을 두고 서로 다툼이 발생하기도 하였지만 정부와 전교조 모두 이 문제를 더 이상 끌고 가서는 안된다는 인식을 공유하였다. 또한 교육정보화위원회가 국무총리 산하 조직으로 신설되고 애초에 참석하지 않았던 전교조 인사들이 참석하면서 결국 2004년 기존의 NEIS에 대한 입력 항목 수정과 서버 관리 문제 등에 대한 합의를 이뤄내 사태는 해결된다.

3. 정책적 시사점

1) 시민단체(NGO)의 정책 참여

민주화의 진전과 시민사회의 성장에 따라 과거와 같은 정부의 독점적 공공정책결정에 대한 비판이 커지면서 정부와 비정부부문간의 협력, 이른바 거버넌스에 대한 요구가 점고하고 있다. 이같은 환경변화에 따라 정부는 싫든 좋든 정책과정의 효과적 추진을 위하여 민간 부문과의 협력을 회피하기 어렵게 되었다. 이때 정부의 협력대상에서 중요한 요소는 시민사회의 첨병이라 할 수 있는 NGO이다. NGO는 일반 시민이 일상생활의 요구와 개인적 차원의 참여에 소요되는 비용과 유인부족으로 인하여 사실상 정책참여에 소극적인 현실에서 공익적, 혹은 이익추구적 입장에서 시민이익을 대변하는 참여집단이라는 점에서 현실적으로나 규범적으로나 그 중요성이 인식되고 있다.

정부의 많은 또한 중요한 정책에 있어서 NGO의 참여는 지속적으로 증가하고 있다. 물론 이에 대한 부정적인 시선도 존재하지만, 앞으로 계속해서 이러한 시민사회의 참여가 늘어날 것이라는 것을 예상해 볼 때, 정부의 정책 형성 과정에서부터 이러한 요인들에 대한 고려가 이루어져야 할 것이다. Governance적 관점에서 시민사회는 정부의 파트너로 자리매김하고 있다. 이러한 현실을 인정하고 상호 신뢰를 증진할 수 있는 방안을 찾도록 노력해야 할 것이다.

2) 갈등의 조정자로서 정부의 역할

NEIS 갈등의 원인은 초기에는 교육정보화 정책에 있어서 정책의 효율성을 강조하는 교육부와 개인정보보호 등의 정보 인권을 중요시하는 교육단체간의 선호가치의 차이 때문이었다. 그러나 이후 갈등의 원인은 정보화와 관련된 가치의 선호차이가 아니라 보성초등학교 교장자살사건, 전교조 반전수업 등 교육정보화와는 관계없는 비본질적인 문제 즉, 교육계 내부의 교육단체간의 패권다툼이 중요한 요인이다.

이와 같이 현대 행정환경은 하나의 이슈에 국한되어 발생하는 경우가 극히 드물 뿐 아니라, 그 갈등의 내용 또한 수시로 변화되고 있다. 이러한 변화에 적응하기 위해서는 정책 형성과정에서 사전에 정책에 대한 반발을 최소화시키기 위한 RISK MANAGEMENT가 먼저 이루어 져야 하며, 또한 변화하는 환경에 대해 기존의 방식만을 고수하지 않고, 원칙을 훼손하지 않는 범위 내에서 유연하게 대처할 필요가 있다.

교육부와 교원단체, 교원단체간의 갈등에 있어서 이를 해소하여 줄만한 제도적 갈등해결의 메커니즘의 역할부족이 갈등을 증폭시킨 면이 존재한다. 또한 갈등의 조정자로서의 교육부는 근본적인 시스템문제에 대한 토의보다는 효율성 중심의 일방적 정책결정을 통한 문제해결방안을 중요시 하였다. 현대 행정이 주제간 갈등 조정 역할이 강화됨에 따라 과거의 행정상황과 달리 하향식 정책으로는 국민의 순응을 이끌어내기 힘들다.

3) 정책 네트워크의 중요성

NEIS 추진과정에 있어서 교육부는 교육행정의 정보화로 인한 효율성을 강조하는 반면에 전교조를 위시한 NEIS 반대 단체들은 효율성과 현실적인 행정을 등한시 한 채, 정보인권의 보호만 주장하였다. 또한 시작의 당시에는 정보인권의 문제였지만 2년여의 기간이 흐르면서 이것은 '정치적 힘겨루기'로 변질되었다. 두 집단의 갈등으로 NEIS가 유보되어 있는 동안, 교육부에서 주장하는 NEIS의 효율성은 오히려 일선 교육현장에서는 더욱 비효율적이 될 수밖에 없었다. 또한 정보인권의 보호를 위해 투쟁한 전교조는 그 투쟁방식의 과격함으로 인해 오히려 교원노조의 이미지를 실추시키고 말았다.

이러한 비효율의 상태를 벗어나 보다 나은 정책 추진을 위해서는 우선 정부와 민간 집단 간의 상호존중의 자세가 요구된다. 앞으로도 다양한 분야에 걸쳐서 많은 갈등이 발생한 여지가 많다는 현실을 감안하면, 무엇보다 고착화된 비협력의 고리를 끊고 협력관계로 가려는 노력이 중요하다.

또한, 정책이 결정되는데 있어서 일부 관련부서 안에서만 논의가 진행되는데 그치지 않고 다양한 전문가 집단과 상호 협의를 거치는 ISSUE NETWORK를 충분히 활용해야 할 것이다. 행정의 효율성뿐만 아니라 민주성을 동시에 담보하는 다양한 참여자의 정책결정과정에의 참여는 정책 순응비용을 감소키길 것이다.

이러한 갈등을 통해 교육부와 전교조가 비록 값비싼 대가를 치루기는 하였지만 서로의 입장에 대해 고민해 볼 수 있었던 좋은 기회였다. 이번 일을 계기로 교육부는 종전의 정책 독점의 관행에서 벗어나 정책의 파트너로서 전교조를 인정하고, 전교조 역시 반대를 위한 반대보다는 대안이 있는 비판을 통해 교육정책 결정과정에 참여하는 상호 협력적인 관계를 구축해야 할 것이다.

전교조와 교육부가 기나긴 대립을 한 가장 근본적인 이유는 우리나라 교육의 질의 향상이다. 이러한 상위 목표를 잊지 않고, 상호간의 대립으로 정책이 방향이 흔들리는 우를 범해서는 안 될 것이다.

4) 전자정부 사업을 위한 시사점: 법적 제도적 장치의 보완

NEIS 사태에서 볼 수 있듯이, 향후 추진되는 전자정부를 비롯한 각종 정책에 있어서 인권과 정보보호의 문제는 또다시 발발한 가능성이 상존한다. 특히 물적 인프라가 구축되고, 전자정부의 방향이 웹기반, 통합 전산망으로 진행될수록 정보시스템의 효율성 증대와 함께, 개인 인권침해의 소지는 높아지게 된다.

따라서 개인정보보호나 정보인권의 문제는 언제든지 다시 논의가 될 것이며, 또한 사업의 원활한 진행을 위한 중요한 판단 근거로서 작용할 것이므로, 계획 수립단계부터 고려되어야 할 것이다. 이는 정보화 사업을 추진하는데 있어서 시스템의 완비성이나 정보체계의 효율성만을 중시하기보다는 다소 효율성이 떨어진다 해도, 당사자를 비롯한 사회 구성원들의 합의를 얻어내는데 주력해야 함을 시사하고 있다.

정보화 사회에 어울리는 효율성을 갖추기 위해서는 어느 정도의 개인정보 유출은 필연적일 수밖에 없다. 중요한 것은 얼마나 많은 정보가 유출되는가 하는 정량적인 개념이 아니라 그 대상자들이 자신의 정보공유에 어느 정도 합의를 하는가 하는 점이다.

이러한 사회적 합의를 이끌어 내기 위해서는 각종 법적 제도적 장치를 보완해서 사회적 합의라고 할 수 있는 법적인 테두리 안에서 정책을 시행해야 할 것이다. 전자정부법 등의 법제도가 존재하기는 하지만, 현행법들은 지나치게 포괄적이고 선언적 의미의 법조항만 담고 있다. 이러한 개념적 법조항 보다는 실질적으로 사용될 수 있는 제도를 마련하는데 힘써야 할 것이다. 개인 정보를 등급화 하여 각종 등급별로 취급절차를 다르게 설정하는 등 탄력적 적용이 가능하게 하는 것도 한 방법이 될 것이다.

이와 함께 정보 보호를 위한 보안을 강화하기 위하여 공무원들의 전문성을 키우며, 정보보호를 전담하는 기관을 신설하는 것도 추진해야 할 것이다. NEIS 사례에서도 국가 인권위원회가 개입을 한 전례가 있지만, 보다 전문적이면서도 사회적으로 용인될 수 있는 합리적인 근거를 가지고 판단할 수 있는 새로운 기관이 자리 잡아야 할 것이다.

사례 5 경유상용차 배출허용 기준 적용 유예

1. 정책사례의 개요

우리나라는 휘발유 자동차의 경우 미국의 배출허용기준을, 경유자동차의 경우 유럽의 배출허용기준(EURO 기준)을 채택하고 있다. 특히 경유자동차의 경우 같은 경유를 사용하더라고 경유승용차와 경유상용차의 배출기준이 달랐다.

경유상용차란? 경유를 사용하는 3.5톤 이상 화물차, 버스를 말함.

2005년 경유승용차의 시판이 허용되었는데, 시판 이전까지 우리나라의 자동차 배출가스 규제 하에서는 사실상 경유승용차를 제작하기 불가능하도록 엄격한 규정을 두고 있었기 때문에 그 규제를 완화하지 않고서는 경유승용차 판매가 불가능한 실정이었다. 그러나 2005년 경유승용차 국내시판이 가능하도록 2003년 3월 27일 경제정책조정회의에서는 경유승용차 배출허용기준을 유럽연합 수준으로 조정해 유럽의 배출허용기준인 EURO-Ⅳ 기준 차량을 판매하되 2005년에 국한해 EURO-Ⅲ차량과 EURO-Ⅳ 차량의 병행 판매를 허용하기로 한다.

경유승용차 배출가스 규제 완화로 인한 경유승용차 시판까지의 과정 속에서 정부, 이익집단, 공익집단 간 서로 다른 이해(interest)관계로 적지 않은 진통을 겪어야 했지만 결국 경유차협의회라는 사회적 합의기구를 통해 경유승용차 배출가스 기준을 완화 시킨 대신 경유상용차 기준을 강화하는데 합의 하게 된다.

EURO란 유럽국가연합 (EU)에서 채택하고 있는 디젤자동차 배출가스 규제 단계의 명칭으로 각 단계별로 배출가스 규제치가 강화되는데 강화되는 정도는 ○ EURO-I : 1992년 ~ (Nox: 9.0이하, PM: 0.40 이하), ○ EURO-II : 1995년 ~ (Nox: 7.0 이하, PM: 0.15. 이하), ○ EURO-III : 2000년 ~ (Nox: 5.0 이하, PM: 0.10 이하), ○ EURO-IV : 2005.10.~ (Nox: 3.5이하, PM: 0.02 이하), ○ EURO-V : 2008.10.~ (Nox: 2.0 이하, PM: 0.02 이하)임

이러한 논의 과정 속에서 경유 상용차의 강화된 배출가스 기준(EURO-Ⅲ)의 시행은 2004년 7월 1일부터였으나 약속된 기한 내에 실현되지 못하였다.

그 이유로는 현대자동차는 다임러-크라이슬러와 공동으로 새로운 기준에 맞는 엔진을 개발 중이었으나, 2004년 5월 12일 다임러-크라이슬러와의 합작결렬로 독자엔진 개발이 불가피 하게 되었다. 2004년 6월 19일 현대자동차는 환경부에 배출허용기준을 6개월 간 유예해 달라는 내용이었다. 적용일을 11일 남기고 현대자동차는 EURO-Ⅲ 기준을 충족하는 엔진개발 차질로 자동차 산업 및 지역경제 파급효과를 들어 현대자동차, 관련부품업계, 자동차운송조합 및 전라북도에서 시행규칙 시행유예를 요청하였다.

이에 산자부, 재정부, 환경부는 시행규칙 당초 시행일(2004. 7. 1.)에 경제장관 간담회 안건으로 "경유상용차 배출 허용기준 적용 유예"를 상정하여 유예결정(2004. 7. 1.)을 하였고 대기환경보전법 시행규칙 개정령안 입법예고(2004. 7. 5.~7. 7.)후에 시행규칙 개정 · 공포(2004. 7. 19.)하였다.

〈그림 13-1〉 경유상용차 배출가스허용기준 강화유예 시간적 단계분석

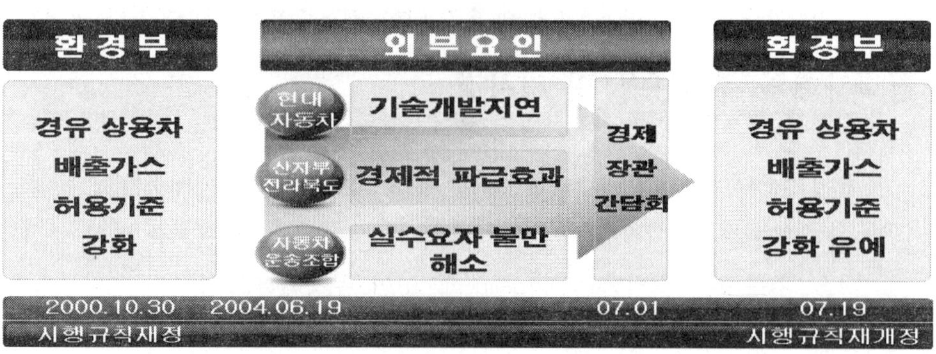

이에 본 사례는 산업계의 강력한 요구에 의해 불과 며칠 만에 경유 상용차 배출허용 기준이 유예가 된 특이한 경우이다. 경유상용차 배출기준 유예사례는 정책이슈 제기부터 입법화까지 불과 1개월의 단기간에 정책결정 및 입법화가 이루어졌으며 다소 폐쇄적 정책형성과정의 특성을 보여주는 정책과정이다.

경유상용차 사례는 환경적 측면뿐만 아니라 에너지가격 조정, 원료품질 산업경제적 측면 등이 얽혀 있는 복잡한 문제로서, 자동차 업계뿐만 아니라 정부 해당부처, 시민·환경단체까지 첨예한 이견을 보였던 사안이다. 산업자원부, 재정경제부, 현대자동차와 자동차 공업협회가 경유차의 판매를 허용하도록 주장하는 정책옹호연합의 일환으로 산업연합을 형성하고 이와 대립되게 환경부, 환경정의시민연대 등의 환경단체가 반대 입장을 주장하는 환경연합을 형성하였다.

이에 따라 본 사례학습은 상반된 신념체계를 가지고 있는 두 연합들의 외부환경의 변화와 내부의 정책학습을 통하여 경유차에 관련된 환경규제 완화라는 정책변동을 어떠한 과정을 거쳐 가져오게 되는지 학습하게 된다.

또한 경유상용차와 관련된 정책단계별 과정 분석을 통해 경유상용차에 국한된 단일 정책이슈가 자동차 생산업체와 같은 직접적인 이해당사자 뿐만 아니라 경유상용차와 다양하게 관련을 맺고 있는 간접적인 정책참여자들에 의해서도 조정과 변경을 거칠 수 있다는 점과 불특정 다수를 겨냥하는 국가의 특정 정책이 관련 이해 집단의 편의를 보장해 주는 방향으로 이끌려 간다는 것을 확인함으로써 공익을 구현하기 위한 정책과정에서 우리나라 공무원들이 향후 정책을 기획하고 집행하는데 있어서 어떻게 관리해 나아가야 하는지에 대한 풍부한 시사점을 제고할 것으로 기대된다.

2. 정책사례의 주요내용 및 시사점

경유상용차 배출기준 유예사례의 가장 아쉬운 점을 지적하자면 이해관계자들 간의 경험적 자료에 입각한 합리적 논쟁과 대립적 관계를 넘어 조화와 타협을 추구하는 숙의의 과정(deliberation)이 부족했다고 할 수 있다. 환경부는 신뢰를 통한 정책책임성/법정안정성 즉 절차적 합리성을 강조한 반면 산업자원부, 재정경제부는 현대자동차와 전북도 자동차 납품업체가 주장하는 "경제적 실익" 즉 실질적 합리성을 강조하였다.

결과적으로 실질적 합리성을 선택하게 되었으며 이는 앞서 설명한 것과 같이 어떠한 정책이 자신의 이해관계와 직접 관련이 없는 경우 정책집행 결정에 대한 관심이 낮아질 수 있다는 사실을 보여준다. 최근 정책과정에서 정부에 속한 정부행위자 뿐만 아니라 시민, 민간기업, 사회단체와 같은 다양한 행위자들이 관련되어 서로의 정책연결망을 형성하는 거버넌스적 접근이 각광받고 있다. 다시 말해 정책 연결망이 하나의 이론적 요소로 구성되어지며, 이러한 정책연결망은 다양하게 분포되어 특정한 정책 사안에 대해 경쟁하고 대립하기도 한다. 향후 이러한 정책목표를 실현하기 위한 이해관계자들 간의 설득과 타협을 통한 숙의의 과정(deliberation)이 필요할 것이다.

본 사례분석을 통하여 얻을 수 있는 시사점으로 긍정적 요인과 부정적 요인으로 설명할 수 있을 것이며, 정책에 긍정적·부정적으로 영향을 미친 요인들을 나열해 보도록 하겠다.

〈그림 13-2〉 경유상용차 배출가스 유예사례 긍정적·부정적 요인

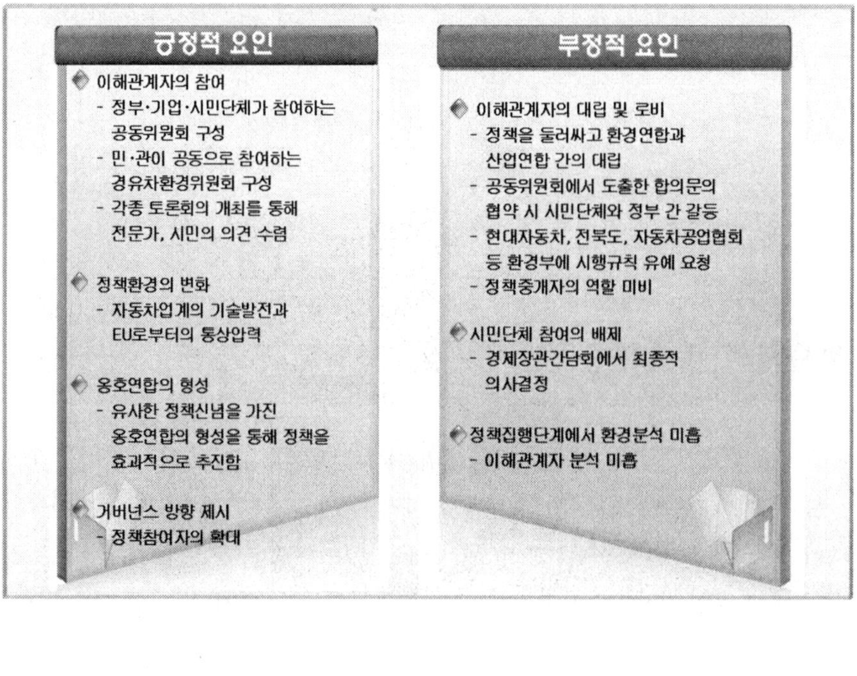

사례 6 태안기름 유출

1. 태안기름유출사례의 개요

허베이 스피리트호 사고는 2007년 12월 7일 충남 태안군 만리포 북서방 약10㎞ 해상에서 크레인 부선 '삼성1호'와 홍콩선적 유조선 '허베이 스피리트호'가 충돌하면서 원유 12,547㎘가 유출된 사고이다. 이 사고로 충남 태안반도 해안선 70㎞ 및 충남, 전남·북 101개 도서가 오염되었다. 충청남도의 경우 11개 읍면 473개소 5,159ha의 어장이, 전라남도의 경우 7,905ha의 김양식장과 14,356ha의 마을어장이, 그리고 전라북도의 경우 1,830.5ha의 양식어장이 각각 피해를 입은 것으로 나타났다.

허베이 스피리트호 사고당시 상황

2. 태안기름유출사례의 주요내용 및 경과

1) 태안기름유출사건의 초동대응

(1) 12월 7일 (사고발생 당일)

사고수습과정을 살펴보면, 2007년 12월 7일 07:06분 유조선 충돌사고로 기름유출사고가 발생하자, 12월 7일 08:00 해양경찰청은 태안해양경찰서에 방제대책본부를 설치·운영하였으며, 해양수산부에서는 12월 7일 08:30분 중앙사고수습본부를 설치하여 관련기관에 사고 상황을 전파하였다. 12월 7일 10:30분 방제기술지원단 전문가 4명을 현장에 파견하여 방제기술 자문 및 지원을 받는 한편, 12월 7일 16:00 태안지역방제대책협의회를 개최하여 방제지원 및 협조대책을 강구하였다.

소방방재청은 12월 7일 11시「재난 및 안전관리기본법」에 따라 중앙재난안전대책본부를 구성·운영하였고, 태안군에 지역긴급구조통제단을 설치하여 군인, 경찰, 지자체공무원 및 민방위대 등 지원인력을 재난 현장에 동원하기 위한 준비를 서둘렀다.

방제대책본부장인 해양경찰청장은 전국의 방제장비를 대산항으로 총 동원하도록 지시하였으며, 12월 7일 09:35분 사고선박에 헬기로 하강한 인천해양경찰서 해양오염관리과 직원이 파공탱크의 기름을 다른 탱크로 이적하도록 조치하는 한편, 사고현장에 긴급 출동한 해경 경비함정 및 방제조합 방제선 등으로 해상방제작업을 시작하였으나, 높은 파도와 강한 바람으로 설치한 오일펜스가 파손되는 등 유출유 확산방지 및 기계적 회수 등의 초동조치가 불가능한 상황에서 국내 최대 규모로 유출된 기름 대부분은 강한 북서풍의 영향으로 사고발생 14시간 경과후인 12. 7, 21:00경부터 구름포해안을 시작으로 태안반도 해안에 부착되기 시작하였다.

2) 태안기름유출사건의 주요 방제활동

(1) 12월 8일 (사고발생 둘째날)

사고현장의 기상이 다소 완화된 12월 8일에는 해양수산부장관과 해양경찰청장이 방제대책본부에서 방제전략 수립 등 방제조치를 직접 지휘하고 본격적인 해상방제작업을 실시하는 한편, 해안에 밀려온 기름의 제거작업을 위하여 8개소에 해안 방제현장 현장지휘소를 설치하고 해경 기동방제팀을 배치하였으며, 전국 19개 방제업체를 오염해안별로 분담하여 제거작업을 실시토록 하였다.

행정자치부에서는 충남 사고현장에 현장상황관리관을 긴급 파견하여, 사고현장 오염피해의 심각성을 인식하고 12월 8일 18:30분 충남 태안 등 6개 시·군 지역에 재난사태를 선포하였다.

(2) 태안...특별재난지역선포...

그리고 12월 11일 충남 태안 등 6개 시·군지역을 특별재난지역으로 선포함과 동시에 '특별재난지역 복구지원본부'를 설치·운영하였다. 사고발생이후 방제대책본부장 주재로 매일 대책회의를 개최하여 방제방법 및 방제작업을 평가하고 방제전략을 마련하였다. 사고선박의 파공부위 봉쇄는 폭발의 위험이 커 봉쇄작업에 어려움을 겪다가 12월 11일 파공탱크에 남아있던 기름을 모두 이적한 이후 봉쇄작업을 실시하여 12월 17일 사고선에 대한 전체 수리를 완료하였다.

해상방제는 해경의 관할 하에 방제작업이 진행되며, 해안방제는 지방자치단체가 관할권을 가지고 방제작업을 하게 된다. 해상방제활동은 리브보트와 방제선을 이용하여 기름을 걷어내고 타르를 수거하였고, 해안방제활동은 해수욕장 등 접근이 용이한 지역은 자원봉사자를 중심으로 수거하였으며, 암벽 등 방제작업이 곤란한 해안에는 군 병력과 방제전문업체가 배치되어 방제작업을 진행하였다.

방제활동을 위한 인력 및 장비동원현황을 살펴보면, 12월 24일까지 해양수산부는 방제인력 3,603명 및 방제자재(작업복 3,176벌, 장화 2,240켤레 등)를 지원하였고 해양경찰청은 방제인력 27,724명, 선박 302척(경비정 43, 방제정 18, 방제조합 34, 해군 8 등), 항공기 8대, 오일펜스 31.1㎞, 진공차량 4대, 유흡착재

4,591kg, 유처리제 6,068L, 비치크리너 4대, 포크레인 10대 등을 동원하여 해상과 해안의 방재활동을 진행하였다. 이번 허베이 스피리트호 사고는 국내 최대의 유류오염사고로 행정자치부를 비롯한 대부분의 중앙부처와 정부기관에서 방제인력과 성금, 그리고 방제물품들을 지원하였고 전국의 지방자치단체들도 방제작업을 지원하기 위해 노력하였다.

〈그림 13-3〉 허베이 스피리트호 사고시 정부의 해상방제작업

3) 태안기름유출사건과 시민들의 자원봉사 네트워크

그러나 중앙정부 중심의 사고수습과는 대조적으로, 시민들의 자원봉사는 매우 놀라운 성과를 보여주었다. 허베이 스피리트호 사고 재해복구과정의 가장 큰 특징은 비공식적인 네트워크로서 시민들의 자원봉사활동이라 할 수 있다. 2007년 12월 14일 인터넷 포털 사이트에는 '태안을 돕자'는 열기가 뜨거웠고, 환경운동연합 홈페이지는 자원봉사자의 신청이 폭주하여 접속이 곤란할 정도가 되었다. 사고 10일째인 12월 16일까지 10만 명이 넘는 자원봉사자가 사고수습과정에 적극적으로 참여하였다. 이러한 시민들의 적극적인 참여로 대통령 선거라는 큰 정치적 행사를 앞둔 시기였음에도 불구하고, '100만의 기적'이 나타나게 되었다.

2008년 2월 3일 현재 태안군 상황실에서 집계한 자원봉사자는 총 1,343,454명으로서 유급으로 참여한 지역 주민 260,967명과 전문 방제작업에 나선 21,605명을 제외하고도 무급의 시민자원봉사 879,502명, 공무원 299,940명, 군경 151,440명 등으로 집계되었다. 주요 시민사회단체의 자원봉사 현황을 살펴보면, 2007년 12월 말까지 한국YMCA연맹 등 시민사회단체 2,000여 명이 참여한 것으로 나타났고, 환경운동연합의 경우 전국적으로 15,000명이 참여한 것으로 집계되었다. 여성환경연대, 대한YWCA연합회, 녹색연합 등은 매주 100여 명씩 자원봉사에 나섰던 것으로 집계되었다. 그리고 한국교회봉사단은 2008년 1월 30일 현재 6만여 명이 자원봉사에 나선 것으로 보고되었고, 총 40만 명에게 배식을 제공해왔던 것으로 밝혀졌다. 전국 240여 자원봉사센터의 경우 2007년 12월 말 현재 85,223명이 다녀간 것으로 집계되었다.

특히, 허베이 스피리트호 사고의 경우 시민들의 자원봉사 네트워크는 정부나 시민·환경단체들의 주도 없이 자발적으로 나타났으며, 그 범위도 종교단체, 환경·시민·여성단체, 자원봉사센터, 인터넷 카페, 기업자원봉사단, 동호회·향우회·동창회, 그리고 개인·가족단위의 일반시민 등 다양하고 전국적으로 광범위하게 이루어졌다.

〈그림 13-4〉 허베이 스피리트호 사고 시 자원봉사활동

이러한 노력들로 육상해안지역의 방제작업은 7월 7일 기본방제작업이 완료되었으며, 도서지역은 접근성의 제약 등으로 인하여 다소 지연되어 10월 10일 최종 완료하였다. 정상적인 방제작업 진행시 10월 8일경에는 마무리가 될 예정

이다. 2008년 10월 2일 기준 총 동원인력은 2,131,612(이중 자원봉사자는 1,226,730명)명이며, 선박 20,210척, 헬기 346대, 포크레인 등 중장비 총 28,893대가 동원되었으며, 수거된 유류량은 폐유 4,175kl, 흡착폐기물 32,047톤이 수거되었다.

3. 정책사례의 시사점

풍랑주의보가 발효되어 방제작업이 어려웠다는 정부의 해명에도 불구하고, 언론과 시민단체들로부터 정부가 초동대응에 실패했다는 비판이 제기되었다. 또한, 씨프린스호 사고 이후 대규모 해양오염사고를 대비하여 준비한, 정부 기관별 대처방안을 종합한 '국가방제기본계획'과 지역특성에 적합한 방제조치를 위한 '지역방제실행계획'이 수립되어 시행 중이었고, 대규모 해양오염사고 발생을 대비해 구성된 방제기술지원단과 유류오염 사고에 대한 민간방제능력을 높이기 위해 씨프린스호 사고 이후 설립된 한국해양오염방제조합 등이 사고발생 즉시 가동되었으나 모두 제 기능을 다하지 못했다는 문제점이 지적되었다.

이번 사고에서 나타난 주요 문제점들을 구체적으로 살펴보면 다음과 같다.

첫째, 유출유 확산예측시스템의 예측시간이 실제와 4시간 정도의 차이를 발생시켜 시스템의 신뢰성 문제를 발생시켰는데, 이는 방제기술지원단을 자문단 형태로 운영함으로써 긴급대응시 제대로 운영되지 못하였기 때문이었다.

둘째, 한국해양오염방제조합 또한 인력부족 등으로 방제전문기관으로서의 역할이 미흡하였다.

셋째, 방제대책본부로 방제체제를 일원화하였음에도 불구하고, 중앙사고수습본부와 방제대책본부사이의 역할과 임무가 명확하게 구분되지 않음으로 인하여, 방제대책본부의 방제작업계획과 결정 등의 과정에서 지휘체계의 혼선과 어려움이 존재하였다.

〈표 13-13〉 국가긴급방제계획상 임무 비교

구분	중앙사고수습본부	방제대책본부
임무	◦오염사고 수습에 관한 관계중앙행정기관장의 수행업무 총괄 ◦관계중앙행정기관장에게 행정 · 재정상의 조치나 기타 필요한 업무협조 요청	◦방제작업계획의 수립 · 집행 ◦방제작업에 동원된 인력 · 장비의 지휘 · 통제 ◦방제방법의 결정 ◦기타 방제조치에 필요한 사항

〈그림 13-5〉 허베이 스리피트호 사고 시 방제대책본부 구성표

넷째, 국가방제능력과 실제 방제능력과는 차이가 있었다. 기름유출 사고 직후 해양수산부는 정부가 갖고 있는 방제능력이 해양경찰청 6,600톤, 방제조합 7,500톤, 민간 2,500톤, 기타 기관 300톤 등 16,900톤에 이르며, 3일이면 16,000여 톤의 기름을 회수할 능력을 갖고 있으나, 방제장비를 유지 · 관리하고 운영할 인력의 훈련정도가 애초 예상했던 수준에 미치지 못한다고 밝혔다.

다섯째, 씨프린스호 사건이후 꾸준한 방제장비 확충에도 불구하고 유회수량

은 씨프린스호의 1.2배 정도에 불과하였으며, 악천후로 인한 초동대응의 어려움으로 대부분의 유회수작업이 해안가에 유류가 오염된 후에 이루어졌다. 따라서 초동방제능력을 강화하기 위해서 악천후에서도 가동할 수 있는 해상장비의 대형화 및 적정화에 대한 필요성이 요구된다.

마지막으로, 이번 사고로 나타난 가장 큰 문제점은 해안방제의 책임을 맡은 기초지자체의 대응능력부족이었다. 해안방제를 위하여 지자체가 자원봉사자 관리와 자재공급, 인력동원 등을 담당하고 있는데, 이번 사고에서 지자체와 행자부는 연일 증가하는 자원봉사자도 제대로 관리하지 못하였다. 밀려오는 자원봉사인력에 대한 사전준비가 되어 있지 않아 많은 문제점을 노출하였다. 무엇보다 자원봉사인력을 포함하여 비전문인력의 사전 안전교육 및 방제교육 시스템과 독성물질 노출에 대한 안전장비 및 교육을 준비하여야 하며, 이와 같은 자원봉사인력을 효율적으로 활용하기 위하여 국가방제계획 및 매뉴얼에 시스템화 된 방안을 수립할 필요가 있다.

사례 7 외국인노동자 관리

1. 정책의 개요

1) 고용허가제의 도입배경

이 사례는 다수의 정부부처간 업무 관할권 이관에서 비롯된 정책갈등 사례라 할 수 있다. 일반적으로 정책행위자들은 새로운 제도의 도입 시 기득권 상실을 우려하여 저항하게 된다. 이 경우 정책행위자들은 정책대상으로서 고객집단의 이익보호라는 목표를 표면적으로 내세우게 되나, 실은 자신의 기득권 보호라는 은닉된 목표를 더욱 중시하는 경향이 있다. 은닉된 목표는 경우에 따라서 정책갈등을 증폭시킬 뿐만 아니라 지속시키는 요인으로 작용하게 된다. 고용허가제 도입과정에서 그러한 측면을 엿볼 수 있다. 아래 사례의 개요를 통하여 정책행위자들 간에 빚어진 갈등의 전모를 파악할 수 있다.

1980년대 후반 우리경제의 고도성장에 따라 중소제조업과 건설업 등 이른바 3D업종을 중심으로 단순기능 인력부족 현상이 심화되면서 외국인근로자 도입의 필요성이 제기되었다. 이러한 분위기 속에서 외국인력을 근로자가 아닌 연수생 신분으로 도입하여 활용하도록 하는 해외투자기업연수생제도가 법무부 훈령에 의거 도입되어 1991년 11월부터 시행되었다.

그런데 문제는 해외투자기업연수생제도가 인력난이 상대적으로 심각한 국내 중소제조업의 인력난 해소에는 크게 기여하지 못하였다. 따라서 정부는 관련업체의 요청에 따라 1993년 11월 중소제조업을 위한 산업연수제도를 도입하였고, 추후 정원을 계속 확대하였으나 몇 가지 심각한 문제가 발생하였다.

첫째, 대다수 산업연수생이 사업장을 이탈하여 불법체류자로 전락하였고 이로 인해 인력수급 기능에 한계를 보이기 시작하였다(〈표 13-14〉 참고). 참고로 불법체류자 발생의 원인은 이해관계 집단에 따라 상반된 견해를 가지고 있다. 예컨대, 산업연수제도의 제도적 한계로 인해 불법체류자가 발생하고 있다는 주장이 있는가 하면, 불법체류자의 80%는 관광이나 친지방문으로 입국한 사람이며 산업연수제도와 무관하다는 주장도 있다.

〈표 13-14〉 불법체류 외국인근로자 변동추이

연도	1994	1996	1998	2000	2002	2003
총외국인력 (천명)	81.8	210.5	157.7	285.5	362.6	388.8
불법체류자 (천명)	48.2	129.1	99.5	188.9	289.2	138.1

* 자료: 노동부 외국인력정책과(2003). 내부자료.

둘째, 산업연수제도는 외국인근로자들을 중소기업 인력난 해소에 활용하면서도 연수생 신분으로 제약한 결과 연수생들은 「근로기준법」의 적용을 제대로 받지 못하였다. 반면에 불법체류 외국인근로자는 오히려 내국인과 동등하게 「근로기준법」의 적용을 받으며, 임금도 연수생보다 높은 현상이 발생하였다. 이것이 결국 산업연수생의 사업장이탈 요인으로 작용하게 되었다.

셋째, 산업연수생의 사업장 이탈로 인한 불법체류자가 급증했을 뿐만 아니라 사용자들은 그들의 불법취업이란 약점을 이용해 근로조건, 임금체불, 인권유린을 자행하여 국내외의 비판의 대상이 되기도 하였다. 급기야 1995년 1월 9일 네팔 외국인근로자 13명이 명동성당에 모여 농성하는 사건이 발생하게 된다. 한국인 사용자의 비인간적인 대우 등에 항의하면서 발생한 이 사건으로 말미암아 국내 외국인근로자 문제를 더 이상 방치하기 어렵게 되었다.

이 사건을 계기로 정부는 급증하는 불법취업 외국인근로자 문제를 합리적으로 해결하기 위한 근본적인 대책을 마련해야 할 필요성을 인식하였다. 이 과정에서 주무부처인 노동부는 단순기능 외국인력을 합법적으로 고용할 수 있고, 효율적으로 관리할 수 있는 제도적 장치로써 고용허가제 도입을 추진하게 되었다.

그러나 산업연수제도의 주관부처인 산업자원부를 비롯하여 연수생 관리업무를 위탁받은 중기협 등은 고용허가제의 도입으로 인하여 중소기업의 인건비 부담이 증가하고 노사분규로 인하여 고용관계의 악화가 우려된다면서 격렬하게 반대하였다. 이 후 노동부의 거듭된 정책추진에도 불구하고 고용허가제 반대집단은 고용허가제의 도입이 중소기업뿐만 아니라 우리사회에도 악영향을 미친다는 논리로 격렬하게 반대하게 된다. 결국 정치권의 정책조율이 없고서는 해결하기 어려운 상황으로 진전되었다.

이 사례는 노동부의 고용허가제 도입과정에서 야기된 복수의 정책행위자 간의 정책갈등 및 조정과정을 집중적으로 분석하게 될 것이다.

2. 주요내용 및 추진경과

1) 외국인노동자관리 정책사례의 주요내용 및 추진경과

국내 중소기업의 인력난 해소를 위해 도입한 산업연수제도가 외국인노동자를 근로자로 활용하면서도 연수생 신분으로 제약한 결과 연수생의 사업장 이탈, 인권침해, 불법체류자의 증가 등 사회경제적 부작용이 지속적으로 발생하였으며 급기야 사회문제화 되기에 이르렀다.

이에 정부는 단순기능 외국인력을 합법적으로 고용할 수 있고 체계적으로 관리할 수 있는 제도적 장치를 시급히 마련해야 할 필요성을 인식하였다. 노동부는 주무부처로서 산업연수제도를 폐지하고 고용허가제를 도입하겠다는 공식 방침을 확정·발표하고 의원입법(이재정의원 대표발의)을 토대로 법률제정을 추진하고자 하였다. 그러나 정부내 산업자원부와 중소기업청, 중기협 등 경제단체와 국회산자위 의원을 중심으로 한 야당이 임금상승, 노사분규 등을 이유로 고용허가제 도입을 반대하고 산업연수제도의 존속을 강력히 주장함에 따라 입법화가 좌절되었다. 그런데 산업자원부와 중기협이 반대한 실질적인 이유는 업무 관할권 이관에 따른 기득권 상실에 기인하였다.

그 뒤 노동부는 수정안을 작성하여 재입법화를 시도하였으나 정부부처간 정책조율이 이루어지지 않았고, 정치권내에서도 입법기반이 조성되지 않아 거듭 무산되었다. 이로 인하여 출국기한이 재유예 되었던 불법체류자 20여 만 명에 대한 강제출국이 불가피하였고, 이로 인해 산업인력의 공백과 사회적 혼란이 예상됨에 따라 여당 정책위의장인 정세균의원은 고용허가제와 산업연수제도의 병행시행이라는 중재안을 제시하게 되었다.

지금까지 고용허가제 전면실시를 주장하였던 노동부는 당정협의에서 여당 정책위의장의 중재안을 수용하였고, 산업자원부 또한 민주당 및 국무조정실과의 정책조율을 통하여 중재안을 수용하게 되었다. 민주당과 정책조정을 마친 노동부와 산업자원부는 고용허가제법 조기 입법화에 합의하고 각자 반대집단을 설득하기로 합의하였다. 노동부는 타겟그룹을 지정하고 전방위 홍보 및 설득 전략을 전개하여 조기 입법화와 국민적 공감대 형성에 총력을 기울였다. 산업자원부는 산업연수제도의 최대 수혜자인 중기협을 설득하여 협조를 당부받았고, 민주당도 야당인 한나라당을 설득하는 등 국회내 입법분위기 조성을 위하여 전력하였다.

국회내 입법분위기 조성과 국민적 공감대 형성으로 말미암아 고용허가제법안의 입법화는 급물살을 타게 되었고, 마침내 8여년의 기나긴 여정을 마무리하게 되었다. 이 과정에서 주무부처인 노동부는 여당의 유력 정치인의 중재를 거부하기도 어려웠거니와 산업연수생을 활용하여 온 중소기업의 어려운 사정을 감안한데다 이들의 반발을 무시하고 고용허가제만을 전면실시하는 것이 현실정치여건상 가능하지 않았다고 판단했을 것이다.

「외국인근로자의 고용 등에 관한 법률(이하 고용허가제법이라고 함)」의 규정에 따라 2007년 1월 1일부터 단순노동 외국인력의 고용이 고용허가제로 일원화됨으로써 산업연수제도에 의한 추가적인 외국인근로자의 도입은 중단되었다. 이로써 1995년 네팔 외국인근로자의 명동성당 농성을 계기로 고용허가제 도입에 관한 논의가 시작된 이래 20여년의 전 과정을 마무리 지울 수 있었다. 따라서 노동부는 고용허가제를 단순기능 외국인력 정책의 근간으로 하고, 산업연수제도는 순수한 의미에서의 기술연수제도로 정착시키려 하였던 본래의 목적을 본격적으로 실행할 수 있게 되었다.

2) 추진경과

〈표 13-15〉 고용허가제의 추진경과

일 자	내 용
1993	■ 1993.11. 산업연수제도 도입
1995 ~ 1996	■ 1995.1. 네팔근로자 13명 명동성당 농성 ■ 1995.2. 노동부,「외국인근로자 고용 및 관리에 관한 법률(가칭 고용허가제 법)」제정 추진계획 발표 ■ 1996.9.12.「외국인근로자 고용 및 관리에 관한 법률안」2건 발의
1997	■ 1997.9. 경제장관간담회, 산업연수제도 개선방안으로 '연수취업제' 도입을 결정함.
2000	■ 2000.4.1. '연수취업제' 실시(2년 연수+1년 취업) ■ 2000.12.13. 공대위,「외국인노동자 고용 및 기본권 보장에 관한 법률」입법청원
2002	■ 2002.1. '연수취업제' 개편(1년연수 + 2년취업) ■ 2002.11.13. 이재정의원 등 33인,「외국인근로자의 고용허가 및 인권보장에 관한 법률」제정안 국회 제출 ■ 2002.11. '취업관리제' 도입
2003	■ 2003.2.7. 외국인력제도개선기획단, 고용허가제 도입을 골자로 한 '외국인력제도개선방안' 확정 ■ 2003.2.17. 국회산자위 소속 신현태의원 등과 경제5단체 대표 등, 이재정의원안 입법반대를 위한 국회 청원 ■ 2003.2.19. 이재정의원안 국회 환노위 상정 및 입법화 무산 ■ 2003.3.29. 외국인력정책심의위원회, 산업연수제도 폐지, 불법체류자 2003.8까지 일괄 출국기한 재유예 조치 ■ 2003.4.3. 정세균 정책위의장, 고용허가제 시범실시 방안 검토 ■ 2003.4.8. 당정협의에서 고용허가제 세부 도입방안 논의 ■ 2003.6.18. 경영계, 고용허가제와 산업연수제도 병행실시 입법안에 대하여 찬성 입장 발표 ■ 2003.7.31.「외국인근로자의 고용 등에 관한 법률(이재정의원안 수정안)」국회 본회의 통과 ■ 2003.8.16.「외국인근로자의 고용 등에 관한 법률」공포
2004 ~ 2007	■ 2004.3.17.「외국인근로자의 고용 등에 관한 법률 시행령」제정 ■ 2004.4.13. 외국인력 도입공고(노동부 공고 제2004-16호) ■ 2004.4.30.「외국인근로자의 고용 등에 관한 법률 시행규칙」제정 ■ 2004.8.17. 고용허가제 및 산업연수제도 병행시행 ■ 2007.1.1. 외국인력제도 고용허가제로 단일화

3. 외국인노동자관리 정책사례의 시사점

고용허가제는 단순기능 외국인력 관리대책 가운데 핵심수단으로써 정책학습에 아주 유용한 정보를 제공하였다. 고용허가제는 반대집단의 강력한 정책연합이 정책결정을 좌절시킬 수 있다는 사실을 보여준 보기 드문 사례에 속한다. 정책행위자 간의 업무 관할권 다툼에서 야기된 갈등은 정치권의 정책조율이 없고서는 해결되기 어려운 상황으로 진전되었다. 정책조정의 수단으로 권위집단의 중재, 기득권을 보호할 수 있는 기구의 설치 등이 유용하였다. 이와 함께 정책의 타당성, 실현가능성, 효과성을 분석할 수 있는 관료집단의 전문성이 특히 이익집단과의 갈등을 해결하는데 유용한 수단이 되었다.

정치권의 정책조율 과정에서는 기존의 정책과 단절하기 어려울 뿐만 아니라 대안선택의 기준으로써 합리성이나 논리적 정당성 보다 현실적 수용가능성이 중요시 된다. 정책은 다양한 정책선호를 가진 행위자들의 상호작용에 의해서 대안을 조정하는 과정이기 때문이다.

정책은 합리적으로 결정되기 어려울 뿐만 아니라 정책에 절대적 진리가 존재하는 것도 아니기 때문에 이해관계의 조율이 필요하고 이 과정에서 정책의 변동이 있을 수 있다. 그러나 정책조율 과정에서 정부부처는 자신의 이슈를 정책의제로 채택하였다 하더라도 반드시 원하는 방향으로 정책결정이 이루어진다고 확신할 수 없다. 때문에 정책담당자들은 정책선도자가 어느 정도 자신에게 유리한 방향으로 영향을 미칠 수 있도록 정책결정의 환경조건을 유리하게 조성할 필요가 있다. 하지만 자기부처 중심의 편협한 시각은 또 다른 정책갈등의 요인으로 작용하게 된다는 사실도 명심하여야 할 것이다.

사례 8 쌀소득등직접지불금 정책

1. 쌀소득등직접지불금 정책사례의 개요

직접지불제(direct payment)란 OECD가 정의하고 있듯이 "공공기관의 예산으로부터 직접적으로 개별 농민을 지원하는 것으로 농민의 소득을 증대시키는 효과가 있는 모든 지불"을 의미한다. 즉 가격정책이나 생산기반 조성지원, 기술개발 등과 같이 지원의 효과가 간접적이거나 집단적인 것이 아니라 특정요건을 갖춘 농가에게 개별적으로 지원하는 소득방식을 말한다.

직접지불 방식의 보조는 1980년대 후반부터 OECD에서 가격지지 중심의 농정개혁을 논의하는 과정에서 대안으로 검토되었고 1988년 UR 협상에서 채택되었다. UR 농업협정문에서는 시장과 무역을 왜곡시키는 가격정책 등의 보조를 감축하는 대신, 농가의 소득감소를 보전하기 위해 직접지불제를 부분적으로 허용한다. 이는 OECD의 직접지불 개념을 원칙적으로 수용하면서 EU와 미국에서 실시하고 있는 직접지불제를 부분적으로 수용한 것으로 평가된다.

정부는 UR 협상(93년 12월)을 계기로 1992년부터 87조원을 투입하는 투융자계획을 수립하여 농업 인프라 구축 위주로 투자하였으나, 투입된 재원에 비해 농가소득 증대 효과는 미흡한 것으로 나타났다. 이에 따라 농림부는 1997년부터 농가에 직접 보조금을 지급하는 직불사업(경영이양 직불제부터 시작)으로 정책방향을 전환하여 2004년 8,675억원에서 2006년 1조 9,441억원, 2013년 3조 4,100억원으로 직불예산 비중을 확대하여 농업예산의 22.9%(2013년 기준)까지 확대할 계획에 있다.

농업인에게 소득을 직접 이전하는 직불제는 쌀소득등보전직접지불제, 조건불리지역직불제, 친환경직불제, 경관보전직불제, 경영이양직불제 등 5개 직불제를 운용하고 있는데 쌀소득등보전직접지불제가 전체 직불예산의 95%를 차지하고 있다. 우리나라에 있어서 직접지불제는 생소한 제도였지만, UR 협상 타결로 간접적 보조정책에서 직접 보조정책으로 전환하는 계기가 되었다. 1997년 경영이양 직접지불제 도입을 시작으로, 1999년 친환경농업 직접지불제, 2001년 논농업 직접지불제, 2002년 쌀소득등보전직접지불제, 2003년 쌀생산 조정제, 2004년 친환경축산 및 조건불리지역 쌀소득등보전직접지불제, 2005년 쌀소득 보전직불제와 논농업 보전직불제를 쌀소득등보전직불제로 통합하고, 경관보전 쌀소득등보전직접지불제를 시범적으로 도입하였다.

2. 쌀소득등직접지불금 정책사례의 주요내용

원칙적으로 자유시장을 지향하더라도 자원배분의 불균형을 시정하기 위해서는 일정부분 정부의 개입이 필수적이다. 농업부문에 있어서도 정부 주도의 강력한 농정의 일환으로써 추곡수매제도를 운용해 왔으나 UR 협상이 타결되고 WTO가 출범함에 따라 우리나라의 농산물 시장의 완전 개방을 강요받고 있으며, 쌀 수매 등 가격지지정책의 축소가 불가피하게 되었다.

시장개방과 가격지지 감축에 따른 생산 감축과 농가 피해는 단기간 내에 발생하는 반면 경쟁력 강화와 농업 구조개선 대책의 효과는 장기간에 걸쳐 나타나게 된다. 단기간 내에 농업부문을 경쟁논리에 따라 재편하는 과정에서 자유시장을 통하여 경쟁력을 갖출 만큼 신축성과 유동성을 갖지 못한 농가계층에서 소득불균등의 문제가 두드러지게 나타나고, 그 결과 지역에 따라 공동화 현상이 급진전되면서 환경문제, 지역사회 문제 등이 심각하게 나타난다.

따라서 개방의 피해에 대한 단순한 보상적 차원이 아니라 시장 기능에 의하여 해결되기 어려운 계층과 지역의 문제에 대응하기 위해서는 경쟁력 향상 중심의 대책을 보완하는 새로운 정책의 도입이 필요하게 되었다. 이러한 필요성에 따라 농업정책에서 시장원리를 도입하기 위한 수단으로 직접 지불제가 도입·시행되었다. 또한 쌀소득등보전직접지불제는 세계 농산물 시장의 공급과잉 문제를 해결하고 각국의 재정적자를 축소하기 위한 방편으로 도입된 제도라고 할 수 있다.

한편 WTO 체제에서의 농정개혁은 첫째, 생산과 무역을 왜곡하는 국내 보조와 수출보조를 감축하고 무역 장벽을 철폐함으로써 시장개입의 비효율성을 제거하고, 둘째 생산에 대한 보조는 생산중립적인 쌀소득등보전직접지불제에 의해서만 제한적으로 허용된다. 이에 각국은 생산과 연계되지 않은 소득보전방식인 쌀소득등보전직접지불제를 확대하고 있다.

〈표 13-16〉 WTO 규정상 보조금의 유형

WTO 규정상 보조금	내 용	국내적용
허용하는 보조금[16]. (Green Box)	생산·무역에 미치는 효과가 없는 보조금	고정직접지불금 공공비축제
감축할 의무가 있는 보조금(Amber Box)	생산·무역에 영향을 미치는 보조금 (AMS로 계량화하여 감축할 의무 부과)	변동직접지불금 추곡수매제
생산제한 계획하의 보조금(Blue Box)	원래 감축할 의무가 있으나 생산제한계획이 수립된 경우 감축의무 면제	-
최소허용 보조금 (De-minimis)	원래 감축할 의무가 있으나 농업생산액 10%까지 감축에서의 예외 허용	농업종합자금 시설운영자금

주 : 감사원. (2007).「감사결과 처분요구서-쌀소득등보전직접지불제 운용실태」. 재인용

우리나라의 쌀소득등보전직접지불제는 이러한 경향을 반영하여 쌀의 목표가격제와 쌀값 하락을 고려하여 고정직접지불제와 변동직접지불제를 시행하게 된 것이다. 그 배경은 쌀협상 및 DDA협상 이후 쌀수입 증가로 인하여 쌀가격의 하락이 예상되고, WTO 협정상 허용보조로서 직접지불제가 인정되고 있는 것을 활용하여 쌀생산 농가에게 그 하락분을 보전해주기 위한 것이다.

16) WTO 규정에서 허용하는 보조금 요건(생산에 미치는 영향 없는 보조)을 충족하기 위하여 공공비축제는 시장가격으로 매입하도록 하고, 고정직접지불금은 휴경('06년 고정직접지불금 지급면적 102만ha 중 7.2%인 7만2천ha)하는 경우에도 지급하도록 설계하였다.

연도별 지급현황을 보면, 2007년산의 경우 고정직접지불금으로 7,120억원, 변동직접지불금으로 2,792억원이 지급되었다. 변동직접지불금이 감소한 이유는 80kg당 수확기 전국 쌀값이 2005년산 14만 28원, 2006년산 14만 7,715원, 2007년산 15만 810원으로 점진적으로 상승하여 목표가격과의 차이가 작아졌기 때문이다.

〈표 13-17〉 연도별 지급현황

	고정직접지불금			변동직접지불금			총지급액
	농가수 (천호)	면적 (천ha)	금액 (억원)	농가수 (천호)	면적 (천ha)	금액 (억원)	고정+변동(억원)
2007년산	1,077	1,018	7,120	1,020	933	2,792	9,912
2006년산	1,050	1,024	7,168	999	951	4,371	11,539
2005년산	1,033	1,007	6,038	984	940	9,007	15,045

주: 2007년산 금액은 2007년에 수확한 쌀을 대상으로 쌀소득등보전직접지불금 지출이 이루어진 것을 의미함.
자료: 국회예산정책처. (2009). 「직접지불제의 문제점과 개선방안」에서 재인용.

쌀소득등보전직접지불금은 농가의 자금사정을 고려하여 고정직접지불금을 우선 지급(매년 10월)한 후 수확기 쌀값을 고려하여 산정한 변동직접지불금을 지급(익년 3월)하고 있다. 농업인이 쌀소득등보전직접지불금을 신청하여 쌀소득등보전직접지불금을 수령하기까지의 절차는 다음과 같다.

〈표 13-18〉 쌀소득등보전직접지불제 신청 및 지급 절차도

■ 시·군·구(농협)	○ 시·군·구는 9월까지 종합점검후 지급대상을 확정, 10월에 고정직접지불금 지급(익년 3월에 변동직접지불금을 신청 농업인의 계좌에 입금)
⇧	
■ 이행점검기관	○ 이행점검기관은 6월~8월까지 영농관련 이행 점검완료 후 그 결과를 시·군·구에 통보
⇧	
■ 시·군·구	○ 시·군·구는 5월말까지 대상자 등록, 등록증 교부, 등록사항을 이행 점검기관(한국농어촌공사, 국립농산물품질관리원 등)에 통보
⇧	
■ 읍·면·동	○ 읍·면·동은 3월~4월까지 대상농지와 신청인에 대한 적격여부를 확인 후 그 결과를 시·군·구에 제출
⇧	
■ 농업인(실경작자)	○ 매년 2월말까지 구비서류를 첨부하여 주소지 읍·면·동 사무소에 신청

농림부에서는 쌀소득등보전직접지불제와 관련된 법령의 제·개정을 관장함과 아울러 농가의 소득안정을 위하여 필요한 시책을 수립·시행하고 예산집행에 대한 사후관리를 담당하며 쌀소득등보전직접지불제 관련업무를 총괄하고 있다.

한국농어촌공사에서는 쌀소득등보전직접지불제 예산집행의 적정을 유지하기 위하여 논의 형상 및 기능유지 등 이행점검업무를 담당하고 있으며, 시·군·구 등 지방자치단체에서는 「쌀소득등의보전에관한법률」 등 관계법령에 따라 쌀소득등보전직접지불금 신청자의 등록 및 지급과 이에 대한 부당수령 등을 방지하고 이를 위반한 경우 회수조치를 하거나 농지법에 따른 농지처분명령 등 법령의 규정에 따른 행정처분을 하는 업무를 담당하고 있다.

3. 정책사례의 시사점

공무원이 어떠한 정책을 수립하거나 수정하는데 있어 시간 및 절차상의 제약이 따른다. 쌀소득등보전직접지불금 사례를 예로 든다면, 쌀협상의 비준 시점이 예상되는 가운데, 협상 결과로 발생할 피해를 최소화하기 위해 국내 보완대책을 서둘러 마련해야 하는 시간상의 제약이 있었다. 또한 법률 개정의 경우에 있어서는, 행정부 내부 절차는 물론 국회의 입법절차를 고려하지 않을 수가 없다.

또한 공무원은 동시에 여러 가지 일을 수행해야 하는 경우가 있는데, 이 때 한정된 시간과 노력의 배분이 문제가 된다. 여러 가지 일 중에서 시간적으로 우선순위를 둘 일과 그렇지 않은 일이 구별될 수밖에 없다. 또한 동일한 결과를 얻기 위해서 최소한의 시간과 노력을 투입하려고 하는데, 이러한 모습은 공무원의 입장에서 합리적인 결정이라고 할 수 있다.

그러나 그러한 합리적인 결정이 정책과정 전체를 고려하였을 때 바람직하지 못한 결과를 초래할 수 있는데, 쌀소득등보전직접지불제도 사례는 그러한 점에서 시사점이 있다고 할 수 있다.

시간적으로 서둘러 정책을 도입하여야 하는 경우, 관련된 모든 가능한 문제점을 검토하기보다는 핵심 문제에 집중하여 제도 도입 여부 자체에 초점을 맞추어 업무를 추진하는 것은 현실적인 측면에서 볼 때 합리적인 업무수행이라고 볼 수도 있다. 그러나 이러한 경우, 정책수립 단계에서 충분히 고려하지 못한 문제점들이 집행과정에서 어떻게 드러나는지 모니터링을 하여 이를 정책내용에 반영하는 노력을 해야 한다.

본 사례에서는 집행과정에서 정책대상자가 아닌 자에게 쌀소득등보전직접지불금이 지급되고 있다는 신호가 계속적으로 정부에 전달되었고, 정부도 이에 대응하여 조치를 취하였지만 문제가 해결되지 않는 가운데서 감사원의 감사가 이루어졌다. 또한 감사 이후 감사결과를 토대로 정책대안 마련이 진행되었지만, 이 대안을 토대로 마련한 법률안이 국회에 제출되는데 상당한 시간이 소요되었다. 그 과정에서 부당지급 문제가 언론에서 크게 부각되었고 정치적 문제로 비화되었다.

결국 정부는 관련 문제를 인지하고 있었음에도 늑장대처를 하였다는 비난에 처하게 되었다. 특히 부당지급 액수가 큼에도 대처를 늦게 함으로써 예산을 낭비했다는 지적도 받았다. 또한 법개정 작업이 지연되면서 부당지급 문제가 정치적 문제가 되어 예상 밖의 부담까지 떠안게 되었다.

따라서 본 사례는 정책집행과정에서 발생하는 문제에 대해 즉각적으로 대처하여 문제점을 해결하는 것이 정책 자체의 신뢰성이나 예산의 문제, 그리고 예상치 못한 변수의 발생이라는 측면에서 중요함을 시사해 준다고 할 수 있다.

사례 9 남해군 녹색성장 선진 사례

1. 정책사례의 개요

녹색성장 패러다임은 환경(green)과 성장(growth)이 상충된다는 고정관념을 탈피하여 두 가치의 상생과 조화를 통하여 시너지를 극대화시킨다는 정책방향을 전제하고 있다. 따라서 녹색성장의 개념은 온실가스와 환경오염을 줄이는 지속가능한 신성장동력의 창출로 정의할 수 있다.

최근 국내외적으로 온실효과의 심화와 에너지 위기가 부각되면서 이에 대응하는 범국가적 전략의 일환으로 환경을 보존하면서 성장도 도모하는 녹색성장 패러다임이 각광받고 있다. 특히 기후변화협약으로 지칭되는 국제적 차원의 탄소배출 감축압력에 직면하여 각국 정부는 다양한 대응방안을 모색하고 있다.

이러한 녹색성장의 논리는 최근에 부각된 새로운 개념이 아니라 이전부터 주요한 정책이슈로 자리해 왔다. 하지만 과거의 녹색성장 논리가 주로 환경보호론자들의 주장에 치중하는 과정에서 경제성장론자들의 강한 반대에 직면하였던 반면에 최근의 녹색성장 논리는 환경과 성장이라는 고전적 대립구도를 초월하고 있다는 점에서 차별화가 가능하다.

〈그림 13-6〉 저탄소 녹색성장 패러다임의 논리와 구조

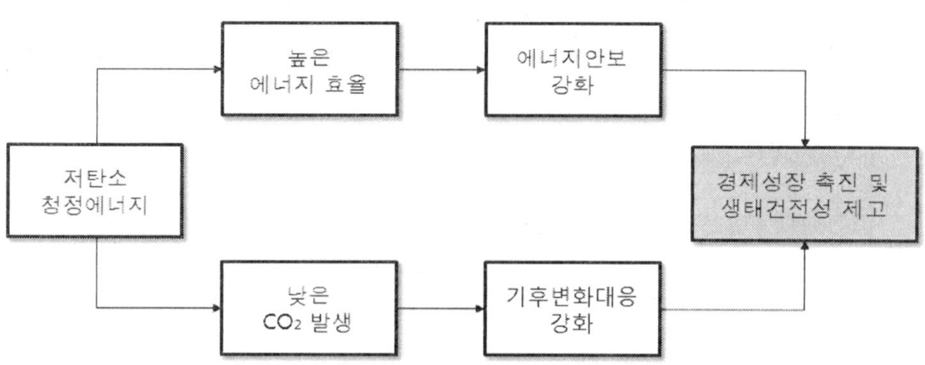

이명박 정부의 출범을 계기로 우리 정부는 전세계적인 녹색성장 패러다임의 추세에 선제적으로 대응한다는 목표하에 ① 탈석유·에너지 자립 구현, ② 녹색기술·산업 신성장동력화, ③ 기존 산업·경영 녹색화, ④ 녹색금융 활성화, ⑤ 친환경적 세제 운영, ⑥ 녹색일자리 창출 및 인재 양성, ⑦ 국토공간의 녹색화, ⑧ 기후변화 재해 적극 대응, ⑨ 생활의 녹색혁명, ⑩ 세계적인 녹색성장 모범국가 구현 등과 같은 10가지 정책방향을 고안하였다.

범국가적으로 추진하는 녹색성장 정책의 구현에 있어 지방자치단체의 역할은 매우 중요하다. 녹색성장 정책의 대부분이 지방 수준에서 구현되어야 하므로 정책을 집행·관리하는 자치단체가 녹색성장의 실질적 추진주체가 되기 때문이다. 정책추진 과정에서 자치단체는 주민과 기업, 민간단체 등을 상호 연계시켜 참여를 유도하는 한편 협력적 관계를 형성시키는 등의 허브기능의 역할을 수행하여야 한다.

2. 정책사례의 주요내용

범국가 차원의 녹색성장 정책기조에 적극 부응하기 위해 남해군은 2008년 10월에 남해군 녹색성장 전략계획(64개)을 수립하는 한편 녹색성장 마스터플랜을 수립(남해군 종합발전계획)하였다. 남해군은 '행복한 그린시티 부자남해 건설'이라는 녹색성장의 비전하에 저탄소 녹색성장 산업을 남해군의 신성장동력으로 승화시켜 환경개선과 삶의 질을 도모하고, 녹색성장사업 선점을 통해 최고의 스포츠·휴양도시로 부상하기 위해 다음과 같은 5대 전략 및 중점추진과제를 제시하였다.

〈표 13-19〉 남해군 녹색성장 5대 추진전략 및 중점추진과제

5대 추진과제	중점추진과제
신재생에너지 개발 산업 육성	· 신재생에너지 개발사업(육상·해상풍력, 태양광, 조류발전) · 신재생에너지 및 고효율 조명 보급 · 태양열 마을회관 건립
기후변화 대응역량 강화	· 기후변화 대응 마스터플랜 수립 · 신측우기사업 추진 · 탄소줄이기 운동 추진 · 군민 건강을 위한 공기정화식물 보급
고부가가치 녹색산업 · 기술 육성	· 폐기물 전처리시설(MBT) 신축 · 미래형 조선소 건설 · 스포츠경관농업(롤잔디) 육성 · 군 전역 환경농업지구 지정 · 보물섬 시금치 명품 브랜드 사업
지속가능한 에코시티 조성	· 자전거 일주도로 개설 · 생태수목원 조성 · 전원마을 조성 · 원예예술촌 조성 · 남산 생활공원 조성
무탄소 스포츠·휴양도시 조성	· 요트마리나 육성 · 스포츠·에코타운 조성 · 노도 문학의 섬 조성 · 미조항 '나폴리 프로젝트' 추진 · 나비레스토랑 조성

하지만 앞서 제시된 내용만으로 남해군 녹색성장 정책의 전모를 파악하기는 어렵다. 남해군은 이미 1995년 민선 지방자치시대의 개막 이래 녹색성장의 논리에 부합하는 다양한 사업들을 선도적이면서도 지속적으로 추진해 왔기 때문이다.

남해군이 선구적으로 녹색성장에 부합하는 정책을 추진해 온 배경을 간략히

살펴보면, 1973년 남해고속도로의 개통과 함께 건설된 남해대교가 남해군 녹색성장 정책의 시발점이 되었다고 할 수 있다. 남해대교의 개통으로 많은 사람들이 남해군을 찾게 되었고 남해군의 관문인 노량에 머물렀다가 남해군 내부로 들어가게 되면서 서서히 관광의 중요성이 부각되기 시작하였다.

〈그림 13-7〉 남해군의 군정목표와 3대 비전

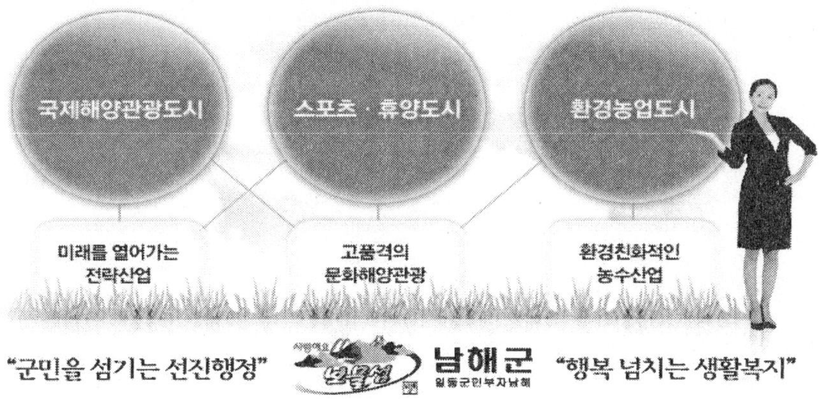

다음으로 남해군의 정책방향이 관광객 유치에 초점이 모아지면서 자연스럽게 타 지방자치단체와는 차별화된 보존과 성장, 즉 지금의 녹색성장에 부합하는 정책들이 고안되기 시작하였다. 무공해 관광휴양산업을 육성하기 위해 스포츠파크 조성을 추진하였고, 이에 필요한 잔디품종개발이 스포츠 경관농업 구상으로 이어진 것이다. 또한 경관을 훼손하고 악취를 유발하는 환경기초시설의 단지화 구상이 자원순환의 강화로 이어지게 되었다. 나아가 당초 잔디품종개량을 위해 시작한 독일과의 교류가 테마형 전원마을 구상과 결부되면서 독일동포들의 귀향마을인 전원마을 조성의 활성화로 나타났다.

남해군 녹색성장은 크게 '녹색산업 육성', '자원순환 강화', '전원마을 조성'의 3가지 분야에서 실시되었으며 각 분야별로 세부추진 사업(계획)들이 추진(입안)되어 남해군의 녹색성장 구현에 기여하고 있다.

〈그림 13-8〉 남해군 녹색성장 추진내용

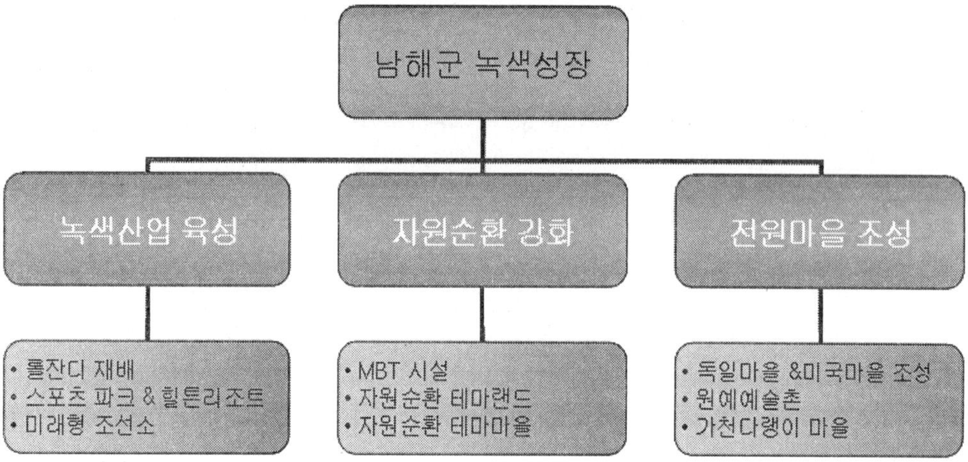

3. 사례 시사점

1) 녹색산업의 발굴이 주는 교훈

민간부문에 비해 상대적으로 방만한 공공부문의 운영에 자율과 경쟁이라는 시장원리를 적용한 개혁으로 효율성을 높이자는 개혁의 열풍이 거세다. 관광지와 관광단지와 같은 관광시설을 대상으로 하는 민자유치에 대한 관심이 커지면서 이러한 시설의 공익성 또는 공공성에 대한 논의가 필요하다. 남해군의 사례는 지역개발을 함에 있어서 민간부문의 역할이 컸지만 군이 전략기획을 통해서 충분히 이를 관리하고 방향을 제시할 수 있었기 때문에 공공성을 확보할 수 있었다는 점에서 공공성과 효율성의 조화를 이루어낼 수 있었다.

민선 자치시대의 개막이래 지방자치단체가 주도하는 각종 개발사업의 실패문제가 부각되면서 사업타당성검토(feasibility study)에 대한 관심이 증가하고 있다. 남해군의 경우 잔디를 테마로 지난 10여년간 계속 추진한 지역특화사업의 성과는 성공적이라고 할 수 있다.

민선 자치단체장이 전권을 행사하는 우리의 지방자치 현실 하에서 일선 공무원과 지방의회 의원 및 관변화된 시민단체의 노력만으로 소기의 성과를 기대하기는 어렵다. 일례로 제왕적 리더십이 만연한 일부 지방자치단체에서는 청사건립이나 산하단체 신설 등 관련법상 사업타당성검토가 의무화된 영역에서조차 편법을 동원한 단체장 주도의 정책결정이 견제되지 못하고 있다. 따라서 사업타당성검토의 각 요소들을 충분히 고려하는 방향으로 지방자치단체의 정책결정을 제도화시켜야 한다. 어느 자치단체의 성공사례가 자신들의 성공으로 바로 이어지지 않는다는 것을 인정해야 하며 지역적 특수성을 고려한 사업타당성의 검토가 반드시 선행되어야 한다.

남해군의 스포츠 경관산업의 성공이 주는 또 다른 교훈은 지역환경에 대한 정확한 고려가 전제된 사업의 추진이라는 점이다. 현재 우리나라 지방자치단체가 추진하는 많은 사업은 일종의 '유행'이나 '트렌드'에 따라 가는 것이 태반이다. 다른 자치단체에서 추진하는 사업이 성공적이라고 판단되면 무비판적으로 추진하는 경향이 많다. 일례로 우리나라의 지역축제가 1,000여개가 된다는 것은 자치단체의 이러한 경향을 단적으로 보여주는 사례라고 할 수 있다. 잔디산업의 추진은 남해군의 지역, 지리, 기후 등 상황적 조건을 정확하게 꿰뚫은 사업이라는 점에서 성공의 가능성은 그만큼 높았다고 할 수 있다.

이와 더불어 중요한 성공요인으로는 공무원의 역할을 들 수 있다. 아무리 좋은 계획이라고 할지라도 정책을 추진하는 공무원의 기능이 충분치 않다면 정책은 성공하기 어렵다. 새롭게 시작하는 사업일수록 공무원의 역할과 기능은 더욱 중요하다고 할 수 있다.

2) MBT시설 도입 사례가 주는 교훈

남해군의 경우 민간의 전문성과 창의성이 요구되는 환경기초시설을 통합 관리하기 위해 민간위탁의 전면적 수용이라는 결정을 하였지만 쓰레기 매립업무의 경우 감시통제의 애로와 높은 수준의 공공성을 감안해 직영방식으로 운영하고 있다.

환경의 경우, 오염된 자연을 다시 회복시키는 일은 많은 비용과 시간이 필요하다는 점에서 효율성과 경제성 보다는 공익성과 공공성, 완결성을 강조하는 것이 필요하다. 남해군의 MBT시설의 설치도 자원순환 강화에 대한 군의 이러한 원칙을 강조한 결과라고 할 수 있다.

남해군이 환경기초시설의 통합 운영이라는 어려운 목표를 달성할 수 있었던 비결은 자치단체의 확고한 목표설정을 토대로 군수와 공무원들이 혼연일체가 되어 주민과 시민단체와 협의하고 설득했기 때문이다. 이점에서 자치단체의 거버넌스 능력은 단순히 환경기초시설의 입지결정을 초월해 다양한 분야에서 요구되는 보편적 미덕으로 간주되고 있다.

중앙정부는 물론 지방자치단체의 운영과정에서 공공부문과 민간부문 간에 존재하는 불필요한 긴장과 갈등관계를 청산하고 양자 간의 건설적 협력관계를 신속하게 구축하기 위해서는 거버넌스의 제도화가 요구된다.

남해군의 사례는 민-시민단체-관이 파트너십을 구축하고 서로 협의하고 양보한 결과로써 자치단체 수준의 로컬거버넌스의 성공이자 지역 네트워크의 성공사례라고 할 수 있다.

3) 전원마을 조성이 주는 교훈

독일마을 조성사업은 마을 개발의 단계별 추진전략을 잘 구현하여 성공한 사례라고 할 수 있다.

마을조성의 목표를 '정주'에 둘 경우, '농사를 통한 교류', '농어업을 즐기는 체제', '농사를 활용한 정부' 등의 단계 들 수 있다.

독일마을은 교포들의 현지화를 목표로 두었기 때문에 마을개발 단계의 원칙을 잘 구현할 수 있었으며 이러한 과정 속에서 관광이라는 효과가 나타나게 된 사례라고 할 수 있다.

새로운 마을이 조성될 때 신·구 주민 간의 인간관계에 대한 문제와 불안이 높은 것이 사실이다. 독일마을 역시 예외는 아니었다. 이러한 문제를 해소하기 위해서 남해군이 적극적으로 개입하여 다양한 정보제공과 마을 규칙만들기 등을 하였고 공공시설 건립, 지역행사 개최 및 현지주민과 교류, 독일어 캠프 등

주민들을 통합하기 위한 다양한 재정적 · 행정적 지원으로 갈등을 최소화할 수 있었다.

수요자 대응형 개발 방식은 종래와 같이 개발사업자에 의한 공급자 주도형 개발방식과 비교해서 많은 노력과 시간이 소요되는 방식이다. 그러나 이러한 노력과 시간이야말로 도시민의 욕구와 농어촌 주민의 의욕을 하나로 묶어 지역특성을 살린 전원마을 만들기의 성패를 좌우하는 요소이다(야마모토 마사유키 저, 충남발전연구원 역, 2006: 152). 상호간의 교류와 협력이 진행되는 과정에서 신 · 구 주민의 마음이 서로 교차하는 건전한 공동체가 형성될 뿐만 아니라 독일마을의 초기 성공사례가 시사하듯이 사업의 시작단계에서 택지구입 희망자를 확보할 수 있어 사업추진의 리스크를 큰 폭으로 줄이게 된다.

전원마을 만들기의 가장 중요한 농어촌 자원은 본래 모습이라고 할 수 있는 자연경관이다. 자연경관의 매력은 가천다랭이 마을의 성공사례가 시사하듯이 오랜 세월에 걸쳐서 형성된 도로 · 수로 · 취락 · 농지 · 산림 그 자체로의 존재이다. 즉, 토지이용에 있어서 질서가 잡힌 자연적 공간인 것이다.

전원마을을 성공적으로 조성하기 위해서는 도로 · 수로 · 취락 · 농지 · 산림을 포함한 농어촌 공간을 일체로서 파악한 마스터플랜을 수립하고, 무질서한 전용 · 개발을 규제 · 유도해 나가는 방안이 필요하다(야마모토 마사유키 저, 충남발전연구원 역, 2006: 161).

사례 10 복지서비스 전달체계

1. 복지서비스 전달체계 사례 개요

복지정책은 서비스 전달과정이 직접 전달하거나, 기관을 지원하거나, 지방자치단체를 지원 등 다양한 방식이 존재한다. 복지 전달체계는 정책목적에 따라 대상자 또는 수요자에게 전달되는 과정과 흐름을 포함한 관련 조직들간의 연계로 이해할 수 있으며 보다 구체적으로는 공급자와 수요자간 조직적 연결로서 이해할 수 있다. 결국 복지서비스를 필요로 하는 수요자들에게 서비스를 적절하게 제공할 수 있도록 하는 환경과 구조로 이해할 수 있는 것이다.

우리나라의 복지예산은 지난 5년간 연평균 14.6% 증가하는 등 지난 10년간 약 4배 가량 증가하였다. 복지사업은 9개 부처에 총 249개에 이르는 등 폭넓은 복지서비스를 제공하는 등 정책의 규모는 점차 증가하고 있지만 내부적으로 부처간·사업간 중복으로 인해 복지서비스의 비효율이 증가하여 수혜자의 복지 체감도가 감소하는 문제가 존재한다. 또한 허술한 전달체계 등으로 인하여 복지예산에 대한 관리가 미흡하여 중복수혜가 발생하거나, 정작 필요한 계층이 수혜 대상에서 제외되는 등 복지의 사각지대가 발생하기도 한다. 최근에는 다양하고 복잡한 복지사업의 체계를 이용하여 담당 공무원의 부정수급이 증가하는 등 다양한 문제가 발생하기도 하였다.

정부는 이러한 문제를 해결하기 위해 사회복지통합관리망을 구축을 골자로 하는 복지서비스 딜리버리(전달체계) 시스템(Social Welfare Delivery System)을 2010년 개편하였다.

복지서비스의 중복수혜를 방지하고 사각지대를 해소하여 필요한 혜택이 골고루 주어지도록 하기 위해 복지사업을 조정하고 지원기준과 전달체계를 정비하였다. 또한 공무원의 부정수급과 복지예산 누수를 방지하기 위해 여러 가지 현금성 복지 급여를 단일계좌(복지관리계좌)로 지급하도록 조정하고, 다양한 유형의 민간 사회복지시설의 기능을 조정하는 등의 내용을 담고 있는 종합대책을 마련하였다. 동시에 사회복지사업법 개정을 추진하면서 시범사업을 실시하면서 2010년 1월 4일에는 사회복지통합관리망이 개통되면서 본격적인 사회복지서비스의 통합관리가 시작되었다.

정부는 복지대상자들의 방문횟수 감소에 따른 민원비용의 절감과 부적정 수급방지에 따른 국가재정의 절감, 복지업무 효율화에 따른 업무 처리시간의 단축으로 행정비용이 절감되는 등 대략 2,532억원의 절감효과를 기대하고 있다.

2. 정책사례의 주요내용

전달체계는 정책 혹은 제도가 집행되어 그 목적에 따라 대상자·수요자에게 전달되는 과정, 흐름을 포함한 관련 조직들간의 연계, 공급자와 수요자간의 조직적 연결로서 이해할 수 있다. 따라서 사회복지서비스를 필요로 하는 수요자들에게 사회복지서비스를 적절하게 제공할 수 있도록 하는 환경, 구조로 이해하는 것이 바람직하며, 사회복지서비스를 제공하는 제공자(또는 기관)와 제공자(또는 기관)간 관계, 제공자(또는 기관)와 이용자간의 관계가 포함될 수 있다.

사회복지 전달체계는 국민들이 필요로 하는 각종 복지서비스가 중복·누락 없이 필요한 사람에게 전달될 수 있도록 하여 국민들의 기본생활을 보장할 수 있도록 해주는 핵심 기제인 것이다.

따라서 이러한 사회복지 전달체계에 관심을 가져야 하는 이유는, 첫째, 사회경제적 환경변화에 따른 국민들의 복지수요 증대에 체계적으로 대응하는 것이 필요하기 때문이다. 즉, 저출산·고령화의 급진전과 인구·가족구조의 변화 등으로 인해 매년 복지수요가 크게 증가하고 있으며, 평균수명 연장, 가족주기 변화, 고령자 독립생활기간 증대, 생계독립 경향증대에 따라 사회적 부양비용이 커지고 있고, 노인, 보육, 장애인, 여성 등 사회복지 서비스에 대한 국민의 욕구와 개인의 생애주기에 걸친 다양한 복지욕구가 분출되어 국민들의 복지수요를 충족시키기가 갈수록 곤란하기 때문이다. 또한 임시일용직 증대와 임금격차의 확대로 인한 사회양극화도 빈곤계층을 확대시킴으로써 복지수요를 증대시키고 있으며, 외환위기 이후에도 빈곤계층은 감소하지 않고 있으며, 일을 해도 빈곤한 근로빈곤층이 새롭게 대두되고 있다.

둘째, 복지예산은 앞으로도 큰 폭의 증가가 예상되므로 이에 맞는 행정 인프라를 갖춰 국민의 복지체감도를 높여야 하기 때문이다. 저출산·고령화와 가족 복지기능의 약화 등 복지환경의 변화에 따른 복지수요 증가로 인해 앞으로도 지속적으로 증가할 것으로 예상되고 있다. 그러나 복지지출 증가율에 비해 복지인프라 및 전달체계의 구축은 상대적으로 미비하여 복지서비스를 받는 국민들의 체감도가 그다지 높지 못한 문제점이 있어 그에 따른 개선이 요구된다.

셋째, 최근 위기가정의 급속한 증가에 대응하여 이를 조기에 발견할 수 있도록 전반적인 시스템을 보강함으로써 복지 안전망에 대한 국민들의 신뢰를 확보하는 것이 필요하다. 즉, 최근 서민경제의 어려움과 사회양극화 현상의 심화로 인해 위기가정의 수도 크게 증가하고 있으나, 위기가정 등을 신속하게 발견, 지원할 수 있는 시스템은 매우 취약하고 체계화되어 있지 못한 실정으로 따라서 차제에 위기가정 발견체계 등을 효율적으로 개편하여 국민들의 이용편의를 크게 높이고 생계관련 사고의 재발을 방지함으로써 국민들의 심리적 안정감을 회복시킬 필요가 있다.

따라서 현 복지 전달체계의 개편이 필요함을 인식하여 보건복지부는 2010년 사회복지통합관리망을 구축하여 복지업무에 대한 전산망을 일원화하고 복지전달체계의 효율화를 추구하고자 하고 있다.

3. 정책사례의 시사점

정책형성단계에서 시사점은 첫째, 정책의 형성 및 수립에 있어 관련 공무원들의 상세하고 정확한 의견 수렴이 중요하다. 정책은 결국 집행자와 수혜자의 편의성이 가장 중요한 요소임에도 불구하고 중앙부처 집행자 입장의 편의성은 어느 정도 소화하였으나 실제 그 업무를 담당하고 업무를 통해 수혜자에게 직접적으로 전달하는 지방자치단체 공무원들에 대한 의견수렴은 그 깊이가 부족했던 것으로 판단된다.

둘째, 복지 전달체계의 변화는 아래에서부터 시작되어야 한다. 위에서부터 변화하는 Top-Down 방식이 아니라 Bottom-Up 방식이어야 함에도 불구하고 주로 중앙부처의 지침에 의해 이루어짐에 따라 그 변화의 강도는 강하나 실제 정책의 형성에 있어서는 바람직한 방식으로 보기 어려운 측면이 있다. 따라서 정책의 형성 및 수립에 있어서 보다 더 나은 정책을 생산해 내기 위해서는 밑에서 부터의 변화가 필요할 것이다.

정책집행단계에서 시사점은 첫째, 중복되는 관리기능에 대한 일원화가 중요하다는 것이다. 복지기능은 대부분 여러 부서에 걸쳐 데이터를 수집하고 관리하여 그에 따른 인력 및 기능에 대한 여러 문제점이 발생, 복지 전달체계를 일원화하여 효율적인 업무의 달성이 가능하다. 사회복지통합관리망과 같은 전산시스템의 정비는 DB가 구축되어 데이터에 의해 정책을 수립하고 실현시키는 긍정적인 결과를 초래할 것으로 기대된다.

둘째, 시스템의 정비 이전에 조직과 인력의 개편 필요하다는 것이다. 시스템을 정비하기 위해 조직과 인력을 개편하여 이미 여러 가지 업무를 수행하고 있음에도 불구하고 또 다른 업무를 수행하여 업무가 과부하 되는 경우가 발생할 수 있다. 현재의 업무분장을 제대로 확인하고 그에 따른 조직의 개편과 인력의 조정이 이루어질 경우 보다 효과적인 업무수행이 가능하다.

셋째, 시급한 문제일수록 모든 부문에 있어 상세한 업무계획이 필요하다. 새올행정시스템과의 연동부분, DB 구축에 대한 세밀한 계획 등의 미비로 시스템이 불안정하다. 복지 전달체계의 경우 복지 사각지대가 존재하기 때문에 이러한 사각지대를 없애기 위한 구체적인 계획의 실행이 요구되지만, 사회복지통합관리망은 기존의 새올행정시스템을 업그레이드하는 방향으로 정책이 진행되어 문제가 발생했다. 다양하고 상세한 매뉴얼의 생성을 통해 그에 따른 문제를 해결하는 것이 중요하다.

사례 11 의료민영화와 진주의료원 폐업

1. 의료민영화

의료가 공공재라는 점을 부인할 수 없을 것이다. 유럽 각국은 공공재적 의료시스템을 갖고 있다. 영국의 예를 들면, 병원은 공공병원이며 의사의 평가는 환자의 치료율(치료 만족감 포함)을 기준으로 한다. 병원에 돈을 얼마나 벌어주었나가 아니다. 영국의 의사가 돈을 벌기 위해서는 미국으로 가서 개업한다고 한다. 영국에서는 중산층 정도의 삶은 보장되지만 큰돈은 벌 수 없기 때문이다. 우리의 공공병상은 겨우 8.4%(2011년)다. 1949년 75.1%였고 1971년에는 39.4%였다. 민영의료 비중이 91.6%라는 얘기인데, 공공의료가 꾸준히 위축되고 민영의료가 공룡처럼 커진 것이다. 10%도 안 되는 공공의료 비중은 OECD 평균인 75.1%는 물론이고 세계에서 의료 상업화가 가장 많이 된 미국의 34%에도 훨씬 못 미친다.

민간자본에 맡겨진 의료시스템에서는 국민의 보편적 건강권이 아니라 의료사업가들의 수익성과 효율이란 가치가 앞설 수밖에 없다. 삼성서울병원이나 서울아산병원 등 초대형 민간병원 중심의 의료시스템은 경제적 논리가 지배하게 되었고 이는 의료수요를 철저하게 민간자본에 맡겨버린 정책방향 탓이다. 이럼에도 박근혜 정부는 '의료 민영화'를 중요 정책으로 추진하고 있다. 의료민영화는 결국 의료영리화다. 영리는 효율성을 앞세우기 마련이다. 그런 관점에서 보자면, 언제 발생할지도 모르는 전염병을 대비하기 위해 음압시설이 된 격리병실을 만드는 건 바보 같은 짓이다. 그러니 초대형 민간병원에 이런 시설이 있을 리 만무하다. 6인실에 의료보험이 적용되던 것이 4~5인실도 적용대상으로 바꾸자 병원은 보험적용이 안 되는 3인실이 필요해졌다. 그래야 '방값'을 비싸게 받을 수 있기 때문이다. 그래서 6인실을 쪼개서 2~3인실로 만들었는데, 문제는 6인실에 1개 있던 환기장치를 더 늘리지 않아 환기장치가 없는 병실이 생겨났고 이번 메르스 확산도 이런 병실구조가 크게 작용했다는 것이다.

필자가 겪은 병원응급실 상황이다. 수년전 복통이 와서 근처 내과의원에 갔더니 혹시 췌장염일지 모르니 아무것도 먹지 말고 당장 대형병원 응급실로 가라며 의견서를 하나 써주었다. 강남의 대형병원 응급실로 갔는데, 의견서를 본 간호사는 검사결과가 나올 때 까지 물도 마시지 말고 링거 맞으며 가만히 누워있으라고 했다. 덜컥 겁이 났다. 근데 앞 베드에 있는 환자가 연신 기침을 하는데 마스크를 끼고 있었다. 폐결핵 환자라는데 가슴위쪽을 가리는 막만 두르고 있었고 아래 위는 뚫려있었다. 당시 매우 찜찜했었다. 검사결과 췌장염이 아니어서 바로 나왔는데, 한동안 췌장염 걱정이 아니라 폐결핵이 옮지나 않았을까 걱정되었었다.

홍준표 경남지사 취임 후 큰 논란을 거쳐 진주의료원이 폐업되었다. 당시 홍 지사의 논리도 '영리성'에 있었다. 진주의료원은 경남지역의 공공의료의 큰 축을 맡고 있었다는 평이다. 근데 적자가 커지자 도에 부담이 된다하여 폐업해버린 것이다. 메르스 사태가 있고 나서 과거 진주의료원에 음압병실이 있었다는 보도가 있다. 단순히 음압병실 하나의 문제가 아니다. 민간 의료기관으로서는 엄두도 못 낼 부분이지만, 공공의료기관은 상업성이나 단순한 효율성 측면이 아니라 국민건강을 위한 의료 인프라 차원의 시스템에 관심을 가질 수 있는 여건이 된다. 당장 모든 의료시설을 공공화 할 수는 없겠지만 메르스 사태를 계기로 공공의료 확충에 관심을 가져야 한다고 본다. 세계 최고 의료기술과 시설이 있다고 하지만 소수의 의료서비스 수준만 높여왔을 뿐이고 국민 다수의 건강을 지키지 못하고 있다.

2. 진주의료원 폐업

지난 2013년 2월26일 경상남도는 큰 부채와 누적된 적자재정을 근거로 진주의료원 폐업을 발표했고 그 해 7월1일 해산 공포로 진주의료원은 문을 닫았다. 경상남도는 진주의료원 폐업 발표 당시 진주의료원은 누적 부채가 279억원에 달했고 연간 30억~60억에 달하는 적자를 내고 있던 상황이라 폐업 결정을 할 수 밖에 없었다고 설명했다. 그러나 진주의료원은 경남 지역의 공공의료기관으로서 공공의료 서비스를 제공해 왔던 만큼 폐업 이후에도 사회적으로 끊임없이 큰 논란이 되고 있으며, 폐업 철회를 요구하는 목소리도 여전히 존재한다. 공공의료기관은 국가나 지방자치단체에서 정한 '공공보건의료' 제공을 목적으로 하는 의료기관이다. 진주의료원 폐업이 언론과 여론의 주목을 받는 이유도 이와 같이 진주의료원의 기능이 단순한 '병원'의 역할이 아니기 때문이다. '진주의료원 폐업무효확인소송'에서 홍준표 경남지사가 이겼다. 2014.5.26일 오후 창원지방법원 제1행정부(판사 김해붕 · 이재환 · 김지영)는 '원고적격성' 등을 지적하며 '각하' 판결했다. 홍준표 지사는 2013년 2월 26일 진주의료원 폐업 방침을 발표하고 휴업을 거쳐 5월 29일 폐업 발표했다. 경남도의회는 6월 11일 '진주의료원 법인 해산 조례'를 처리했고, 경남도는 7월 1일 이를 공포했다. 진주의료원 환자 · 보호자 · 직원 등 13명(시민 10명은 보조자 참여)은 홍준표 지사를 상대로 소송을 냈던 것이다. 1년 넘게 변론심리를 벌여 오다 지난 8월 26일 종결했고, 1심 법원이 이날 선고한 것이다. 재판부는 '원고 적격'이 없다고 보았다. 김해붕 부장판사는 "진주의료원이 진주시보건소에 5월 29일 폐업신고를 한 것은 행정처분으로 볼 수 없다"며 "경남도와 진주의료원은 별개 법인이고, 폐업신고는 신고행위에 불과하기에 경남도가 원고들의 권리를 직접 침해했다고 보기 어렵다"고 밝혔다. 이어 그는 "진주의료원 이사회가 폐업을 결의했는데, 폐업무효 다툼은 진주의료원을 상대로 해야지, 폐업신고 그 자체에 대해 다투기는 어렵다"며 "진주의료원은 재단법인의 성격이고, 폐업신고 등 행위를 행정처분으로 보기 어려워 각하한다"고 밝혔다. 보건의료노조는 이번 판결에 불복해 항소할 것으로 보인다. 경남도는 폐업한 진주의료원을 경남도청 서부청사로 활용할 예정이다. 경남도는 진주의료원 용도변경(종합의료기관→공공청사)을 결정해 고시했고, '서부청사 활용 리모델링 등 사업비'(83억 원)를 편성해 놓았다.

사례 12 한국의 부동산정책 변화

1. 부동산정책의 개요

최근 주택시장의 변화는 인구 및 가구 구조의 변화에 따른 수요 감소로 총량적인 주택공급 부족의 문제가 크게 완화되었고, 과거와 같은 주택가격 급등의 가능성은 낮아질 것으로 예상하고 있다. 하지만, 이제까지 정부의 부동산정책은 주택의 초과공급에 가까운 과잉공급으로 아파트 분양시장은 얼어붙게 되었고, 국가전체의 불황과 건설업계의 대량실업의 양산을 우려하게 되었다. 또한 정책을 수시로 바뀌는 땜질식 처방으로 공공임대주택과 서민들의 과도한 은행대출로 하우스 푸어들이 급증하고 있다. 이는 과거 정치권의 포퓰리즘 수단으로 활용되어 수 십년간 지속한 주택공급 위주의 정책 때문이기도 하다.

이러한 시점에서 이를 해결하기 위해서 정부는 부동산 정책으로 특히 무주택자와 임대주택에 관련한 정책과 조세제원의 확보 그리고 조세저항을 낮추고 원활한 납세가 이루어 질 수 있는 방안에 대해서 해법을 찾기 위해 활발히 움직이고 있다. 즉, “다주택자 양도세 중과(重課) 제도의 폐지, 종합부동산세와 분양가 상한제는 과도한 규제”에 대해 관심이 집중되고 있다. 그러나 여전히 수도권과 지방의 부동산 가격 양극화를 심화시켰다. 부동산정책 목표가 장기적으로 유지되지 못하고 투기억제와 경기활성화의 현상에 단편적으로 상황 대응함으로서 부동산시장이 혼란하고 부동산정책의 신뢰가 낮아졌다. 결국 부동산정책의 신뢰도 상실은 정책이 아무리 적합하더라도 국민의 협조나 정책효과를 떨어뜨릴 수 밖에 없다. 이유는 정권교체에 따른 부동산정책의 성향에 큰 차이가 있는 것에 요인이 있음 즉, 지난 참여정부와 이명박 정부는 부동산정책의 목표를 분명하게하고 획기적인 뚜렷한 정책들을 시행되어졌다. 참여정부는 규제주의로 이명박 정부는 시장주의로 서로 다른 정책 목표들이 설정되고 실행되었다.

2. 부동산정책의 변화

지금 되돌아보면 김대중-노무현-이명박-박근혜 대통령에 이어 오면서 각 시대의 필요에 따라서 각 정부의 부동산 정책이 선택되고 또 활용되었다.

김영삼 대통령시절에 겪은 IMF로 인해, 김대중 정부는 IMF탈출에 총력이 모아졌고, 다소 여유가 생긴 노무현 정부에서는 부동산시장이 투기화 되어 이의 불로소득으로 인한 사회적인 양극화가 원인이 되어 양도소득세의 중과와 부동산 실거래 신고의 의무화 그리고 비업무용토지에 중과를 골격으로 하는 종합부동산세 등 주로 규제를 통한 부동산 시장의 안정화에 초점을 맞추었다. 반면에 이명박 정부는 이전 정부인 노무현 정부의 규제 일변도의 부동산 정책으로 인하여 아파트 미분양이 나타나는 현상 속에서 미분양 아파트의 세제완화, 그린벨트의 해제, 세제완화를 통한 부동산을 통한 경기회복을 위하여 부동산시장의 각 종 규제완화에 주력하였다.

노태우		김영삼		김대중		노무현		이명박		박근혜
5개 1기 신도시 건설 (1989)	⇨	부동산 실명제 도입 (1995)	⇨	분양가 자율화 시행 (1998)	⇨	종합부동산 세입 (2003)	⇨	강남3구 투기지역 해제 (2012)	⇨	취득세 · 양도세 감면 (2013)

시기별부동산정책의 변화과정을 구체적으로 살펴보면, 1980년 후반 부동산 가격이 급등하면서 토지개발로 인한 불로소득이 사회문제로 대두되자 당시 노태우 정부는 '토지 공개념'을 바탕으로 한 '8 · 10 부동산 안정대책'(1988)과 일산 · 분산 신도시 등 주택 200만호 건설계획을 발표했다. 토지공개념에 따라 이듬해 택지소유상한제, 개발이익환수제, 토지초과이득세가 입법화 됐다. 이런 강력한 투기대책으로 김영삼 정부 들어 1990년대 중반까지 부동산 시장은 평균 지가상승률이 마이너스를 기록하는 등 안정세를 찾았다. 그러나 IMF 외환위기를 맞으면서 정책방향은 다시 '규제완화'로 급선회 했다. 김대중 정부는 외

환위기 극복을 위해 1998년부터 2001년까지 전방위적인 부동산 경기 활성화 시책을 추진했다. 토지규제 완화, 토지공개념 폐지, 양도소득세 인하, 분양권 자율화 및 전매제한 폐지 등이 단행됐다. 다시 부동산 시장은 달아올랐다. 결국 부동산 정책은 '투기억제'와 '경기 활성화'라는 두 목표사이에서 방황을 계속했다. 이 과정에서 보유세, 양도소득세 등 세금제도, 분양가 자율화, 전매제한, 재건축 규제는 강화와 완화를 반복했다. 오락가락한 정책은 부동산 시장에 왜곡된 기대를 형성하는 원인을 제공했다. 정책이 일관성을 유지하지 않은 채 경기대책으로 활용되면서 시장에서의 신뢰성도 잃었다. 시장이 정책을 신뢰하지 않으면서 시장의 투명성도 약화됐다. 참여정부 들어 추진된 부동산 정책은 투기억제와 시장 투명화를 위한 세제 개편, 실거래가 신고 의무화 및 등기부 기재, 부동산 정보망 구축 등이 대표적이다. 이와 더불어 시장 안정을 위한 주택공급의 지속적 확대, 서민의 주거안정을 위한 복지정책의 시행 등도 병행됐다.

사례 13 지방자치단체 경증치매노인의 인지재활정책

1. 서론

현대 사회는 전반적인 생활수준의 향상과 의료기술의 발달로 인해 노령인구가 급속하게 증가하고 있다. 통계청 보고에 의하면 우리나라는 2000년도에 이미 고령화 사회에 진입하였고 2010년 현재 65세 이상 노인 인구가 536만 명으로 전체 인구의 11.0%로 추산되며 2018년에는 노인 인구가 14.3%인 고령사회에, 2026년에는 20%가 넘는 초고령사회에 진입할 것으로 예측된다(통계청, 2017).

또한, 보건복지부(2017)에 따르면 2016년 의료기관에서 치매 진료를 받은 환자는 약 19만 명이며, 이로 인한 연간 진료비는 5000여억 원에 이르는 것으로 파악되고 있다. 여기에는 고령화와 더불어 저출산, 핵가족화, 여성의 사회참여 증가로 인하여 치매환자의 관리는 가정의 차원에서 해결하기 어려운 문제가 되었으며, 사회적인 시스템의 확립이 절실히 요구되는 사점에 이르렀다. 여기에는 치매 예방 및 조기발견, 효과적인 관리를 위한 사회적 인프라 구축 그리고 체계적인 치료 관리 프로그램의 개발 등 다각도의 노력 이 필요하다고 할 수 있다.

하지만, 우리나라에서는 아직 현 실정에 맞는 치매 환자에 대한 지역사회기반의 통합적 중재 프로그램에 대한 개발이 많이 이루어지지 않아 이에 대한 프로그램 개발이 필요한 실정이다.

이에 본 연구는 대구시 소재 기억의 주간보호시설을 활용하여 경증치매 노인대상의 인지활동을 중심으로 한 인지재활 프로그램을 개발하여, 지역사회 경증 치매노인에게 유용한 복지서비스를 제공함에 있다.

2. 기억학교의 경증치매노인

시설 명칭은 대구광역시 지정 기억학교이며 대구시에서 지정받지 않는 기관은 이 명칭은 사용하지 못하도록 하고 있다. 운영기관의 자격은 구·군 직영, 사회복지법인, 기타 비영리법인이다. 이용대상자의 기본요건은 대구에 거주하는 60세 이상의 치매질환을 가진 자로서 노인장기요양등급을 받지 못한 자 중 다음에 해당하는 자이다.

기억학교는 노인보호서비스의 한 형태로 낮동안에 노인이 혼자 남겨지지 않도록 보다 안전한 환경에서 생활하는 것이며, 퇴직 후 가정 내에서만 머무르는 노인들에게 그들이 수용할 수 있는 수준에서의 활동적인 프로그램을 제공한다.

기억학교는 대부분 가족들에 의해서 돌봄을 받고 있지만 치매증상과 그 경과의 특성으로 인해 노인의 돌봄을 전담하는 가족에게는 정신적, 육체적 부담이 매우 크므로 치매노인의 돌봄은 사회문제로 대두된다.

기억학교는 경증치매노인과 가족을 위해서는 가족의 부양부담을 덜어주면서, 일부는 지역주간보호시설에서 치매노인을 부양하도록 하는 것이 바람직하다고 본다.

3. 인지재활사업

경증치매노인의 인지기능 증진을 위해 다양한 인지활동 중재가 사용되어지고 있는데, 전통적 인지재활은 주로 집중력, 기억력, 지남력 등의 향상을 위해 책상위에서 실시하는 활동(tabletop activity)을 사용하며, 주로 그림카드 찾기, 퍼즐 맞추기, pencil and paper 활동, peg & block design 등과 같은 과제를 사용한다. 최근에는 컴퓨터가 활성화됨에 따라 작업치료분야에서도 컴퓨터를 이용한 재활치료에 관심을 가지게 되면서 COMCOG, Rehacom, CogReHab과 같은 전산화 인지재활 프로그램을 사용한 인지재활치료가 시행되어지고 있다.

인지 능력(회상기법)프로그램은 자선과 주위환경에 대한 정보의 입수, 처리, 저장 및 검색 등에 관여하는 광범위한 지적능력을 지칭하며, 흔히 주의집중, 추상력, 지각, 흥미, 동기, 기억, 논리, 사고, 공간 지각능력 및 이해력, 학습력, 문제해결, 계산력, 판단력과 같은 정서적, 지적 과정을 말하는 것으로(McAllister, 1981; 대한치매학회, 2006), 본 연구에서는 간이 정선 상태와 작업치료 인지상태를 말한다.

4. 기억학교의 인력 및 시설기준

시설 및 인력기준 충족 등 기억학교 운영기관의 자격을 갖추고, 구·군에서 선정하여 대구광역시가 기억학교로 지정한 시설이다.

〈표 13-20〉 Memory school personnel and facility standards

division	Facility	A dedicated social worker	nurse	physics (Work) therapist	Caregiver (Social Worker)	Cook
10 people Within	1 person	1 person	1 person		More than 1 user list 1 person	1 person

시설장은 사회복지사 또는 의료인으로 상근(1일 8시간, 월20일 이상 근무)하여야 하며, 시설장, 요양보호사(사회복지사), 간호(조무)사, 물리(작업)치료사는 다른 업무와 겸직할 수 없다. 만일 요양보호사를 대신하여 사회복지사를 채용할 경우 돌봄서비스의 질적 향상을 위해 요양보호사 자격증 소유자에 하여야 한다. 그리고 시설장은 관리인력 중 치매상담전문요원을 지정하여 운영하여야 하며, 치매상담전문요원은 보건복지부 또는 대구광역치매센터가 실시하는 치매전문교육을 수료하여야 한다.

일반적으로 기억학교의 이용정원은 40명이며, 연면적 295㎡ 이상으로 사용권

일 경우 3년 이상 사용권 확보되어져야 한다. 면적기준(295㎡) 정원(36명) 외 추가 이용정원 인정(이용정원 40명)하며, 40명의 법적면적 기준은 321㎡이나, 등급외자가 이용하는 시설임을 감안하여 완화적용 한다. 노인복지법 상 재가노인복지시설(주야간보호서비스)로 설치 신고하여야 하며, 단, 노인장기요양보험법 상 재가장기 요양기관으로 지정받을 수 없게 되어 있다. 생활실, 사무실, 프로그램실 등 주 야간보호시설 운영에 따른 필요 시설 및 설비를 갖추어야 하며(노인복지법 상 시설 및 설비기준 준수), 단, 기억학교 시설 및 설비, 보유 차량 등은 타 시설과 병용할 수 없다.

또한 생활실을 제외한 일부 공간은 서비스 이용에 지장이 없는 경우 인접한 층에 한해 층을 달리할 수 있으며, 치매환자의 일상생활, 보호에 필요한 용품과 장비를 갖추어야 한다.

5. 기억학교 경증치매노인 인지재활사업의 국내사례

1) 대구시 '경증치매노인 종합지원시설'

대구시는 2013년부터 전국 최초로 '경증치매노인 종합지원시설' 4개소를 시범 설치해 요양등급을 받지 못한 치매 어르신들을 보호하고, 가족의 부양부담 경감을 위해 노력해 왔으며, 2014년 3월부터 중구, 서구, 남구, 달성군에 시설을 추가 개소하였다. 2017년 현재 12개시설로 확장하여 사업을 시행하고 있다.

'치매노인종합지원시설'은 장기요양급여 등 제도권 보호를 받지 못해 가족의 부양부담이 큰 경증치매노인을 낮 동안 시설에서 보호하는 사업 임. ① 본인 및 그 가족에 대한 상담과 교육 ② 치매극복 컨설팅 ③ 협력 병·의원의 치매 치료, 관리서비스 ④ 인지재활 프로그램 참여 ⑤ 다양한 형태의 보호서비스(시간제, 일시적, 정기적) 등의 예방적 복지서비스를 제공해 치매노인 건강증진은 물론, 가족의 부양부담을 지역사회가 분담한다.

또한, 경북대학병원에 위탁운영하고 있는 대구광역치매관리센터 및 8개 구·

군의 보건소 치매상담센터와 연계해 치매 조기검진과 예방 사업, 치매관리프로그램 개발·운영 등을 통해 지역사회 치매 노인 종합 지원체계 구축에 노력하고 있다.

2) 서울 동대문구

동대문구는 경증 치매환자를 조기 치료하고 부양가족을 효율적으로 돕기 위해 동대문구치매지원센터에 기억키움학교(동대문구 홍릉로 81, 1~2층)를 열고 2015년 9월 9일부터 본격 운영 된다. 현재 동대문구 치매지원센터에 등록되어 있는 치매 노인은 2천 169명이다.

기억키움학교는 주5일 오전반 10명(9:00~12:00), 오후반 10명(13:00~16:00)씩 총 20명이 참여하며, 관내 치매 진단자 중에서 장기요양등급외 판정자이자 저소득층을 우선 선발 하였다. 세부 프로그램으로는 의료서비스(상시), 인지기능 개선교육(주5회), 치매가족 지원활동(반기별) 등이 마련된다.

특히 치매전문 치료사 및 전문강사가 어르신들의 기억력과 집중력 향상을 돕는 인지재활, 운동치료, 정서지원 등 다양한 프로그램을 운영 한다. 또 가족들이 치매환자를 돌보면서 생기는 스트레스와 우울감 등을 완화시키는 가족모임과 개별 상담도 함께 진행된다.

6. 대구시 경증치매노인 인지재활프로그램사례

대구시 기억학교 경증치매노인 시설은 총12개가 있으며, 각 시설마다 다양한 경증치매노인 프로그램을 운영하고 있다. 이중 인지재활프로그램은 주로 다음과 같은 세부사업으로 운영되고 있다.

〈표 13-21〉 대구시 기억학교 경증치매노인 인지재활프로그램

기억학교명	세부사업	소요시간	투입인원	사업내용
대구샘 기억 학교/ 마야기억학교	기억여행	50분	4명	일주일 동안 있었던 일들을 기억하고 어르신이 기억에 남는 일을 직접 그림과글로 표현해보는 시간을 가짐.
	천지인	50분	4명	그림이나 사진을 이용해서 재미있게 한자를 익히고, 시험을 통한 자신감 회복
	칠교교실	50분	6명	교재의 동안에 따라 칠교를 이용해 모양을 맞추고 그리는 등 어르신의 인지기능 활성을 유도 함.
	인지활동	50분	6명	퍼즐 맞추기, 틀린 그림 찾기, 윷놀이, 청기백기, 등
	세상알림	10분	1명	오늘의 날짜와 날씨 그리고 최근 이슈를 알려 드림.
상록수 기억 학교	미술활동	60분	3명	그림그리기, 만들기, 색채활동 등 자체개발 프로그램을 진행
	숫자교실	60분	4명	인지능력별로 그룹을 지정하여 각 그룹수준에 맞는 산수 문제풀이 진행
	인지치료	60분	4명	서예, 수학, 암기, 회상, 카프라, 퍼즐, 칠교놀이 등 교육프로그램 및 신체적 움직임을 요하는 작업활동, 인지 회상활동 등 자체개발 프로그램을 진행
	사진회상	60분	3명	한 주간 진행한 프로그램의 사진을 보면서 내용을 떠올리고 그림일기를 작성
	종이접기	60분	3명	전문봉사단원을 섭외하여 종이접기 및 만들기 프로그램을 진행

수경 기억 학교	한글공부	60분	7명	한글쓰기, 읽기, 말하기 등을 놀이문화와 접목하여 언어인지력 회복 및 유지
	숫자교실	60분	7명	수의 개념을 이해하고 그것을 여러 가지 상황에 적용시킴으로서 본인의 성취감 및 자신감회복
	회상교실	60분	7명	특정사건 및 과거의 시각적 회상을 통한 기억력유지 및 회복
	행동교실	60분	7명	날짜(공휴일)·시간·장소·전화번호숙지 및 본기관 이용관련 교육실시

7. 기억학교 경증치매노인 인지재활사업 적용방안

보건복지부의 2016년 치매 유병률 조사에 따르면 치매환자수가 65세 이상 노인인구의 9.8%를 차지하며, 대구시의 경우 치매환자 수가 약 3,200여명으로 추정되며, 현재 1,500여명의 치매환자를 등록·관리하고 있다.

본 연구에서 인지재활 프로그램은 몸풀기, 준비운동, 본운동, 마침운동으로 구성된 베하스 운동과 일상생활 과제중심의 인지활동 및 시공간 지각자극 인지활동을 근거로 한 인지활동의 두 영역으로 구성하고자 한다.

대구시 경증치매 대상자의 인지능력을 측정하기 위하여 단일합산 평가 방식의 한국판 간이 정선 상태검사(K-MMSE Korean version MìniMental State Examination)와 노인형 로웬스타인 작업치료 인지 검사(LOTCA-G Loewenstein Occupational Therapy Cognitive Assessment for Geriatric Population)를 활용할 것이며, 다음과 같은 경증치매노인 인지재활사업 체계를 갖추어서 사업을 진행할 필요가 있다.

〈그림 13-9〉 경증치매노인 인지재활사업 체계

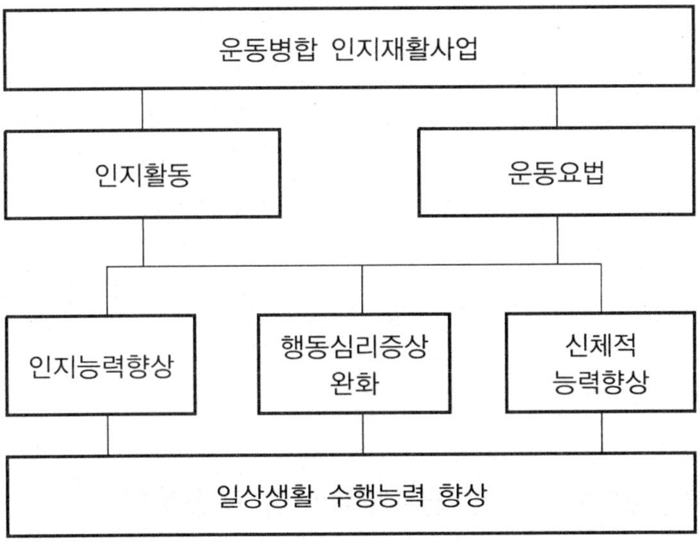

본 연구의 기억학교 경증치매노인을 대상으로 적용할 인지재활 프로그램은 다음과 같다.

종이 찢어 붙이기, 블록 쌓기, 페그 디자인, 색칠하기, 콩 고르기와 같은 시공간 지각 자극 인지활동과 옷입기, 물건사기, 전화하기, 음식 만들기, 꾸미기 등과 같은 일상생활 과제중심 인지활동으로 구성하고자 한다. 이들은 치매환자들에게 서술적 기억에 비하여 상대적으로 보존되어 있는 비서술적 기억을 이용하는 특징이 있으며, 실생활에 필요한 부분의 문제해결력을 증진시키려는 전략이 포함되어 있다.

〈표 13-22〉 기억학교 경증치매노인 인지재활사업 방안

요일	프로그램		
	구성요소		내용
월	인지활동		퍼즐 맞추기, 틀린 그림 찾기, 윷놀이, 청기백기, 등
	배하스운동	몸풀기	- 둥글게 둘러서서 인사하기 - 양쪽 다리에 번갈아 체중이동 - 손털기 - 가벼운 걷기
화	미술활동		그림그리기, 만들기, 색채활동 등 자체개발 프로그램을 진행
	일상생활과제중심 인지활동	옷입기	- 계절에 맞는 옷 선택하기 - 단추 옷 입기
수	세상알림		오늘의 날짜와 날씨 그리고 최근 이슈를 알려 드림.
	베하스운동	몸풀기준비 1-2	- 몸풀기 운동 - 숨쉬기 - 앞으로 손내밀기
목	한글공부		한글쓰기, 읽기, 말하기 등을 놀이문화와 접목하여 언어인지력 회복 및 유지
	시공간 지각자극	종이찢기 붙이기	- 모형 그림에 종이 찢어 붙이기
금	행동교실		날짜(공휴일)·시간·장소·전화번호숙지 및 본기관 이용관련 교육실시
	베하스 운동	몸풀기준비운동	- 몸풀기 운동 - 준비운동 1, 2 - 허리접기

8. 시사점

본 연구에서 사용된 인지재활 프로그램은 경증 치매노인의 특성을 반영하여 지역사회에서 쉽게 적용 가능한 형태로 개발하여 그 효과가 높을 것으로 예상될 것으로 본다. 따라서 대구시의 노인인구의 증가와 더불어 치매노인의 수도 증가하고 있음을 감안 할때 지역사회는 물론 다양한 노인시설에서 치매노인을 위한 인지재활 프로그램에 유용하게 적용될 것으로 사료된다. 특히 기억학교 인지재활 프로그램은 치매환자에서 인지가능, 일상생활 수행능력, 이상 행동심리 증상의 개선에 도움을 줄 수 있을 것임. 지역노인들 특히 치매노인들에게 운동이 부족하여 선체적인 가능의 저하를 수반하고 있어 신체적 건강상의 이유 로도 운동이 필요하고 (Teri, 1998) 인지가능의 향상에 효과가 있으며, 이상 행동 증상의 개선에도 효과가 있다. 따라서, 본 경증치매노인 인지재활사업은 주로 지역사회 기반의 보호사설 등에서 집단으로 적용하기에 적합한 것으로 경증 치매환자의 관리에 근간이 될 수 있다고 사료되나 치매환자는 모두 동일하지 않고 개인적 차이가 있으며 그에 따라 적절한 중재법과 효과에 차이가 있을 수 있다고 판단된다. 따라서 개별화된 맞춤식 전략에 의하여 그 효과를 극대화 할 수 있을 것으로 기대되므로 보다 특이적이고 개별화된 간호중재 프로그램의 개발도 병행되어야 한다고 사료된다.

사례 14 노숙인의 자활지원정책

1. 서론

우리나라의 자활지원사업은 그 동안 근로연계복지를 통해 근로빈곤층의 기초생활보장과 경제자립 및 자활의 기회를 제공하여 왔다. 특히, 우리나라의 자활지원제도는 생활이 어려운 자에게 필요한 급여를 행하여 이들의 최저생활을 보장하고, 재정감축을 통해 근로능력 자들의 자활을 조성한다는 두가지 목표의 동시적 수행하는 집행과정에서 현실과 괴리되는 문제점이 많이 나타나게 되고 있다.

즉, 자활사업 도입 이후 시간이 흐르면서, 자활사업을 자활의 길을 모색하기 위한 수단으로 받아들이기 보다는 복지 서비스를 받으려면 의무적으로 행해야 하는 필요조건으로 여기는 경향이 나타나고, 자활사업을 통해 기술훈련이나 교육이 제대로 이루어지지 않음으로 인하여 저 숙련 노동이 증가하고 있다는 비판(김지선, 2006), 자활정책의 시행에도 불구하고 조건부 생계급여 수급자들의 탈 수급 비율이 낮다는 비판(김미곤 · 김태완, 2004), 자활사업실시 이후 5년 여가 지난 현 시점에서 보았을 때 차상위 계층마저도 예산투입에 대비해서 아주 저조한 비율만이 자립에 성공하고 있다는 비판(박순일, 2007) 등이 그것이다. 자활사업제도에 관하여 부정적 평가가 나타난 중요한 이유는 현재 조건부 수급자의 최저생활보장과 자활조성의 이중목표의 정책설정에서 비롯된다고 본다. 이는 정책목표의 명확성을 확보할 수 있어야만 정책결과 또한 정확한 판단이 이루어지기 때문이다. 자활사업의 목표에는 이중성 문제 이외에도, 자활지원제도의 인프라 체계적 측면에서도 원래 자활지원제도는 시작하는 단계부터 장기적인 로드맵의 체계적인 지원인프라를 갖고 시작된 사업이 아니었다.

자활사업 지원인프라는 지난 수년동안 자활사업이 발달하는 과정에서 새로운 역할 주체의 필요성이 대두될 때마다 새로운 기관이 추가되는 방식으로 형성되어 왔다. 이러한 과정속에서 지역자활센터가 가장 먼저 설치되고, 광역자활센터가 다음으로 설치되었다. 중앙지원기관의 중앙자활센터와 자활연수원이 설치됨으로 기관 간의 역할중복문제 또한 발생되어 각기 다른 운영주체들에 의해서 운영하게 되었다. 운영주체와 역할의 중복으로 인하여 후(後) 설치 기관이 선(先) 설치기관에 대해서 위상을 세우기 어려울 뿐만아니라 중앙-광역-지역자활센터 간의 운영주체의 서로달라 유기적인 협력체계를 구축하는데 한계가 있었다.

이런 맥락 속에서 본 연구자는 국민기초생활보장제도의 괄목할 만한 변화 중의 하나로 알려진 보편 지향성에 대하여 보다 면밀한 분석을 해 볼 가치가 있다는 생각을 갖게 되었다. 즉 명시적 목적으로서 보편성을 추구하고 있는 자활사업의 목표 및 정책 내용에 담겨진 정책변화를 통한 일관성 정도를 분석해 봄으로써 자활사업활성화 방안에 대한 시사점을 탐색해 보려는 것이다. 본 연구를 통해서 자활사업의 변화와 구체적인 활성화 전략에 대한 이해가 증진된다면, 직접 서비스 실천가들이 자활사업프로그램을 실행함에 있어서, 대상자 선정에서 부터, 보다 심도 있고 안정적인 접근이 가능해질 것이다.

2. 자활지원제도의 본질과 인프라체계

1) 자활지원제도의 본질

(1) 자활지원사업의 목표

국민기초생활보장제도(2000.10월 시행)는 이전의 생활보호제도의 범주적 성격을 벗어나 보편적 성격을 보강됨으로써 한국의 공공부조제도는 최소한의 이론적 차원에서 모든 국민의 최저생활보장이라는 대원칙을 갖추게 되었다. 국민기초생활법과 자활지원 법안에서 명시하고 있는 자활지원사업의 목적 및 목표에는 정책의 대상으로 '수급자'의 자활조성이라는 일관성이 흐르고 있으며, 자활지원 법안에서는 '근로능력 있는 수급자'로 그 대상을 좀 더 세분화시키고 있다. 그러나 자활사업 추진지침에서는 '근로능력 있는 저소득층'으로 정책대상을 오히려 확대시킴으로써 차상위 계층을 정책대상에 포함시키겠다는 의지를 표명하고 있다. 이와 같이 각 차원의 목표에서 명시하고 있는 정책의 대상자가 각기 다르기 때문에 사업 수행에 있어서 혼란을 빚게 될 여지를 안게 되었다. 즉, 자활사업의 우선 대상이 조건부수급자인지, 차상위권인지에 대한 명확한 해석을 내리기 어렵게 된 것이다. 자활사업의 목표와 방향을 보다 구체화 시킨 것이라고 볼 수 있는 자활사업 추진지침(보건복지부, 2018)에서 제시하는 사업의 목적 및 목표에서는 기초생활보장제도에의 장기 의존 가능성을 사전·사후에 예방하기 위하여 근로능력 있는 저소득층에게 단순소득 보조보다는 근로 및 교육훈련의 기회제공 등을 통해 자활·자립을 촉진하기 위해서 재활·지역봉사로 부터 자활근로로 나아가도록하며, 여기에서 다시 자활공동체나 직업알선·창업지원을 통해서 자립을 이루는 발전경로를 통해 공공부조의 수급에서 탈피시키겠다는 점을 강조하고 있다. 이를 통해서 볼 때, 자활사업의 목표는 단순히 '근로능력이 있는 사람들에 대한 공짜 지원' 보다는 '자활·자립을 통한 빈곤 탈출의 적극적 지원'에 있다. 하지만 대상에 대한 모호한 규정으로 여전히 문제의 소지를 안고 있다.

(2) 기초생활보장제도의 수급현황

조건부수급자는 개인의 출생과 불기초보장수급자 중에서 근로능력이 있는 수급자에서 자활사업을 통한 참여조건으로 기초적인 생계급여를 지원받게 된다. 전체 기초생활보장수급자 중 근로 능력이 있는 자는 2012년 24만 6천여 명에서 2016년에는 21만여 명으로 약 3만 6천여 명이 감소하였다. 전반적인 기초보장수급자의 노령화에 비춰서 근로능력자의 감소가 일반적인 현상인 것으로 이해되고 있다(여유진 등, 2017, p.35).

〈표 13-23〉 국민기초생활보장 수급 근로능력자의 구성

(단위: 명)

구분	2012년	2013년	2014년	2015년	2016년
기초보장수급자1)	1,394,042	1,350,891	1,328,713	1,248,290	1,143,580
근로능력자2)	246,074	252,577	242,951	242,328	210,124
자활특례(a)	5,512	5,340	5,357	3,907	3,821
조건부수급자(b)	46,919	49,310	48,184	52,873	51,340
조건제시유예자	20,203	19,116	15,845	18,549	15,303
조건부과유예자	173,440	178,761	173,565	166,971	136,133
조건불이행자				3,935	7,348
희망참여자					
차상위참여자(c)	21,055	19,651	19,373	15,883	10,584
의료 · 주거 · 교육급여 수급자(d)				2,475	4,289
일반수급자(e)	6,675	7,905	7,976	5,334	3,427
자활참여자(a~e)	80,161	82,206	80,890	80,472	73,461

주 1) 2015년부터는 맞춤형 기초생활보장 수급자 중 생계급여 수급자로 한정하였음.
2) 음영표시의 합을 근로능력자로 제시하였음.
자료: 보건복지부(각 년도). 『주요업무 참고자료』 재구성

2001년 이후 15세 미만 아동과 35-44세 연령층의 기초생활보장 수급자는 감소세를 보여 왔다. 2010년까지 증가 추세였던 15-24세와 45-54세 연령집단의 수급자 수도 2010년 전후로 감소세로 돌아섰다(여유진 등, 2017, p.35). 그렇지만 55-64세 중고령층과 75세 이상 고령층에서 수급자 수가 크게 증가하였다. 전자의 경우는 퇴직 등으로 인해 빈곤화가 진행된 결과로 볼 수 있으며, 후자의 경우 노후소득보장 미비로 인한 노인 빈곤화의 결과로 추정된다(여유진 등, 2017, p.35). 2015년에는 맞춤형 개별급여 제도의 시행에 따라 기초생활보장수급자가 증가하였고, 특히 24세 이하 학령기 집단에서 증가폭이 두드러졌다. 이러한 수급자 수 증가는 생계급여 외에 주거, 의료, 교육급여 대상을 확대한 때문으로 판단된다. 그러므로 생계급여 수급자를 참여의무자로 하는 자활사업의 대상자는 급증하지 않았을 것으로 예상된다.

2) 자활지원제도의 인프라체계

(1) 자활지원제도의 조직현황

우리나라의 자활사업제도는 주된 사업을 시행하고자 할 때 새로운 역할 주체의 필요성이 제기되었고 이에 추가적인 지원기관이 설립되는 과정이 반복되어져 왔다.이러한 정책형성 과정에서 자활지원사업의 조직은 중앙자활센터를 비롯한 광역자활센터, 지역자활센터, 그리고 자활연수원이 서로다른 운영주체를 갖고 각기 다른 역할과 기능 등이 일부 중복되는 문제점이 나타나게 되었다. 이러한 문제점에 대하여 각각의 현황과 자활사업 지원인프라의 체계적인 개편과 방향성을 새로이 정립시켜 줄 필요성이 부각되고 있다.

① 지역자활센터

지역자활센터의 설치 및 역할에 대한 법적인 근거는 우리나라 국민기초생활보장제도 제16조에서 찾아 볼 수 있다. 동법 제16조에 따르면 보장기관은 수급자 및 차상위자의 자활 촉진에 필요한 다음 각 호의 사업을 수행하게 하기 위하여 사회복지법인, 사회적협동조합 등 비영리법인과 단체(이하 이 조에서 "법인등"이라 한다)를 법인등의 신청을 받아 지역자활센터로 지정할 수 있다. 이 경우 보장기관은 법인등의 지역사회복지사업 및 자활지원사업 수행능력 · 경험 등을 고려해야 한다"고 명시되어 있다.

동법은 지역자활센터의 역할을 통해 자활의 의욕을 높이기 위한 교육과 정보제공, 직업교육, 상담, 취업알선, 그리고 생활자금융자 알선, 기술 및 경영지도 등 제18조에 의한 자활기업의 설립과 운영 등 그 밖의 각종사업을 사업하도록 규정이 되어있다.

〈표 13-24〉 자활사업 프로그램별 참여자 현황 ('16년말 기준)

(단위 : 명(실인원기준))

자활사업·계 (A+B)	소계 (A)	자활근로				창업지원		희망키움통장 I	희망키움통장 II	취업지원 [고용부(B)]	
		업그레이드형			근로유지형	자활기업	생업자금			희망리본	취업성공패키지
		시장진입형	사회서비스형	인턴·도우미형							
155,080	125,431	7,784	19,771	3,552	8,043	4,662	-	37,913	43,706	-	29,649

자료 : 보건복지부 내부자료.

② 광역자활센터

광역자활센터의 법적 근거는 지역자활센터 경우와 마찬가지로 국민기초생활보장법이다. 동법 제15조 3은 "보장기관은 수급자 및 차상위자의 자활촉진에 필요한 다음 각 호의 사업을 수행하게 하기 위하여 사회복지법인, 사회적협동조합 등 비영리법인과 단체(이하 이 조에서 "법인등"이라 한다)를 법인등의 신청을 받아 특별시·광역시·특별자치시·도·특별자치도(이하 "시·도"라 한다) 단위의 광역자활센터로 지정할 수 있음"을 규정하고 있다. 아울러 동법은"광역자활센터는 법인 등의 지역사회복지사업 및 자활지원사업의 수행 능력·경험 등을 고려해서 선정되어야 한다"는 것을 명시하고 있다.

광역자활센터의 주요 기능은 첫째, 시·도 단위의 자활기업 창업지원, 둘째, 시·도 단위의 수급자 및 차상위자에 대한 취업·창업 지원 및 알선, 셋째, 제16조에 따른 지역자활센터 종사자 및 참여자에 대한 교육훈련 및 지원, 넷째, 지역특화형 자활프로그램 개발·보급 및 사업개발 지원, 다섯째, 제16조에 따른 지역자활센터 및 제18조에 따른 자활기업에 대한 기술·경영지도 그리고 여섯째, 그밖에 자활촉진에 필요한 사업으로서 보건복지부장관이 정하는 사업을 수행하는 것이다.

③ **중앙자활센터**

중앙자활센터는 국민기초생활보장법 제15조의 2에 근거하여 수급자 및 차상위자의 자활촉진에 필요한 다음 각 호의 사업 수행을 위해 설치되었다. 중앙자활센터는 재단법인이며 정부는 중앙자활센터의 설치 및 운영에 필요한 경비의 전부 또는 일부를 보조할 수 있다.

현재 중앙자활센터의 역할과 기능은 첫째, 자활 지원을 위한 조사 · 연구 · 교육 및 홍보 사업, 둘째, 자활 지원을 위한 사업의 개발 및 평가, 셋째, 제15조의 3에 따른 광역자활센터, 제16조에 따른 지역자활센터 및 제18조에 따른 자활기업의 기술 · 경영지도 및 평가, 넷째, 자활 관련 기관 간의 협력체계 및 정보네트워크 구축 · 운영, 다섯째, 취업 · 창업을 위한 자활촉진 프로그램 개발 및 지원, 여섯째, 관련법 제18조 2항과 3항에 의하면 고용지원서비스와 사회복지서비스 대상자 관리이다. 일곱째, 그밖에 자활촉진에 필요한 사업으로서 보건복지부장관이 정하는 사업으로 되어있다.

④ **한국자활연수원**

한국자활연수원의 법적 근거는 국민기초생활보장법 제18조의5 보건복지부장관, 특별시장 · 광역시장 · 특별자치시장 · 도지사 · 특별자치도지사(이하 "시 · 도지사"라 한다), 시장 · 군수 · 구청장은 수급자 및 차상위자의 자활촉진을 위하여 교육을 실시할 수 있다는 조항에 의해 설립되었다. 또한 보건복지부장관은 제1항에 따른 교육을 위하여 교육기관을 설치 · 운영하거나, 운영의 전부 또는 일부를 법인 · 단체 등에 위탁할 수 있다와 2항에 따른 교육기관의 운영을 위탁받은 법인 · 단체 등에 대하여 그 운영에 필요한 비용을 지원할 수 있다는 근거에 의해 운영되고 있다.

자활연수원은 자활과 자립에 대한 지원분야로서 이에 대한 전문성을 강화하기 위한 교육센터의 거점역할을 수행하고 있다. 그리고 자활과 자립지원분야의 참여자와 종사자들을 위한 취업과 창업역량강화를 위한 교육을 제공하도록 하였다. 한국자활연수원을 현장에서의 행동 및 태도에 대한 변화를 목표로 하고 있다. 그리고 사례와 실무중심의 교육환경을 통해 변화에 대응할 수 있는 창의력을 강화시키기 위한 과정과 교육개발을 운영하도록 하였다.

〈표 13-25〉 한국자활연수원의 주요사업

구분	세부사업의 내용
교육기반 구축	- 연수원 교육 체계 구축, 신규 교육과정 개발·연구 - 현장에서 활용이 가능한 직무의 기본교재 개발·공유 - 교육·정책 관련된 정보 제공 - 자활·자립 분야와 관련 기관·단체의 협력체계를 구축·운영
교육과정 개발 및 운영	- 자활 분야 교육: 종사자, 참여자, 담당공무원 26과정 - 노인·장애인 등의 자립분야 교육: 18과정 - 협력교육 개발·운영, 교육평가, 신규교육의 계획 수립
상생하는 조직 운영	- 지역복지·유관기관과의 협력교육, 학생 실습 운영, 나눔 활동 - 지역 생산품 구매, 지역자활센터와의 협력

(2) 자활지원제도의 문제점

자활지원사업과 관련된 문제들은 자활지원에 대한 각자의 인프라 주체별로 다르게 나타나고 있다. 지역자활센터의 경우에는 취업우선 지원정책으로 인하여 자활사업과 관련된 참여자들이 점차 줄어들고 있는 실정에 있다. 자활지원사업의 문제점들은 외적 환경변화에서 비롯된다는 것이다. 즉, 자활사업 지원인프라의 형성과정에서 나타난 문제점이기에 자활인프라 개편을 통해 해결가능할 것으로 본다.

하자민 중앙자활센터와 광역자활센터의 운영주체가 각자 달라서 완전히 다른 조직처럼 운영되고 있다는 것이다. 이 두센터는 서로 견제와 경합하는 관계가 아니라 자활사업의 성공적인 수행이라는 공통의 목표를 가지고 있다는 것이다.

따라서, 자활사업의 인프라를 통한 기관의 역할과 기능에 대한 구분하면, 먼저 광역자활센터는 사업 혹은 기능적인 역할을 충실할 필요가 있다. 한국자활연수원의 경우 교육사업에 대해 보다 장기적이면서 거시적 관점이라는 접근을 통해 자활사업 전반에 대한 교육사업의 계획과 조정이 이루어져야 할 것이다.

〈표 13-26〉 자활지원 인프라 기관별 운영주체

기관명	중앙자활센터	광역자활센터	지역자활센터	한국자활연수원
운영주체	(재)중앙자활 센터	지자체, 지역자활센터협회, 사회복지법인	사회복지법인	한국보건인력 개발원

3. 자활사업제도의 발달과정

1) 2010년 이후 자활지원제도의 발달역사

자활사업은 2000년 이후 매년 대상자 규정, 사업 내용 등이 변화하여 왔다. 이는 자활지원사업에 대한 사회적 요구가 반영된 결과이다. 자활지원사업은 그 태생부터 빈곤층의 자발성과 창의성, 엠파워먼트(empowerment)에 주목하였던 경향과 빈곤층 지원에 대한 사회적 안전장치로 보는 경향이 양립하고 있었다(김수현, 2010, pp.20-21). 전자의 입장이 자활참여자의 개인적 문제로 인해서 빈곤한 상태에 있는 것이 아님을 강조한다면, 후자의 입장은 자활사업이 기초생활보장제도의 근로능력자 대상 생계급여 지급에 따른 '복지병'의 방지장치로 작동하기를 기대하였다.

이러한 상반된 관점에서 전자의 입장에 해당하는 변화의 대표적인 것이 일반수급자도 참여를 희망하는 경우 자활사업에 참여할 수 있게 한 것이다. 2009년에는 일반수급자는 자활근로사업에 참여가 불가하였으나, 2010년부터 일반수급자 중 근로 능력이 있고 조건부과가 제외된 자에 한하여 자활근로사업 참여를 허용하였다. 그러나 이는 2008년 희망참여자에 한하여 허용하던 방침을 다시 복원한 것이라 할 수 있다. 2015년에는 기존에 18세부터 64세로 한정하였던 참여가능자를 65세 이상 근로무능력자도 희망하여 참여할 수 있게 하였다. 2010년에는 주 3일 이상 근로활동 종사로 조건부과 제외된 자에 대해서 조사소득이 자활근로 참여소득보다 낮은 경우 자활근로 참여를 유도하는 것으로 하였다. 이는 생계급여 수급대상자이면서 낮은 임금으로 일반 노동시장에 참여하기보다는 자활지원을 통해 일자리 경쟁력을 확보하는 것이 장기적으로 빈곤대응에 바람직하다는 판단에 기초한 것이다. 2011년 9월에는 〈조건부수급자 선정기준에 관한 고시〉를 마련하여, 주 3일 이상 근로에 종사하더라도 일정한 소득 이하인 경우에는 조건부수급자로 지정할 수 있도록 하여, 월 60만 원 미만 소득자의 소득증진 및 근로능력 배양을 통한 적극적인 탈수급 촉진을 유도하기로 하였다.

후자의 입장에서 변화는 다음과 같다. 2010년에는 조건부과 제외자에 대해서 연 1회 재확인 조치를 취한다. 근로능력 있는 수급자가 개별가구 또는 개인의 여건 등으로 자활사업에 참가하기가 곤란한 경우, 근로 또는 사업에 종사하는 대가로 소득을 얻고 있는 경우, 알콜중독 또는 향정신성 약물중독 등으로 치료과정에 있는 경우의 사유로 조건부과 제외된 경우에는 연 1회 재확인 조치를 취하도록 하였다. 2012년 6월 「국민기초생활보장법」 시행령을 개정하여 시·군·구청장의 근로능력평가업무를 장애 등급심사 등에 대한 전문성과 경험을 가진 연금공단에 의뢰할 수 있도록 하였으며, 활동능력평가기준 또한 개선하여 활동능력평가 항목이 증가하여 판단기준이 더 엄격하여졌다. 2013년부터는 자활근로의 참여기간을 제한하였다. 참여자가 자활근로사업에 안주하는 것을 방지하고, 타 자활사업프로그램에 적극 참여할 수 있도록 자활근로의 연속 참여기간을 3년으로 제한하였다. 그렇지만 자활근로의 하위 유형에서 상위 유형으로 전환하는 것은 5년까지 가능하고, 이러한 연속참여기간의 계산시점은 2013년 1월 1일부터로 하였다. 이러한 방침은 이미 2011년에 차상위 자활참여자에게 3년 이상 자활근로에 참여한 사람을 고용부에 의뢰하여 취업 지원을 실시하기로 한 지침과 유사한 맥락에 있다. 즉, 복지로부터 근로로(welfare to work) 전환하기 위한 한 방법으로 복지혜택에 너무 의존하지 않도록 제약을 가하는 의도라 할 수 있다.

2013년부터 전국에서 1만 명을 대상으로, 2014년에는 1만 3천명을 대상으로 희망리본사업이 전국 실시되었다. 희망리본사업은 '새롭게 태어난(Re-born) 당신을 응원합니다'는 뜻을 지닌 복지-고용연계 성과중심형 자활시범사업으로

2009년 부산, 경기지역 2천명, 2010년 인천, 전북, 2011년과 2012년 대구, 광주, 강원지역 등 7개 지역 4천명을 대상으로 연차별로 확대되어왔던 사업이다(보건복지부, 2013). 희망리본사업은 취업빈곤층의 자립지원 부재, 단절적인 자활 프로그램 운영, 폐쇄적 자활인프라 활용 등으로 자활사업의 활성화가 다소 부진한 상황에 대한 반성으로, 자활경로의 다각화, 수요자 맞춤형 사례관리 실시, 자활인프라 효율화 등을 목적으로 실시되었다(보건복지부, 2014). 조건부수급자를 중심으로 하되, 조건부과유예 · 제외자, 취업성공패키지 탈락자, 자활근로사업 장기체류자, 노숙인 등을 집중서비스지원 참여대상으로 선정하였다. 자활근로에 3년 이상 참여한 근로자, 취업성공패키지 전년도 참여자와 당해연도 중도탈락자가 주된 참여대상이며, 기초상담 · 맞춤취업준비 · 취업알선의 3단계 서비스 지원을 실시하였다.

이에 앞서 고용노동부는 2009년부터 기초생활수급자, 차차상위(최저생계비 150%) 이하 저소득 취업애로계층을 중심으로 취업성공패키지 지원사업을 운영하였다. 취업성공패키지 사업은 취업에 어려움을 겪는 구직자에게 ①구직의욕 강화와 취업계획 수립, ②취업능력 및 직장적응력 증진, ③집중 취업알선에 이르는 단계적 과정의 개인별 종합 취업지원서비스를 제공하여 고용 가능성 수준을 제고함으로써 취(창)업을 촉진하는 것을 목적으로 한다(고용노동부, 2012). 2011년 지자체에 자립지원상담사를 배치하여 취업지원 대상자를 발굴하고, 고용센터에 수급자 전담자를 지정하면서 조건부수급자의 취업성공패키지 참여가 늘었다. 2012년 수급자 3만 명, 차차상위 3만 명, 기타 1만 명을 지원인원으로 계획하였다(고용노동부, 2012). 국민기초생활보장법에 의한 기초생활수급자 중 조건부수급자는 취업성공패키지의 중점 서비스 대상으로서 자치단체로부터 추천을 받아 우선 참여대상을 선정한다(고용노동부, 2012). 취업성공패키지 참여대상자가 아님에도 자치단체에서 근로무능력자 등을 의뢰한 경우에는 수급자의 취업 의사를 확인하여 참여여부를 결정할 수 있다.

2013년 9월부터는 '근로빈곤층 취업 우선 지원 시범사업'이 실시되었으며, 2014년 5월 전국으로 확대 실시되었다. 2015년부터는 희망리본사업이 고용노동부 취업성공패키지에 통합되어 운영되었다. 다만 2014년 참여자에 대해서는 완료시까지 희망리본사업 수행기관이 지속하여 제공하고, 이에 따라 희망리본수행기관과의 지자체 계약이 2014년 말로 종료되었다.

국민기초생활보장제도 도입 당시부터 'welfare first'와 'work first'간 논쟁은 존재하였다(여유진 외, 2017). 2009년 희망리본 사업과 취업성공패키지 사업의 등장은 수급자에게는 구직의욕과 취업능력의 강화를 내세웠으며, 자활서비스 공급자에게는 성과중심으로 사업을 운영하도록 하였다. 이러한 근로우선을 강조하는 활성화정책은 취업 빈곤 문제도 심각하기에 한계를 가질 것이라는 비판도 존재하였다. 그럼에도 노대명 외(2013)는 '일을 통한 빈곤 탈출'이라는 정책목표 하에서 근로빈곤층의 소득보장제도가 확충되지 않은 상황에서는 고용서비스 제공을 우선하는 방향의 고용-복지 연계가 불가피하다고 보았다. 한편으로 취업지원서비스는 조건부과라는 강제적 요인이 아니라 서비스 자체의 매력과 성과에 따라 좌우될 필요가 있음을 강조하였다(노대명 외, 2013).

2) 자활지원 전달체계의 변화

조건부수급자 대상 자활사업은 2013년 이래 복수의 전달체계 개편을 경험해 왔다. 직접적인 변화만 확인해 보아도, 근로빈곤층 취업우선 지원 사업 도입(2013.9.), 희망리본사업 폐지 및 밀착사례 대상자 특화서비스 도입(2015.1.), 자립지원 상담사 고용센터 소속 전환(2015.1.) 등의 개편이 이루어져 왔으며, 이와 관련해 구체적인 운영상 세부변화도 여러 차례 이루어져 왔다(고용노동부, 2016a; 길현종 외, 2015; 이병희 외, 2014, 2015). 뿐만 아니라 이 같은 직접적인 변화 이외에 고용복지+센터 설립(2014.1.)등 본 사업운영에 영향을 미칠 수밖에 없는 전달체계 개편 또한 진행되기도 했다(길현종, 2015).

(1) 2013년 이후 자활사업 전달체계

우리나라 사회서비스 연구에서 빈번하게 회자(膾炙)되어 온 전달체계 주요문제 중의 하나는 전달체계 분절로 인한 중복이며(길현종 · 이영수, 2017), 조건부수급자 대상 자활사업의 경우 이 문제를 프로그램 참여 대상자를 일정 원칙에 따라 배분하는 방식으로 해결하고자 노력해 왔다. 즉, 취업성공패키지, 희망리본사업, 자활근로 등 조건부 수급자가 참여할 수 있는 다양한 프로그램이 운영되는 상황에서 정부는 일정 원칙을 기준으로 참여자를 각각의 프로그램에 배치하는 방식을 통해 전달체계의 효율성을 제고하고자 했다. 이는 최근의 개편에도 지속적으로 유지되어온, 조건부 수급자 대상 자활사업 전달체계의 가장 핵심적인 특징 중 하나라 할 수 있다.

(2) 2017년 이후 자활사업 전달체계

이상의 개편 이후, 2년 반 정도가 지난 현재까지는 앞서 경험한 바와 같은 큰 폭의 변화는 확인되지 않는다. 다만, 밀착사례관리 대상자를 사전단계에서만 결정하지 않고 취업성공패키지 과정 중에 새로이 장애요인이 발견되었을 경우 대상자들을 상시적으로 밀착사례관리 대상으로 분류할 수 있는 상시 밀착사례관리 체계가 추가되었다는 점(2016년, 고용노동부, 2016a), 취업우선 지원사업 실시지역이 총 134개까지 확대 되었다는 점(2017년, 고용노동부, 2017), 고용복지+센터가 전국적으로 확대됨에 따라 고용복지+센터 내에서 취업성공패키지 상담사와 함께 근무하는 자립지원 상담사 수가 상당부분 증가하게 되었다는 점 등을 확인할 수 있다.

4. 자활지원제도의 활성화 방안

1) 중간지원조직 기능 강화

한국의 자활지원사업에 대한 인프라가 가진 특성 중에서 사회적 경제지원 인프라 측면에서 보면 중간지원조직의 역할이 상대적으로 많이 부족한 편이다. 즉, 특별행정기관에서 있지 않는 보건복지부는 모든 사업에 걸쳐 지방자치단체의 역할 수행에 많이 의존하고 있다는 것이다. 특히, 광역자활센터가 중간지원조직으로 역할수행을 하지 못하는 것은 구조적인 원인이 큰 것으로 본다. 자활지원사업을 위한 특별지방행정기관 설치가 현실적으로 자활지원 인프라에 대한 근본적인 개편이 이루어져야 할 것이다.

중간지원조직 강화는 다음과 같은 자활사업지원 인프라 보강이 이루어질 수 있다. 먼저, 중앙자활센터를 강화함으로서 지역본부의 권역별로 기관을 설치할 수 있다. 이처럼 동일한 인프라 체계를 갖춘 보건복지부의 사업으로는 노인일자리사업이 있다.

또한, 이를 위해서 광역지역자활센터의 일부 혹은 전부를 지역본부로 전환될 수 있다는 것이다. 둘째, 중앙조직은 지방자치단체로부터 광역자활센터에 대한 운영을 위탁받는 다는 것이다. 광역자활센터는 중앙 및 지방정부의 이중적인 지원을 받는 형태로서 운영이 된다. 셋째, 중앙자활센터에 대한 전문성을 강화할 경우에 사회적 기업의 중간지원조직 운영방식을 자활사업에 도입함으로써 광역단위에서의 중간지원기관의 지원방식을 통해 중간지원 역할을 담당하게 될 것이다.

2) 자활당사자조직의 참여 강화

사회적기업 혹은 협동조합 형태의 자활지원 인프라가 가지는 주요 특성은 당사자 조직으로 적극적인 지원역할을 담당한다는 것이다. 당사자 조직의 자활참여자의 자립성과 자활지원 인프라의 강화를 통해 그 성과가 동시에 이룰 수 있는 효율적인 방안으로 볼 수 있다. 자활지원사업의 경우에는 당사자 조직이 중요한 역할을 수행하는데, 그 영역은 자활참여자와 실무자를 위한 교육이다. 이를 위해서는 당사자 조직의 역량과 전문서에 대한 제고가 필요하며, 지역사회의 관련 전문교육기과과 업종별 조직들과의 성과에 대한 계약을 통해 자활지원을 도출해 낼 수 있을 것이다.

3) 자활사업을 위한 민관협력 거버넌스 구축

자활지원사업의 성공적 집행을 위해서는 민관협력적 거버넌스의 구축이 사회적 경제적인 측면에서 매우 중요하다. 사회경제적 영역에서 자활지원사업을 수행하기 위해서는 지방자치단체와 민간기관의 의존성이 매우 높기 때문에 생산적인 민관협력적인 거버넌스의 구축이 필요하다.

서울시는 사회적 경제 민관정책협의회를 구성하여 자활지원사업의 기본방향과 사업계획, 예산운영 등에 대한 공동계획과 집행 및 책임에 대하여 논의하고 있다. 특히 민관정책협의회는 관련 공무원과 각 분야의 대표기관들이 공동구매와 인력풀의 활용을 통해서 자활지원사업을 지원하고 공동운영에 참여하고 있다. 이와 같이, 자활지원 인프라의 전반적인 개편을 통해 기존의 기관들을 통합하여 통합기관을 설립할 경우, 자활운영체계에 대한 의사결정과 사업관리구조가 명확해 짐으로 그 활동에 대한 업무책임이 강화될 것이다. 특히, 중앙과 광역단위에 대한 지원기구들의 통합화하여 운영될 경우에는 개편이전에 비하여 자활지원체계의 의사결정기구가 단순화 됨으로 일관성 있는 집행이 이루어질 것이다. 이러한 경우에는 책임구조가 명확해짐에 따라 자활지원사업을 총괄적으로 지원하게 되는 전국적인 규모의 인프라가 구축된다는 것이다. 이를 통해 자활지원사업의 성과를 관리됨으로서 향후 발생할 수 있는 비효율성 부분을 최소화 시킬 수 있을 것으로 기대된다.

5. 시사점

우리나라의 자활지원사업에는 정책목적 및 목표가 비체계적인 혼합 형태를 띠고 있기 때문에 다원적인 이데올로기가 반영될 수밖에 없으며, 그 결과 급여자격, 급여형태, 전달체계, 재정양식의 4영역에 있어서도 역시 다원적인 이데올로기가 반영되는 것은 매우 당연한 귀결이라고 생각한다. 이러한 혼합적 성격은 자활사업의 근거가 되는 '고용전략에 기초한 빈곤정책'의 한계라고 볼 수도 있지만, 미국의 근로연계복지, 영국의 노동을 위한 복지, 스웨덴의 노동시장 정책 등 선진국에서의 고용전략에 기초한 빈곤정책은 공공부조 수급자들의 복지의존성 문제가 심각하게 대두된 후에 사회복지 예산의 급증으로 인한 문제를 해결하기 위해서 도입했던 제도였던 데 비해서, 우리나라에서는 이것을 복지체제가 아직 무르익기도 전에 경제위기를 탈출하기 위한 방편으로 국민기초생활보장제도와 함께 도입했기 때문에 나타난결과로 볼 수도 있을 것이다.

본 연구 결과를 통하여 다음과 같은 사회복지적 함의를 생각해 볼 수 있다. 첫째, 자활사업이 국가의 사회복지 책임을 회피하기 위한 임시방편적인 수단이 아니라 진정으로 저소득층에게 일자리를 제공하고 자립의 길로 인도하는 건설적 수단이 되기 위하여, 이제라도 자활사업의 다중적인 목표를 개별적이고 구체적으로 분류하여 각 계층에게 보다 적합한 합리적인 정책을 펼쳐나가야 할 필요성을 역설하는 바이다. 둘째, 명시적 목적으로서 보편성을 추구하고 있는 자활사업의 목표 및 정책 내용이 자활지원사업이 비효율적이라는 평가를 받고 있는 이유의 일면이 정책이 추구하는 다중적 사회가치의 측면에서 파악되었다. 이에 자활지원사업 프로그램을 실행하는 직접 서비스 실천가들은 자활사업이 보다 효율적으로 추진되기 위하여 대상자 선정 단계에서 부터, 그리고 나아가 대상자들의 능력 향상을 위해서 보다 심도 있고 개별화된 접근을 위한 노력이 필요하며, 셋째, 실천가들을 위하여 자활사업의 중요성에 대한 이해와 실천가로서의 자긍심을 증진시킬 수 있는 교육의 장을 확충시켜 줄 필요성이 있다.

참고문헌

강근복. (2000). 「정책분석론」. 서울 : 대영문화사.

권기헌. (1997). 「정보사회의 논리」. 서울 : 나남출판.

김두식 외. (2006). 「행정학원론」. 서울 : 대영문화사.

김병진. (1989).「정책학개론」. 서울 : 박영사.

남궁근. (1993). 공공정책의 결정요인분석에서의 방법론상 쟁점. 노화준 · 남궁근 편, 「공공정책의 결정요인분석」. 서울 : 법문사.

______. (2008). 「정책학: 이론과 경험적 연구」. 서울 : 법문사.

남기범. (2009). 「현대정책학개론」. 서울 : 조명문화사.

노화준. (1999). 「정책분석론」. 서울 : 박영사.

______. (2003). 「정책분석론」. 서울 : 박영사.

류지성. (2007). 「정책학」. 서울 : 대영문화사.

박병식 외. (2002). 「한국사회와 행정개혁」. 서울 : 법문사.

박성복 외. (1994). 「정책학원론」. 서울 : 대영문화사.

박성복 · 이종렬. (2000). 「정책학강의」. 서울 : 대영문화사.

박연호 · 이상국. (1999). 「현대행정관리론」. 서울 : 박영사.

박해룡 외. (2006). 「현대 행정학」. 서울 : 삼우사.

백승기. (2011). 「정책학원론」. 서울 : 대영문화사.

백현관. (2004). 「공공정책의 제문제」. 서울 : 도서출판 인해.

신현기 외. (2008). 「새행정학개론」. 서울 : 21세기사.

안경렬 외. (2002). 「21세기 행정학」. 서울 : 삼우사.

안해균. (1997). 「정책학원론」. 서울 : 다산출판사.

오창섭 · 이재호. (2000). 「쉽게 풀어쓴 행정학」. 서울 : 대영문화사.

위계점. (2009). 「행정학」. 서울 : 고시연구사.

유 훈. (1986). 「정책학원론」. 서울 : 법문사.

윤기찬 외. (2010). 「쉬운행정학」. 서울 : 청목출판사.

이대희. (1991).「정책가치론」. 서울 : 대영문화사.

이목훈 외. (2002).「이상사회를 위한 즐거운 행정학」. 서울 : 대왕사.

이원희. (2007).「새열린 행정학」. 서울 : 고시연구사.

이종수 · 윤영진. (2008).「새행정학」. 서울 : 대영문화사.

이해영. (1997).「정책학신론」. 서울 : 학현사.

전형원 · 공병천 외. (2007).「정부평가의 이해와 실제」. 서울 : 대영문화사.

정우열 외. (2006).「행대행정학」. 서울 : 삼우사.

정정길. (1997).「정책학원론」. 서울 : 대명출판사.

정정길 외. (2008)「정책학원론」. 서울 : 대명출판사.

최봉기. (1988).「정책의제형성론」. 서울 : 일신사.

______. (2004). 「정책학」. 서울 : 박영사.

최창호. (2006).「새행정학개론」. 서울 : 삼영사.

최창호 · 하미승. (2007).「새행정학」. 서울 : 삼영사.

http://www.coti.go.kr

Allison, G. T. (1971). *Essence of Decision: Explaining the Cuban Missile Crisis.* Boston: Little, Brown & Company.

Almond, G. A. & Powell, G. B. (1966). *Comparative Politics: A Developmental Approach.* Boston: Little, Brown & Company.

Anderson. James E.(1984). *Public Policy-Making.* New York: Holt, Rinehart and Winston.

Bachrach, P. & Baratz, M. (1970). *Power and Poverty: Theory and Practice.* N.Y.: Oxford University.

Caiden, G. (1968). Administration Reform, Chicago : Aldine Publishing Co.

Cobb, R. W. & Elder, C. D. (1972). *Participation in American Politics: The Dynamics of Agenda-Building.* Boston: Allyn & Bacon Inc.

Cohen, M. D., March, J. G. & Olsen, J. P. (1972). A Garbage Can Model of Organizational Choice. *ASQ,* 17(1).

Cyert, R. M. & March, J. G. (1963). *A Behavioral Theory of the Firm.* Englewood Cliffs. N.J.: Prentice-Hall.

Dahl, R. A. (1961). *Who Governs?.* New Haven: Yale University Press.

Deep, S. (1978). *Human Relations in Management.* Encino: Glencoe Publishing Co. Inc.

DeLeon, P. (1978). A Theory of Policy Termination. in May, J. V. & Wildavsky, A. B. (eds.) *The Policy Cycle.* Beverly Hills: Sage, Publication.

Dimock, M. E. (1982). Business and Government; Issues of Policy. 4th ed., New York: Holt, Reinhart and Winston.

Dror, Y. (1964). Muddling Through: Science or Inertia?. *PAR,* 24(3).

_______. (1968). *Public Policymaking Reexamined.* Scranton: Chandler Publishing Company.

_______. (1971). *Design for Policy Sciences.* N.Y.: American Elsevier Publishing Company Inc.

_______. (1983). *Public Policymaking Reexamined.* New Jersey: Transaction, Inc.

Dunn, W. N. (1981). *An Introduction to Public Analysis.* Englewood Cliffs: Prentice-Hall.

Dye, T. R. (1966). *Politics, Economics and the Public: Policy Outcomes in the Fifty States.* Chicago: Rand McNally.

__________. (1978). *Understanding Public Policy.* Englewood Cliffs. New Jersey: Prentice-Hall.

Easton, D. (1953). *The Political System.* N.Y.: Alfred A. Knopf.

_________. (1965). *A Systems Analysis of Political Life.* N.Y.: John Wiley & Sons.

Edwards, G. C. Ⅲ (ed.). (1984). *Public Policy Implementation.* Greenwich: JAI Press Inc.

Elmore, R. (1979-80). Backward Mapping: Implementation Research and Policy Decisions. *Political Science Quarterly,* 94(4).

Etzioni, A. (1964). *Modern organizations.* Englewood Cliffs: Prentice Hall.

__________. (1967). Mixed-Scanning: A Third Approach to Decision-Making. *PAR,* 27(5).

Eyestone, R. (1978). *From Social Issues to Public Policy.* N.Y.: John Wiley & Sons.

Fabricant, S. (1952). *The Trend of Government Activity in the US since 1900.* N.Y.: National Bureau of Economic Research Inc.

Fisher, G. (1961). Determinants of State and Local Government Expenditures: A Preliminary Analysis. *National Tax Journal.*

Forester, J. (1984). Bounded Rationality and th Politics of Muddling Through. *PAR,* 44(1).

Gerston, L. N. (1997). *Public Policy Making: Process and Principles.* New York: M. E. Sharpe, Inc.

Gulick, L. & Lyndall U. (1937). *Papers on the Science of Administration.* New York: Ick. of Public Administration.

Gulick, L. H. (1990). Reflections on Public Administration, Past and Present. *Public Administration Review,* 50(6).

Hatry, H., Winnie, R. & Fisk, D. (1973). *Practical Program Evaluation for State and Local Government Officials.* Washington, D. C.: The Urban Institute.

Hitch, C. J. & McKean, R. J. (1967). *The Economics of Defense in the Nuclear Age.* N.Y.: Atheneum.

Hogwood, B. W. & Peters, B. G. (1983). *Policy Dynamics.* New York: St. Martin's Press.

Jones, C. O. (1977). *An Introduction to the Study of Public Policy.* 2nd ed., N. Scituate, Mass: Duxbury Press.

Key, V. O. (1961). *Public Opinion and American Democracy.* N.Y.: Alfred A. Knopf.

Kingdon, J. W. (1984). *Agenda Alternatives & Public Polices.* Boston: Little, Brown & Company.

Lassweel, H. D. (1951). Policy Orientation. in Lerner, D. & Lasswell, H. (eds). *The Policy Sciences.* Stanford: Stanford University Press.

________________. (1971). *A Preview of Policy Sciences.* N.Y.: American Elsevier Publishing Company Inc.

Lasswell, H. D. & Kaplan, A. (1970). *Power & Society.* N.H.: Yale University Press.

Levin, M. A. (1981). Conditions Contributing to Effective Implementation and Limits. in Crecine, J. C. *Research in Public Policy Analysis and Management,* 1.

Levy, F. S., Arnold, M. & Wildavsky, A. J. (1974). *Urban Outcomes.* Berkeley: University of California Press.

Lindblom, C. E. (1959). The Science of Muddling through. *PAR,* 19(1).

________________. (1980). *The Policy-Making Process.* 2nd ed. Englewood Cliffs: Prentice-Hall.

Lowi, T. J. (1972). Four Systems of Policy, Politics and Choice. *World Politics,* 14.

Majone, G. (1977). On the Notion of Political Feasibility. In Stuart S. Nagel(ed.), *Policy Studies Review Annual,* 1.

Masuch, M. & Lapotin, P. (1989). Beyond Garbage Cans: A Model of Organizational Choice. *ASQ,* 1.

Nachmias, D. (1979). *Public Policy Evaluaton: Approaches and Methods.* New York: St. Martin's Press.

Nakamura, R. T. & Smallwood, F. (1980). *The Politics of Policy Implementation.* N.Y.: St. Martin's Press.

Newmann, W. H. & Summer, C. E. (1961). *The Process of Management: Concepts, Behavior and Practice.* Englewood Cliffs, New Jersey: Prentice-Hall.

Osborn, A. F. (1963). *Applied Imagination*(3nd ed.). New York: Scribner.

Pressman, J. L. & Wildavsky, A. (1973). *Implementation.* Berkeley: University of California Press.

Quade, E. S. (1982). *Analysis for Public Decisions.* 2nd ed. N.Y.: North Holland.

Ripley, R. B. & Franklin, G. A. (1986). *Bureaucracy and Policy Implementation.* 2nd ed. Chicago: Dorsey.

Sabatier, P. A. & Mazmanian, D. (1979). The Conditions of Effective Implementation: A Guide to Accomplishing Policy Objectives. *Policy Analysis,* 5(5).

Sabatier, P. A. (1986). Top-down and Bottom-up Approaches to Implementation Research. *Journal of Public Policy,* 6(1).

Sharkansky, I. (1982). *Public Administration: Agencies, Policies, and Politics.* San Francisco: W. H. Freeman.

Simon, A. H.(1997). The New Science of Management Decision. Prentice-Hall, Inc.

Simon, H. A. (1957). *Administrative Behavior.* 2nd ed. N.Y.: Free Press.

Taylor, F. W. (1932). *The Principles of Scientific Management.* New York: W. W. Norton.

Van, H. & Van, M. (1975). The Policy Implementation Process, A Conceptual Framework. *Administration & Society,* 6(4).

Wholey, J. S. et al. (1976). *Evaluation Policy.* Washington, D. C.: The Urban Institute.

저자 소개

유근환 대구과학대학교 국방기술행정과 교수
대구과학대학교 국방안보연구소 소장
대한지방자치학회 차기회장

고령운전자의 교통안전교육과 운전행태에 관한 실증적 연구: 운전자신감의 조절효과(2019)
제대군인의 취업실태에 대한 사례분석 연구-외국사례 비교를 중심으로(2019)
"NGO리더의 서번트리더십과 리더신뢰, 조직효과성에 관한 연구: 대구 · 경북지역을 중심으로"(2018),
"지역사회 치매노인의 치매예방관리에 관한 구조화 분석: 제3차 치매관리종합계획을 중심으로"(2018),
"성범죄예방정책의 형성과정에서 행위자의 상호작용 패턴분석:유형분류 및 사례분석을 중심으로"(2018),
"복권산업의 건전화를 위한 대응사례 및 실태분석- 제도적 접근방법의 적용"(2017),
"다문화가정 청소년 지원정책에 관한 탐색적 연구: 사례분석 중심으로"(2016), "Defining Community Welfare Problems with DEMATEL method"(2015)
『응급처치 실무』, (2018, 진영사)
『컴퓨터 활용과 실습 : 엑셀 · 파워포인트 2010, 한글 2014』, (2017, Ehanmedia(이한미디어))
『(신경향) 사무관리론』, (2016, 진영사)
『한 · 중 · 일 공용한자의 이해』, (2016,배영출판사)
『군사지리정보론(독도법실무)』, (2011,영민출판사)
『정보화시대의 화생방』, (2010, 영민출판사)

최인규 대구과학대학교 경찰행정과 교수
영남대학교 행정학박사
한국정치발전연구원 책임연구위원
경북미래정책개발연구원 자문위원

지방의료원의 경쟁력평가를 위한 종합적 모형개발(2009)
DEA를 이용한 여성복지서비스의 효율성 평가(2009)
지방개발공사의 행정대집행 권한과 실익에 관한 연구(2008)
『조사방법론의 이해』, (2011, 삼영사)
『쉬운 행정학』, (2010, 청목출판사)
『현대행정학』, (2008, 삼우사)